抗日战争时期中国人口伤亡和财产损失调研丛书

主　编　李忠杰
副主编　李　蓉　姚金果
　　　　霍海丹　蒋建农

河南省抗日战争时期人口伤亡和财产损失

河南省委党史研究室　编

◎中共党史出版社

图书在版编目(CIP)数据

河南省抗日战争时期人口伤亡和财产损失/河南省委党史研究室编.
—北京:中共党史出版社,2014.8
(抗日战争时期中国人口伤亡和财产损失调研丛书/李忠杰主编)
ISBN 978-7-5098-2691-1

Ⅰ.①河… Ⅱ.①河… Ⅲ.①抗日战争－损失－史料－河南省
Ⅳ.①K265.06

中国版本图书馆 CIP 数据核字(2014)第 115464 号

出版发行:**中共党史出版社**
责任编辑:李亚平
复　　审:陈海平
终　　审:汪晓军
责任校对:龚秀华
责任印制:谷智宇
责任监制:贺冬英
社　　址:北京市海淀区芙蓉里南街6号院1号楼
邮　　编:100080
网　　址:www.dscbs.com
经　　销:新华书店
印　　刷:北京汇林印务有限公司
开　　本:170mm×240mm　1/16
字　　数:497 千字
印　　张:26.5　　21 面插图
印　　数:1—3000 册
版　　次:2014 年 8 月第 1 版
印　　次:2014 年 8 月第 1 次印刷

ISBN 978-7-5098-2691-1
定　　价:57.00 元

此书如有印制质量问题,请与中共党史出版社出版业务部联系
电话:010—82517197

《抗日战争时期中国人口伤亡和财产损失调研丛书》

本课题在中共中央党史研究室室委会领导下进行。先后三位时任主任孙英、李景田、欧阳淞对本课题给予了重要指导。

主　编　李忠杰

副主编　李　蓉　姚金果　霍海丹　蒋建农

参加审稿的领导和专家：

一、中共中央党史研究室领导和专家

　　曲青山　孙　英　龙新民　陈　威　石仲泉

　　谷安林　张树军　黄小同　黄如军　李向前

　　陈　夕　任贵祥　郑　谦　王　淇　黄修荣

　　刘益涛　韩泰华

二、有关部门和单位的专家

　　李景田（第十二届全国人大常委、民族委员会主任
　　　　　　委员；中共中央党史研究室原主任；中共
　　　　　　中央党校原常务副校长）

　　何　理（中国人民解放军国防大学少将、教授、中
　　　　　　国抗日战争史学会会长）

　　支绍曾（中国人民解放军军事科学院少将、原军事
　　　　　　历史研究部副部长、研究员）

罗焕章（中国人民解放军军事科学院研究员）

刘庭华（中国人民解放军军事科学院原军事历史研究部研究室主任、研究员、博士生导师、首席军史专家）

阮家新（中国人民革命军事博物馆原副馆长、研究员）

步　平（中国社会科学院近代史研究所原所长、研究员）

汤重南（中国社会科学院世界历史研究所研究员、中国日本史学会名誉会长）

姜　涛（中国社会科学院近代史研究所研究员）

荣维木（《抗日战争研究》原主编）

郭德宏（中共中央党校党史教研部原主任、教授、博士生导师）

肖一平（中共中央党校党史教研部教授）

杨圣清（中共中央党校党史教研部教授）

李东朗（中共中央党校党史教研部教授、博士生导师）

徐　勇（北京大学历史系教授、博士生导师）

李良志（中国人民大学中共党史系教授）

王桧林（北京师范大学教授、博士生导师）

谢忠厚（河北省社会科学院原现代史研究所所长、历史研究所顾问、研究员）

中共中央党史研究室课题组成员

李忠杰　霍海丹　李　蓉　姚金果　李　颖

王志刚　王树林　杨　凯

《抗日战争时期中国人口伤亡和
财产损失调研丛书》

总　序

中共中央党史研究室副主任　李忠杰

　　发生在 20 世纪三四十年代的中国人民抗日战争，是中华民族抵抗日本帝国主义侵略的一场规模巨大的战争，是世界反法西斯战争的重要组成部分和东方主战场，是近代以来中国反对外敌入侵第一次取得完全胜利的民族解放战争。中国人民抗日战争的胜利，成为中华民族由衰败走向振兴的重大转折点，也对世界各国人民取得反法西斯战争的胜利、争取世界和平的伟大事业产生了巨大影响。

　　这场战争，作为世界反法西斯战争的一部分，从根本上来说，是反法西斯正义力量与法西斯侵略势力之间的一场大决战，是文明与野蛮的一场大搏斗。日本侵略者，站在法西斯阵营一边，不仅与中国人民为敌，而且与世界人民为敌，肆意践踏人类的公理和正义，企图以残暴杀戮的手段，将中华民族置于自己的铁蹄之下。日本侵略者先后占领了中国、东南亚、南亚、大洋洲许多国家的领土，杀害居民，掠夺物资，强征劳工，施放毒气，蹂躏妇女和儿童，毁坏和窃取文物，造成了大量人员和财产的损失，给中国人民和亚洲其他许多国家人民留下了巨大的创伤，给世界文明造成了空前的破坏。

　　中国是受战争摧残最为严重的国家。从 1931 年到 1945 年的 14 年间，日本侵略者先后占领了东北、华北、华中、华南等大片中国最重要的经济政治文化战略地区。在整个战争进程中，日军到处屠杀、焚烧、抢掠、奸淫，使中国人民的生命财产惨遭蹂躏；大量使用生化武器，进行残酷的细菌战和化学战；把大批中国平民和俘虏当作细菌和毒气的试验品；对无辜的中国平民施放毒气，或在河流、湖泊、水井中投毒；掠走大批中国劳工，强迫他们筑路、开矿、拓荒，从事大型军事工程，使其大批冻、饿、病、累而死；强征中国妇女作为"慰安妇"，严重残害妇女的身心健康；对抗日根据地实行"烧光、杀光、抢光"政策，企图摧毁抗战军民起码的生存条件；在许多地方还制造了一系列触目惊心的大惨案。直至今天，日本侵略所造成的后果还难以完全消除，日军遗留的毒气弹还不时地威胁着中国人民的生命安全。

日本侵略者的罪行，违背了起码的人类良知和国际公法，不仅是对人权和人道主义的践踏，而且是对人类文明的挑战。它决不是如某些日本右翼分子所说是解放亚洲和太平洋地区人民的行动，而是亚洲和太平洋地区历史上最黑暗的一幕，是人类文明史上的一场浩劫。第二次世界大战结束后，根据《波茨坦公告》的规定，远东国际军事法庭在东京对日本首要战犯进行了国际审判，确认侵略战争为国际法上的犯罪，策划、准备、发动或进行侵略战争者为甲级战犯。此外，盟军还在马尼拉、新加坡、仰光、西贡、伯力等地，对日本的乙、丙级战犯进行了审判。中国也先后对日本的有关战犯进行了审判。这些审判，与欧洲的纽伦堡审判一起，使发动侵略战争的罪犯受到了应有的惩处，代表了全世界一切爱好和平人民的共同愿望。这是正义的审判，历史的审判！这一审判的结果是不容挑战的！

策划和制造当年这场战争的，是一小撮日本军国主义和法西斯分子。而日本人民，从根本上来说，也是受害者。所以，日本人民也用不同方式对这场战争进行了抵制和反抗。不少参加侵华战争的士兵认识到战争的性质，幡然悔悟，积极参加了国际和日本国内的反战活动。战后，很多人勇敢面对历史事实，以见证人的身份揭露了日本军国主义的罪行。还有很多当年的士兵，真诚忏悔战争的罪行，以实际行动推动世界和平和中日友好，做了很多有益的工作。他们的良知和勇气，应该得到充分的肯定和赞赏。

相反，日本国内一些右翼势力，直到今天仍然否认侵略战争的性质和罪行，竭力推卸侵略战争的责任。对早已由当年远东国际军事法庭作出严正判决的南京大屠杀一案，始终企图翻案。历史不容改变，事实岂能抹杀！企图歪曲历史，掩盖罪行，这是中国人民绝对不能同意的！

中国人民在当年那场战争中的胜利，是正义战胜邪恶、光明战胜黑暗、进步战胜反动的伟大胜利！是正义的胜利、人民的胜利、和平的胜利！既是中华民族永远值得纪念的胜利，也是世界人民永远值得纪念的胜利！但是，在纪念胜利的同时，我们不要忘记，这一胜利是用极为惨重的代价换来的。在这一伟大胜利的背后，是中华民族遭受的巨大人员伤亡和财产损失！中华民族，既为这场战争的胜利作出了巨大的贡献，也在这场战争中付出了巨大的民族牺牲。

1995 年，江泽民同志在首都各界纪念抗日战争暨世界反法西斯战争胜利50周年大会上，对当年日本侵略中国造成巨大人口伤亡和财产损失的基本数据作出了重要表述。2005 年，胡锦涛同志在纪念中国人民抗日战争暨世界反法西斯战争胜利60周年大会的讲话中，再次郑重宣布，据不完全统计，在抗日战争期间，中国军民死伤3500 多万人；按1937 年的比值折算，中国直接经济损失1000 多亿美元，间接经济损失5000 多亿美元。中国领导人公开宣布的基本数据，从整体上揭示了中国人口伤亡和财产损失的规模，有力地揭露了日本军国主义侵略的罪行。

数据，是历史的抽象。数据的背后，是大量的事实、确凿的证据，是无数人们的惨痛记忆和血泪控诉。为了更直接、更具体、更全面、更系统、更立体地还原当年的历史，展示中国人民遭受的灾难和损失，揭露日本军国主义的罪行，驳斥日本右翼势力否认侵略罪行的种种言论，我们必须通过更多档案资料的展示、历史文书的挖掘、具体事实的考查、当事人的证词证言、各种各样的物证书证，等等，将侵略者的罪行昭告天下。因此，作为炎黄子孙，作为郑重的历史工作者，有必要、有责任、有义务、也有权利对战争期间中国的人口伤亡和财产损失进行更加系统、详尽、具体的调查研究，将当年中国人民的巨大牺牲和惨重损失永远地记载下来。

这项调查研究工作，本来在抗日战争结束之后，或者在新中国成立时，就应该进行。但由于种种历史原因，未能系统、全面地进行。由于年代久远，资料散失，在世的证人越来越少，现在进行这方面的调查和研究已经有很大困难。但是，无论早晚，这项工作总得有人来做。现在才做，已经晚了几十年。但如果现在再不做，将来就更晚，也更困难了。所以，无论再困难，做，都是必要的。做好这项调研，是对历史负责、对人民负责、对当年的牺牲殉难者负责、对我们的子孙后代负责。根本上，是对整个中华民族负责，也是对国际社会和人类文明负责。

因此，2004 年，中央党史研究室决定开展《抗日战争时期中国人口伤亡和财产损失》的课题调研。从 2005 年开始，组织全国党史部门围绕这一重大课题，开展了系统深入的调研工作。其基本任务，是按照实事求是的原则，调查更加详实、有力、具体、准确的档案、材料、事实，更加清楚准确地掌握日本军国主义的侵略罪行，更加清楚准确地掌握日本侵略在各个不同领域、地区和方面对中国造成的破坏和损失。其中包括：各个省、自治区、直辖市在抗战中的人口伤亡和财产损失情况；历次重大战役战斗中国军队伤亡的情况；日本从中国掠走各种资源的情况；日本从中国掠走和破坏文物的情况；日军在中国制造的一系列重大惨案；中国劳工的损失情况；中国妇女遭受日军性侵犯的情况，包括"慰安妇"的情况；日军在中国使用细菌武器、化学武器及其造成伤害的情况；日本侵略在其他方面给中国造成破坏的情况；等等。

课题调研的整体布局，实行块块和条条的结合。每个省、自治区、直辖市党史研究室，主要负责把本区域内的情况调查清楚。也可根据实际情况，选择一些重点，进行专题性的调研，形成专题性的研究成果。一些重要专题，单靠某个省（自治区、直辖市）做不了，就采取条条的办法，组织专题性的调研。还有一些，则是条条与块块相结合。如毒气，日军在不同区域使用过，有关的省（自治区、直辖市）都调查。但作为一个专题，由相关的区域进行协调，配合开展调研工作，并形成专项的调研成果。如劳工、性侵犯等，就大致属于这种类型。

课题调研的方式方法，主要是查阅和搜集档案文献资料，包括不同历史时期的统计报表。同时查阅当时有关的报刊资料，查阅多年来涉及有关地方、有关课题的研究成果。对一些特殊的重大事件，特别是重大惨案等，也同时进行社会调查，对当事人、知情人、有关研究人员等进行走访，记录证词证言。对于特别重要的事件，有条件的，还进行必要的司法公证，如南京大屠杀、潘家峪惨案等，使这些调查都成为在法律上可以采信的证据。根据需要与可能，也到国外境外包括台湾地区查阅搜集档案资料。

中央党史研究室进行了大量组织和指导工作。在课题确定前，首先进行了必要的论证，得到了许多专家的支持。随后，制定了详细的工作方案，向各省、自治区、直辖市党史研究室发出正式通知和实施意见，明确了工作的指导思想、组织领导、调研项目、工作步骤、基本要求、注意事项等等。为了提高认识，振奋精神，交流经验，落实措施，专门召开了工作培训会议，就课题的总体规划、调研方法、需要把握的问题等，作了全面部署，特别是提出了把调研工作做成"基础工程、精品工程、警世工程、传世工程"的要求。多年来，一直分阶段、有步骤地把这项课题调研推向前进。有关领导和专家分别到各地参加会议，指导培训，提出要求，统一规格，解答疑难问题。在调研过程中，随时就有关问题进行具体指导。工作班子及时编发简报和简讯，交流情况和经验。

各级党委和政府高度重视。多数地方成立了由党史研究室领导负责的课题组。各地先后召开工作会议、电话会议等，培训人员，落实任务。许多地方形成了由党史研究室牵头，档案、民政、财政、司法、地方志、社科院以及高校等部门单位联合攻关的局面，保证了调研工作扎扎实实、有计划有步骤地向前推进。

《抗日战争时期中国人口伤亡和财产损失》课题调研先后经历了六个阶段。第一，酝酿启动。第二，全面调研。这是最重要的阶段。各地组织专门人员，查询档案，实地走访，搜集了大量资料。第三，起草报告。凡参加调研的县以上单位，都要在搜集整理、考证研究档案文献资料和进行实地调查的基础上，写出调研报告，全面、准确地反映调研成果。同时，将调研中搜集的档案文献资料进行分类整理，制作统计表、大事记和人员伤亡名录等。第四，分级验收。为保证调研成果的科学性、准确性、严肃性，各省、自治区、直辖市调研报告都要经过四级验收。首先由课题领导小组审查通过，然后聘请所在省份资深专家审读验收，合格后报送中央党史研究室课题组。中央党史研究室课题组审读各省、自治区、直辖市的调研报告及相关调研成果，认为合格后，再聘请有全国影响的专家审读，写出书面意见并亲笔署名。根据审读意见，各地都要反复认真进行修改，只有达到规定要求才能通过验收。第五，上报成果。完成调研工作的省、自治区、直辖市，都按统一要求，将调研中收集的档案文献资料等所有文件，精心整理，分类成册，向中央党史研究室提交调研成果。各市县也要逐级向省级报送。第六，反复审核。中央党史研究室召开审稿会，组织各省、自治区、直辖市按照标准自审，相互间互审，将各种材料进行比对，将有关数据核实，解决带有共性的问题，进一步统一标准、统一规范、统一格式。

这项课题调研，作为一项浩大的工程，到目前为止，进行了将近10年之久。前后共有60多万党史工作者、史学工作者和其他各类有关人员参加。将近10年来，各个地方都周密组织，采取有力措施推动工作开展，保证调研质量。如山东省，先在30个县（市、区）进行试点，然后在全省普遍推开，形成了纵向省市县乡村五级联动、步调一致，横向十几个部门优势互补、携手攻关的工作格局。课题调研期间，山东省参加工作的同志共查阅档案238742卷，复印档案资料406912页，查阅抗战期间及战后出版的书刊61301册（期），复制文献资料220177页。走访调查8万余个行政村、609万名70岁以上（即1937年全国性抗战爆发以前出生）老人中的507万余人，收集证言证词79万余份。拍摄照片资料7376幅、录像资料49678分钟，制作光盘2037张。全省1931个乡镇，每个乡镇都建立了包括证人证言证词、伤亡人员名录、财产损失清单、人员伤亡和财产损失数字统计、人员伤亡和财产损失大事记、重大惨案证据材料以及证人和知情人口述录音、录像、照片等内容的抗战时期人口伤亡和财产损失材料卷宗，共12892个。

这项课题调研，也得到了社会各界特别是档案图书部门、专家学者的普遍支持。许多档案馆、图书馆为这次调研提供各种方便。不少专家学者在教学科研任务繁重、经费困难的情况下，承担专题研究任务。有的外请专家利用学校假期全力以赴做课题，缺少交通工具，就以自行车代步或徒步，到档案馆和图书馆查阅文献资料。

为了扩大搜寻面，中央党史研究室还组织查档小组，分赴美国、俄罗斯、日本，搜集了许多抗战史料。很多地方的课题组都到台湾查档。在台北"国史馆"、中国国民党党史馆、"中央研究院"近代史研究所档案馆等，找到了数量巨大、整理比较细致的抗战档案。台北"国史馆"馆藏的国民党在大陆统治时期行政院赔偿委员会档案，涉及抗战时期中国人口伤亡和财产损失的有8924卷，内容十分翔实具体。既有中央机关、军队系统人口伤亡和财产损失情况，也有地方省、市、县、区和个人填报的资料，包括台湾地区和华侨的档案资料。新疆防空委员会也报送有财产损失材料，如修筑防空工事、疏散费等财产损失。重庆市报送有日机空袭慰恤重伤难胞姓名卡，上面有卡号、伤员姓名、性别、年龄、籍贯、受伤时间、受伤地点、犒金额、发犒金时期、所住医院名称、医院地址、入院时间等，受伤部位还配有图片加以说明。所有这些，为查明当时各方面的人口伤亡和财产损失，提供了重要证据。

这项重大课题调研的成果，均编成《抗日战争时期中国人口伤亡和财产损失调研丛书》公开出版，为国内外学者提供并为子孙后代留下一份关于抗战时期中国人口伤亡和财产损失的系统资料。经过验收、审核合格的调研报告和主要档案文献资料，都按统一体例，编辑成为丛书的 A、B 两个系列。A 系列为各省、自治区、直辖市各一本调研成果，以及若干重要专题的调研成果，由中央党史研究室负责审核。B 系列为各省、自治区、直辖市的其他大量调研成果，由各省、自治区、直辖市党史研究室负责审核。全部成果统一设计、统一规格、统一版式、统一编号，由中共党史出版社统一出版。全部出齐之后，将有300本左右。

为了集中反映日本侵略者在中国制造的各种重大惨案，我们专门编纂了一套《抗日战争时期全国重大惨案》，收录抗战时期死伤平民（或以平民为主）800人以上的重大惨案100多个，配以档案、文献、口述及照片等作为历史证据。日本一些右翼分子，常常攻击中国为什么不拿出伤亡人员名单。我们专门安排了一个省，即山东省，公布该省具体的伤亡人员名录（第一批先公布该省100个县＜市、区＞的死难人员名录），包括姓名、籍贯、年龄、性别、伤亡时间等多项要素。以此说明，中国的伤亡人员都是有根有据、铁证如山的。

历史的生命在于真实、客观、准确。《抗日战争时期中国人口伤亡和财产损失》这一课题调研的生命也在于真实、客观、准确。所以，在开展这一课题调研的过程中，我们始终把保证调研质量，保证所有材料、事实、成果的真实性、客观性和准确性放在第一位，并在五个重要环节上严格要求、严格把关。第一，严格要求。一开始就明确规定，课题调研工作坚持实事求是的原则和科学严谨的态度。整个调研工作必须尊重历史事实。档案怎么记录的，就怎么记载，不能随意改变。当事人、知情人怎么说的，就怎么记录，不能随意加工。所有的材料、事实都要经得起法律上和学术上的质证。在需要与可能的情况下，对当事人、知情人的证词证言要进行司法公证。各种数据，都要确有根据，不能随便编排、采信。不许追求任何高数字、高指标。第二，统一规范。对课题调研的项目、内容，都做了认真细致的研究，提出了统一要求和严格规范。对全部调研项目设计了统一的表格，对调研报告的内容和格式做了统一规定。每个数字的内涵外延，包括如何计算、如何换算等等，都有明确的规定。事前对调研人员进行了培训。调研过程中，对没有理解的问题、疑难的问题等，都由专家给予统一的解释、说明。第三，责任到人。对所有参与课题调研的人员，都实行责任制。查档的、笔录的、整理的、起草调研报告的、审读的……，每个环节的人员都要签名，以对这一环节自己的工作负责，对子孙后代负责。明确规定，今后凡遇到质疑，有关环节的调研人员都要能够站出来进行证明、解释和辩论。第四，客观撰写。在汇总情况、起草调研报告阶段，要求所有的数据统计都必须客观、真实、准确。一律用事实说话，材料要具体、实在。不允许像写文艺作品那样来写调研报告；不允许作任何想象、编造和煽情性的描写；不允许刻意追求语言的生动华美；不允许使用任何带有夸张性、主观推断性的文字；不允许用"不计其数"、"无恶不作"这类抽象的形容词来概括相关内容；经过调研，凡是能够说清的事实、数字都予采用，但仍然说不清的情况、数据，就客观地说明未查核清楚，在汇总和整理数据时充分考虑这些因素，绝对不得编造数字。第五，逐级验收。除了在调研过程中由特聘的专家随时给予指导外，对各地提交的调研报告和相关材料，都实行逐级验收制度。其中，对省级调研成果实行由地方到中央的四级验收，其他调研成果由有关省、自治区、直辖市党史研究室组织验收。每一验收环节都要有专家审读、签字。凡存在问题和不符合要求之处，都要退回重新核查和修改。

经过艰苦努力，到 2010 年底，我们在深入调研的基础上，初步编出了几十本成果，先行印制了少量样本作为内部工作用书，组织力量作进一步的研究、审读、复查、校核。从 2014 年初开始，我们又组织展开了新一轮较大规模的审核工作。第一，召开有关省、自治区、直辖市党史部门参加的审稿会，进一步提高认识，明确规范，听取相互评审以及从社会各方面听到的意见，对审核工作提出要求，进行部署。第二，开展自审、复核、修改，确保准确无误。同时在各省、自治区、直辖市党史部门之间交叉审读，相互间进行比较、核对、衔接。自审互审完成后，都要确认是否具备正式出版的质量水准，签署是否同意交付出版的意见。第三，由中央党史研究室组织专家，对所有拟第一批出版的成果（书稿）进行六个环节的审读、检查、修改、校对，不仅检查是否还有表述不够准确或不够清楚的地方，而且对各本书稿之间、每本书稿各个部分之间的内容、叙述、时间、数字等进行统筹检查，排除表述不一致的内容。第四，如实客观地说明我们工作尽最大努力后达到的程度。始终强调，凡是已经清楚的，就清楚表述。还没有搞清楚的，就如实说明还没有搞清楚。某些数据、结论与其他书籍资料不完全一致的，则说明我们是依据什么材料、从什么角度得出和叙述的，不强求一致。第五，组织各地党史部门继续参与审核。凡有疑问的，都与有关地方党史部门联系、查核。多数省、自治区、直辖市都派专人来京参与审核、修改、校对。审核完毕后，又组织各地党史部门对自己书稿的清样再次进行审核。然后再按出版流程交付印制。今年以来对这些成果再次进行如此繁密、细致的复核工作，都是为了进一步保证成果的质量，保证历史事实的真实性和准确性。

特别需要强调的是，开展这项调研，不是为了简单汇总、计算这样那样的数据，而是为了寻找、展示更多的档案、更多的材料、更多的人证物证、更多的历史事实，用具体的事实来反映当年中华民族遭受的巨大灾难，揭露日本侵略者反人类的罪行。时隔几十年，很多数据难以查清，很多数据可能不很吻合，而且数据的分类、统计、核算都极为复杂，远远不是简单做一做加法就能算出来的。所以，我们在数据上采取了十分谨慎的态度。能统计出来的就统计出来，难以统计的也不强求。统计的口径、结果相互有差别的，也注意说明。今后，我们将会对数据问题作进一步研究。因此，目前的研究还只是阶段性的，不能说已经包罗万象，更不是最终的结论。总体上，还是在为今后更加综合性的研究提供一个详尽、扎实的基础。

由于自始至终都高度重视和强调调研的质量，所以，对于这一项目的真实性、客观性、准确性，我们有充分的信心。当然，无论如何，历史已经过去了六七十年，很多当事人已经去世，很多档案资料已经散失。现在再对发生在六七十年前的灾难进行大规模的调查，其困难是可想而知的。所以，即使做了最大的努力，我们仍然充分预计在调研成果及有关材料中，还是会有不足和差错之处，出版之后，肯定会有不同意见。所以，我们真诚地欢迎所有看到这些调研成果的人们，对其中的内容、材料、数据等进行审查、讨论。如此，必将有更多的人们关心和参与对当年那场灾难的调查，必将会提供和发现更多的档案、更多的资料、更多的见证，必将对我们调研成果中的很多内容进行不断的推敲琢磨，从而使我们能够更加准确、系统地展示当年中国的人口伤亡和财产损失，使我们为子孙后代留下的资料更为完整、更为丰富。我们也欢迎日本和其他国家的人们对这些调研成果进行阅读、审查、讨论、质疑。如此，将会有更多的国家和人们关注中国当年所遭受的灾难，也将会有更多的存留于国外境外的档案资料出现在公众面前，也将会使对当年这段历史和灾难的记录、研究更加准确和科学。

《抗日战争时期中国人口伤亡和财产损失》课题调研，是一项学术性的工作。开展这项课题调研，是为了更加准确和详尽地记录这场战争和灾难的历史，更加充分和有力地揭露日本军国主义的侵略罪行、反击日本右翼势力否认侵略战争的言行，更加充分和有效地进行爱国主义教育，毋忘国耻、振兴中华，更加积极地促进两岸交流、推进祖国和平统一进程，同时，也是为了给全世界所有关注当年这场战争和灾难的国家、政府和人们一个更加负责任的交代，为子孙后代继续研究当年中国人民抗日战争和日本军国主义的侵略罪行留下一笔丰富翔实的历史遗产。因此，虽然是学术性调研，但具有重大的历史意义、现实意义、国际意义、政治意义。作为历史工作者，我们有责任、有义务，实事求是地把中华民族在那场战争中蒙受的巨大灾难和损失尽可能完整地记载下来。推动和开展这项课题调研，是良心所在，是责任所在！每每读到那些令人震颤的历史事实，每每想到那数千万死难者的冤魂亡灵，每每掂量我们今人特别是历史工作者的责任，我们都禁不住潸然泪下。将近10年来，所有调研人员本着对历史和民族负责的精神，殚精竭虑，无私奉献，千方百计寻找各种线索，逐字逐页翻阅档案资料。为了做好对当事人、知情人的调查取证工作，顶酷暑，冒严寒，深入村镇，一家一户进行走访。也许，随着时间的流逝，这样的调研工作，以后再也不可能如此全面深入大规模地进行了。所以，对于能够基本完成这一课题的调研，我们极为欣慰，对能够取得今天这样的成果，我们极为珍惜。将近10年来，调研工作遇到过重重困难，调研人员付出了巨大心血，但只要能够对国家、对民族、对人民有一个负责任的交代，我们所有的努力、辛劳甚至痛苦都是值得的！

现在，《抗日战争时期中国人口伤亡和财产损失调研丛书》A系列第一批成果就要正式出版了，随后我们还将根据工作进程陆续出版第二批、第三批……B系列丛书的编纂和出版工作也将同时推进。而且，这项课题调研工作远没有结束。截至目前课题调研取得的成果，都还是阶段性的、部分的、不完全的成果。很多专题性调研还要继续进行，对大量档案资料还要进行分析研究。所有这些，都还需要我们继续不懈地努力。我们将以对历史负责的精神，一如既往地将这项课题调研工作做好。

历史，是现实的基础，更是未来的起点。打开尘封的记忆，重温昔日的往事，我们可以得到很多的启示和教诲，增长很多的聪明和智慧。所以，研究历史，形式上是向后看，但根本目的是向前看。作为一种科学的研究，我们调查历史的真相，记录历史的灾难，不是为了延续旧时的仇恨，不是为了扩大中日之间的裂痕，不是为了煽动狭隘民族主义的情绪，而是为了以史为鉴，不让历史的悲剧重演；面向未来，书写更加友好合作的美好篇章。经历了太多的苦难和挫折之后，我们更加坚定地热爱和平，更加执着地追求正义，更加珍惜国家的主权与独立，也更加关注世界的文明发展和进步。我们真诚地希望，世界各国能够携手努力，平等协商，求同存异，友好相处，共同推进世界的发展，共享人类文明的成果；我们真诚地希望，中日两国人民能够更多地加强交流、理解和合作，共同开辟中日关系的新局面，使中日关系更加健康稳定地向前发展，使中日两国人民真正世世代代地友好下去；我们真诚地希望，中华民族能够始终以坚韧不拔的努力，坚定不移地走和平发展之路，在中国特色社会主义旗帜下全面建设小康社会，努力实现社会主义现代化，为推动建设一个和平发展、文明进步的世界作出自己的贡献！

2014 年 4 月 30 日

《抗日战争时期中国人口伤亡和财产损失》课题①调研工作规范和要求

2004 年，中共中央党史研究室决定开展《抗日战争时期中国人口伤亡和财产损失》课题调研。2005 年向全国各省、自治区、直辖市党史研究室发出开展此项工作的正式通知，进行相应部署，着重说明工作的指导思想、调查项目、实施步骤及规范和要求。以后又随着课题调研的深入开展，对规范和要求进行了补充和完善。

一、课题调研的基本任务

抗战损失课题调研的目的和任务是深化对抗日战争时期中国人口伤亡和财产损失的研究。1995 年，在首都各界纪念抗日战争暨世界反法西斯战争胜利 50 周年之际，江泽民同志曾经对 20 世纪三四十年代日本侵略中国造成巨大人口伤亡和财产损失的基本数据做出了重要表述。2005 年，在纪念中国人民抗日战争暨世界反法西斯战争胜利 60 周年大会的讲话中，胡锦涛同志再次郑重宣布，据不完全统计，在抗日战争期间，中国军民伤亡 3500 多万人；按 1937 年的比值折算，中国直接经济损失 1000 多亿美元、间接经济损失 5000 多亿美元。中共中央党史研究室组织开展的课题调研，旨在全面详尽调查有关抗日战争时期中国人口伤亡和财产损失的具体事实，为这组基本数据提供强有力的史实支撑，并不是简单地做数据统计。

---

① 本课题亦简称为抗战损失课题或抗损课题。因为抗日战争时期及抗战胜利后国民政府统计人口伤亡和财产损失多采用"抗战损失"等概括性提法，其中将人口伤亡也称作抗战损失之一种，与财产损失并提，故沿用这一表述。

课题调研的基本任务是：按照实事求是的原则，经过广泛、全面、深入细致的调查研究，包括查阅搜集档案资料、对统计数据进行分析等，获得更多的证据，以更加全面和准确地揭露日本帝国主义侵略中国的罪行及其对中国人民造成的伤害。

课题调研的主要内容包括：（1）各个省、自治区、直辖市在抗战中的人口伤亡和财产损失情况；（2）历次重大战役战斗中中国军队伤亡的情况；（3）日本从中国掠走各种资源的情况；（4）日本从中国掠走和破坏文物的情况；（5）日军在中国制造的一系列重大惨案；（6）中国劳工的损失情况；（7）中国妇女遭受日军性侵犯的情况，包括"慰安妇"的情况；（8）日军在中国使用细菌武器、化学武器及其造成伤害的情况；（9）日本侵略在其他方面给中国造成破坏的情况；等等。

二、课题调研的方式和方法

主要是组织有关人员查阅和搜集档案馆、图书馆和其他文博单位以及民间保存的有关中国抗战人口伤亡和财产损失的档案资料、报刊杂志、历年出版的专题资料集和发表的研究成果。对一些特殊、重大的事件如重大惨案，则走访当事人、知情人和有关研究人员，进行录音录像，整理和保存证人证言，有条件的还进行司法公证，努力使这些调查材料成为在法律上可以采信的证据。有些省份的课题组还到境外的有关机构查阅相关档案资料，作为对大陆保存的档案资料的丰富和补充。这次课题调研的整体布局，实行块块和条条相结合。每个省、自治区、直辖市党史研究室在负责开展地区性的广泛调研的同时，也从实际出发开展一些专题性调研。一些重要的、涉及多个地方的带有全局性的专题，则另组织专家进行调研。

三、对搜集档案资料的要求

1. 明确搜集档案资料的范围。搜集档案资料是本课题调研工作的基础，调研成果的质量也主要决定于档案资料是否翔实，是否尽可能完整和全面。所以，凡相关内容的档案资料，不论是直接反映人口伤亡和财产损失的，还是间接反映的（如关于人口状况、财产状况、生产能力、各类资源情况等资料），都尽量搜集，作为撰写调研报告的客观的历史依据。搜集的要件有：档案、报刊、史志、时人日记、专著专论、实地调查报告、图片、影像资料以及出版、发表的研究成果等。

2. 认真整理原始档案和资料。对于搜集到的档案资料，不论是来自原始的档案，还是来自报刊、史志、日记、图书、专题论文等，都认真整理，每份每件都注明保存的地点、单位，文件卷号、出版或发表处等，然后分类汇总，妥善保存。档案资料使用时一律保持原貌，必要时作注释说明，不允许对原件内容增改、涂抹。对搜集到的档案资料要在分门别类整理的基础上进行必要的考证、鉴别和研究。整理后的档案资料，不仅是有关课题承担者撰写课题调研报告的重要依据，其主要内容也作为附件收入有关的调研成果之中。

四、有关数据统计中的几个问题

1. 根据搜集、掌握资料的情况，抗日战争时期中国的人口伤亡分为直接伤亡和间接伤亡两大类。直接伤亡，一般是指日本侵略中国的战争直接导致的中国方面人员的死、伤、失踪等；间接伤亡，一般是指在日本侵略中国的战争包括特定战争环境中造成的中国方面被俘捕人员、灾民、难民、劳工等的伤亡。抗战期间，被俘捕人员、灾民、难民、劳工等伤亡很大，但由于其流动性大等复杂原因，很难形成具体数据资料，统计起来十分困难。因此，本课题调研中，将已确定属于死、伤或失踪的被俘捕人员、灾民、难民、劳工的数据归入有关地方间接伤亡统计数据；无法确定是否伤亡失踪的，可视情况单列相关数据并加以说明。需要补充说明的是，在战争中失踪者，按通常惯例归为死亡。

2. 抗日战争时期中国的财产损失分为直接损失和间接损失两大类。直接损失，一般是指在日军攻击、轰炸或掠夺中直接造成的社会财产损失。居民财产损失列为直接损失。间接损失，一般包括：(1)政府机关等因抗战需要而增加的费用，如迁移费、防空设备费、疏散费、救济费、抚恤费等；(2)各种营业活动可获利润额的减少及由于成本上升等增加的费用；(3)有关伤亡人员的医药、埋葬等费用；(4)为抗战捐献的物资和钱财；(5)有关人力资源的损失。总之，一切因战争造成的间接财产损失均包括在内。

3. 在财产损失中所列的人力资源类损失，包括了被俘捕人员、劳工等在财产方面的损失。中国各级政府所组织的劳役，例如为战争修筑公路、机场、军事工事等抽调民工，都算作人力资源损失。但中国方面征用民工和日本侵略军强征劳工有所区别。日军强征劳工的伤亡率很高，和中国方面征用民工民夫的情况区别很大，因此要分别统计和说明，不能混淆。

4. 中国军队在重大战役战斗中的人员伤亡，分别情况加以统计处理。此次课题调研以统计平民伤亡为主。有关省（自治区、直辖市）如发现有本地发生过军队人员伤亡的重要资料，可以搜集整理并在调研报告中说明，但不计入本地人口伤亡总数。若是本地籍军人的伤亡，则计入本地人口伤亡总数。

5. 海外华侨拥有中国国籍，因此在计算抗日战争时期中国人口伤亡和财产损失时，华侨人口伤亡和财产损失均计算在内。各有关地方在计算本地人口伤亡和财产损失时，视情况可以将本地籍华侨的伤亡、损失计入统计数据总数，亦可单列数据并加以说明。

6. 工厂、学校、机关团体等由于战争原因搬迁造成的损失，算作间接损失，原则上由工厂、学校、机关团体等原所在地方统计。如果原所在地方缺少相关资料，新迁移处具备资料条件，也可由后者统计。为避免交叉和重复，遇到这类情况须特别加以说明。

7. 政党、政府机构的财产损失，归入公用事业的社会团体类财产损失一并计算。

8. 被日军、日本占领当局无偿征用、占用的中国耕地，按农作物的产量及其价值计算财产损失。

9. 伪军、伪政府的人员伤亡和财产损失，一般计入中国人口伤亡和财产损失。

10. 由战争原因导致的如黄河花园口决堤一类重大事件所造成的人口伤亡和财产损失，计算在间接人口伤亡和财产损失中。

11. 重大的财产损失，均以相应数额的货币反映价值。反映财产损失的货币一般要注明币种。

12. 通常用于抗日战争时期财产损失统计的货币（主要是法币），币值问题非常复杂。本课题调研中，涉及财产损失统计的货币数据，有条件进行折算的，一般按1937年即全国抗战爆发当年通用货币法币的币值进行折算，并说明折算的方式方法。因条件不具备，保留原始数据未作折算的，则注明有关数据中用以反映财产损失的货币系何种货币、何年币值。

五、关于撰写课题调研报告的要求

本次课题调研，有关课题组和承担专门课题的专家均按要求撰写出调研报告。

1. 各省、自治区、直辖市课题组撰写调研报告，内容大致分为概述、主体、结论三部分。

概述部分主要包括：介绍课题调研工作的基本情况，如：投入多少力量，到过什么地方查阅搜集档案资料，搜集了多少档案资料等。反映本地的自然地理概况，抗战爆发前的经济社会发展和人口状况，以及在抗战时期是重灾区还是大后方，是沦陷区还是根据地等。叙述日本侵略者在本地的主要罪行。还可简略回顾以往相关课题的资料和研究情况。

主体部分主要包括：分析说明本地人口伤亡和财产损失情

况。根据现掌握资料，将本地抗战时期人口伤亡分为直接伤亡和间接伤亡，将本地财产损失分为直接损失和间接损失，并分别说明主要的史料依据和分析结果。

结论部分，汇总本地人口伤亡数据、财产损失数据。据实说明迄今所掌握资料的局限性、本地遭受人口伤亡和财产损失的特点、影响等。

撰写调研报告依据的主要资料以及调研中同步完成的专题研究报告等，作为调研报告的附件，纳入课题调研成果中。

2. 由一批专家承担的全局性专门课题，如抗日战争时期重大惨案、劳工问题、"慰安妇"问题、细菌战、化学战、文化损失、海外华侨人口伤亡和财产损失、中国军队伤亡、重要战役战斗伤亡等，其调研报告的撰写和附件的收录，参照以上要求进行。

六、对调研成果的验收

在各省、自治区、直辖市课题调研工作结束后，完成的包括课题调研报告在内的省级调研成果和市、县等调研成果，要装订成册，通过审阅和验收，逐级上报，送交各省、自治区、直辖市党史研究室和中共中央党史研究室分别保存。

为确保质量，在调研过程中形成的各省、自治区、直辖市 A、B 两个系列书稿（省级调研成果为 A 系列书稿，市、县等调研成果为 B 系列书稿），要分别通过验收。其中，省级调研成果要通过由地方到中央的四级验收，市、县等调研成果则在有关省、自治区、直辖市内验收。

省级调研成果上报验收前，课题组先认真进行自审，以保证内容的完整准确，特别是调研报告和有关专题研究报告、资料、大事记的内容和数据要互相补充、印证，不能互相矛盾。课题组完成自审后，省级调研成果首先报送省级抗战损失课题领导小组验收。省级课题领导小组审查通过后，送省级专家验收组验收。省级专家验收组参加验收的专家一般为 3—5 人，人选来自党史系统、社会科学院和社科联系统、档案史志部门、高等院校等方面，为较有影响力、权威性的专家。省级专家验收组在本省（自治区、直辖市）课题领导小组的指导下，按照学术规范的严格要求和有关规定审读、验收本省（自治区、直辖市）拟提交中共中央党史研究室的省级调研成果。验收的主要标准和目的是确保调研成果的准确性、可靠性。对于验收中指出的问题、提出的意见和建议，各省（自治区、直辖市）课题组须采取有效措施解决和落实。对一次验收不合格的，修改、完善之后进行第二次以至多次验收，直到合格为止。省级专家验收组验收合格后，填写《A系列书稿验收报告表》。填写的报告表和书稿同时报送中共中央党史研究室课题组。

中共中央党史研究室课题组收到经省级专家验收组验收合格的省级调研成果后，先进行验收。认为合格后，再聘请国内知名专家进行验收，并填写《A系列书稿验收报告表》。验收中所提修改意见，由有关省、自治区、直辖市课题组予以逐条落实，对调研成果做出相应修改或者说明相关情况。

由一批专家承担的全局性专题研究成果，最后形成的书稿也纳入A系列，其验收也参照上述程序和要求，由中共中央党史研究室课题组组织有关专家进行。对于验收中提出的意见，承担课题的专家要逐条落实，对调研成果进行修改完善直至合格为止。

最后，中共中央党史研究室课题组对经过反复修改形成的省级调研成果和全局性专门课题调研成果进行复核。完成各项程序并符合要求的调研成果，包括通过四级验收的A系列书稿和由有关省、自治区、直辖市党史研究室组织验收并合格的B系列书稿，分批次送交中共党史出版社付印出版。

中共中央党史研究室课题组

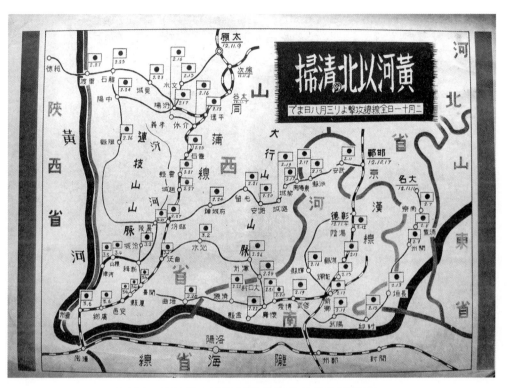

1938年3月侵华日军绘制的黄河以北作战形势图。

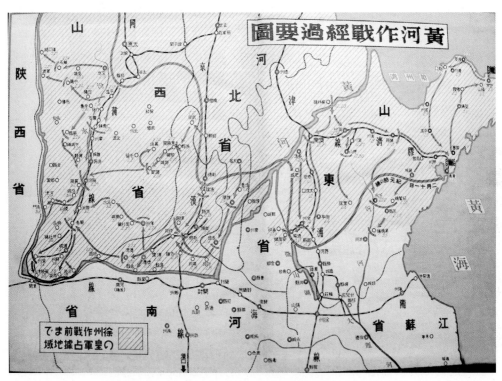

1938年3月徐州会战前日军绘制的黄河作战经过要图。

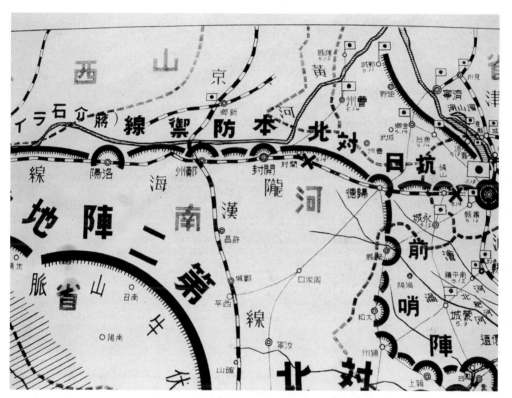

1938年6月日军绘制的河南境内作战形势图。

1937年11月4日日军进攻彰德（今安阳）。图为日军攻城情景。

1937年11月4日日军攻破彰德（今安阳）。图为日军轰破城门进入城内。

1938年2月13日日军占领淇县。图为当地老百姓为抗日烈士所立"中国无名战士之墓"墓碑。

1938年日军安田骑兵队在温县一带"搜剿"中国抗日军民。

1938年2月5日日军重炮轰击中国军队防守的黄河防线。

1938年2月11日日军一部在豫北地区"扫荡"。

1938年2月21日日军侵占焦作。

1938年2月22日侵占孟县的日军抢掠物资。

1938年5月28日日军围攻开封。

1938年5月28日日军进攻兰封 (今兰考) 县城。

1938年6月4日日军攻占尉氏县城。

1938年6月5日日军攻占开封时遭破坏的残楼。

1938年6月9日国民政府军事当局为阻止日军西进,下令炸开郑州附近的花园口黄河大堤。图为黄泛区的景象。

黄河决堤后四处逃亡的灾民。

黄河决堤后四处逃亡的灾民。

黄河决堤后尉氏县城内的灾民。

投降票

一、投降者携
带此降票来
至日军阵於
二、携带此降票
者不但不需
做敌兵而且
优遇之关

日本军

日军印制的用于诱降
中国军民的投降票。

1938年9月6日被日军破坏的固始县城一片瓦砾。

1938年9月7日日军攻进
固始县城。

1938年9月10日日军用掠夺来的水牛拉运物资进攻光山。

1938年9月20日光山县沦陷。图为9月28日日军烧杀抢掠的景象。

1938年9月20日光山县沦陷。图为9月28日拍摄的被日军轰塌的光山县城楼。

1938年10月8日日军攻占商城沙窝新店。

1938年10月12日信阳沦陷。图为被日军轰塌的信阳北门。

1938年10月12日信阳沦陷。图为日军通过被战火毁坏的信阳县城街道。

1938年10月日军在信阳附近农村抢抓老百姓的鱼。

1941年被日军炸毁的郑州天主教堂。

抗日战争期间，日军多次轰炸河南的城市和战略要地。图为日军飞机轰炸巩县（今巩义市）。

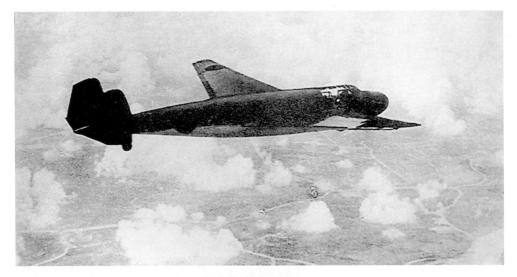

日军飞机轰炸洛阳。

日军飞机轰炸
洛阳飞机场。

　　1942年9月27日日军对冀鲁豫抗日根据地中心区范县进行"扫荡"，先后屠杀根据地军民1200多人，制造了范县"九二七惨案"。图为2009年2月25日，惨案幸存者、范县张庄乡旧城村村民张金玉（左，76岁）、于兆香（右，84岁）在讲述惨案经过。

　　范县张庄乡旧城村北河沟（2009年2月25日拍摄）。范县"九二七惨案"中，日军把旧城村的群众赶到河沟内，用机枪扫射，造成死伤者达300余人。

1944年10月17日日军驻商丘第四骑兵旅进犯冀鲁豫抗日根据地九分区。在滨河县二区前、后小渠村屠杀无辜群众697人，制造了"小渠惨案"。图为"小渠惨案蒙难同胞纪念碑"（正面）。

"小渠惨案"中仅有姓名可考的遇难群众就达207人。图为"小渠惨案殉难同胞名录"碑（正面）。

当时滨河县县长郭涤生为"小渠惨案殉难同胞名录"碑题字："从日寇手中讨还这笔血债!"（正面）。

　　1938年3月25日日军攻占长垣县城，屠杀无辜群众1700多人，制造了"长垣城惨案"，其中仅在县城中心黉学院内就杀死200多名群众，史称"黉学惨案"。图为2004年9月18日中共长垣县委、长垣县人民政府所立的"黉学惨案"纪念碑（正面）。

　　2004年9月18日中共长垣县委、长垣县人民政府所立的"黉学惨案"纪念碑（反面）。

目　　录

总序

《抗日战争时期中国人口伤亡和财产损失》课题
　调研工作规范和要求

一、河南省抗日战争时期人口伤亡和财产损失调研报告

河南省抗战损失调研课题组

（一）调研工作概述

　　20 世纪 30 年代，日本帝国主义发动的侵华战争，给中华民族造成了巨大的人口伤亡和财产损失。开展抗日战争时期中国人口伤亡和财产损失的调查研究，对于揭露日本军国主义的侵略罪行，以史为鉴，开创未来，实现中华民族的伟大复兴有着重要的意义。根据中央党史研究室《关于开展抗战时期中国人口伤亡和财产损失课题调研的通知》精神，河南省委党史研究室于 2005 年 4 月向全省党史系统下发了通知，对开展抗战时期河南人口伤亡和财产损失课题调研进行了部署并提出了具体要求。为完成中央党史研究室提出的省级课题调研任务，指导各市县的开展调研工作，河南省委党史研究室成立了抗战损失调研课题组，研究室主任于吉林任组长，主管业务的副主任郭晓平和一处处长李琳任副组长。2006 年 2 月，省委党史研究室召开了全省抗战损失调研工作会议，进一步落实了中央党史研究室关于开展抗战损失课题调研工作的精神，在全省部署展开了抗战损失课题调研工作。12 月 13 日，省委党史研究室下发了《关于报送"抗战损失调研成果"和编纂<抗战时期河南人口伤亡和财产损失>专题丛书的通知》。2007 年 11 月，省委党史研究室在郑州召开抗战损失调研课题业务培训会，对全省的抗战损失调研工作进行了培训和指导。

　　调研工作得到了全省各级党委、政府的高度重视和大力支持。在中央党史研究室的指导和省委党史研究室组织下，全省参加抗战损失课题调研的人员达到4000 余人。仅安阳一市市、县、乡三级课题组就达 142 个，人员 1453 人。省委党史研究室课题组成员对河南、山西、河北、湖北、安徽、陕西、甘肃七省档案馆、河南省统计局、中国第二历史档案馆、武汉市和山西省晋城市档案馆的档案

进行了认真、细致的查阅、复制；对河南省图书馆、南京市图书馆、安徽省图书馆的旧报刊也进行了认真的查阅、复制。共查阅档案、文献近万卷。复制文献、档案 600 余件。市、县党史部门组织人员查阅了本省和邻省相关市、县档案馆、公安局、检察院、法院的档案，大部分市还组织人员到中国第二历史档案馆查阅档案。安阳市发动乡、镇、村及街道办事处挨家挨户搞普查，专访历史见证人、知情者 12966 人。在抗战损失调研工作中，全省各级党史部门共查阅档案、文献 1.3 万余卷，复印档案文献资料 2500 余件，查阅抗战期间及战后出版的书报刊物 680 种，走访当事人、知情人和受害者家属 135574 人次，收集证言证词 10 万余份。根据中央党史研究室的要求，各级党史部门对征集到的大量资料进行了梳理、考证，并在此基础上，进行了细致的分析研究，形成了调研报告和专题调研报告。全省抗战损失调研工作取得了丰硕的成果。

（二）全国抗战前河南的自然条件和社会经济变化状况

　　河南省地处中原，属黄河中下游地区，东与山东、安徽相连；西与陕西接壤；北和西北与河北、山西为邻，南与湖北交接。全省抗战前土地面积约为 165142 平方公里，耕地面积约为 113391363 市亩，占全省土地面积的 46.78%[①]。1936 年全省总人口 34519164 人[②]。全省 111 个县，分为 11 个行政督察区。1938 年 8 月，改划为 13 个行政督察区。1942 年 6 月又变更为 12 个行政督察区[③]。当时河南省的武安、涉县、临漳三县今属河北省。今属河南省的清丰、南乐、濮阳（含 1949 年合并的昆吾县）、长垣四县当时属河北省；范县、濮县、台前（当时寿张县和张秋县各一部分）三县当时属山东省。行政区划的变动，给这次河南省抗战损失调研工作带来了很大的困难。本次开展的抗日战争时期河南省人口伤亡和财产损失课题调研，涉及有关统计数据的汇总，均以现在的河南省辖区为准。

　　河南是农业大省，以自给自足的自然经济为主。1935 年全省粮食耕作面积

---

① 《民国二十四年河南农林统计引言》，载河南省政府秘书处统计室编：《河南统计月报》，民国二十五年，第 2 卷第 8 期，河南省图书馆馆藏，E388。

② 《第二类 人口 表 8. 历年户口》，载河南省政府统计处编：《河南省统计年鉴》，民国三十五年，河南省图书馆馆藏，Z101。

③ 《历次行政督察区划》，载河南省政府统计处编：《河南省统计年鉴》，民国三十五年，河南省图书馆馆藏，Z101。

为 128598922 市亩，占耕地总面积的 95.27%，总产量为 70233927 公斤。其中小麦耕地面积 55416061 市亩，占粮食耕作面积的 43.09%，年产量为 24911088 公斤。其他的粮食作物主要是大麦、大米、小米、高粱、玉米等。特种作物面积为 5462651 市亩，占农作物总面积的 4.04%。河南系全国六大产棉省区之一，1935 年全省棉花耕地面积 2816852 市亩，占特种植物面积的 51.57%，皮棉年产量为 5396150 公斤。[①]1936 年，棉花种植面积迅速扩大到 6068046 市亩，年产皮棉达 68361300 公斤[②]。其他特种植物主要有烟草、花生、芝麻、豆类等。蔬菜、瓜果等园圃作物占农产作物面积的 0.69%。农副业主要有织布、畜牧、编织等，1935 年全省农副业产值总数为 51552645 元，占总农产收入的 11%[③]。

战前河南民族工业虽有了一定的发展，但与沿海沿江省区相比工业比较落后，工业以小手工业和手工业为主。河南煤产量丰富，战前全省有机械设备的煤矿 46 家，日产 1.5 万吨。产量最高的是焦作中英合办的中福公司，日产 6000 吨。其次为安阳六河沟煤矿，日产煤 3000 吨[④]。1935 年全省仅有工厂 31 家，6996 名职工（纺织业、打包业临时雇工不在其内）。以面粉业、打蛋业[⑤]、打包业最多，其次为纺织业、机械业、制革业。以地域论大都集中在郑州、安阳、许昌、开封等地。资本以纺织业为最多，有 7733900 元，占 74.87%，较大的纱厂有郑州豫丰纱厂、卫辉华新纺织厂、武陟成兴纱厂。全省纺织女工有 2500 余人，纺织品年产销售总值 17575399 元。全省资本在万元以下的小工业 50 余家，仍以纺织业最多，占 70% 强。其次为食品业，有 8 家。全省手工业有 1465 家，纺织业仍占首位，次为木制业、金属制品业、服用品业、食品业等[⑥]。

战前河南的商业比较发达，省会开封一市就有商号 6000 多家[⑦]，但多为小商号，资本在 5000 元以上的只有三家。这些商号大多经营服饰、食品、烟酒等

① 《民国二十四年河南农林统计引言》，载河南省政府秘书处统计室编：《河南统计月报》，民国二十五年，第 2 卷第 8 期，河南省图书馆馆藏，E388。

② 《河南省棉产统计表》，载河南省政府秘书处统计室编：《河南统计月报》，民国二十五年，第 3 卷第 7 期，河南省图书馆馆藏，E388。

③ 《民国二十四年河南农林统计引言》，载河南省政府秘书处统计室编：《河南统计月报》，民国二十五年，第 2 卷第 8 期，河南省图书馆馆藏，E388。

④ 《河南省战前有机器设备煤矿概况》，载河南省政府统计处编：《河南省统计年鉴》，民国三十五年，河南省图书馆馆藏，Z101。

⑤ 打蛋业即把鸡蛋加工成蛋粉的行业。

⑥ 《河南工业统计》，载河南省政府秘书处统计室编：《河南统计月报》，民国二十五年，第 3 卷第 5 期。

⑦ 《开封省会各业商号统计表》，载河南省政府秘书处统计室编：《河南统计月报》，民国二十四年，第 1 卷第九、十期合刊。

日用品。在郑州、开封、许昌、南阳、安阳、新乡等城市的一些商家购销粮食、棉花、蚕丝、烟草、药材等货物，除满足本地需要外，还运销往汉口、上海、石家庄、天津、济南等地。一些外国洋行也在这些城市设立经销点，经销农产品、矿产品，推销洋货。

河南是连接中国南北东西的交通要道，历来是必争之地，有得中原者得天下之说。河南战场在全国抗战中具有举足轻重的战略地位。卢沟桥事变爆发后，侵华日军发动了全面的侵华战争，1937 年 11 月上旬，沿平汉铁路及两侧南犯的日军突破国民党政府军第一战区的漳河防线，5 日攻占豫北重镇安阳。1938 年 2 月初，为了策应津浦路作战，日军发动豫北战役，国民党政府军新编第八师奉命炸毁平汉铁路黄河铁桥，日军被阻于黄河以北。月底，豫北全部沦入敌手。1938 年 5 月 19 日，沿津浦铁路南犯的敌人占领徐州后，随即沿陇海铁路西进。6 月 6 日，河南省会开封失守。国民党当局为了阻滞日军的进犯，下令炸开郑州东北花园口黄河大堤。黄河决堤的洪水固然迟滞了日军攻占郑州沿平汉铁路南下武汉的计划，但淹没了豫东、皖北、苏北 40 余县的大片土地，形成连年灾荒的黄泛区，给广大人民造成极大的灾难。9 月，日军又向豫南发动进攻，很快占领了豫南。至此，包括豫北、豫东（新黄河以东）和豫东南（淮河以南）的河南半壁河山沦入敌手。日军在沦陷区开封建立了伪河南省政府，下辖豫北道尹公署和豫东道尹公署。1944 年 4 月日军发动豫湘桂战役，攻陷了国民党军控制的豫西、豫西南地区，除新蔡一县外河南省全部沦陷。

抗日战争时期，共产党领导的八路军、新四军在河南和邻省交界的沦陷地区创建了晋冀豫（后改称太行）、冀鲁豫、晋豫边（后并入太岳）、豫皖苏、豫鄂边、豫西六块抗日根据地。可见抗日战争时期河南省是日军占领区、国民党统治区和多个抗日根据地、游击区并存，这就使河南的抗战损失调研工作变得更为复杂和困难。

日军发动侵略中国的战争，使河南的经济遭到了极大的破坏。战争的毁坏和日军的烧杀抢掠，使广大人民流离失所，农村大片良田荒芜，粮食和农作物减产。战后全省耕地面积 99035669 市亩[①]，比战前减少 14356694 市亩。年粮食总产量减少了 48.2%[②]，棉花种植面积不足战前的三分之一，1942 年全省棉花产量只有

---

① 《河南各县土地面积（一）》，载河南省政府统计处编：《河南省统计年鉴》，民国三十五年，河南省图书馆藏，Z101。

② 王式典：《河南省善后救济调查报告附修正报告》，中国第二历史档案馆藏，档案号 21—2—202。

战前的八分之一①。工矿业遭严重破坏，六河沟煤矿设备被破坏90%。全省煤炭战前每日总产量为24310吨，战后每日产量为3720吨。1937年全省生产丝绸312300匹、皮革45120张、麻纸718500捆，1945年全省仅产丝绸134000匹、皮革12200张、麻纸192800捆，产量比战前分别减少了57.1%、73.4%、73.2%②。郑州豫丰纱厂等厂被迫停产西迁，安阳3个打蛋厂和3个丝织厂均因原料断绝，先后倒闭③。豫北较大的10余家纺织厂，被摧毁者达70%以上。豫西南西峡口镇曾为豫西经济集中地，原设有电厂、农具制造厂、纺织厂、印刷所各一处，颇具规模，1944年日军攻占此镇，均破坏无余。

日本的侵略使地处全国交通枢纽的河南，在八年抗日战争中铁路交通运输遭到了极大的破坏，道清铁路全线破坏，陇海路破坏严重停运，平汉铁路时通时停。公路交通也遭到了极大的破坏。战争和交通运输业的破坏，严重影响了商业经济。根据1946年河南省善后救济分署秘书室统计，全省各县城镇破坏程度平均达62.1%④。

（三）侵华日军在河南的主要罪行

日本侵略者在对河南军事进犯的过程中，给河南人民带来了巨大灾难。当日军要发动军事进攻时，便出动大批飞机对河南城镇乡村进行狂轰滥炸；当日军占领一地时，便四处烧杀淫掠，进行惨绝人寰的大屠杀，制造了大量惨案。无数村庄家园被毁，无数的财产被掠夺，无数的同胞被杀戮，无数的妇女遭受蹂躏屈辱。日本侵略军在河南犯下的种种暴行，是帝国主义对中国人民犯下滔天罪行的铁证。

1. 狂轰滥炸是日本进行侵略战争的一个重要军事手段。每当日军对某地发动进攻的前夕，就派出大批飞机轰炸中国军队的阵地、军事目标和交通要道。日本侵略者为了制造精神恐怖，迫使中国人民屈服，还无视国际公法，对许多城镇的商业区、居民区、文化区等非军事目标进行狂轰滥炸。郑州是全国重要的交通

---

① 《河南省历年农作物种植面积及产量》，载河南省政府统计处编：《河南省统计年鉴》，民国三十五年，河南省图书馆馆藏，Z101。

② 《河南历年重要工业产量》，载河南省政府统计处编：《河南省统计年鉴》，民国三十五年，河南省图书馆馆藏，Z101。

③ 河南省社会处编：《河南灾情实况》，1946年7月，中国第二历史档案馆藏，档案号21—2—287。

④ 《河南省各县城市破坏程度一览表》，载《善后救济总署河南分署周报》第一四期，民国三十五年，河南省图书馆馆藏，F717。

枢纽，平汉、陇海两大铁路线在此交汇。从 1938 年 2 月 14 日到 3 月 26 日的一个多月时间内，日军先后出动飞机 12 次，161 架，投弹 205 枚轰炸郑州，炸死炸伤 864 人。2 月 15 日，《新华日报》报道郑州首次被炸的情况：昨日敌机狂炸郑州，毁房数百间，死伤五百余人。"有重轰炸机 9 架，分三批侵入郑州上空，滥施轰炸，投弹达 60 余枚。平汉、陇海两铁路铁轨及站台附近，炸毁多处，至郑埠商业区域之大同路，落弹尤多。华安饭店、五洲旅馆等处，系成灰烬"①。1938 年 5 月 20 日，日军飞机轰炸驻马店，民众死伤 1500 余人，房屋被毁 3000 多间②。1938 年八九两个月日军飞机连续对豫南重镇信阳城进行轰炸。《新华日报》对 9 月 28 日的轰炸进行了报道："敌机分批袭信阳上空，在城厢内外实施轰炸，投掷轻重炸弹及燃烧弹约数百枚，致城内多处起火，民房大部被毁，东南西关及车站附近受损尤重，断墙残垣，在在皆是，信阳城已大半成为瓦砾。"③

据不完全统计，抗战期间日军飞机在全省炸死炸伤平民 21544 人。炸毁民房 48353 间，街道 104 条，工厂 6 座，飞机场 2 座，村镇 4 座，市场 3 座，天主教、基督教教堂 3 座，帆船 22 艘，火车头 2 个，车厢 19 节，黄河铁桥 2 次，大车 15 辆，汽车 4 辆，粮食 8000 公斤，农具 2150 付。

2. 日本侵略者在军事进攻中，进行了惨绝人寰的大屠杀，制造了大量惨案。1937 年 11 月 5 日，日军占领安阳城后，对小西门一带居民进行血腥屠杀。制造了安阳惨案④。日军用枪杀、刺刀挑、战刀砍，甚至唆使军犬将人活活咬死，1000 余名同胞遇难，2000 余间房屋被烧。在烧杀抢掠的同时，日军兽性大发，对搜出的妇女，从十几岁的幼女到 70 多岁的老妪肆意奸淫。1938 年 3 月 25 日，日军攻占长垣县城后，沿街搜索，见人就杀，屠杀平民百姓 1700 余人，大街小巷尸体狼藉，血流成河⑤。3 月 29 日，日军进浚县城后到处搜寻残杀百姓，把二三百名百姓关进一座房子，洒上汽油点火，二三百人全部葬身火海。日军发现南山街土洞里的约 400 人，就架起两挺机枪对着土洞扫射⑥。浚县城内被日军用枪杀、刀砍、割喉、挖心、军犬咬等残忍手段杀死的无辜百姓 4500 余名，占全城总人

① 《敌机轰炸郑州，死伤贫民五百余人》，载《新华日报》1938 年 2 月 15 日。

② 驻马店市地方史志编纂委员会编：《驻马店地区志》，中州古籍出版社 2001 年版，第 100、600 页。

③ 《信阳迭遭狂炸县城多成瓦砾》，载《新华日报》1938 年 10 月 1 日。

④ 安阳市地方史志编纂委员会编：《安阳市志》第一卷，中州古籍出版社 1998 年版，第 46 页；《一位"日军大院街大屠杀"幸存者的口述》。

⑤ 长垣县地方史志编纂委员会：《长垣县志》，中州古籍出版社 1991 年版。

⑥ 惨案亲历者卢荫堂在"浚县抗战初期的情况座谈会"上的发言记录，1983 年 10 月 24 日。原件存中共浚县县委党史研究室。

口四分之一。浚县城内成了"户户皆戴孝,家家有哭声"的悲惨世界①。1938年7月日军土肥原部队进攻尉氏县城,在护城河内一次打死老百姓2700多人,又在该县孔家村、县城南关,杀害平民27人②。1939年2月,日军一二二五部队侵入太康县五子李、常营寨两个村庄,杀害村民1300余人③。

日本侵略者对共产党领导的抗日根据地频繁地进行"扫荡"、"清乡",实行烧光、杀光、抢光的"三光"政策。内黄县四·一二阵亡将士暨死难同胞之公墓碑记载了1941年4月12日日军对冀鲁豫边区的残酷大"扫荡":"内黄、顿丘、高陵三县交界地区,被焚142村,毁房5万余间,死难民众4000余人,炸毁水井百数十眼,砍伐树木数10万株,民间财物被掠一空。其杀人之惨,实开人类史上所未有。如在千口以机枪集体扫射,死近千人;在杨固,填满井6眼,死千余人;薛村沙窝搜杀避难民众亦约千余人;至婴儿活被撕裂,妇女奸后剖腹,以至逼驱男女于一室,辱打之后,放火烧者,比比皆是。劫后尸体纵横,血腥遍野,断井颓垣,瓦砾焦土,完物为之无存,极目一片荒凉。"④1944年10月,驻商丘的日军对冀鲁豫边区进行惨无人性的疯狂"扫荡",17日拂晓,日、伪军步、骑兵1500人,向长垣县东北30公里的小渠村实行拉网式合围,日军纵火烧死无辜群众100多人;紧接着又逼群众跳入水井中,并推倒井边的土墙,然后用石磙压住,致使100多村民活活溺死在井中。小渠惨案遇难同胞共计697人⑤。

3. 日本侵略者对河南经济的抢掠和破坏。日军为实现以战养战的目地,在进行军事进攻的同时,进行疯狂的经济掠夺。1938年日本的满铁、日棉、兴中、满洲电信、华北开发会社等纷纷在河南占领区设立分支机构,掌握和控制河南的工商业。焦作的中福煤矿、安阳的六河沟煤矿、武安县的大成煤矿、辉县的华新纱厂、安阳的广益纱厂、开封的益丰、德丰、中央面粉厂、安阳的太和恒、普顺面粉厂等,日本侵略者都以"军事管理"、"委托经营"和"合作经营"等形式悉数掠夺而去,这些企业成为日本侵略者掠夺和破坏中国经济的工具。如1938年

① 浚县地方史志编纂委员会:《浚县志》,中州古籍出版社1990年版,第729页。

② 河南省人民检察署编:《关于日本战犯在河南的罪行材料汇集》,1951年12月,湖北省档案馆藏,档案号ZN6—1—29—5。

③ 河南省人民检察署编:《关于日本战犯在河南的罪行材料汇集》,1951年12月,湖北省档案馆藏,档案号ZN6—1—29—5。

④ 引自《"四·一二"阵亡将士暨殉难同胞之公墓》。此碑为晋冀鲁豫边区第二十、二十一两专区各界于1942年5月3日所立,碑文载河南地方史志编纂委员会主编的《日军祸豫资料选编》,河南人民出版社1986年版,第176页。

⑤ 《敌寇残酷扫荡九分区小渠欠下血腥巨债六百九十名同胞被杀惨痛嚎叫声闻数里》,载《冀鲁豫日报》1944年11月12日;《日伪军惨杀濮阳滑县同胞七百》,载《解放日报》1944年11月25日。

焦作煤矿落到日本兴中公司手中后，日本侵略者采取掠夺式开采方法，井下乱采乱挖，吃肥丢瘦，资源损失率达80%以上。1941年和1942年，在高压政策下，煤产量猛增到121万吨和136万吨。从1938年至1945年，日本侵略者共在焦作盗采掠夺煤矿约692.98万吨[①]，使焦作煤田受到严重破坏。

　　农业也是日本经济掠夺的主要对象。日本侵略者在华北建立了土地调查委员会，对日军所需的土地随时加以圈占和没收。日军对敌后抗日根据地进行频繁"扫荡"，把抢粮作为主要任务之一，每年的秋收、夏收季节，日、伪军都频繁进行抢粮作战；对占领区则实行变相抢掠的方式，即实行所谓"统制"，以远低于市场的价格收购中国农民的粮食。随着战争的发展，统制变成了强制购销，即推行所谓的"粮食出荷"政策，强迫农民将生产的粮食的绝大部分按伪政府规定的最低收购价交售。日军所征收的农业杂税种类繁多，1939年日军在豫北、豫东占领区强迫农民缴纳的赋税竟达22种之多[②]。此外，日本在占领区还掠夺农村青壮劳动力，主要用于兵役、修路、修飞机场、挖封锁沟、修封锁墙、修工事、运送物资等，有的青年被掠到东北、朝鲜，甚至到日本服苦役。据日本学者统计，河南被抓往日本的总劳工数达4950人[③]。

　　日本侵略者对河南经济进行掠夺的同时，还进行野蛮的抢劫和破坏。日军铁蹄所至，许多寺院、庙宇、书院、名塔等历代名胜建筑被烧毁，粮食、牲畜、车辆、家具、衣物、金银首饰、珠宝玉器、古玩字画、图书资料等被抢掠一空[④]。1938年6月2日，日军在进攻河南省会开封时，向开封的标志、宋代建筑铁塔连击62发炮弹，将铁塔中部击毁丈余长，商店、学校、住户被洗劫一空[⑤]。1942年至1943年，进驻安阳的日军对殷墟进行了大规模的盗掘，大批珍贵的文物被劫往日本。日军霸占了洛阳龙门煤矿，大肆掠夺洛阳煤炭、金、银、铜、铁等物资，还盗走了龙门宾阳洞的四个菩萨头及宾阳南洞的二力士像。1944年5月，日军第一〇九师团竹村联队刚本部队"扫荡"伊川县白元镇，破坏和乐中学及完小校舍130余间、教学用具337件，毁坏图书8000余册[⑥]。

① 中福两公司联合办事处：《中福两公司联合办事处直接损失汇报表》，1945年9月30日，煤炭部781所档案1310号。
② 顾秋：《铁蹄下的安阳》，载《新华日报》1940年1月26日。
③ [日]田中宏、内海爱子、新美隆：《中国人强制连行の记录》，日本明石书店1990年12月20日版，第171页。
④ 《孟县沦陷两月记》，载《河南民国日报》1938年5月16日。
⑤ 《沦陷后的开封惨状》，载《河南民国日报》1938年6月17日。
⑥ 河南省人民检察署编：《关于日本战犯在河南省的罪行补充材料汇集》，1952年1月，湖北省档案馆藏，档案号ZN6—1—29—7。

1938 年 6 月，日军将济源至邵原公路沿途 20 里内居民房屋及所产粮食、尽付之一炬，共烧房屋 2 万余间，粮食 8 万余石，火光连天，数日未熄。牛羊牲畜，亦被宰杀数万头[①]。日军在延津县野厂村杀完留在村中的百姓后，挨家挨户搜查牲口和财物，日军抢完了一切可抢的东西，又手持喷火器，点燃了全村的房屋车辆和草垛。此后，日军还不罢休，又集中所有汽车和坦克，排着横队，把村子周围 1000 多亩出穗小麦全部碾倒轧毁。据不完全统计，日军在内黄先后烧毁 11.8 万多间房屋，在济源烧毁 5.15 万余间房屋。1944 年 4 月 1 日，驻许昌市日军高山部队侵入四照、西杨、坡张、东湖、石固五个村庄，烧毁房屋 234 间，杀死耕牛 1440 头[②]。

4. 日军在河南占领区肆意奸淫妇女，受害者上至年迈老妇，下至几岁幼女，轮奸致死或轮奸后被杀者难以数计，甚至连产妇都不放过。日军还在开封、信阳等地开设"慰安所"、"花乃家"，强迫许多中国妇女充当"慰安妇"、"营妓"。这一野蛮行径使许多中国妇女受尽凌辱和摧残，不少人死于虐杀和疾病。1944 年 4 月 8 日，日军侵入许昌市李庄、李楼、小店、俎庄、沈村、大任庄、大路张、宋庄，杀害村民 162 人，强（轮）奸李新昌女儿（12 岁）、俎满仓妻子、牛焕妮（15 岁）等妇女 259 余人。1944 年 4 月 20 日，日军高山部队侵入许昌市和尚桥区湾张村，将李盘妮等 10 余名妇女投入水井中淹死，强奸李花等妇女 100 余人[③]。1945 年 4 月，驻漯河市日军中尉西村强迫 100 多名妓女登记为随军妓女。又抓走民女芦秀清、高秀兰、小兰妮、吴秀荣、应保珍等 100 余名妇女。这些妇女全部被轮奸[④]。

5. 日本侵略者公然违反国际法准则，肆意杀害、虐待战俘，令战俘从事危险性和屈辱性的劳动。攻占襄县城后，日军将被俘的国民党军队 38 名官兵全部杀害。在宜阳，日军将 350 余名国民党军战俘锁在石陵乡二廊庙，用手榴弹和机枪轰炸扫射，除一人幸存外，其余全部被打死。日军在陕县温塘村将国民党军俘虏 20 余人全部扔进大火活活烧死；囚禁在会兴街山西会馆的国民党军官兵俘虏 300 多人，被日军百般凌辱后，又被当练刺杀的活靶子——刺死，会馆外沟坡内的白骨至今尚在，成为日军侵华罪恶的见证。日军对被捕的抗日军民也进行残酷

---

① 《日军在孟、沁、济三县屠杀焚劫》，载《新华日报》1937 年 7 月 1 日。

② 河南省人民检察署编：《关于日本战犯在河南的罪行材料汇集》，1951 年 12 月，湖北省档案馆藏，档案号 ZN6—1—29—5。

③ 河南省人民检察署编：《关于日本战犯在河南的罪行材料汇集》，1951 年 12 月，湖北省档案馆藏，档案号 ZN6—1—29—5。

④ 河南省人民检察署编：《关于日本战犯在河南的罪行材料汇集》，1951 年 12 月，湖北省档案馆藏，档案号 ZN6—1—29—5。

的杀戮。抗战期间，日军在洛阳西工设有战俘集中营，关押战俘最多时达 4.5 万名。后日军将关在郑州的 1 万余名中国战俘运往北平俘房集中营，之后又从北平集中营押走 1 万多名战俘到日本福冈县，强迫战俘们到地下煤矿挖煤，这些战俘大部分不是病死，就是被打死、折磨死，到抗战胜利时，只剩下一小半的幸存者。1944 年 4 月，日军第一〇九师团黑须联队田野部队侵入宜阳县段村、韩沟两个村庄，杀害村民 30 余人、中国军队战俘 200 余人。1945 年 4 月，田野部队又在石陵俘房民夫和中国军队官兵 300 余人，关在二郎庙内。日军站在房顶用手榴弹、机枪将庙内的人全部打死[①]。1944 年 7 月，驻洛阳市的日军第一〇九师团军政部大江部队将被俘的中国军队官兵 100 余人，用汽车运至营林街全部刺死[②]。

6. 日军还在河南许多地区使用毒气和细菌武器，残忍地解剖活人，残酷地杀害中国军人和无辜平民。1938 年秋，日军在豫北道清铁路两侧施放霍乱和疟疾病菌，民众染疾致死者，每村多者上百少者几十。1938 年 8 月，日军飞机在商城县城南门外投放糜烂性毒瓦斯炸弹 10 余枚，民众中毒 500 人[③]。

当时在焦作矿区日军第一一七师团野战医院任中佐军医的田野实曾详细回忆了他们拿中国农民做解剖实验，把活生生的中国青年的五脏掏出，截去右臂和左腿的野蛮行径[④]。

（四）人口伤亡情况

日军发动的侵略战争使河南人民遭受了巨大的人口伤亡。抗战胜利后，国民党政府机关及共产党领导的解放区民主政权都曾对河南抗战损失及人口伤亡做过一定规模的调查。1945 年 10 月，豫西、豫东广大解放区被国民党军强占。只有中原军区的部队在豫西南桐柏山地区活动。1946 年 6 月，被国民党军包围的中原军区部队分路突围后，黄河以南的河南省境内已基本上无解放区。因此黄河以南的人口伤亡数字我们是以当时国民党政府的调查资料为基础进行统计的。而抗战胜利后豫北地区国共政权犬牙交错，调查工作难以互相协调，两者的调查互

---

① 河南省人民检察署编：《关于日本战犯在河南省的罪行补充材料汇集》，1952 年 1 月，湖北省档案馆藏，档案号 ZN6—1—29—7。

② 河南省人民检察署编：《关于日本战犯在河南省的罪行补充材料汇集》，1952 年 1 月，湖北省档案馆藏，档案号 ZN6—1—29—7。

③ 商城县志编纂委员会：《商城县志》，中州古籍出版社 1991 年版，第 259 页。

④ 《野田实回忆在太行山麓解剖活人》，载《天津日报》1982 年 8 月 25 日。

相参差，很难分割汇总。战后，国民党河南省政府当局调查后所编制的《河南省各行政区人口受灾损失统计表》①中的统计资料显示，豫北 25 县人口因战争死亡者共计 513352 人，伤者 127762 人。太行解放区的第四、第五、第六专署除陵川、磁县两县外，全部属豫北地区，合三专署所辖区域抗战人口伤亡调查统计数字，再减去陵川、磁县两县的统计数字，被敌杀死者 59726 人，伤残者 27478 人，战灾病饿死 402993 人，合其中死亡数为 462719 人②。冀鲁豫解放区属河南的高陵、内黄（今内黄县相当于抗战时期解放区的高陵县、内黄县之和）、滑县、卫南（今滑县相当于抗战时期解放区的滑县、卫南县之和）、浚县、延津六县调查统计，因战争死亡者计 38424 人，伤者 9986 人③。太岳解放区属河南的孟县、王屋、济源三县，因战争死亡者计 31114 人，伤者 65941 人④。合豫北三块解放区的调查统计，因战争死亡者 532257 人，伤残 103405 人，与国民党政府对豫北 25 县的人口伤亡调查统计数字还是比较接近的。所以对豫北各县的人口损失我们也是以国民党政权当时的统计资料为基础，进行分析和统计的。

1．河南省原辖区直接人口伤亡

（1）日军轰炸伤亡人数。全国抗战的八年中，河南大部分地区始终是抗日战争的正面战场，出动飞机轰炸是日军的重要军事手段。但日军对正面战场中国军队的轰炸和中国军队被炸死炸伤的资料我们未掌握。我们仅收集到了一些日军对民用设施的轰炸和平民被日军轰炸伤亡的资料。根据收集到的资料统计，抗日战争期间，日军对河南省境出动飞机 3505 架次，投弹 8259 枚。飞机轰炸直接炸死炸伤平民 21544 人，这个炸死炸伤数与实际炸死炸伤会有一定的距离。

（2）日军屠杀伤亡人数。据不完全统计，日军在河南制造的惨案，致死伤中国平民千人以上的达 10 余次；500 人以上的 18 次；200 人以上的 49 次；50 人以上的 137 次。

根据善后救济总署河南分署 1946 年 6 月 17 日周报和 1946 年 7 月河南省政府社会处的统计⑤，河南各行政区抗战期间人口直接伤亡情况如下表：

---

① 河南省社会处编：《河南灾情实况》，1946 年 7 月，第 19 页，中国第二历史档案馆藏，档案号 21—2—287。

② 中国解放区救济委员会晋冀鲁豫分会太行办事处：《八年来日本法西斯摧残太行区人民的概述》，1946 年 2 月，河北省档案馆藏，档案号 92—1—187。

③ 冀鲁豫边区政府编：《冀鲁豫区八年抗日战争人口损失及急待救济统计表》，1946 年，山东省档案馆藏，档案号 G004—01—82。

④《太岳区八年来被敌杀伤人口及各种灾害统计表》，1946 年 6 月 24 日制表，山西省档案馆藏，档案号 A71—1—76。

⑤ 河南省社会处编：《河南各行政区人口受灾损失统计表》，1946 年 7 月，第 19 页，中国第二历史档案馆藏，档案号 21—2—287。

行政区别	受伤人数	死亡人数	逃亡人数	待救人数	现有人数
一区	2762	18180	876477	1271324	2180017
二区	4188	14697	209932	390000	2362568
三区	38338	116376	781251	631000	3513958
四区	127762	396976	888257	949000	2347952
五区	10107	76217	467562	966000	2077777
六区	16425	49651	504491	1141000	4546583
七区	2124	15112	1009797	562000	2255247
八区	712	4597	159162	482000	2546956
九区	34374	76335	321674	482000	2389704
十区	759	4703	162206	747000	1714497
十一区	1555	6339	99646	591000	853472
十二区	838	23053	191212	400000	1432077
合计	239939	801917	5671667	8612324	28220808

从上表看，全省因战争造成的人员死亡801917人，人员伤残（即受伤及致残）239939人，直接人口伤亡共1041856人。但1946年12月河南省政府统计处再次公布的全省抗日战争期间人口伤亡数字[①]比上表稍微多一些。人口死亡802516人，比前面公布的多599人，伤240076人，多137人，全省直接伤亡共1042592人，多736人。我们认为后一次统计晚5个月，应更全面、更准确。

2．河南省原辖区间接人口伤亡

（1）黄河决口伤亡人数。1938年中日两国军队在豫东进行兰封战役。在军事失利、郑州危殆的形势下，蒋介石决定"以水代兵"阻止日军。6月9日，国民党军新编第八师蒋在珍部奉命炸开了郑州东北花园口黄河大堤，滔滔的黄河水经中牟向东南方奔泻而去，平汉线以东中牟、尉氏、扶沟一线，直到安徽、江苏成为一片汪洋。日军第十四、第十六师团遭到洪水威胁，向东撤退。花园口决堤，虽然在军事上取得了暂时的成功，给日军西进平汉线造成困难，迟滞了日军攻占郑州，沿平汉路南下进攻武汉的计划，但给广大人民群众带来了巨大的灾难。花园口决口，造成黄河改道，使豫、皖、苏3省44县（河南省占20个县）的广大地区沦为泽国，形成了连年灾荒的黄泛区，上千万人流离失所。战后国民党政府对黄泛区进行了三次调查，在此基础上，1947年1月，联合国善后救济总署河南分署、河南省政府、联总驻豫办事处联合召开了河南省"黄泛区善后建设会议"。

---

① 《河南省抗日战争期间人口伤亡及重要物品损失》，载河南省政府统计处编：《河南省统计年鉴》，民国三十
　五年，河南省图书馆藏，Z101。

该会议所使用的《河南省黄泛区村庄人口损失统计表》中，将河南省黄泛区人口伤亡数字确定为433530人[1]。但此表缺少了广武、郑县和开封三县，按国民党政府第三次调查结果，这三县因黄河决口死亡1821人[2]。加上这个数字，河南省因黄河改道人口伤亡的总数是435351人。

（2）劳工死亡数。至今我们没有查找到河南省到东北的劳工数和伤亡人数。只在一些志书中看到一些零星数字。如：《武陟县志》记载，"1942年2月，日军在武陟县400余村推行第一次强化治安运动，掳掠军民3000人，杀害百姓300人，解往东北做苦工1500人"。《获嘉县志》记载，1942年4月28日，日军在获嘉县徐营村，抓走90名青年男子送往东北挖煤。这些青年后有20人因疾病和饥饿而死。1943年6月，伪华北劳动协会在彰德（今安阳市）以招工为名，将2000名青壮年送往东北和日本煤矿做劳工。后来，这些人大部分死于苦役或下落不明。[3]1945年3月，日军在开封附近强征5000名壮丁，送往东北作劳工[4]。

根据日本中国人殉难者名簿共同作成实行委员会1964年6月制作的名簿，河南被抓往日本的总劳工数4950人，死亡784人，残15人，共伤亡798人[5]。2002年6月日本学者西成田丰著《中国人强制连行》统计河南被抓日本的劳工死亡人数为823人[6]。由于前面的数字有详细的统计资料，我们采用了被抓日本的劳工伤亡798人这一数字。

（3）灾民难民伤亡人数。河南省行政善后救济总署副署长王式典1945年10月31日的调查报告《河南省善后救济调查报告附修正报告》统计，全省无家可归的难民人数达14533200人，流徙外省者5233200人，本省境内930万，占全省总人数的43.5%[7]。战争结束后，很多难民相继回乡。到1946年7月，河南省政府社会处制作的《河南省各项被灾损失总计表》中，战前全省人口34439947人，现有人口28220808人，净减少6219139人。其中被灾逃亡人数达5671667

---

① 行总河南分署、河南省政府、联总驻豫办事处编：《黄泛区善后建设会议记录·附表》，1947年1月，河南省图书馆馆藏，F791。

② 善后救济总署河南分署编：《河南省黄泛区域人口死亡财产损失调查统计表》，1946年3月，中国第二历史档案馆藏，档案号21—2514。

③ 安阳市地方史志编纂委员会编：《安阳市志》，中州古籍出版社1998年版，第53页。

④ 见《新华日报》1945年3月7日。

⑤ 〔日〕田中宏、内海爱子、新美隆编：《中国人强制连行の记录》，日本明石书店1990年12月20日版，第171页。

⑥ 〔日〕西成田丰：《中国人强制连行》，日本东京大学出版会2002年6月版，第111、316页。

⑦ 王式典：《河南省善后救济调查报告附修正报告》，中国第二历史档案馆藏，档案号21—2—202。

人[①]。净减少的人口中就包括1941年至1942年大旱河南饿死的220万人。虽然有天灾原因，但如果没有日军的侵华战争，政府和群众会采取一些救灾措施，不可能饿死这么多人。因此，我们把旱灾饿死的人统计为抗战人口间接死亡。另全省被灾待救人数达8612324人。因灾伤残人数不详。

抗战时期因黄河决堤伤亡人口的总数是435351人，劳工伤亡人数为798人，灾民饿死人数为220万人，全省间接人口伤亡数总计约为2636149人。加上抗日战争期间全省直接伤亡1042592人，按我们现在掌握到的资料统计，河南全省直接、间接伤亡人口总数约3678741人。这是按当时的行政区划统计，包括现属河北省的武安、涉县、临漳三县，不包括现属河南省的清丰、南乐、濮阳（含1949年合并的昆吾县）、长垣（当时四县属河北省）、濮县、范县、台前（当时三县属山东省）七县。

3. 河南省现辖区人口伤亡情况

抗日战争时期河南省现辖区人口伤亡情况应该是：当时河南省辖区人口伤亡统计数，减去现属河北省的武安、涉县、临漳三县人口伤亡统计数，加上现属河南省的南乐、清丰、濮阳（含1949年划归濮阳县的河北省昆吾县）、长垣、范县、濮县（解放后大部划归范县）、台前七县人口伤亡统计数。我们没有查找到国民党政府对现属河南的这七县的人口伤亡统计数字。这七县抗日战争时期和解放战争时期全部属于冀鲁豫根据地。我们只好依据冀鲁豫解放区的统计来计算。根据1946年冀鲁豫边区政府的统计，这七县人口损失情况如下表[②]：

行政区别	直接人口损失				间接人口损失			
	死亡	伤残	失踪	合计	病饿死	患病	难民	合计
濮县	3310	328	1015	4653	9193	2650	3718	15561
范县	273	281	131	685	1036	3681	909	5626
南乐	1051	993	1544	3588	6542	1052	3503	11097
长垣	770	597	112	1479	1246	1303	1289	3838
濮阳	1662	1938	1103	4703	2406	3401	6183	11990
清丰	1632	1702	1249	4583	7867	1844	3577	13288
台前	864	537	450	1851	4287	2916	1232	8435
合计	9562	6376	5604	21542	32577	16847	20411	69835

---

① 河南省社会处编：《河南灾情实况》，1946年7月，中国第二历史档案馆藏，档案号21—2—287。

② 参见冀鲁豫边区政府编：《冀鲁豫区八年抗日战争人口损失及急待救济统计表》，1946年，山东档案馆藏，档案号G004—01—82。

> 说　　明：1. 台前县是由当时山东寿张县和张秋划出的，区域面积大约占 1946 年寿张的 1/2，张秋的 1/3。因为我们找不到其他的资料依据，台前县的人口伤亡数字，我们只好按当时的区域面积来估算，即：按寿张县人口伤亡的 1/2 加张秋伤亡人口的 1/3 计算。2. 1949 年昆吾县并入濮阳县，因此表中濮阳县的人口伤亡数字是当时濮阳与昆吾各类统计数字的和。3. 濮县大部划归范县，划归山东省极少一部分不再刨除。

根据河南省政府统计处 1946 年 7 月的统计，现属河北省的武安、涉县、临漳三县人口伤亡情况如下表[①]：

行政区别	受伤人数	死亡人数	逃亡人数	待救人数	现有人数
武安	9512	28537	112312	42680	735245
涉县	5140	15419	1805	58336	149500
临漳	5287	15863	21797	62187	165611
合计	19939	59819	135914	163203	1050356

当时河南省辖区人口直接伤亡总数 1042592 人，加上原属外省七县直接伤亡（即死亡、伤残、失踪人数）21542 人，再减去现属河北省三县人口死亡 59819 人、伤 19939 人，河南省现辖区人口直接伤亡数为 984376 人。当时河南省辖区人口间接伤亡总数 2636149 人，加上原属外省七县病饿死、患病者 49424 人，河南省现辖区人口间接伤亡数为 2685573 人。河南省现辖区直接、间接伤亡人口总数约 3669949 人。

另据 1981 年 2 月河南省民政厅编制的《河南省革命烈士英名录》[②]统计，列入该名录的抗日战争期间牺牲并被定为烈士的共有 10196 人。这些烈士多是在与日伪作战时牺牲的，因他们的籍贯、姓名等明确记载属于河南省人，按理也应加入河南伤亡人数总数。但因不清楚当年在国民党政府调查时这些人是否统计在伤亡数字内，为避免重复计算，故没有算入现在的伤亡统计中。

（五）财产损失情况

日本帝国主义发动的侵华战争，不仅给河南人民造成了严重人员伤亡，而且也造成了严重财产损失。河南全省财产损失调研难度较大。从收集的材料看，调查所得的数据很不全面。仅据能够找到的资料分析记述如下。

---

① 河南省社会处编：《河南灾情实况》，1946 年 7 月，第 42 页，中国第二历史档案馆藏，档案号 21—2—287。

② 河南省民政厅编制：《河南省革命烈士英名录》，1981 年 2 月。

1. 河南省原辖区直接财产损失

直接财产损失是指遭到日、伪军攻击、轰炸或掠夺、破坏直接造成的经济损失。日军在侵华战争中，对许多城镇的商业区、居民区、文化区等非军事目标进行狂轰滥炸；每占领一地，便丧心病狂地杀人放火，大肆毁坏和不择手段地抢掠财物。日本侵略者的疯狂破坏和掠夺，使河南人民遭受了严重的财产损失。

在国民党河南省政府统计处编著的 1946 年《河南省统计年鉴》中，有一份《河南省抗日战争时期公私财产直接间接损失》统计表，对全省抗日战争时期的公私财产进行了比较详细的统计。《河南省统计年鉴》虽然是 1946 年 12 月出版的，但是这本书中编入的《河南省抗日战争时期公私财产直接间接损失》的损失法币统计数字，是在全省统计汇总的基础上编印的，汇总编印总要有一个时间过程，我们认为把 1946 年 9 月作为损失数字上报时间相对比较合理。因此我们把《河南省抗日战争时期公私财产直接间接损失》[1]统计表中的法币数字按 1946 年 9 月的物价指数与 1937 年 7 月的物价指数的倍数[2]进行折算，全省抗日战争期间财产直接损失情况如下表：

单位：法币元

类别	公有财产损失	私有财产损失	合计
农业	119372		119372
矿业	79862	101660	181522
工业	1074161	37192	1111353
商业	64244	856769	921013
金融	2078		2078
税收	26851825		26851825
银行	76925		76925
电讯	183890		183890
公路	436644		436644
教育	8401210	354739	8755949
公用事业	84385	9646	94031
机关	96362152		96362152
人民团体	174536		174536
居民		2524893310	2524893310
总计	133911284	2526253316	2660164600

---

[1] 《河南省抗日战争时期公私财产直接间接损失》，载河南省政府统计处编：《河南省统计年鉴》，民国三十五年，河南省图书馆馆藏，Z101。

[2] 《抗战期间全国零售物价总指数表》，载国民政府主计部统计局印：《中华民国统计年鉴》，民国三十七年，浙江省档案馆馆藏，民国图书财贸 295。

1945 年 9 月 30 日，焦作中福两公司联合办事处填送了《中福两公司联合办事处直接损失汇报表》^①，按 1937 年的物价指数详细统计了从 1937 年七七事变到 1945 年 6 月焦作中福煤矿的各项财产的直接损失（均按法币计算）：房屋原值减去折旧费，共损失 379783.95 元；器具原值减去折旧费，共损失 12742.46 元；盗采煤 672.5 万吨，每万吨成本价 19817.2 元，共计 13337446.5 元；存煤 204773 吨，价值 727324.92 元；机器工具原值减去折旧费，共损失 147663.31 元；运输工具原值减去折旧费，共损失 11419.13 元；其他损失 2083148.16 元。中福煤矿共计损失约 16699538 元。河南省政府统计处统计的《河南省抗日战争时期公私财产直接间接损失》中的全省矿业的直接损失折算成 1937 年 7 月的物价指数，仅有 181522 元。我们认为这个数不包括中外合办的大型煤矿中福煤矿的损失，而只有全省各县地方煤矿的损失。因为我们看到抗战后国民党河南省政府对全省各县煤产量、煤矿的统计，很多是只有黄河以南的小型煤矿。因此全省的煤矿直接损失应是省政府统计的 181522 元（法币）加上中福煤矿的损失约 16699538 元（法币），共计 16881060 元（法币）。

　　河南地处中原，是中华民族的发源地之一，有着丰富的文物资源。抗战时期全省文物损失严重。战后国民党政府没有对全省文物损失进行较全面的统计。这次我们虽然对文物的损失进行了统计，但由于我们掌握的资料有限，再加上文物不好估价，许多文物是无价之宝，使文物的损失更难统计。南京中国第二历史档案馆存有《河南省公私文物损失数量及估价表》^②，统计了河南省会开封和南阳、嵩县等地的文物损失情况，虽然注明了财产损失的时间，但未注明估价是按什么时候的物价指数。我们分析认为这个估价表不是以战后快速贬值的法币值为准的，而是已经参照中华民国主计部 1948 年公布的《抗战期间全国零售物价总指数表》的规定，按 1937 年 7 月的物价指数估价的。另外我们还查找到抗战胜利后，渑池、安阳等地的文物损失统计，这些文物统计的估价有购买时的价值和损失时的价值，我们根据文物这种特殊的物品，选择采用损失时的价值。根据我们查找到的材料，全省文物损失状况如下表：

---

① 中福两公司联合办事处：《中福两公司联合办事处直接损失汇报表》，煤炭部 781 所档案 1310 号。

② 《河南省公私文物损失数量及估价表》，统计时间为 1938 年—1945 年，中国第二历史档案馆藏，档案号 5—11707。

类别	数量	估价（元）	合计
书　籍	38303 册另 49 种	29926	
字　画	107 幅	8293	
碑　帖	1014 件	1150	
古　物	6753 处	48610	
古　迹	315 处	582300	
对　联	9 副	134	
佛　像	3 尊	35004	
合　计		705417	

说　明：1. 损失数量是根据《河南省公私文物损失数量及估价表》、《渑池财产损失报告单》[①]、《安阳县古物保存委员会抗战期间文献损失调查表》[②]统计；2. 币种为法币；3. 折价按 1937 年的物价指数折算。

还有许多文物的损失无法估价，如 1942 年日本侵略军以各种名义向开封省博物馆掠夺珍贵拓片 278 张[③]。

据《河南省抗日战争时期公私财产直接间接损失》表统计全省各业损失共 2660164600 元，再加上中福煤矿的损失约 16699538 元和已估价的文物损失 705417 元，抗日战争时期全省直接财产损失法币 2677569555 元（1937 年 7 月法币）。

2. 河南省原辖区间接财产损失

间接财产损失主要包括迁移费、救济费、抚恤费、军队供应、工农业生产减少、商业盈利减少、人力损失、军队供应、战争造成的灾害损失等。

（1）农业间接损失。由于日军对中国百姓的杀戮抢劫、难民外逃等因素，农村人力、畜力缺乏，造成了大量农田荒芜，农产量减少。河南省战前（1936 年）农作物产量约 1055.2 万吨。战争期间年产量如下表：

单位：万吨

年度	1937	1938	1939	1940	1941	1942	1943	1944	1945	合计
产量	736.8	529.4	506	500.4	396.3	234.3	309.7	451.9	512.8	4177.6
减产	318.4	525.8	549.2	554.8	658.9	820.9	745.5	603.3	542.4	5319.2
减%	30.2	49.8	52	52.6	62.4	77.8	70.7	57.2	51.4	56

说　明：根据《河南省历年农作物种植面积及产量》[④]历年的粮食产量统计，每千担按 50 吨计算（1 担=100 市斤，1000 担=100000 市斤=50000 公斤=50 吨=0.005 万吨）。减产量与 1936 年的年产量 1055.2 吨相比较计算。

---

① 孟文卿编制：《渑池财产损失报告单》，1945 年 11 月 11 日，三门峡市档案馆藏，档案号 125—101。

② 安阳县古物保存委员会统计：《安阳县古物保存委员会抗战期间文献损失调查表》，1946 年 12 月 21 日，河南省档案馆藏，档案号 M8—53—1637。

③ 《河南省立博物馆售品处赠送物品月报表》，河南省档案馆藏，档案号 M19—03—0133—19。

④ 《河南省历年农作物种植面积及产量》，载河南省统计学会等编：《民国时期河南省统计资料》下册，1987 年。

抗日战争期间全省损失农作物平均年减产 56%，农作物损失占一半以上，约 5319.2 万吨，因 1937 年粮食价格无详细统计，故按 1936 年《河南省各县主要粮食每百斤平均价格表》①中的全年平均小米每百斤 5.07 元折价②，共计损失农作物 5393668800 元。

（2）工业、商业、电讯等行业的间接损失。因抗日战争造成工厂、事业部门迁移的费用、防空设备费用；因战争造成的生产量降低，营业利润额减少等造成了大量的间接损失，根据 1946 年国民党河南省政府统计，全省间接损失达 703496533 元，折合成 1937 年 7 月的物价指数有 133891 元。具体情况如下表③：

单位：法币元

类别	工业	矿业	商业	银行	电讯	公路	合计
金额	1677000	114560000	17784000	8857345	539101191	21516997	703496533
折算价	319	21803	3385	1686	102603	4095	133891

（3）学校、机关、团体的间接损失。1938 年 6 月河南省会开封沦陷前，国民党河南省党政机关迁移到豫西南南阳镇平一带，1940 年 5 月省政府再迁洛阳。河南大学、河南水利专科学校等大专院校也迁移到了豫西南。机关、学校的迁移耗费了大量的迁移费，再加上防空等费用，根据 1946 年国民党河南省政府统计，全省机关、学校、团体的间接财产损失达 232535211945 元，折合成 1937 年 7 月的物价指数有 44256679 元。具体情况如下表④：

单位：法币元

类别	学校	机关	团体	合计
损失金额	1136288931	231398383014	540000	232535211945
折算价	216261	44040315	103	44256679

（4）供应国民党军对日作战部队的费用。抗日战争时期，河南一直是国民党军对日作战的主战场之一。国民党大量的军队长期与日军在河南境内对峙。先后进行了豫北、兰封、大别山北麓战役，豫南会战、郑州作战、河南战役、豫西南

---

① 《河南省各县主要粮食每百市斤平均价格表》，载河南省政府秘书处统计室编：《河南统计月报》，1937 年 3 月第 3 卷第 2 期，河南省图书馆馆藏，E388。

② 因河南粮食生产以杂粮为主，而小米的价格在各类粮价中适中，所以粮食价格全部按小米计算，相对比较准确。

③ 《河南省抗日战争时期公私财产直接间接损失》，载河南省政府统计处编：《河南省统计年鉴》，民国三十五年，河南省图书馆馆藏，Z101。

④ 《河南省抗日战争时期公私财产直接间接损失》，载河南省政府统计处编：《河南省统计年鉴》，民国三十五年，河南省图书馆馆藏，Z101。

会战等大的战役。为支持中国军队在正面战场的作战，河南人民贡献了大量的人力和财力。各项具体负担数按 1937 年 7 月的物价指数统计如下表[1]：

单位：法币元

年度	国防工事民工	国防工事材料	征雇输力车	征购副食马秣	征购牲畜	临时摊派	合计
1938	1415379	474850	9211	64347	260301	3747275	5971362
1939	999912	259617	16172	94969	191109		1561779
1940	503893	597221	76283	78908	396000		1652305
1941	414375	709373	42036	45779	1264956		2476519
1942	166780	435346	7693	4548622	60974		5219415
1943	1405296	462311	1140245	3683053	56050		6746934
1944	611312	294273	26287	1415911	14438	17574	2379796
1945	5991	79840	287	5070038	3894	3392970	8553020
总计	5522938	3312831	1318213	15001627	2247703	7157820	34561131

历年河南全省负担各项军事征用累赔总数按 1937 年 7 月的物价指数统计，达 34561131 元。但各游杂部队、过往驻军、地方武装等部队的负担，无案可查未统计。因此抗日战争中，军队征用的费用不止此数。

（5）征募壮丁、优待出征军人家属费用。为进行抗日战争，中国政府从 1937 年到 1945 年在河南征兵 1898356 人，新兵安家现款按 1937 年 7 月的物价指数折算为 619897 元，粮食 11554000 石，折价 157914 元。优待出征军人家属现款 2637 元，粮食 522948 石，折价 21770 元。新兵安家款物和优待出征军人家属款物共计 802218 元[2]。由于资料限制，共产党领导的抗日根据地优待抗属的款物数额未统计在内。

（6）救济灾民难民的支出。根据调研中关于间接损失的定义和范围，赈灾物资如果是用于因战争引起和造成的需要救济的部分，都应算作间接损失。1945 年 10 月 31 日，河南省行政善后救济总署副署长王式典的调查报告统计，全省因战争造成无家可归的难民人数达 14533200 人[3]。收容救济灾民难民的费用，现已无法详细统计，战争中间国民党政府的赈济情况，只查到几份资料：1. 1940

---

① 《历年负担各项军事征用累赔数》，载河南省政府统计处编：《河南省统计年鉴》，民国三十五年，河南省图书馆馆藏，Z101。

② 《历年筹募优待征属款物》，载河南省政府统计处编：《河南省统计年鉴》，民国三十五年，河南省图书馆馆藏，Z101。

③ 《河南省善后救济调查报告附修正报告》，中国第二历史档案馆藏，档案号 21—2—202。

年国民党省政府的《河南省民政工作》①统计：1940年配放春赈（包括黄泛区、战区等）126000元，折算成1937年的物价指数为31658元；1940年11月配放急赈527000元，折算成1937年的物价指数为72992元；1941年2月2次配放豫南战灾及抚恤各县轰炸损害震款200820元，折算成1937年的物价指数为21996元；1941年8月配放上年度冬赈款133000元，折算成1937年的物价指数为9727元。以上四项折算数合计为136375元。2. 河南邓县垦荒40万亩，移恳4770人，政府拨助经费1万元②，折算成1937年的物价指数为1698元。战争期间有资料的这两项赈济款按1937年物价指数共计138073元。

河南省善后救济分署主任马杰的《河南善后救济工作概述》③，总结了分署成立一年来的善后救济工作。他介绍全省1946年赈济情况如下。

① 一般赈济：A. 春荒水灾战灾急赈：面粉244606袋，面粉代金3.3亿元；豆粉7000袋；包谷8600袋；B. 衣服救济：共发放衣服12092包；棉花10包；纽扣84箱；棉衣料343捆；衣里（面粉袋）330253条。C. 遣送难民：遣送费262909030元；面粉492876斤（按每袋50斤，约9858袋）。D. 救济留陕难民：4.6亿元。E. 各项临时救济：赈款29245000元；面粉122898袋。F. 中共区难民救济：种子代金76000000元；面粉98084袋；旧衣1128包；牛奶及奶粉202836磅；药品24箱。

② 工赈、洛河和孟津黄河培堤工程：发放面粉72万袋；下游复堤发放面粉23万袋；小型工赈1.95亿元，发放面粉149809袋；整修公路工程费1.75亿元，发放面粉31818袋。

③ 农业善后：垦荒拨款3.5亿元，小麦种1174297斤；修水利工程费168226000元，面粉126290袋，洋灰5100袋；种子救济235913000元，发放菜籽334桶，棉种1000吨。

④ 工业善后：共贷出资金22098200元（贷款为算财产损失），棉花5601斤，铁20吨，赈衣120包，纺织机12部，煤2500斤，衣扣3箱。

⑤ 社会福利：补救济机关面粉16865袋，牛奶44412听，奶粉27860听，

---

① 《河南省二十九年配发春赈一览表》、《河南省二十九年十一月配发急赈数目一览表》、《河南省三十年二月第一次配发豫南战灾及抚恤各县轰炸损害赈款》、《河南省三十年二月第二次配发豫南战灾急赈数目一览表》、《河南省三十年八月配发二十九年冬赈款数目一览表》，载《河南省民政工作》，1940—1941年，河南省图书馆馆藏，DF53.7546。

② 《赈济》（二），国民政府主计部统计局编：《统计月报》48号，1940年8月，河南省图书馆馆藏，E236。

③ 马杰：《河南善后救济工作概述》，载善后救济总署河南分署编：《河南善救分署周报》第51期，河南省图书馆馆藏，HD15。

罐头 100908 磅，豆汤粉 29328 磅等。

以上善后救济署发放的救济物资能折价的仅有面粉，救济款和面粉的发放情况如下表：

项目	赈款	面粉		合计
		袋数	折价	
一般赈济	220423	474900	1662150	
工赈	70419	1131627	3960695	
农业善后	143530	126290	442015	
社会福利		16865	59028	
合计	434372	1749682	6123888	6558260
说　明：1. 表中款已折算成 1937 年物价指数；2. 工赈不包括黄河堵口复堤工程；3. 面粉按每吨 45 袋，按 1936 年的平均价格每袋 3.5 元计算①。				

以上表中赈济款物合计 6558260 元，加上战争期间赈济款 138073 元，按 1937 年物价指数计算，全省赈济灾民共合 6696333 元。全省赈济灾民的款和物资折算远不止这些。因为一是战争期间赈济灾民的资料太少，只能统计 1940 年和 1941 年部分赈灾款；二是战后赈济灾民的物资种类繁多，单位复杂，大部分无法折算成货币，因此无法计算在救灾损失的总数内。

1946 年的《河南省统计年鉴》中显示，1946 年全年国民党省政府三次奉拨赈济款共 15 亿元②。我们认为这 15 亿元，已包括在河南省善后救济分署的救济款中，不再另计算。

（7）黄河改道给河南所造成的财产损失。黄河改道造成的耕地、房屋、家畜、农具、赈济难民的损失已包括在前面全省的统计中。此外花园口、赵口的堵口和豫境黄河复堤用工 19127540 个，拨发面粉 956377 袋③，合 3347320 元④。

以上七项财产损失相加为河南全省抗日战争时期财产的间接损失。按当时的行政区划，全省抗战时期财产间接损失大约 5483466372 元。加上抗日战争期间全省直接财产损失 2677569555 元，河南全省直接、间接财产损失按 1937 年 7

① 《开封零售物价表格》，载河南省政府秘书处统计室编：《河南统计月报》，1937 年 3 月，第 3 卷第 2 期，河南省图书馆馆藏，E388。

② 《三十五年奉拨三次五亿元赈款分配》，载河南省政府统计处编：《河南省统计年鉴》，民国三十五年，河南省图书馆馆藏，Z101。

③ 《黄泛区善后建设会议记录·附表》，河南省图书馆馆藏，F791。

④ 《开封零售物价表格》，载河南省政府秘书处统计室编：《河南统计月报》，1937 年 3 月，第 3 卷第 2 期，河南省图书馆馆藏，E388。

月的物价指数统计共约 8161035927 元（法币）。这是按当时的行政区划统计，包括了现属河北省的武安、涉县、临漳三县，不包括现属河南省的清丰、南乐、濮阳、长垣（当时属河北省）、濮县、范县、台前（当时属山东省）七县。

3. 河南省现辖区财产损失情况

抗日战争时期河南省现辖区财产损失情况应该是：当时河南省辖区财产损失统计数，减去现属河北省的武安、涉县、临漳三县财产损失统计数，加上现属河南省的南乐、清丰、濮阳（含1949年合并的河北省昆吾县）、长垣、范县、濮县（解放后大部划归范县）、台前七县财产损失统计数。我们没有查找到国民党政府对现属河南的这七县的财产损失统计数字。这七县抗日战争时期和解放战争时期全部属于冀鲁豫根据地。我们只好依据冀鲁豫解放区的统计来计算。根据1946年冀鲁豫边区政府的统计，这七县财产损失情况如下表[①]：

区 划		濮县	范县	南乐	长垣	濮阳	清丰	台前	合计
粮食	数量	4942.65	2629.38	11037.8	8980.478	13079.3	12286.8	6663.5	
	折价	1320527	702491	2948969	2399314	3494397	3282664	1780287	15928649
牲口	数量	3694	3332	2120	1980	2500	3540	12968	
	折价	197389	178029	113271	105791	133575	189142	692880	1610077
大车	数量	769	802	523	395	502	789	666	
	折价	61635	64280	41918	31659	40235	63238	53380	356345
农具	数量	4835	1881	5965	2688	3966	6620	3804	
	折价	25819	10045	31853	14354	21178	35351	20313	158913
房屋	数量	71575	12250	3568	15280	19240	42540	26212	
	折价	574032	98245	28615	122546	154305	341171	210220	1529134
合 计									19583118

说　明：1. 粮食均按小米计算，单位为万斤。

2. 折价均按1946年5月间冀鲁豫区物价折成法币（鲁钞1元合法币10元）计算，再按1937年7月的物价指数大车每辆合法币80.15元，小车犁耙等每件合法币5.34元，房子每间合法币8.02元，牲口每头合法币53.43元，小米每万斤合法币267.17元。

3. 此损失统计仅系农村的主要财产损失，被服、家具、树木、柴草、钱款以及工商业文化等项损失均未统计在内。

以上七县的直接财产损失按1937年7月的物价指数共计法币19583118元。间接损失粮食1802080300斤，按上表每万斤折合法币267.17元，共折合法币48146171元，其他间接损失未查到统计数字。这七县直接、间接财产损失按1937

---

① 参见冀鲁豫边区政府编：《冀鲁豫区八年抗日战争人口损失及急待救济统计表》，1946年，山东省档案馆藏，档案号 G004—01—82。

年 7 月的物价指数折算共计法币 67729289 元。

根据河南省政府统计处 1946 年 7 月的统计[1]和河南省行政善后救济总署副署长王式典 1945 年 10 月 31 日的调查报告[2]，当时属河南省、现属河北省的武安、涉县、临漳三县财产损失情况如下表。

区划		涉县	临漳	武安	合计
粮食	数量	7476.8	4577	5965	
	折价	1997577	1222837	1593669	4814083
牲口	数量	145666	132002	144698	
	折价	7782934	7052867	7731214	22567015
农具	数量	81999	11397	303497	
	折价	437875	60860	1620673	2119408
屋房	数量	140018	178726	163432	
	折价	1122944	1433383	1310725	3867052
合计					33367558

说明：1. 粮食斤数均按小米计算，单位是万斤。
2. 折价均按 1937 年 7 月的物价折成法币。参照上表豫北七县的估价，农具每件按法币 5.34 元，房子每间合法币 8.02 元，牲口每头合法币 53.43 元，小米每万斤合法币 267.17 元。
3. 此损失统计仅系农村的主要财产损失，被服、家具、树木、柴草、钱款以及工商业文化等项损失均未统计在内。

综上所述，河南省现辖区抗战时期财产直接损失，是当时河南省辖区财产直接损失总数 2677569555 元加上原属外省七县财产直接损失 19583118 元，再减去现属河北省的三县财产损失 33367558 元，共计 2663785115 元。间接财产损失是当时河南省辖区财产间接损失总数 5483466372 元加上原属外省七县财产间接损失 48146171 元，共计 5531612543 元。河南省现辖区直接、间接财产损失共计 8195397658 元（均为 1937 年 7 月法币）。

（六）结论

根据截至目前所掌握的资料和进行的相关研究，我们得出了河南省抗日战争时期人口伤亡和财产损失的以上若干数据。由于年代久远、搜集资料困难等客观

---

[1] 河南省社会处编：《河南灾情实况》，1946 年 7 月，中国第二历史档案馆藏，档案号 21—2—287。
[2] 《河南省善后救济调查报告附修正报告》，中国第二历史档案馆藏，档案号 21—2—202。

原因，应该说，我们得出的这些数据还只是初步的和尚不完整的数据，并不是研究的最终结果。今后，我们将继续推进本课题调研工作，以期在掌握更多资料和取得研究新成果的基础上对有关数据再做出修订和补充。

综上所述，抗日战争时期河南省人口伤亡和财产损失具有以下特点：

1. 人口伤亡、财产损失巨大

河南作为抗日战争主战场之一，人口伤亡和财产损失惨重。抗日战争全面爆发后，日军大举向河南进攻，到 1938 年 9 月武汉会战前夕，包括豫北、豫东（新黄河以东）和豫东南（淮河以南）的河南半壁河山沦入敌手。中日双方主力部队在河南长期对峙，频繁地进行各类规模的会战和战斗。残酷的战争造成了中国军队和居民极大的人口伤亡和财产损失。仅全省老百姓直接人口伤亡达 984376 人，直接财产损失按 1937 年 7 月法币币值达 2663785115 元。而且军费和军用物资消耗都非常巨大。河南全省负担各项军事征用累赔总数按 1937 年 7 月的物价指数统计，达 34561131 元，各游杂部队、过往驻军、地方武装等部队的负担还不在此数。抗战期间全省征壮丁 1898356 人[①]，新兵安家款物和优待出征军人家属款物按 1937 年的物价指数为 802218 元[②]。

2. 战争造成人口锐减

河南省抗日战争时期及前后人口变化如下表[③]：

年份	户数	人口数	户均人数	男子数	女子数
1936	5685472	34519164	6.1	18379481	16139683
1937	5302458	34293175	6.5		
1938	5213445	33409092	6.4		
1939	4894626	29600377	6.0		
1940	4946673	30666225	6.2		
1941	4651705	29308816	6.3		
1942	4356546	27979859	6.4		
1943	4095544	25950278	6.3		
1944	3557549	24710986	6.9		
1945	4574190	27878490	6.1		
1946	4792449	28473025	5.9	14632363	13840662

---

① 何应钦：《日军侵华八年抗战史》，附表十一《抗战期间各省壮丁配额统计表》，台北黎明文化事业公司 1982 年版。

② 《历年筹募优待征属款物》，载河南省政府统计处编：《河南省统计年鉴》，民国三十五年，河南省图书馆馆藏，Z101。

③ 《第二类 人口 表 8. 历年户口》，载河南省政府统计处编：《河南省统计年鉴》，民国三十五年，河南省图书馆馆藏，Z101。

在日军的暴行下，很多村庄和家庭被灭绝。按当时的河南省行政区划，1945年全省总户数比1936年减少到4574190户，减少了1111282户，减少近20%。1945年全省总人口只有27878490人，比战前1936年的34519164人减少了6640674人。

我们知道如果不是因为大规模的天灾人祸，人口一般不会减少，还会逐年增长，但是我们按前文的分析统计当时河南全省直接人口伤亡为1042592人，间接伤亡2636149人，共计3678741人，比河南省政府1946年统计的战争期间人口减少数少得多。这是因为：

（1）战争造成了大量的灾民难民。抗战期间河南全省无家可归的难民人数达14533200人，占全省总人数的43.5%，流徙外省者5233200人，本省境内930万①。大量的灾民难民会在流亡中伤残，但我们没有查找到具体的统计数字，对灾民难民的伤残无法统计。

（2）1941年至1943年河南全省连续发生了旱灾、涝灾、蝗灾等严重的自然灾害，受灾面积之大，灾情之重是历史上罕见的。由于河南大部分地方处于抗日战争的正面战场，战争使国民党统治区政府和百姓丧失了抵御自然灾害的能力，沦陷区的民众更是没有抵御灾害的能力。仅1941年至1942年的大旱灾，全省就死亡220万人。虽然我们把因灾荒死亡人口和因黄河决口死亡人口计算为抗战时期人口间接伤亡，但由于战争原因，还是有大量非正常死亡之人数，因没有统计材料而无法计入。

从以上分析的两个问题可以看出，抗日战争期间河南全省实际间接人口伤亡人数要比现在的统计数2636149人大得多。

3. 对经济社会发展造成了严重的影响

日本侵略者给河南造成的人口伤亡和财产损失，破坏了原有的生产关系的平衡，对河南经济社会的发展造成了严重的影响。

一是人口大量的伤亡和总人口43.5%的流亡，使大量从事工业、农业、商业、金融等行业的人员离开家园和岗位。在饥寒交迫中痛苦地煎熬，根本无法进行正常的生产和各种经济活动。

二是农业生产遭到了极大的破坏。河南是农业大省，日本侵略者除在农村强征土地外，还修筑大量兵营、演兵场、飞机场、碉堡、公路、封锁沟等，使大片良田被毁，可耕土地迅速减少。日军在"清乡"、"扫荡"中，大肆烧杀淫掠，制

---

① 《河南省善后救济调查报告附修正报告》，中国第二历史档案馆藏，档案号21—2—202。

造无人区，使大片的土地荒芜，战后全省耕地面积比战前减少12.6%。粮食年总产量减少了48.2%，全省的主要经济作物棉花的种植面积不足战前的三分之一。

三是极大地破坏和阻碍了工商业的发展。日本侵略者强占工厂矿山，掠夺资金设备和矿山资源，劫夺商家货物。导致了工厂关闭，工人失业，物价飞涨，民不聊生。日本帝国主义的侵略对河南省经济社会的发展造成了巨大的破坏和灾难性的后果。

四是遗留了严重的安全隐患，近年来河南一些地方进行土方施工时，多次挖掘出当年日军飞机轰炸投掷的未爆炸弹。据有关部门统计，仅渑池、陕县、卢氏县就挖出未爆炸弹、手榴弹200多枚。未发现的尚不知数量，遗患重重。

抗日战争时期河南省人口伤亡和财产损失课题调查证明，日军的侵略给河南人民造成了巨大的人口伤亡和财产损失，严重地破坏了全省社会经济的发展。这些历史事实不仅是对日本侵略者在中国犯下滔天罪行的有力揭露和证明，也是以史为鉴、开创未来，为实现中华民族伟大复兴和中原崛起提供的历史启示和借鉴。

二、专 题

（一）侵华日军对河南民用目标的轰炸

盛中伟

1937 年 7 月底，日本侵略军占领北平和天津以后，兵分三路沿平绥、平汉、津浦铁路向华北腹地大举进犯。张家口、石家庄、太原等地相继沦入敌手。随着华北正面战场的失利，河南成为华北抗战的后方、保卫大西北的屏障、连接东西南北的重要交通枢纽，全国抗战的最前线。重要战略地位，使河南成为日军反复争夺、轰炸的主要地区。轰炸时间从 1937 年 7 月开始，一直持续到 1945 年 5 月，尤以 1938 年、1939 年最为惨烈。轰炸地域涉及河南全境 110 个县，重点集中在主要城镇和铁路、公路交通线。日军的狂轰滥炸，给河南人民的生命和财产造成了巨大损失。驻马店因空袭破坏造成财产损失 80%，郑州因空袭破坏造成财产损失 70%，洛阳因空袭和地面作战破坏造成财产损失 60%，信阳因空袭破坏造成财产损失 60%，南阳因空袭破坏造成财产损失 50%，南阳西峡口镇因空袭破坏造成财产损失 90%[①]。

1. 战略防御阶段日军对河南平民目标的轰炸
（1937 年 7 月—1938 年 10 月）

从 1937 年七七事变到 1938 年 10 月武汉沦陷的抗日战争战略防御阶段，"敌

---

① 《河南省各县城市破坏程度一览表》，载《善后救济总署河南分署周报》第一期，1946 年 4 月 15 日，河南省图书馆馆藏，F717。

机袭豫目的在破坏我陇海交通河防工事以及各军事重镇,其进袭航线可分南北两方面,北路方面多由运城安阳新乡等地起飞斜越黄河及陇海铁路径袭洛阳灵宝陕县等城市,此方进袭之敌机为数最频,几无停日,尤以黄河南岸之各渡口要塞及铁路沿线之车站等进袭最烈,且每为多批连续轰炸,但机数不多,每批多为二三架,甚少有大规模之进袭,此外开封方面亦时有敌机沿平汉路沿线附近活动,但为数甚少,仅为侦察扰乱性质,南路方面多由武汉起飞,信阳又时有敌机出动,其航路多沿随枣信宛两公路进袭南阳内乡等地,或经由南阳一带继续北进直赴洛阳等地轰炸"[1]。

(1)豫北沦陷前后日军对河南平民目标的轰炸主要集中在豫北地区和黄河南岸(1937 年 7 月—1938 年 2 月)

抗日战争全面爆发后,日军沿平汉路南下,1938 年整个豫北沦陷。根据现有资料统计,为攻占豫北,日军在 1937 年 10 月 13 日至 1938 年 2 月底的 4 个多月时间,先后出动飞机 11 批、71 架,投弹 321 枚,重点轰炸了豫北重镇安阳、汤阴、滑县、新乡、博爱、修武、孟县、汲县等地,造成平民伤亡 133 人(其中:直接死亡 62 人,伤 13 人,死伤未分开统计的 58 人),炸死牲畜 20 头,炸毁民房 2207 间。

另据上海文化界国际宣传委员会,1937 年 7 月,根据各省市的调查及各种报纸所载的材料,统计编制了《一年来敌机轰炸不设防城市统计》,1937 年 8 月至 1938 年 5 月,日军轰炸河南不设防城市,共出动飞机 501 架,轰炸 88 次,投弹 1134 枚,直接炸伤 478 人,直接炸死 573 人[2]。

① 豫北沦陷前后日军对该地区民用目标的轰炸。1937 年 10 月 13 日,日军 7 架飞机轰炸安阳城,城内北大街、南街胡同、商会、一完小以及北头道街等处均遭到日军轰炸和机枪扫射。直接炸死炸伤平民 38 余人,炸毁民房 2000 余间,城内特别是商会周围和一完小遍地是弹坑、瓦砾。轰炸造成居民极度恐慌,许多人逃离家园。省立第二高中、第十一中学、大公中学、彰德中学和古物保存委员会被迫南迁,较大的工商户也先后逃往乡下,有的关门歇业,原来城内的繁荣变得萧条冷落。

---

① 《全国空袭状况之检讨》,航空委员会防空监部编印,1939 年,甘肃省档案馆藏,(军事)127,第 16 页。
② 《江西统计月刊》,江西省政府秘书处统计室编印,第一卷第八期,1938 年 8 月,第 44 页。

豫北沦陷过程中日军对该地区轰炸统计表

轰炸时间	轰炸地点	飞机（架）	投弹（枚）	直接人员伤亡（人）	直接财产损失（房屋间）	资 料 来 源
1937年10月13日	安阳城	7		死伤38	毁民房	安阳市抗战损失调研课题组：《抗战时期安阳市人口伤亡和财产损失调研报告》，2007年12月11日
秋	汤阴县城	2	4	死5伤3	毁民房50	安阳市抗战损失调研课题组：《抗战时期安阳市人口伤亡和财产损失调研报告》，2007年12月11日
11月3日	汤阴县李朱村	2		死6伤3	毁民房50	安阳市抗战损失调研课题组：《抗战时期安阳市人口伤亡和财产损失调研报告》，2007年12月11日
11月17日	汤阴县城	2	72	死34		安阳市抗战损失调研课题组：《抗战时期安阳市人口伤亡和财产损失调研报告》，2007年12月11日
12月11日	汤阴县李朱村	2		死6伤3	毁民房50	安阳市抗战损失调研课题组：《抗战时期安阳市人口伤亡和财产损失调研报告》，2007年12月11日
1938年1月14日	滑县道口，新乡县	1				《敌机卅五架七度飞粤轰炸》[1]
1月30日	博爱县、孟县	21	40		毁民房5	《洛阳昨遭空袭》[2]
2月4日	汤阴、汲县、新乡	1				《敌机轰炸》[3]
2月8日	新乡	3				《新乡》[4]
2月10日	博爱、修武	16	5			《敌机袭豫北》[5]
	汲县、新乡	9	5			
	汤阴县司马村	5	195	死11伤4死牲畜20	毁民房52	安阳市抗战损失调研课题组：《抗战时期安阳市人口伤亡和财产损失调研报告》，2007年12月11日

---

[1] 载《新华日报》1938年1月15日。

[2] 载《新华日报》1938年1月31日。

[3] 载《新华日报》1938年2月5日。

[4] 载《新华日报》1938年2月9日。

[5] 载《新华日报》1938年2月11日。

轰炸时间	轰炸地点	飞机（架）	投弹（枚）	直接人员伤亡（人）	直接财产损失（房屋间）	资 料 来 源
2月12日	汲县			死伤20		《黄河铁桥损失甚重短期不易修复》①
合 计	13次	71	321	死62伤13死伤未分开统计58死牲畜20		毁民房2207

② 豫北沦陷前后日军对河南境内黄河南岸重要目标的轰炸。1938年2月中旬，日军为打击集结在黄河沿岸的中国军队，进一步扫清向南进犯的障碍，在豫北还没有完全沦陷的时候，就开始了对黄河沿岸重镇的狂轰滥炸。位于陇海铁路与平汉铁路交通枢纽的郑州，平汉铁路必经之路新乡和郑州黄河铁桥及黄河柳园口，陇海铁路沿线的洛阳、巩县、孝义、汜水、中牟、开封、商丘等市县成为日军重点轰炸的目标。

根据现有资料统计，1938年2月14日到3月26日的一个多月时间，日军先后出动飞机12次、161架、投弹205枚轰炸郑州，炸死炸伤864人，炸毁或烧毁民房510间、教堂1座、火车站站台、铁轨5段、火车皮7节及车站附近大部分建筑设施。1938年2月14日，正是中国的传统节日元宵节。上午10时左右，市民们正兴高采烈地在大街上耍旱船、玩龙灯、踩高跷时，"敌机十五架、十四日晨十时零五分、由安阳起飞、迄十一时许、有重轰炸机九架、分三批侵入郑州上空、滥施轰炸、投弹达六十余枚、平汉陇海两路铁轨及站台附近、炸毁多处、至郑埠商业区域之大同路、落弹尤多、华安饭店五洲旅馆等处、悉成灰烬、无辜居民、伤亡者达二百余人、美人开办之华美医院、亦落三炸（弹）、幸而未炸。"②

仅孝义兵工厂一地，在1937年11月8日至12月8日的一个月时间，就遭到日军飞机3次轰炸。日军在对孝义兵工厂的3次轰炸中，出动飞机38架，投弹104枚，直接炸死7人，兵工厂厂房等建筑设施大部分被炸毁或烧毁。在1938年2月8日至2月12日五天时间里，日军就出动飞机5次、33架，投弹160枚，轰炸郑州黄河铁桥、黄河柳园口及其附近的孝义和中牟等县，直接炸死8人、炸伤18人，黄河铁桥及黄河大堤遭到严重破坏，导致过往车辆数日无法通行。

---

① 载《新华日报》1938年2月13日。

② 载《新华日报》1938年2月13日。

豫北沦陷前后日军对黄河南岸重要目标轰炸统计表

轰炸时间	轰炸地点	飞机（架）	投弹（枚）	直接人员伤亡（人）	直接财产损失（房屋间）	资料来源
1937年11月8日	孝义兵工厂	18	20	死7	毁制枪厂和样板厂各1座	《档案史料与研究》①
12月5日	孝义兵工厂	11	64		毁兵工厂大部分厂房	《档案史料与研究》②
轰炸时间	轰炸地点	飞机（架）	投弹（枚）	直接人员伤亡（人）	直接财产损失（房屋间）	资料来源
12月8日	孝义兵工厂	9	20		毁兵工厂大部分厂房	《档案史料与研究》③
1938年1月14日	开封、洛阳、孝义、密县	1				《敌机卅五架七度飞粤轰炸》④
1月27日	商丘	4	40			《商丘》⑤
1月30日	孝义、洛阳	21	40		毁民房5	《洛阳昨遭空袭》⑥
1月31日	洛阳	100	30			《敌机袭洛》⑦
2月4日	新郑	1				《敌机轰炸》⑧
2月8日	中牟	3				《新乡》⑨
2月11日	黄河柳园口	7	40			《敌机扰豫》⑩
	黄河铁桥、孝义	17	20	伤2		
2月12日	黄河铁桥				桥梁损毁	《黄河铁桥损失甚重短期不易修复》⑪
	黄河柳园口	6	100	死8伤16		
2月14日	郑州	10余	30余	死伤500余	毁民房数百间	《敌机昨狂炸郑州》⑫

---

① 重庆市档案馆：《档案史料与研究》，1992年第13期，第120页。
② 重庆市档案馆：《档案史料与研究》，1992年第3期，第120页。
③ 重庆市档案馆：《档案史料与研究》，1992年第3期，第120页。
④ 载《新华日报》1938年1月15日。
⑤ 载《新华日报》1938年1月28日。
⑥ 载《新华日报》1938年1月31日。
⑦ 载《新华日报》1938年2月1日。
⑧ 载《新华日报》1938年2月5日。
⑨ 载《新华日报》1938年2月9日。
⑩ 载《新华日报》1938年2月12日。
⑪ 载《新华日报》1938年2月13日。
⑫ 载《新华日报》1938年2月15日。

轰炸时间	轰炸地点	飞机（架）	投弹（枚）	直接人员伤亡（人）	直接财产损失（房屋间）	资料来源
2月14日	郑州火车站	15	60余	死伤200余	毁车站建筑	《敌机昨狂炸郑州》①
2月21日	郑州铁道及车站	1	5	死18伤16	毁铁轨5段	《本报南昌廿一日专电》②
2月21日	郑州至汉口铁路	3	5		毁火车皮7节	《本报南昌廿一日专电》③
2月21日	黄河渡口	5				《本报南昌廿一日专电》④
2月21日	洛阳、汜水、郑州	9				《本报郑州廿一日急电》⑤
2月24日	郑州	1				《郑州击落敌机一架》⑥
3月5日	郑州	18	20	死4伤5		《敌机昨袭郑州被我击落五架》⑦
3月8日	郑州、荥阳、薛店、小李庄、新郑及交水镇、密县	50	60	死20	毁教堂1座、民房5	《我空军关中显威击落敌机三架》⑧
3月9日	郑州、中牟	11	5			《敌机肆虐》⑨
3月26日	开封、郑州	6	10	伤1	毁民房5	《我空军飞津沪侦察徐州开封遭敌轰炸》⑩
合 计	24次	363	579	死57伤40死伤未分800	毁民房515、兵工厂3次、教堂1座、铁轨5段、火车皮7节	

（2）豫东沦陷前后日军对河南平民目标的轰炸主要集中在豫东和豫中地区（1938年4—9月）

---

① 载《新华日报》1938年2月15日。

② 载《新华日报》1938年2月22日。

③ 载《新华日报》1938年2月22日。

④ 载《新华日报》1938年2月22日。

⑤ 载《新华日报》1938年2月22日。

⑥ 载《新华日报》1938年2月25日。

⑦ 载《新华日报》1938年3月6日。

⑧ 载《新华日报》1938年3月9日。

⑨ 载《新华日报》1938年3月10日。

⑩ 载《新华日报》1938年3月27日。

1938 年 5 月 19 日，日军占领徐州后，展开追击作战，兵分数路向豫东陇海路沿线进犯。中国军队发起兰封战役，阻击向豫东进犯的日军。至 1938 年 6 月 9 日，豫东地区全部沦陷。为了支援地面作战部队的军事行动，日军在豫东沦陷前后对该地区展开了大面积轰炸。

① 豫东沦陷前后日军对该地区民用目标的轰炸。1938 年 5 月 16 日，"汴竟日在警报中、晨八时许、十一时、敌机十余架、先后投弹四十余枚、均落荒野、无大损失、又晨六时许、敌机一架飞兴隆、未投弹、七时半至八时半、敌机廿三架、在曲兴集兰封投弹、下午两时至四时，敌机分在睢县考城新郑谢庄投弹。"①"敌之轰炸开封，民国二十七年阴历三月九日为第一次。炸弹落东城葡萄园……二次毁一相国寺后之天义饭店，及馆驿街无量庵两街民房数间。轰炸之初，日一二次，至沦陷时，至多者九次。"②日军对豫东的轰炸主要集中在开封，对开封的轰炸又集中在开封沦陷前的五月份。仅在 1938 年 5 月 12 日，一天两次遭狂炸。"十二日，敌机两次狂炸开封。第一次敌机廿四架，于上午七点投弹八九枚；第二次下午三点卅七分，敌机十六架，投弹五十余枚，内并有毒气弹甚多。两次均多落于北关及车站一带，票房、机车房、水柜均为炸毁，并毁路轨数节，伤亡四五十人。"③"十五日晨六时许，敌机廿架在兰封投弹卅余枚，均落车站附近，死三人，伤四人，炸毁铁轨数段，车皮两辆，电线亦炸断，当即恢复。又一架到民权投弹五枚，死四人，伤一人。二架到内黄[集]投弹六枚，死十余人，伤七人。六架到汴东乡投三弹，死一、伤一；十一时二十分，敌机三架，到汴东车站附近投弹九枚，无损失；又四架到兰封站投弹十三枚。"④"廿二日晨七时五十五分、敌机十一架侵入汴市上空、在南关农学院禹王台车站一带投小型炸弹卅七枚，炸毁民房十余间、伤亡平民五十余人。又上午八时、计敌机三架、飞至杞县投弹九枚、均落郊外。"⑤

根据国民政府航空委员会防空厅消极防空处《抗战损失调查及空袭损失统计》，1938 年 3 月至 6 月，日军轰炸河南 66 次，投弹 1753 发，直接炸死 991 人，直接炸伤 1095 人，炸毁房屋 8591 间⑥。另据其他资料统计，1938 年 3 月下旬至

① 载《新华日报》1938 年 5 月 17 日。
② 载《中国时报》1945 年 12 月 1 日。
③ 载《新华日报》1938 年 5 月 13 日。
④ 载《新华日报》1938 年 5 月 16 日。
⑤ 载《新华日报》1938 年 5 月 23 日。
⑥ 航空委员会防空厅消极防空处调制：《抗战损失调查及空袭损失统计》，1938 年 3—6 月资料，中国第二历史档案馆藏，档案号 772—614。

6月上旬，日军出动飞机 140 架次，轰炸空袭开封、兰封、杞县、考城等县市 50 次，投弹 1500 枚，直接炸死炸伤平民 900 人，炸毁或烧毁民房 2000 间。在 1938 年 4 月 9 日至 5 月 22 日的 40 天时间，日军 5 次出动飞机 121 架次，投弹 351 枚，对开封城区进行轰炸，直接炸死炸伤 462 人，其中：直接炸死 48 人，炸伤 134 人，死伤 280 人；炸毁民房 560 间，炸毁火车皮 2 节。仅 1938 年 5 月 23 日一天，日军就两次出动飞机 42 架，轰炸开封南关，投弹 223 枚，其中有 37 枚燃烧弹，炸死炸伤平民 230 人，炸毁或烧毁民房 500 间。

　　1938 年初至 1938 年夏，日军飞机 9 次轰炸商丘、虞城、宁陵、夏邑等县市，炸死炸伤平民 519 人。仅 1938 年 2 月 15 日至 4 月 20 日，日军出动飞机反复轰炸虞城县，投弹 300 枚，直接炸死 200 人，直接炸伤 2000 人。

豫东沦陷前后日军对该地区轰炸统计表

轰炸时间	轰炸地点	飞机（架）	投弹（枚）	直接人员伤亡（人）	直接财产损失（房屋间）	资料来源
1938 年 4 月 30 日	商丘	18	100	死伤 100		《敌机肆虐》[1]
5 月 2 日	民权	3	5	死 11		商丘市抗战损失课题调研组：《抗战时期商丘市人口伤亡和财产损失调研报告》，2006 年 11 月
5 月 12 日	开封	42 架次	223	死伤 230	毁民房 500	《徐州昨被炸——连炸三日惨不忍睹 敌机昨袭广州开封》[2]
5 月 13 日	夏邑	13		死伤 200	毁数村民房	商丘市抗战损失课题调研组：《抗战时期商丘市人口伤亡和财产损失调研报告》，2006 年 11 月
5 月 15 日	兰封	20	42	死 4 伤 5	毁火车皮 2 节	《新华日报》1938 年 5 月 16 日
	民权	1	5	死 4 伤 1		商丘市抗战损失课题调研组：《抗战时期商丘市人口伤亡和财产损失调研报告》，2006 年 11 月

[1] 载《新华日报》1938 年 5 月 1 日。

[2] 载《新华日报》1938 年 5 月 13 日；《河南民国日报》1938 年 5 月 15 日。

轰炸时间	轰炸地点	飞机（架）	投弹（枚）	直接人员伤亡（人）	直接财产损失（房屋间）	资料来源
5月16日	开封、兰封、睢县、考城	34	40			《开封昨日遭空袭》①
5月16日	睢县	3	3			商丘市抗战损失课题调研组：《抗战时期商丘市人口伤亡和财产损失调研报告》，2006年11月
5月20日	商丘朱集	22	40	死伤无数		商丘市抗战损失课题调研组：《抗战时期商丘市人口伤亡和财产损失调研报告》，2006年11月
5月22日	开封	14	46	死伤50	毁民房10	《敌机狂炸开封郑州》②
		11		死44伤129	毁民房50	
5月28日	宁陵			死1		商丘市抗战损失课题调研组：《抗战时期商丘市人口伤亡和财产损失调研报告》，2006年11月
5月30日至6月15日	杞县	多架次		死6伤18	民房60余	《侵华日军在河南的暴行》③
6月14日	杞县	14	4	死2伤3死牛3头	毁民房23	《中共杞县历史》（第一卷）④
合　计	14次	200	508	死72伤156死伤未分580死牛3	毁房屋648、数村民房、火车皮2节	

②　日军在进犯豫东地区的同时，对豫中地区的主要城镇和交通要道也进行了轰炸。1938年5月13日，"敌机十八架、于十三日晨五时零五分、相继袭入郑空、我高射部队当集中炮火猛烈射击、敌机往返投弹百余枚、于七时许始飞去、十时廿九分、又有六架、由开封经郑北飞、未投弹、敌机此次轰炸、完全以大同路德华街等商业区及平民住宅为目标、计被炸街巷共有三十四条、美国之设立之华美医院及美国天主教堂被炸尤惨、该院堂两当局以敌机竟不顾国际公法、有意挑

---

①　载《新华日报》1938年5月17日。

②　载《新华日报》1938年5月23日。

③　中共河南省委党史工作委员会编：《侵华日军在河南的暴行》，河南人民出版社1989年版，第150页。

④　中共杞县县委党史研究室：《中共杞县历史》（第一卷），河南人民出版社1998年版，第119页。

崞、已分电告该国驻华大使馆报告一切、扶轮中学落三弹、毁房四间、伤三人、明功桥上亦落一弹、桥下避难平民十五人全被炸毙、总计敌机此次暴举大作、全城人士在睡梦中为之惊醒、敌机十二架于上空盘旋一周后、即在北空频频投弹二三十枚、轰然巨声、全城震动、继而机枪声由上而下、先后达三次、十分钟后、机声稍远、不意敌机旋复飞回、于是炸弹爆烈声、房屋震倒声又起。"[1]5 月 19 日,"敌机近日在平汉陇海两路大施轰炸、十九日下午四时、又有敌机十九架、分批侵入郑空、盘旋侦察后、在正兴街福寿街迎河街东陈庄等地投弹十余枚、死伤无辜平民十余人、毁房三百三十余间、敌机并在迎河街一带投燃烧弹数枚、黑烟弥漫、火光冲天、迄至下午七时许、乃将火焰扑灭、有平民三人未及逃出、葬身火窟、惨不忍睹"[2]。1938 年 5 月 27 日,郑州全天处在警报声中,仅这一天,日军就七次出动飞机袭击郑州,其中有五次进行了轰炸,共计投弹 26 枚,都落在了街道居民区,太平里及东洋街两防空洞均被炸毁,第二监狱也落有 4 枚炸弹,共计死伤300 余人,其中,能查明的男性市民有 31 人,炸毁房屋 183 间。

豫东沦陷前后日军对豫中地区轰炸统计表

轰炸时间	轰炸地点	飞机（架）	投弹（枚）	直接人员伤亡（人）	直接财产损失（房屋间）	资料来源
1938 年 4 月 3 日	郑州	3	11	死 1 伤 1	毁民房 5	《郑州复遭轰炸》[3]
4 月 6 日	禹县火神庙	2		死 40		许昌市抗战损失课题调研组：《抗战时期许昌市人口伤亡和财产损失调研报告》，2006 年 11 月
4 月 20 日	郑州、新郑	3				《简讯——敌机昨数度飞郑》[4]
4 月 22 日	郑州	3				《敌机肆虐》[5]
5 月 13 日	郑州	36	130	死 20 伤 3	毁街道34 条	《郑州六安遭轰炸》[6]

① 载《新华日报》1938 年 5 月 14 日。

② 载《新华日报》1938 年 5 月 20 日。

③ 载《新华日报》1938 年 4 月 4 日。

④ 载《新华日报》1938 年 4 月 21 日。

⑤ 载《新华日报》1938 年 4 月 23 日。

⑥ 载《新华日报》1938 年 5 月 14 日。

轰炸时间	轰炸地点	飞机（架）	投弹（枚）	直接人员伤亡（人）	直接财产损失（房屋间）	资料来源
5月15日、18日	长葛民生工厂				损失6200元	《长葛各地工厂遭受敌人损毁报告表》①
5月16日	新郑	34	40			《开封昨日遭空袭》②
	郑州、新郑、许昌	26	10	死伤35		
5月19日	郑州	19	10	死伤15	毁民房335	《敌机袭郑》③
5月22日	郑州	3	3	死伤35		《敌机狂炸开封郑州》④
5月27日	郑州	5	26	死伤335	毁民房183	《敌机飞郑狂炸》⑤
6月7日	许昌	2			毁火车皮1节	许昌市抗战损失课题调研组：《抗战时期许昌市人口伤亡和财产损失调研报告》，2006年11月
6月17日	许昌	3	45			《敌寇暴行——敌机袭广州许昌》⑥
6月24日	长葛	23		死24伤20	毁民房27	《长葛县志》⑦
6月30日	洛阳	7	37	死伤54		《昨飞洛投弹》⑧
9月10日	巩县、汜水	3	25			《狂炸沿平汉陇海各地》⑨
	许昌	9	60	死伤107	毁民房940	
		6	50	死60	毁民房65	
	鄢城	3	15			
	漯河	9		死205	毁街道2条	漯河市抗战损失课题调研组：《抗战时期漯河市人口伤亡和财产损失调研报告》，2006年11月

---

① 《长葛各地工厂遭受敌人损毁报告表》，中国第二历史档案馆藏，全宗号四，案卷号35150。

② 载《新华日报》1938年5月17日。

③ 载《新华日报》1938年5月20日。

④ 载《新华日报》1938年5月23日。

⑤ 载《新华日报》1938年5月28日。

⑥ 载《新华日报》1938年6月18日。

⑦ 长葛县志编纂委员会：《长葛县志》，生活·读书·新知三联书店1992年版，第246页。

⑧ 载《新华日报》1938年7月1日。

⑨ 载《新华日报》1938年9月12日。

轰炸时间	轰炸地点	飞机（架）	投弹（枚）	直接人员伤亡（人）	直接财产损失（房屋间）	资 料 来 源
9月12日	郑州	9	35	死伤45	毁民房105	《敌寇暴行——郑州遭轰炸死伤四十余》①
9月12日	郑州	12	105	死伤10	毁民房50	《敌寇暴行——郑州裕丰纱厂被炸毁》②
合 计	21次	220	602	死350伤24死伤未分636	毁房1710、街道36条、火车皮1节，其他损失折合法币6200元	

③ 日军为扫清进犯武汉的障碍，在攻占豫东前后，对豫东南地区的主要城镇也进行了轰炸。根据现存资料统计，1938年4月4日至5月25日，日军先后出动飞机68架次轰炸豫东南地区，投弹88枚，直接炸死炸伤2243人，炸毁民房3375间，炸毁飞机场1座，驻马店的段庄被炸毁。1938年4月4日，"敌机九架、四日在驻马店投弹二十余枚③"，炸毁驻马店飞机场。1938年5月25日，"敌机九架、廿五日午轰炸南阳、投弹六十余枚、内有少数燃烧弹、落城外野地卅余、城内卅余、震塌及烧毁房屋三百余间、死伤平民约一百人"④。

豫东沦陷前后日军对豫东南地区轰炸统计表

轰炸时间	轰炸地点	飞机（架）	投弹（枚）	直接人员伤亡（人）	直接财产损失（房屋间）	资料来源
1938年4月4日	驻马店	9	20		毁机场1座	《敌机投弹》⑤
	确山	2		死6伤2	毁民房50	
5月16日	信阳柳林	3	3	死伤35		《开封昨日遭空袭》⑥
5月20日	驻马店	18		死伤1500	毁民房3000	《驻马店市志》⑦
5月22日	驻马店段庄	18		死伤200	段庄被毁	《驻马店市志》⑧

---

① 载《新华日报》1938年9月13日。

② 载《新华日报》1938年9月14日。

③ 载《新华日报》1938年4月5日。

④ 载《新华日报》1938年5月27日。

⑤ 载《新华日报》1938年4月5日。

⑥ 载《新华日报》1938年5月7日。

⑦ 驻马店市史志编纂委员会：《驻马店市志》，河南人民出版社1989年版，第174页。

⑧ 驻马店市史志编纂委员会：《驻马店市志》，河南人民出版社1989年版，第174页。

轰炸时间	轰炸地点	飞机（架）	投弹（枚）	直接人员伤亡（人）	直接财产损失（房屋间）	资料来源
5月24日	南阳县望乡台、玄妙观、油坊坑及五道庙口郭才生杂货店	9			毁民房25	《新华日报》
5月25日	南阳	9	65	死伤100	毁民房300	《敌机昨狂炸南阳》①
合 计	7次	68	88	死6伤2死伤未分1835	毁民房3375、村庄1座、机场1座	

（3）豫南沦陷前后日军对河南平民目标的轰炸主要集中在豫南和豫西地区（1938年1—9月）

① 豫南沦陷前后日军对该地区民用目标的轰炸。这一时期日军轰炸"对河南方面，因豫东我军一度克复开封且由信阳突围之敌又在桐柏附近遭我严重打击，故敌机对邓县桐柏所属乡镇莫不滥施轰炸"②。1938年8月20日，集结在安徽合肥的日军分两路向武汉方向推进。为阻击北路日军对豫南地区的进犯，中国军队发起大别山北麓战役。在此前后，日军对豫南地区进行了重点轰炸。根据现有资料统计，日军为支援地面作战，从1938年6月15日至10月底，出动飞机19批、446架次轰炸豫南地区，投弹2127枚，直接炸死炸伤2515人，炸死牲畜500头，炸毁或烧毁民房1920间、炸毁教堂1座、信阳中山铺镇、南阳飞机场。

信阳是日军南取武汉的咽喉要道和重要战略基地。为了占领信阳，从1937年夏至1938年10月，日军先后出动飞机23批，共374架次，投弹2045枚，多次对该地区狂轰滥炸，炸死炸伤平民2200人，炸毁民房6700间③。仅1937年6月15日，1938年7月5日、8月2日、9月5日、9月12日、9月20日、9月28日、9月29日的八次轰炸中，日军就出动飞机184架次，投弹千余枚。信阳县城内羊山、北关、火车站、西关等地弹坑累累，瓦砾遍地，几乎成为一片废墟。五里店、洋河、长台关、明港、邢集、游河、吴家店、柳林、李家寨等乡村集镇，均遭敌机轰炸。

---

① 载《新华日报》1938年5月27日。

② 《全国空袭状况之检讨》，航空委员会防空监部编印，1939年，甘肃省档案馆藏，（军事）127，第25页。

③ 《日本军国主义侵华罪行一斑——记信阳市部分群众对日军暴行的控诉》，载《信阳师范学院学报》1982年第2期。

豫南沦陷前后日军对豫南地区轰炸统计表

轰炸时间	轰炸地点	飞机（架）	投弹（枚）	直接人员伤亡（人）	直接财产损失（房屋间）	资料来源
1938 年 5 月 24 日	南阳县望乡台、玄妙观，油坊坑及五道庙口郭才生杂货店	9			毁民房 25	《新华日报》
5 月 25 日	南阳	9	65	死 伤 100	毁民房 300	《敌机昨狂炸南阳》①
6 月 15 日	信阳	18	165			《敌机昨又狂炸广州——信阳襄阳两县罹惨炸》②
6 月	南阳县城五道庙	20		死 10	毁民房 150	南阳县志《南阳县志谈——纪念抗日胜利 40 周年专辑》③
7 月 5 日	信阳	22	25			《敌机昨晨袭信阳》④
7 月 6 日	桐柏固县			死伤 100		《桐柏县志》⑤
8 月 2 日	信阳	18	25	死伤 50	毁民房 100	《寇机昨飞信阳轰炸》⑥
9 月 5 日	信阳	17	100	死伤 75	毁民房 100	《敌机狂炸信阳岳阳》⑦
9 月 10 日	信阳	18	17	死 20 伤 45	毁民房 20	《立煌许昌广东昨日频遭空袭》⑧
9 月 12 日	信阳	3	43	死伤 60	毁民房 150 余	《敌机狂炸信阳，德教会医院全部被毁》⑨
9 月 20 日	信阳	6	50	死伤 25	毁民房 100	《敌机昨狂炸信阳》⑩
9 月 12 日	信阳	8	5	死 5	毁教堂 1 座	《敌机轰炸信阳，德教堂被炸毁》⑪

① 载《新华日报》1938 年 5 月 27 日。

② 载《新华日报》1938 年 6 月 16 日。

③ 《南阳县志谈——纪念抗日胜利 40 周年专辑》1985 年第 1 期，第 2 页。

④ 载《新华日报》1938 年 7 月 6 日。

⑤ 桐柏县志编纂委员会：《桐柏县志》，中州古籍出版社 1995 年版，第 30 页。

⑥ 载《新华日报》1938 年 8 月 3 日。

⑦ 载《新华日报》1938 年 9 月 6 日。

⑧ 载《新华日报》1938 年 9 月 11 日。

⑨ 载《新华日报》1938 年 9 月 13 日。

⑩ 载《新华日报》1938 年 9 月 21 日。

⑪ 载《新华日报》1938 年 9 月 24 日。

轰炸时间	轰炸地点	飞机（架）	投弹（枚）	直接人员伤亡（人）	直接财产损失（房屋间）	资料来源
9月27日	信阳	30	50	死伤100	炸毁中山铺镇	《信阳平民死百余中山铺全毁》①
9月28日	信阳	70	500		毁民房大部	《敌寇暴行——信阳迭遭狂炸 县城多成瓦砾》②
9月29日	信阳	120次	1000	死伤1000		《日军战争暴行之研究》③
9月29日	信阳	11				《敌寇暴行——信阳迭遭狂炸 县城多成瓦砾》④
合　计		16次	379	2045	死35伤45死伤未分1615	毁房屋945间、中山铺镇、教堂1座

②　日军在进犯豫北、豫东和豫南的同时，对豫西重镇洛阳也进行了反复轰炸。这一时期日军对河南的轰炸，完全是滥炸市区，目的是焚烧城市屠杀平民。1938年"证诸本年一月二十四日敌机袭洛时，被我高射部队击落一架，俘获敌空军人员七人，其中有敌中队长杉田荣治者，在其身上搜得出发之命令，着其'向人烟稠密之市区投弹轰炸，藉以沮丧中国之民气'云云，更足以明瞭敌机空袭之目的"⑤。此时"豫省空袭以洛阳及邓县附近被炸次数较多，桐柏济源等处次之，盖豫东豫南之战事时作时息，敌人为破坏我军事运输及防我军攻击起见，乃对以上各地滥施攻击也"⑥。根据现有资料统计，1938年初至1939年底的两年时间，日军出动飞机19批、422架次反复轰炸豫西重镇洛阳及其周边城镇，投弹974枚，直接炸死炸伤406人，其中炸死75人、炸伤120人、死伤211人，炸毁民房1924间、汽车2辆。

1938年2月14日，"敌机十八架，今又分批连续袭洛，警报自晨八时四十五分起，至下午四时许，始解除警报，繁盛市区，被投弹数十枚，商店平民惨遭

---

① 载《新华日报》1938年9月29日。
② 载《新华日报》1938年10月1日。
③ 李恩涵：《日本军战争暴行之研究》，台湾商务印书馆1994年版，第351页。
④ 载《新华日报》1938年10月1日。
⑤ 《全国空袭状况之检讨》，航空委员会防空监部编印，1939年，甘肃省档案馆藏，（军事）127，第22页。
⑥ 《全国空袭状况之检讨》，航空委员会防空监部编印，1939年，甘肃省档案馆藏，（军事）127，第27页。

轰炸者，不可数计，为洛邑遭空袭以来最惨重之情况。"[1]1938 年 6 月 30 日，"敌机四架三十日晨八时许，侵入领空，在东西车站投弹廿一枚，死伤四十四人，九时许复有敌机一架，飞洛窥察。至下午一时，又有敌机三架来袭，经我高射部队猛烈射击，敌机未敢在市空盘旋，乃在东关外北窑村投弹十六枚逸去，共毁平房二十余间，死伤农民十余人"[2]。

豫北、豫东、豫南沦陷前后日军轰炸豫西统计表

轰炸时间	轰炸地点	飞机（架）	投弹（枚）	直接人员伤亡（人）	直接财产损失（房屋间）	资料来源
1938 年 1 月 30 日	洛阳	21	40		毁民房 5	《洛阳昨遭空袭》[3]
1 月 31 日	洛阳	100	30			《敌机袭洛》[4]
2 月 21 日	洛阳	9				《本报郑州廿一日急电》[5]
6 月 30 日	洛阳	7	37	死伤 54		《昨飞洛投弹》[6]
10 月 4 日	洛阳	17	80	伤 60	毁民房 5	《敌机肆虐——敌机昨袭洛阳》[7]
合 计	5 次	154	187	死伤未分 54 伤 60	毁房屋 10 间	

2. 战略相持阶段日军对河南平民目标的轰炸
（1938 年 10 月—1944 年 1 月）

1938 年 10 月 25 日，武汉沦陷，历时四个半月的武汉大会战结束，豫北、豫东（新黄河以东）和豫东南的河南半壁江山被日军占领，中国抗日战争也由战略防御进入战略相持阶段。根据战略发展需要，占领河南半壁江山的日军，并没有停止它对一些重点城镇的轰炸。这一时期日军重点轰炸了豫西、豫西南、豫中

① 载《新华日报》1938 年 2 月 15 日。
② 载《新华日报》1938 年 7 月 1 日。
③ 载《新华日报》1938 年 1 月 31 日。
④ 载《新华日报》1938 年 2 月 1 日。
⑤ 载《新华日报》1938 年 2 月 22 日。
⑥ 载《新华日报》1938 年 7 月 1 日。
⑦ 载《新华日报》1938 年 10 月 5 日。

等国民党统治区域的重要城镇，尤其是对洛阳、郑州、信阳三地的破坏最为严重。

（1）战略相持阶段开始后日军对豫西的轰炸

进入战略相持阶段后，日军对豫西轰炸的主要目标还是洛阳及其黄河南岸的陕县、孟津、偃师等地。根据现存资料统计，1941 年 5 月 16 日至 1944 年 1 月 9 日，日军出动飞机 11 批、277 架次轰炸豫西，投弹 575 枚，直接炸死炸伤 30 人，炸毁民房 105 间。仅洛阳一地，就先后遭到 6 批、229 架次飞机轰炸。1939 年 3 月 12 日，"今晨十一时至十一点三十分，敌机两次狂炸洛阳市区，第一次敌机七架，第二次九架，共投弹八十九枚，死四十余人，伤十余人，毁房四百余间。敌机于今日投弹时，并抛下面盆大之石块四十余块。"①1939 年 9 月 21 日，"敌机卅二架，廿一日午三时余，复出现于洛阳上空，经我高射炮猛烈射击，在慌乱中投弹百余枚后逸去，毁房屋约千余间。"②1941 年 5 月 16 日，"今晨五时起，洛阳即开始警报，至下午五时始解除，敌机竟日窜扰，数达百余架，共轰炸六次，其最多一次之敌机为卅二架，先后投弹五百余枚，其中烧夷弹甚多。"③1942 年 10 月 8 日，"八日上午十时，敌机二十架滥炸洛阳，城关内外损伤颇重，中央社洛阳分社，亦为敌机目标之一，连接中弹多枚，房屋多间被毁，员工幸告无恙，即在瓦砾当中，照常工作。"④

战略相持阶段开始后日军轰炸豫西统计表

轰炸时间	轰炸地点	飞机（架）	投弹（枚）	直接人员伤亡（人）	直接财产损失（房屋间）	资料来源
1939 年 1 月 23 日	洛阳	16		死伤 25	毁民房 25	《洛阳昨遭敌机狂炸——瑞典基督教堂被炸毁》⑤
1 月 24 日	洛阳	9		死伤 50	毁民房 100	《洛阳昨遭敌机狂炸》⑥
1 月 25 日	洛阳	18	50	死伤 50		《敌寇暴行——敌机轰炸洛阳——被我高射手击落二架》⑦

---

① 载《新华日报》1939 年 3 月 13 日。
② 载《新华日报》1939 年 9 月 22 日。
③ 载《新华日报》1941 年 5 月 17 日。
④ 载《新华日报》1942 年 10 月 9 日。
⑤ 载《新华日报》1939 年 1 月 25 日。
⑥ 载《新华日报》1939 年 1 月 25 日。
⑦ 载《新华日报》1939 年 1 月 27 日。

轰炸时间	轰炸地点	飞机（架）	投弹（枚）	直接人员伤亡（人）	直接财产损失（房屋间）	资料来源
3月12日	黄河、洛阳	16	130	死40伤10	毁民房400	《敌机狂炸陕黄河边——洛阳市区亦惨被投弹》①
3月23日	洛阳	16	40	死5伤22	毁民房104	《敌机狂炸郑州洛阳》②
3月25日	黄河沿线	32	90	死16伤20	毁民房200	《敌机轰炸赣豫各地》③
3月27日	洛阳	5	18			《敌机狂炸晋豫各地》④
3月29日	偃师、孟津	15	36	死伤32	毁民房20汽车2辆	《敌机狂炸豫晋赣粤》⑤
4月9日	济源	14	11	死14伤8	毁民房60	《粤鄂浙皖豫晋被空袭》⑥
4月29日	洛阳	7	59			《敌机七架狂炸洛阳》⑦
8月19日	洛阳	8	8			《敌机昨日袭川被我空军逐退——洛阳昨日亦遭空袭》⑧
9月21日	洛阳	32	100		毁民房1000	《狂炸沅陵洛阳》⑨
10月28日	洛阳	13	80			《敌机轰炸豫闽各地》⑩
10月30日	洛阳	37	160		毁民房5	《敌机分袭陕甘豫——洛阳竟日在警报中》⑪
11月10日	洛阳	30	5			《敌机袭豫竟投毒弹》⑫
11月27日	洛阳					《敌机夜袭陕甘豫各地》⑬

① 载《新华日报》1939年3月13日。
② 载《新华日报》1939年3月24日。
③ 载《新华日报》1939年3月26日。
④ 载《新华日报》1939年3月28日。
⑤ 载《新华日报》1939年3月29日。
⑥ 载《新华日报》1939年4月10日。
⑦ 载《新华日报》1939年4月30日。
⑧ 载《新华日报》1939年8月20日。
⑨ 载《新华日报》1939年9月22日。
⑩ 载《新华日报》1939年10月29日。
⑪ 载《新华日报》1939年10月31日。
⑫ 载《新华日报》1939年11月17日。
⑬ 载《新华日报》1939年11月29日。

轰炸时间	轰炸地点	飞机（架）	投弹（枚）	直接人员伤亡（人）	直接财产损失（房屋间）	资料来源
1941年5月16日	洛阳	180	500			《洛阳终日警报》①
5月25日	洛阳	2				《简讯——国内》②
8月14日	洛阳	7	50	死伤30	毁民房100	《敌机袭豫——洛阳被炸》③
1942年3月24日	卢氏	3				《敌机袭豫陕——西安及卢氏被投弹》④
10月8日	洛阳	20			毁民房5	《敌机炸洛阳》⑤
1943年2月7日	洛阳	9				《敌机袭豫》⑥
2月10日	卢氏	18	20			《桂林柳州零陵卢氏被炸》⑦
5月28日	孟津	12	5			《敌机扰豫境》⑧
6月3日	孟津、偃师	14				《豫北陇海线敌机肆虐》⑨
6月12日	孟津	1				《豫境连日遭敌机袭扰》⑩
1944年1月9日	洛阳、陕县	11				《敌机连日扰豫北》⑪
合　计	27次	545	1362	死75伤60 死伤未分187	毁房屋2019、汽车2辆	

（2）进入战略相持阶段后日军对豫南和豫西南的轰炸（1938年10月—1943年2月）

战略相持阶段日军对国民党统治的豫西南地区进行了持续的轰炸。地域集中

---

① 载《新华日报》1941年5月17日。
② 载《新华日报》1941年5月25日。
③ 载《新华日报》1941年8月17日。
④ 载《新华日报》1942年3月25日。
⑤ 载《新华日报》1942年10月9日。
⑥ 载《新华日报》1943年2月8日。
⑦ 载《新华日报》1943年2月11日。
⑧ 载《新华日报》1943年5月30日。
⑨ 载《新华日报》1943年6月5日。
⑩ 载《新华日报》1943年6月14日。
⑪ 载《新华日报》1944年1月10日。

在南阳、桐柏、内乡、汝南等重要城镇，商城、方城、唐河、泌阳、新野、老河口也多次遭到轰炸。1938 年 10 月 18 日，"敌机四十架狂炸南阳城关，第一次敌机一架，经桐柏至南阳窥伺，第二次轰炸机六架，轰炸市中心区，第三次敌机廿五架，狂炸城关，第四次八架，共计炸毁民房一百余间，死伤平民卅余人，瓦砾满地，血肉横飞，至为凄惨"①。1939 年 1 月 "二十三日上午十时，礼山发现敌机六架，十一时侵入豫境，南阳发出空袭警报，旋即侵入上空，在北城一带低飞轰炸，并开放机枪，同时，又有敌机十架，分批侵入，大肆狂炸，城内南关北关等处，机枪炸弹，交相轰炸，毁房屋 20 余，死伤二十五人"②。1939 年 3 月 29 日 "上午十一时许，敌机十三架侵入宛属各县，六架袭入方城，在城内及东南关滥施轰炸，毁房六十余间，在东河滩向平民轰炸，死伤二三十人，并投有烧夷弹"③。

战略相持阶段日军轰炸豫南和豫西南统计表

轰炸时间	轰炸地点	飞机（架）	投弹（枚）	直接人员伤亡（人）	直接财产损失（房屋间）	资料来源
1938 年 10 月 4 日	南阳	9	50			《敌寇暴行——敌机轰炸南阳》④
10 月 18 日	南阳	40	50	死伤 30	毁民房 100	《敌机四十架狂炸南阳》⑤
1939 年 1 月 28 日	商城	4	10	中毒 100	毁民房 10	《敌机炸商城竟投毒弹》⑥
3 月 29 日	南阳各县	19		死伤 30	毁民房 60	《残暴敌机轰炸晋豫》⑦
4 月 4 日	新野	1	5			《敌机袭粤浙豫》⑧
4 月 22 日	内乡	18	120	死 37 伤 100	毁民房 400	《浙赣豫晋各地空袭》⑨
5 月 3 日	唐河、泌阳、桐柏	55	90	死 34 死牲畜 16	毁民房 200	《敌机肆虐——浙豫鄂被炸》⑩

---

① 《新华日报》1938 年 10 月 19 日。

② 《新华日报》1939 年 1 月 25 日。

③ 《新华日报》1939 年 3 月 31 日。

④ 载《新华日报》1938 年 10 月 6 日。

⑤ 载《新华日报》1938 年 10 月 19 日。

⑥ 载《新华日报》1939 年 1 月 29 日。

⑦ 载《新华日报》1939 年 3 月 31 日。

⑧ 载《新华日报》1939 年 4 月 6 日。

⑨ 载《新华日报》1939 年 4 月 23 日。

⑩ 载《新华日报》1939 年 5 月 4 日。

轰炸时间	轰炸地点	飞机（架）	投弹（枚）	直接人员伤亡（人）	直接财产损失（房屋间）	资料来源
10月24日	南阳、内乡	20				《全国空袭状况之检讨》①
10月27日	唐河、老河口	9				《敌机轰炸豫陕等地》②
11月3日	内乡、南阳	6				《敌机袭湘豫——益阳南阳被炸》③
1940年4月	桐柏	15		死150	毁民房600	南阳市抗战损失课题调研组：《抗战时期南阳市人口伤亡和财产损失调研报告》，2006年11月
5月4日	唐河	32	120	死200伤100	毁民房700	南阳市抗战损失课题调研组：《抗战时期南阳市人口伤亡和财产损失调研报告》，2006年11月
5月6日	方城寺门庙会	30		死400伤200	毁市场1个	南阳市抗战损失课题调研组：《抗战时期南阳市人口伤亡和财产损失调研报告》，2006年11月
1941年1月29日	桐柏	1				《豫鲁我军击落敌机一架》④
2月4日	南阳			死93	毁民房200	南阳市抗战损失课题调研组：《抗战时期南阳市人口伤亡和财产损失调研报告》，2006年11月
11月4日	信阳	1				《信阳以北敌机一架被我击落》⑤
1943年2月7日	汝南	9				《敌机袭豫》⑥
2月10日	汝南	18	20			《桂林柳州零陵卢氏被炸》⑦
合计	18次	287	465	死914伤500死伤未分60死牲畜16头	毁民房2270、毁集贸市场1个	

---

① 《全国空袭状况之检讨》，航空委员会防空监部编印，1939年，甘肃省档案馆藏，（军事）127，第9页。

② 载《新华日报》1939年10月28日。

③ 载《新华日报》1939年11月4日。

④ 载《新华日报》1941年2月11日。

⑤ 载《新华日报》1941年11月5日。

⑥ 载《新华日报》1943年2月8日。

⑦ 载《新华日报》1943年2月11日。

（3）战略相持阶段开始后日军对豫中地区民用目标的轰炸（1938 年 10 月—1943 年 6 月）

1938 年 10 月中旬，随着信阳沦陷，大别山北麓战役结束，日军空袭重点除豫西洛阳及其附近城镇外，主要集中在全国铁路、公路交通枢纽郑州，黄河南岸陇海铁路沿线城镇巩县、孝义、汜水、广武、荥阳、中牟和京汉铁路沿线城镇新郑、长葛、许昌、漯河，以及密县、禹县、鄢城、临颍、平顶山、舞阳、叶县、宝丰、鲁山等城镇。

1939 年 3 月 23 日，"敌机十六架，昨日上午十时卅六分，侵入郑州，投弹四十余枚。另敌机三架，袭入周家口，投弹卅余枚。洛阳亦遭轰炸，毁民房一百零四间，炸死五人，伤二十二人。"[①]1943 年 6 月 4 日，"敌机十六架，今日自晨四时四十五分起至下午三时十八分止，分七次由新乡起飞，在广武、偃师、巩县等地投弹，并飞往汜水、孟津、孝义等地盘旋后，折向原路逸去"[②]。

战略相持阶段开始后日军对豫中地区民用目标的轰炸统计表

轰炸时间	轰炸地点	飞机（架）	投弹（枚）	直接人员伤亡（人）	直接财产损失（房屋间）	资 料 来 源
1938 年 10 月 20 日	临汝	3		死 12 伤 10		平顶山市抗战损失课题调研组：《抗战时期平顶山市人口伤亡和财产损失调研报告》，2006 年 11 月
1939 年 1 月 28 日	郑州					《吉安郑州翁源亦被狂炸》[③]
3 月 19 日	郑州					《平江郑州教会被炸》[④]
3 月 21 日	郑州、许昌					《福州郑州许昌被炸》[⑤]
3 月 22 日	郑州	16	40	死 5 伤 22	毁民房 104	《敌机狂炸郑州洛阳》[⑥]
3 月 26 日	汜水、孝义	15	36	死伤 32	毁民房 20 汽车 2 辆	《敌机狂炸豫晋赣粤》[⑦]
夏	叶县			死 1		平顶山市抗战损失课题调研组：《抗战时期平顶山市人口伤亡和财产损失调研报告》，2006 年 11 月

① 《新华日报》1939 年 3 月 24 日。

② 《新华日报》1943 年 6 月 5 日。

③ 载《新华日报》1939 年 3 月 18 日。

④ 载《新华日报》1939 年 3 月 24 日。

⑤ 载《新华日报》1939 年 3 月 22 日。

⑥ 载《新华日报》1939 年 3 月 24 日。

⑦ 载《新华日报》1939 年 3 月 29 日。

轰炸时间	轰炸地点	飞机（架）	投弹（枚）	直接人员伤亡（人）	直接财产损失（房屋间）	资料来源
1940 年 2 月 9 日	许昌	18			商号工厂停业停工	许昌市抗战损失课题调研组：《抗战时期许昌市人口伤亡和财产损失调研报告》，2006 年 11 月
2 月 9 日	漯河	5		死伤 500		漯河市抗战损失课题调研组：《抗战时期漯河市人口伤亡和财产损失调研报告》，2006 年 11 月
2 月 11 日	禹县春节庙会	7	10	死伤 50	毁民房 500	许昌市抗战损失课题调研组：《抗战时期许昌市人口伤亡和财产损失调研报告》，2006 年 11 月
3 月 31 日	漯河	9	40	死伤 20		漯河市抗战损失课题调研组：《抗战时期漯河市人口伤亡和财产损失调研报告》，2006 年 11 月
1941 年 1 月 28 日	郾城			死 70 伤 26		漯河市抗战损失课题调研组：《抗战时期漯河市人口伤亡和财产损失调研报告》，2006 年 11 月
1 月 30 日	临颍	1		死 3 伤 1		漯河市抗战损失课题调研组：《抗战时期漯河市人口伤亡和财产损失调研报告》，2006 年 11 月
		3	10			
1 月 30 日至 31 日	禹县			死 14 伤 22	抚恤 730 元	中国第二历史档案馆馆藏档案，全宗一一六，案卷号 559
1 月 31 日	郾城			死 60 伤 30		漯河市抗战损失课题调研组：《抗战时期漯河市人口伤亡和财产损失调研报告》，2006 年 11 月
1—2 月	许昌				抚恤 2610 元	中国第二历史档案馆馆藏档案，全宗一一六，案卷号 559
2 月 2 日	宝丰焦店镇庙会			死伤 270	毁民房 1000	平顶山市抗战损失课题调研组：《抗战时期平顶山市人口伤亡和财产损失调研报告》，2006 年 11 月

轰炸时间	轰炸地点	飞机（架）	投弹（枚）	直接人员伤亡（人）	直接财产损失（房屋间）	资料来源
2月4日	舞阳	3	14	死13伤6		漯河市抗战损失课题调研组：《抗战时期漯河市人口伤亡和财产损失调研报告》，2006年11月
2月4日	长葛				抚恤470元	中国第二历史档案馆藏档案，全宗一一六，案卷号559
2月7日	舞阳	18		死12		漯河市抗战损失课题调研组：《抗战时期漯河市人口伤亡和财产损失调研报告》，2006年11月
	郾城			死60伤30		漯河市抗战损失课题调研组：《抗战时期漯河市人口伤亡和财产损失调研报告》，2006年11月
10月21日	禹县	28	100	死伤200	毁民房2000	许昌市抗战损失课题调研组：《抗战时期许昌市人口伤亡和财产损失调研报告》，2006年11月
1943年2月7日	郑州	9				《敌机袭豫》①
2月10日	长葛	18	20			《敌机昨扰湘桂豫——桂林柳州零陵卢氏被炸》②
1943年	宝丰			死23		平顶山市抗战损失课题调研组：《抗战时期平顶山市人口伤亡和财产损失调研报告》，2006年11月
2月11日	平顶山南部的黄山武庄	50		死275	毁民房1000	平顶山市抗战损失课题调研组：《抗战时期平顶山市人口伤亡和财产损失调研报告》，2006年11月
5月28日	巩县、广武	12	5			《敌机扰豫境》③

---

① 载《新华日报》1943年2月8日。

② 载《新华日报》1943年2月11日。

③ 载《新华日报》1943年5月30日。

轰炸时间	轰炸地点	飞机（架）	投弹（枚）	直接人员伤亡(人)	直接财产损失（房屋间）	资料来源
6月3日	汜水、孝义、荥阳	14				《美十四航空队连日出勤截敌——豫北陇海线敌机肆虐》①
6月4日	广武、巩县、孝义	16	5			
6月12日	巩县	4	5			《我军克复松滋——豫境连日遭敌机侵袭》②
6月14日	黄河两岸	3				《敌机袭扰各地——连日窥赣湘粤浙豫陕甘诸省》③
6月29日	长葛南席	15		死 13 伤 20	毁民房 29	许昌市抗战损失课题调研组：《抗战时期许昌市人口伤亡和财产损失调研报告》，2006 年 11 月
	长葛马武	8		死 11	毁民房 18	
合 计		33	275	285	死 572、伤 167、未分开统计伤亡 1072	毁房屋 4671、汽车 2 辆、抚恤法币 3810 元

3. 战略反攻阶段日军对河南民用目标的轰炸（1944 年 1 月—1945 年 8 月）

为占领平汉铁路南段及其沿线地区，打击驻守河南的国民党第一战区部队，确保武汉日军及华北日军的陆上交通，为进行湘桂作战输送必需的军用物资，日军于 1944 年 4 月中旬发起河南战役。

（1）河南战役准备阶段日军对河南民用目标的轰炸（1944 年 1 月—1945 年 4 月 17 日）

河南战役展开前的 1944 年 1 月至 4 月中旬，日军飞机主要对洛阳、偃师、广武、巩县、孝义、长葛等地进行了轰炸。河南战役发起后，日军重点轰炸了禹县、襄城、鲁山、沈丘、内乡、南阳等重要城镇。1944 年 1 月 9 日，"新乡敌机连日

① 载《新华日报》1943 年 6 月 5 日。
② 载《新华日报》1943 年 6 月 14 日。
③ 载《新华日报》1943 年 6 月 16 日。

飞抵广武滋扰，今晨八时至下午一时，敌机十架又分三批先后飞临该城投弹"①。

1 月 16 日，"洛今日三次警报，敌机共分五批，每批一架至三架不等，飞广武，巩县，孝义一带投弹，并窥察沿河各地，每次飞机都是从新乡来的"②。

河南战役之战役准备阶段日军对河南民用目标的轰炸统计表

轰炸时间	轰炸地点	飞 机（架）	投 弹（枚）	直接人员伤亡（人）	直接财产损失（房屋间）	资 料 来 源
1944 年 1 月 16 日	广武、巩县、孝义	15	5			《敌机袭豫——在广武等县投弹》③
1 月 17 日	广武、巩县	12	5			《敌机连日窜扰豫陕——沿陇海路一线窥察》④
2 月至 4 月	长葛付桥、白庄、敬渡门				毁帆船 11 艘	许昌市抗战损失课题调研组：《抗战时期许昌市人口伤亡和财产损失调研报告》，2006 年 11 月
3 月 6 日	郏县渣园乡全楼庙会			死伤 300 人	炸毁市场 1 个	平顶山市抗战损失课题调研组：《抗战时期平顶山市人口伤亡和财产损失调研报告》，2006 年 11 月
4 月 2 日	临汝	4		死伤 40		平顶山市抗战损失课题调研组：《抗战时期平顶山市人口伤亡和财产损失调研报告》，2006 年 11 月
4 月 2 日	广武	12	5			《豫境敌机迭出窥察》⑤
4 月 10 日	襄城县城关镇			死 6		1951 年高检中南分署：日本战犯在河南地区的暴行材料（湖北省档案馆藏，档案号 ZN—1—29）
合 计	7 次	43	15	死 6、未分开统计伤亡 340	毁帆船 11 艘、集贸市场 1 个	

① 《新华日报》1944 年 1 月 10 日。

② 《新华日报》1944 年 1 月 17 日。

③ 载《新华日报》1944 年 1 月 17 日。

④ 载《新华日报》1944 年 1 月 19 日。

⑤ 载《新华日报》1944 年 4 月 4 日。

（2）河南战役发起后日军对河南民用目标的轰炸（1944 年 4 月 18 日—1945年 8 月）

1944 年 4 月 18 日，日军向河南正面战场发起进攻，河南战役开始。日军对战区内的郑州、新郑、荥阳、广武、尉氏、洧川、鄢陵、密县、登封、禹县、长葛、许昌、临颍、郾城、漯河、遂平、西平、确山等地进行了反复轰炸，并占领了这些地区，第一次打通了平汉铁路全线。之后，又把轰炸目标延伸到宝丰、鲁山、临汝、洛阳、偃师、渑池、新安、伊川、汝阳、嵩县、宜阳、洛宁、陕县、卢氏、灵宝、阌乡等地。由于当时中国军队节节败退，国民党地方政府涣散，加上时代久远，许多轰炸无人记载，这一时期日军轰炸河南造成的人员伤亡和财产损失资料非常少。

河南战役发起后日军对河南民用目标的轰炸统计表[①]

轰炸时间	轰炸地点	飞机（架）	投弹（枚）	直接人员伤亡（人）	直接财产损失	资料来源
1944 年 4 月 20 日	禹县东关外太山庙	1	4	死 17 伤 10		《侵华日军在河南的暴行》[②]
5 月 1 日	鲁山南门里三号				损失财物折合旧币 1717000 元	河南省档案馆馆藏档案，M29—16—0459
5 月 1 日	鲁山县城	5		死伤 110	家具及小麦折合旧币 320000 元	河南省档案馆馆藏档案，M29—16—0459
5 月 2 日	鲁山	5		死 71 伤 40		平顶山市抗战损失课题调研组：《抗战时期平顶山市人口伤亡和财产损失调研报告》，2006 年 11 月
5 月 5 日	鲁山西街文化书社				损失财物折合旧币 200000 元	河南省档案馆馆藏档案，M29—16—0459
6 月 1 日	禹县鸡山村	10	10		村庄被毁	《侵华日军在河南的暴行》[③]
6 月 8 日	北乡				财物折合旧币 6000000 元	河南省档案馆馆藏档案，M29—16—0459

---

① 本表格中旧币指当年法币，合计的法币指折算成 1937 年法币。

② 中共河南省委党史工作委员会编：《侵华日军在河南的暴行》，河南人民出版社 1989 年版，第 31 页。

③ 中共河南省委党史工作委员会编：《侵华日军在河南的暴行》，河南人民出版社 1989 年版，第 201 页。

轰炸时间	轰炸地点	飞机（架）	投弹（枚）	直接人员伤亡（人）	直接财产损失	资料来源
1944 年	襄城县城关镇			死 6		1951 年高检中南分署：日本战犯在河南地区的罪行材料（湖北档案馆藏，档案号 ZN—1—29）
1945 年 3 月 25 日	内乡、张店				财物折合旧币 18455440 元	河南省档案馆馆藏档案，M29—16—0459
3 月 25 日	内乡、鲁山、南阳禹县等处				财物折合旧币 76085910 元	河南省档案馆馆藏档案，M29—16—0459
3 月 27 日	内乡、张店				财物折合旧币 12740520 元	河南省档案馆馆藏档案，M29—16—0459
3 月至 7 月	内乡、鲁山、南阳、禹县				财物折合旧币 202802760 元	河南省档案馆馆藏档案，M29—16—0459
合 计	12 次	21	14	死 94 伤 50 死伤未分 110	财物折价折合法币 164048.5 元	

4．侵华日军轰炸河南的主要特点及直接造成的人员伤亡和财产损失

抗日战争时期，日军对河南民用目标轰炸的特点及日军轰炸河南民用目标造成的直接人员伤亡和直接财产损失情况分析。

（1）大规模军事进攻前，必派出大批飞机进行狂轰滥炸

从时间上看，除对郑州、洛阳的轰炸是在这两地沦陷之前外，对豫北的轰炸主要集中在 1937 年 10 月至 1938 年 2 月的豫北战役前后，对豫东的轰炸集中在 1938 年夏季的兰封战役前后，对豫东南的轰炸集中在 1938 年下半年的大别山北麓战役前后，对豫南的轰炸集中在 1939 年的随枣会战和 1940 年的枣宜会战前后，对豫西的轰炸集中在 1941 年的豫南会战前后。

日军轰炸河南平民目标各年度分布情况统计表

年　度	轰炸（天）	飞机（架）	投弹（枚）	死亡（人）	受伤（人）	统计未分开伤亡（人）	毁房（间）
1937 年	10	64	180	58	9	1000	2150
1938 年	95	1322	4580	2144	377	7731	11680
1939 年	283	1197	6433	2215	2101	863	23948[①]
1940 年	26	244	804	1278	606	640	4836
1941 年	24	297	754	413	258	525	3676
1942 年	9	51		6	3		5
1943 年	14	209	51	341	54	45	1857
1944 年	17	86	120	102	50	570	99
1945 年	4	35		105		50	102
合　计	482	3505	12922	6662	3458	11424	48353

　　最密集的轰炸集中在 1937 年底至 1939 年 9 月。从抗战全面爆发到 1939 年 9 月，全省共有 72 个县遭到日军轰炸，共空袭 533 次，投弹 12525 枚，炸死平民 4929 人，炸伤 5380 人，毁民房 51280 间。仅郑州一地，就遭到空袭 60 次，投弹 1536 枚。

1937 年 7 月至 1939 年 9 月日军轰炸河南 10 次以上的县城统计表[②]

轰炸县名	轰炸（次）	投弹（枚）	死亡（人）	受伤（人）	毁房（间）
郑　州	60	1536	787	701	4928
洛　阳	47	1658	441	399	4944
南　阳	24	582	294	248	2493
信　阳	22	1048	247	604	6726
巩　县	17	349	29	32	33
开　封	16	871	195	295	1352
陕　县	18	262	49	29	362
渑　池	18	258	60	45	229
洧　川	14	239	133	97	187
桐　柏	17	314	114	217	2669
确　山	15	375	364	131	5680
广　武	13	221	18	25	59

---

① 《全国空袭状况之检讨》（河南省敌机空袭损害统计表），航空委员会防空监部编印，1939 年，甘肃省档案馆藏，（军事）127。

② 本表内容见韩启桐：《中国对日战事损失之估计》（1937—1943），台湾文海出版社 1974 年版，第 11 页。

轰炸县名	轰炸（次）	投弹（枚）	死亡（人）	受伤（人）	毁房（间）
中 牟	12	114	37	29	180
汜 水	10	66	50	42	210
孟 县	14	207	53	77	813
孟 津	11	99	30	49	78
济 源	13	252	101	81	369
合 计	341	8451	3002	3101	31312

（2）日军轰炸的目标除军队驻地、军事重地外，大部分都是铁路沿线的重要城镇和这些城镇的繁华商业区

遭轰炸最严重的地区主要是陇海铁路和平汉铁路沿线的主要城镇。如交通枢纽郑州，河南省会开封，铁路沿线重镇洛阳、驻马店、信阳等。其中：平汉铁路沿线的安阳、鹤壁、汤阴、卫辉、新乡、郑州、新郑、长葛、许昌、禹县、临颍、郾城、漯河、西平、遂平、驻马店、确山、信阳等城镇和陇海铁路沿线的灵宝、三门峡、陕县、渑池、新安、洛阳、孟津、郾师、巩义、孝义、汜水、广武、荥阳、郑州、中牟、开封、洧川、兰封、考城、杞县、民权、宁陵、商丘等城镇都遭受到日军的轰炸。

日军轰炸河南境内平汉铁路沿线重要城镇情况统计表

轰炸地点	轰炸（次）	投弹（枚）	伤亡（人）	财产损失
安阳	7	60	644	毁民房2705间、大车15辆、粮食8000公斤、农具2150个、炸死牲畜35头
汤阴	9	280	105	毁民房285间、炸死牲畜25头
黄河桥	9	303	76	毁民房405间、桥梁2次
郑州	61	1536	1488	毁民房4928间、铁轨数段、火车皮7节、教堂1座、街道34条
长葛	6	25	88	毁民房74间、帆船11艘，其他损失折合法币6200元
许昌	7	110	95	毁民房65间、县城西关、蛋厂、烟厂、火车1列
禹县	8	139	322	毁民房2000间、县城山西和陕西会馆，折合法币9241.5元
漯河	3	45	730	毁街道2条
遂平	4	76	71	毁民房110间、驴1头
驻马店	4	40	2155	毁民房3055间、机场1座、村庄1个
确 山	15	375	495	毁民房5680间

轰炸地点	轰炸（次）	投弹（枚）	伤亡（人）	财 产 损 失
信阳	23	1947	1335	毁民房 6726 间、教堂 1 座、村庄 1 个
合 计	156	4936	7604	毁民房 26033 间、大车 15 辆、粮食 8000 公斤、农具 2150 个、炸死牲畜 61 头、铁轨数段、火车 1 列又 7 节、教堂 1 座、街道 34 条、机场 1 座、村庄 2 个，会馆 2 座，帆船 11 艘，其他损失折合法币 6200 元

日军轰炸河南境内陇海铁路沿线重要城镇情况统计表

轰炸地点	轰炸（次）	投弹（枚）	伤亡（人）	财 产 损 失 （房屋间）
陕县	18	262	78	362
渑池	18	258	105	229
洛阳	57	2463	885	5059
孟津	16	119	79	78
郾师	3	146	147	110
巩义	25	399	68	33、兵工厂及其周围建筑物 3 次
孝义	8	130	2	5
汜水	10	66	92	210
广武	24	246	43	59
郑州	61	1536	1488	4928、铁轨数段，火车皮 7 节，教堂 1 座，街道 34 条
中牟	12	114	66	180
开封	16	871	490	1352
洧川	14	239	230	187
合 计	282	6849	3773	12792、其他有兵工厂及其周围建筑物 3 次、铁轨数段，火车皮 7 节，教堂 1 座，街道 34 条

（3）人口伤亡和财产损失统计具有不确定性

第一，抗战时期河南是沦陷区、国统区和抗日根据地（解放区）并存，这就造成了各地方对于抗战损失调查统计的范围、使用的方法以及关注的损失重点也多不相同。第二，轰炸损失统计不具备独立性。因为河南是沦陷区，造成的损失不仅仅局限于日军飞机空袭，还有日军兵力所及区域内因其残酷暴行所造成的大范围大规模的平民伤亡和财产损失。所以，很多地方对轰炸造成的损失统计往往混于整个抗战损失调查之中，这就使得轰炸损失的统计不具备相对的独立性。第三，统计结果与实际情况悬殊甚大。上文所用数据的来源除战时《新华日报》及

《河南民国时报》及时报道的外，还有各县市所整理的材料，以及国民政府航空委员会防空厅消极防空处据各省市的损失报告，编制的 1938 年至 1944 年《抗战损失调查及空袭损失统计》等。由于时间比较久远，加上统计比较混乱，各处统计数字大多不一致，间接损失的统计资料，更是少之又少。因此，我们上述的统计结果远远不能完整反映日军对河南的轰炸所造成的人员伤亡和财产损失的实际情况。我们对人口伤亡和财产损失的统计结果与实际损失有一定差距。

（4）轰炸造成的直接人员伤亡和财产损失

河南省是抗日战争时期的重灾区，解放、国统区和沦陷区兼而有之，抗战开始后不久，豫北、豫东地区即被日军占领。新中国成立后的行政区划变化较大。对日军轰炸河南平民目标所造成的人员伤亡和财产损失的统计极不完善，日军轰炸方面的统计资料严重缺乏，离真正造成人员伤亡和财产损失的数量，相去甚远。就课题调研所掌握的资料统计，八年全国抗战期间，日军对河南境地出动飞机 3505 架次，投弹 12922 枚。飞机轰炸直接炸死炸伤平民 21544 人，其中：炸死 6662 人、炸伤 3458 人、原始资料未分开统计死伤 11024 人。炸毁民房 48353 间，街道 104 条，工厂 6 座，飞机场 2 座、飞机 1 架，村镇 4 座，市场 3 座，天主、基督教堂 3 座，帆船 22 艘，火车 1 列、火车头 2 个、车厢 19 节、铁轨 5 段，黄河铁桥 2 次，大车 15 辆，汽车 4 辆，粮食 8000 公斤，农具 2150 付，其他财物损失折合 1937 年法币 124560 元。

（二）侵华日军对河南妇女的性残害

张守四

抗日战争期间，侵华日军对河南妇女的性残害极其严重。但由于侵华日军对此类罪行有意隐瞒，被害妇女或被杀害，或年高去世，或感到耻辱而不愿公开，留下的相关资料极少，河南遭受日军强奸、轮奸和强迫做慰安妇的妇女人数事实上已很难查清。本专题只就目前掌握的相关资料对日军性残害河南妇女的罪行进行分析和揭露。

1．日军在河南的强奸、轮奸罪行

1937 年 11 月 5 日，侵华日军占领安阳，到 1945 年 8 月日军宣布投降，侵华日军在河南作战和占领期间，无论是初期的攻城略地，还是中后期对太岳、太行、冀鲁豫、豫皖苏、豫西、豫鄂边等根据地（河南部分）的"扫荡"、"清剿"作战中，制造了大量的惨案暴行。伴随着烧光、杀光、抢光的"三光"政策，日军放纵部队对河南妇女进行了强奸、轮奸。甚至连 80 岁的老人和不足 10 岁的幼女都不能幸免。为掩盖罪行，有的奸后被割掉乳房，有的奸后被用刺刀、芦苇、木棒、石头等异物插进阴户，有的孕妇被剖腹取出胎儿摔死，有的赤身裸体被刀劈死，或吊在树上，或弃尸街头荒野，有的被活活烧死等。其手段之恶劣、行为之残忍是极为罕见的。对日军在河南境内的强奸、轮奸罪行，以前国民党政府和解放区政府只有零星统计，但由于战争和区划变动的原因，统计数字既很笼统，又不准确。这里只能将零星的数字进行罗列，并进行大致的估计。

（1）解放区的统计

1946 年 5 月，晋冀鲁豫边区对日军强奸、轮奸的罪行进行了初步统计。八年间，日军在晋冀鲁豫边区奸淫妇女达 36.3 万人，被奸后患传染病者 12.2 万人[①]。

---

① 《晋冀鲁豫边区八年抗战中人民遭受损失调查统计表》，见河南省财政厅、河南省档案馆等编：《晋冀鲁豫抗日根据地财经史料选编（河南部分）（一）》，档案出版社 1985 年版，第 674 页。

但因为缺乏原始资料，除了安阳、濮阳等黄河以北的部分县市有"因奸致病"的单项统计数字外，难以分清河南其他属于晋冀鲁豫边区的地区的妇女受害人数。其他根据地妇女的受害人数也找不到相关资料。

（2）建国初期根据日本战犯供述进行的统计

建国初期，河南省人民检察署根据对日本战犯的审讯，在 1951 年 12 月向中南地区检察署报送的《关于日本战犯在河南的罪行材料汇集》中，对日军在河南犯下的包括强奸、轮奸在内的各种滔天罪行进行了汇总。举例如下：

1939 年，日军第五九师团运输大队第一中队号兵北泽藤一郎在河南李罗河晓镇，强奸了十五岁的一名姑娘①。

1943 年 6 月，日军一一七师团二〇三师团二〇三讨伐大队机枪中队分队长川原阳市在开封附近，该部执行"扫荡"任务，"实行掠夺殴打百姓、强奸妇女等"②。

1944 年 4 月至 1944 年 10 月，日军第五九师团工兵队兵长久野升在河南南阳县强奸 7 名妇女③。

1944 年，日军一一七师团代理师团长铃木启久中将，指挥该部在开封附近"强奸刺杀我妇女无计其数"④。

1944 年后，日军第三五师团二〇二联队上等兵吉田兴次在河南一带，"参加对我八路军及居民进行了 20 多次"扫荡"，在"扫荡"中强奸妇女抢夺粮食以及其他物资并枪杀了我军被俘战士"⑤。

1945 年 4 月，日军一一七师团八七警备少将旅团长庄司撰指挥部下在开封附近"烧毁我和平居民村庄，任意蹂躏强奸妇女，更惨无人道的将被奸后的妇女用刀杀死"⑥。

我们根据对同一份档案中河南人民检察署《关于日本战犯在河南的罪行材料汇集》（1951 年 12 月）和《关于日本战犯在河南省的罪行补充材料汇集》（1952 年 1 月）的整理，将日军对河南妇女犯下的强奸、轮奸的罪行列表如下：

---

① 《日本战犯罪恶摘要表》，湖北省档案馆藏，档案号 ZN6—1—29—1。
② 《日本战犯罪恶摘要表》，湖北省档案馆藏，档案号 ZN6—1—29—1。
③ 《日本战犯罪恶摘要表》，湖北省档案馆藏，档案号 ZN6—1—29—1。
④ 《日本战犯罪恶摘要表》，湖北省档案馆藏，档案号 ZN6—1—29—1。
⑤ 《日本战犯罪恶摘要表》，湖北省档案馆藏，档案号 ZN6—1—29—1。
⑥ 《日本战犯罪恶摘要表》，湖北省档案馆藏，档案号 ZN6—1—29—1。

地　区	日军部队	被强奸、轮奸的妇女人数
开封市	土肥原	71 人
郑州市	日军南支派遣军十二军团原田熊部	31 人
信阳专区	日军第三兵团	199 人
许昌专区（含漯河）	日军领木部队	1314 人
潢川专区	日军六十三师团	827 人
商丘专区	日军小池部队	1580 人
淮阳专区	北九二七一部队	50 人
陕州专区	白板、松蒲、伊藤部队等	182 人
洛阳专区	日军一〇九师团	5000 余人（因奸致死 100 余人）
合计		9254 人

说　　明：本表对日军的强奸、轮奸罪行的统计不包括黄河以北的属于平原省管辖的安阳、新乡、濮阳、焦作等地。

除了河南人民检察署的材料外，中央档案馆、中国第二历史档案馆和一些图书馆也存有一部分日本战犯在河南犯下强奸轮奸罪行的供述及文献材料。举要如下：

"比如在桑村古庙中，被敌伪抓来 43 个青年妇女，还有 158 个老弱村民。这些妇女被迫脱光上下身的衣服，排成行列，驱使她们绕场游行取乐。随后先日寇后伪军，进行轮奸，让他们的丈夫父母兄弟亲戚朋友和孩子在旁边看着，强迫这些人笑，不笑便是一刺刀。待奸后，万恶的东西们，便用刺刀刺死，或将阴户割开。对孕妇则用棍棒敲其腹部。待把胎儿敲掉，孕妇疼痛难忍时，围观敌伪，便鼓掌大笑，并用刺刀乱刺而死。或者将孕妇的头发拴在树上，把胎儿剥出来之后，也挂在树上，或者将妇女的双乳割下，或者挖去五官。"②

据日本战犯井上重平 1954 年 8 月 15 日供述：他作为日军第三五师团二二〇联队炮兵中队中的一员，分别于 1940 年 5 月上旬，1941 年 6 月中旬、6 月下旬、10 月中旬，1942 年 10 月上旬在濮阳、济源、郑州、范县等地用刺刀等威逼强奸了 5 名农村妇女，年龄最小的仅 17 岁③。

---

① 《关于日本战犯在河南的罪行材料汇集》，湖北省档案馆藏，档案号 ZN6—1—29—5；《关于日本战犯在河南省的罪行补充材料汇集》，湖北省档案馆藏，档案号 ZN6—1—29—7。

② 《三千万人民的血泪与仇恨》，晋冀鲁豫边区八年抗战敌灾损失典型材料，第 38 部分，中央档案馆藏，167 卷。

③ 《井上重平的笔供》，中央档案馆藏，档案号 119—2—449—1—5。

据日本战犯长田政雄 1954 年 8 月 18 日供述，他作为日军独立步兵第四旅团第二○四大队通信队无线分队队长，于 1944 年 7 月左右在滑县附近作战时，纵容一上等兵野地定一侵入民房，强奸了一名 40 岁左右的中国妇女①。

日本战犯石田松雄 1954 年 8 月 20 日供认，1944 年 6 月下旬，作为一二军野战医院的患者收容队的一等兵在许昌大街一名宅内，用刺刀强迫一妇女："如不听我的话就杀掉你"，在该房间内将一名 30 岁左右的妇女强奸②。

日本战犯木村初雄 1954 年供认，作为三五师团二一九联队二大队二机关枪中队二班伍长，于 1942 年 3 月上旬在开封县城中央附近的一房屋内将一名 20 岁左右的妇女威逼强奸③。

据 1955 年 4 月 28 日日本战犯中田卯三郎、长田政雄、吉田兴次、清水勇吉检举日本战犯铃木久启的材料，其纵容统辖的部队中的上等兵野地定一、吉田兴次及翻译戴某等分别在 1944 年 7 月，1945 年 4 月中旬、5 月中旬和 4 月上旬至 5 月下旬在河南的延津、李官桥、阴期镇、南阳等地强奸 4 名妇女④。

据 1955 年 4 月 28 日日本战犯中田卯三郎、野田实、贵船正雄、关根德二检举日本战犯铃木久启的材料，"自 1944 年 3 月至 1945 年 8 月上旬，铃木久启在河南省新乡、阳武、开封、兰封、郑州、广武、新郑、焦作、汲县等地，指使一一七师团隶属各部队强迫约 200 名中国和朝鲜妇女卖淫，蹂躏了其贞操"⑤。

据 1954 年 8 月 14 日日本战犯贵船正雄供认，"1943 年 10 月至 1945 年 1 月间，该犯充当少尉小队长、兵器通信暗号系等职务时，曾在河北省定县，河南省临汝县、新郑县等地，强奸中国妇女 2 名、被诱拐的朝鲜妇女 3 名，下令 130 名兽兵强奸被诱拐的朝鲜妇女 6 名"⑥。

经调查，日本战犯片桐济三郎在侵入中国过程中，"在我国山西省大同、代县，河南省方城、内乡等地，用武器威胁强奸妇女 12 名，胁迫奸污我国及朝鲜妇女 14 名"⑦。

据日本战犯金泽一江供述，该犯"1944 年 11 月在河南省荥阳县须水镇充当情报助手时，叫须水镇伪公所由郑州带来 2 名中国妇女，年龄 20 岁左右，监禁

① 《长田政雄的笔供》，中央档案馆藏，档案号 119—2—269—1—5。
② 《石田松雄的笔供》，中央档案馆藏，档案号 119—2—490—1—5。
③ 《木村初雄的笔供》，中央档案馆藏，档案号 119—2—447—1—5。
④ 《中田卯三郎等检举铃木启久的材料》，中央档案馆藏，档案号 119—2—1—2—8。
⑤ 《中田卯三郎等检举铃木启久的材料》，中央档案馆藏，档案号 119—2—1—2—8。
⑥ 《侦讯贵船正雄的总结意见书》，中央档案馆藏，档案号 119—2—256—1—4。
⑦ 《侦讯片桐济三郎的总结意见书》，中央档案馆藏，档案号 119—2—206—1—3。

在一个屋里，我们分屯队士兵 15 名互相轮奸 1 夜，第二天早上送回去了，我直接参加轮奸，自己应负轮奸妇女罪恶的责任。"①

除档案资料外，不少的文献资料对日军在河南境内的强奸、轮奸罪行也有揭露，这里仅举两例：

1. 据山西省临汾陆军特务机关报导主任、伪山西省政府建设厅所属山西省辅助人民兴渠测导队副队长高梨文雄供认，1938 年 5 月，北支那派遣第一〇八师团野炮第一〇八联队第三大队本部侵入河南省博爱县清化镇北约 6 公里的一个 100 余户的村子。5 月 8 日，担任大队本部事务员的高梨文雄在喂马时看到一名 17 岁左右的少女和不少农村妇女一起捡拾撒落在地上的马料，便和本部管大行李的一等樋口、成田、阿部、齐藤 4 人埋伏在马粮仓库旁边，由高犯将少女强行抱到仓库内进行了轮奸。最后，"被 5 个鬼子轮奸的少女受到忍无可忍的欺凌，慌乱地披着头发，蹒跚地出去。她发出像疯人似的叫唤，挨近了她的年老母亲，少女抱住母亲哽咽着。"而毫无人性的高犯还"嘻嘻哈哈地笑着"②。

2. 1940 年 4 月 10 日，日军第三五师团某联队第二三中队十二小队 18 名日军士兵，因轮奸河南省新乡地区王各庄民女，遭到当地百姓愤怒围击，全部死于棍棒之下，第二三中队奉命偷袭王各庄，屠杀村民 487 人，拘留 213 人，烧毁民房 106 户。在屠杀中，他们挑出 10 个大姑娘，让 10 个矿工当面强奸，谁不顺从立即枪杀。接着让日本兵当着中国人的面排队轮奸。临走又把当地 82 名妇女装进麻袋，运到日军"慰安所"充当日军"慰安妇"。一个姑娘不脱衣服，日军大佐就让士兵将其衣服扒光吊起来，并拔出东洋刀，削去姑娘的两个乳房，又让一条狼狗，将其活活咬死撕碎。一个姑娘脱衣动作慢了点，日军军曹一刀就削去她半个屁股，疼得姑娘原地乱蹦，不到三分钟就一头栽地死掉。一个姑娘不肯往床上躺，两个日本兵用两把刺刀从锁子骨穿过去，将其活活钉到墙板上。为了使她们无力反抗，日军五天不让她们吃饭，却让她们受大批日军的强暴。第一天被600 人强暴，第二天又被 200 人强暴。多数妇女不甘受辱，日军将反抗最凶的 34个女子扒光衣服，将两个手腕用粗皮带钉死在床的两端，又将两条腿扯开用皮带钉死在床的下两端。这些女人用嘴咬强暴者，日军又用铁锤把她们的前门牙全部砸掉，使她们在无任何反抗能力的情况下，任日军士兵强暴。其中 9 人不堪受侮辱自杀，9 人在三天内被蹂躏惨死。对于 11 个性情刚烈者，日军将她们捆在门

---

① 《金泽一江的口供》，中央档案馆藏，档案号 119—2—256—1—4。

② 《侦讯日本战犯纪实（太原）》，引自中央档案馆等编：《日本侵略华北罪行档案·9·性暴力》，河北人民出版社 2005 年版，第 173 页。

板上，把她们身上用药水消了毒，让新到的 1200 多名日本兵排队蹂躏，还没轮完一半，她们就气绝身亡。后来，日军把剩下的人送到山西大同日军"慰安营"。这些人都患上了各种传染病，一个个被拉出去火烧、活埋、枪毙或因逃跑不成被当众用军刀劈死。只有少数人在日军投降时被解救①。

（3）本次调研对日军强奸、轮奸河南妇女罪行的统计

这次全省调研，各省辖市没有对本地遭受日军强奸轮奸的妇女人数进行专门统计。这里只能列举各省辖市的少数案例，以说明侵华日军对河南妇女犯下的强奸、轮奸罪行。

郑州市： 1941 年农历十一月十四日，日军强行将荥阳王顶村男女老少推到三丈多深的沟里，用机枪扫射。其中，有两个青年妇女侥幸活命，逃跑途中一个遭鬼子轮奸后枪杀，另一个不甘受辱的姑娘被鬼子用铁锹打死。1944 年 3 月 29 日，日军侵入荥阳县后，一队日本兵从南门坡口到城内，强奸逼死妇女 4 人。日军住在付顶村和南地寨仅一个多月，奸污妇女 158 人。在大西脑村，日军将 100 多名男女老少赶到一起，剥光衣服，任意玩弄取乐②。巩县（今巩义市）沦入敌手后，仅据不完全统计，日军强奸、轮奸妇女 480 多人③。

开封市： 1938 年 6 月初，日军土肥原部队在开封市白塔村，强奸村民崔明山的妻子。在赵屯村，强奸、轮奸妇女吴高氏、小凤、侯爱妮、贾高氏。在开封市正门口村强奸妇女杜殷氏。在开封市内轮奸妇女常王氏，强奸秦喜妮、冯李氏、冯胖妮、罗巧妮、赵段氏 5 人。在开封市徐府街 160 号强奸妇女董许氏。在开封市土城村，强奸妇女耿靳氏、曹徐氏。在开封市内强奸居民丹元成妻子、白翠、吴氏、小菊 4 人。在开封黄河北大堤上轮奸两名年轻妇女，奸后用刺刀刺死。在开封市北门大街 160 号强奸妇女 1 人，轮奸张王氏和一老太太。在开封市郊贺屯村强奸村民王怀德妻子、妇女高高氏。在开封市大朱庄，强奸妇女林马妮、林高氏。1938 年 8 月，日军土肥原部队侵入开封市郊赫屯村，强奸妇女宋王氏等 3 人。在开封市宋门关北街，集体强奸妇女何张氏、董陈氏、赵高氏和居民乔正杰的儿媳。

1938 年 6 月 1 日，日军由睢县、民权、兰封向杞县侵犯。每到一地，奸淫

---

① 引自中央档案馆等编：《日本侵略华北罪行档案·9·性暴力》，第 187、188 页。该书在本段末尾又注释说，"参见江浩：《昭示：中国慰安妇》，第 103—109 页"。经查，江浩著《昭示：中国慰安妇》一书为 1998 年香港天地图书出版，但查不到原书，故也无法找出原始出处。

② 郑州市抗战损失课题调研组：《抗战时期郑州人口伤亡和财产损失调研报告》，2006 年 11 月。

③ 巩县志编纂委员会：《巩县志》，中州古籍出版社 1991 年版，第 221 页。

妇女不择手段。日军端着刺刀威逼中国男子奸辱其亲属取乐，稍有不顺从，就被其杀死。如司岗村李××和马××，因拒不奸辱同村妇女，分别被敌人刺死、刺伤。县城内梁某的妻子和姨外甥在院中，被一群日本士兵看见，强逼外甥先行奸辱其姨，然后他们轮奸，直到把这位年过花甲的老妇摧残得奄奄一息。一个敌兵在惠济河大王庙南头，逮住一个10岁的幼女按倒地上强奸，幼女的祖母上前劝阻，被用刺刀扎死。城内黄某的儿媳和女儿，见一群日军进到院里便慌忙外逃，跑到状元岗水坑边，见敌军仍紧追不放，就一同跳进深坑，被水淹得不省人事。日军把她们捞上岸后仍不放过，竟在光天化日之下，就地轮奸，并用刺刀将二女的肚子剖开，五脏皆出，血流一片。褚皮岗村的赵氏妇女，亦是被日军奸辱后，用刺刀扎死的，并在她的腹中剥出一个五个多月的胎儿。有个年轻漂亮的姑娘，因反抗日军的奸污，被捆住双脚、脸朝上拴在马尾上活活拉死，丧尽天良的日军又奸辱了她的尸体。

1938年6月5日，日本侵略军侵占了开封县王庄渡口，附近村庄的群众携幼扶老到小杜庄避难。下午3时许，日军30多人乘4辆汽车闯进小杜庄，将所有群众集中到一个院子内。天快黑，日军写了一张纸条要"花姑娘"。群众见条子后，个个义愤填膺，并愤怒地写了回条："中国人不兴这个，就是要头也没有花姑娘。"日军见回条后恼羞成怒，开始了极其残忍的大屠杀。先将男青壮年杀完后，又将年轻的妇女拉出去进行轮奸。一孕妇被奸后，日军又用刺刀把她的肚子剖开，将婴儿剥出挑在刺刀上让群众看，其状惨不忍睹。

1938年6月，侵占尉氏县的日军在一次"扫荡"中，仅在苏堂村就杀害无辜群众26人，宰杀牲口30多头，奸污妇女100多人。更不能容忍的是，这群禽兽不如的侵略军将×××的三个女儿拖拉在一起进行轮奸，并逼迫×××在一旁观看。此等兽行，世上罕见[1]。

1938年6月初，日军侵入通许县斗厢集村。20多名兽兵轮奸2名妇女[2]。

洛阳市： 1941年5月，黑田部队在洛阳塔湾唐寺门一带刺死活埋70余人，强奸妇女100余人，致死的20余人。5月间黑须联队在洛阳四区马沟强奸妇女3名。在南村强奸妇女11人。鹭鸶部队强奸妇女34人。1944年4月日军黑须联队在宜阳县寻村强奸妇女10余人[3]。据不完全统计，日军占领期间偃师全县被日

① 《关于日本战犯在河南的罪行材料汇集》，湖北省档案馆藏，档案号ZN6—1—29—5。
② 通许县地方志编纂委员会：《通许县志》，中州古籍出版社1995年版，第272页。另有1984年12月制作的《日伪在通许县的罪行统计表》一份。
③ 《关于日本战犯在河南省的罪行补充材料汇集》，湖北省档案馆藏，档案号ZN6—1—29—7。

军奸淫妇女 430 多人①。在孟津县沦陷的一年零三个月的时间内，仅长华村附近被奸淫的妇女中，有名有姓者达 30 多人②。在新安县，1941 年 5 月 13 日，省庄农民徐某，携其 13 岁幼女外出逃难，途遇日兵，其女被日军强奸③。在伊川县，1945 年 5 月 29 日，日军进入伊川县城关镇窑底村，杀人 42 名，强奸妇女 25 名④。1944 年 10 月上旬，日军"扫荡"磨凹，轮奸妇女 20 多人⑤。据不完全统计，日军在侵占宜阳的 1 年 3 个月零 6 天里，共强奸妇女 257 人⑥。在汝阳县，1945 年 1 月 31 日，日军金津学中队及第一情报队 350 人，对汝阳内埠镇和蟒庄村进行"军事清剿"，轮奸妇女 147 人。2 月 10 日，日军 139 联队和伪军包围了内埠等 30 多个村庄，抓捕 171 人，其中有妇女 23 人，被轮流奸污后处死。3 月，日军驻陶营之元田部队士兵 7 人在北门外寨壕内将洗衣服妇女 3 人拉到高粱地内轮奸。春，日军驻琵琶寨之元田队长派遣日本兵 12 名向小店维持会派要妇女 35 名带到琵琶寨司令部内轮奸，有两名妇女晚上逃跑被枪杀在该寨坡南边路上。又向柿园魏村等处派要妇女 70 名奸污。驻大凹的日本侵略军小崎部情报队士兵 10 名在小店北李家沟、周家沟轮奸幼女 4 名。日本驻扎娘娘山之大野部队士兵在湾寨将农民高力娃之妻轮奸后割去乳房刺杀。日本侵略军驻和尚山部队士兵到大安及曹刘庄村内拉走农民妇女 38 名，带到和尚山司令部内轮奸，有 3 名妇女被奸污后扔在山沟内跌死。7 月，日本士兵 30 余人在陶营北地强奸看庄稼妇女 19 人。在伊阳县，日军占领的一年多时间里，据不完全统计，共杀害无辜居民仅有名可查的就有 454 人，强奸、轮奸妇女达 426 人⑦（其中轮奸后自杀、被杀的 30 人）。在洛宁县，日军侵占一年零三个月，侮辱妇女数百人⑧。在栾川县，日寇侵占仅 13 天时间，即强奸妇女 40 余人⑨。在嵩县，日军在 1944 年 5 月到饭坡"扫荡"，奸

① 偃师县志编纂委员会：《偃师县志》，生活·读书·新知三联书店 1992 年版，第 39、517 页；《关于日本战犯在河南省的罪行补充材料》等处数字经偃师市党史研究室人员实地调查得出。

② 河南省孟津县地方史志编纂委员会：《孟津县志》，河南人民出版社 1991 年版，第 486—487 页。

③ 新安县地方史志编纂委员会：《新安县志》，河南人民出版社 1989 年版，第 437—438 页。

④ 1959 年伊川县《城关乡志》、《葛寨乡志》，第 11—12、20 页

⑤ 1959 年伊川县《城关乡志》、《葛寨乡志》，第 11—12、20 页。

⑥ 该数字由《宜阳县志》（宜阳县地方史志编纂委员会编，生活·读书·新知三联书店 1996 年版，第 349 页）、《伊洛区抗日根据地》（中共宜阳县委党史办公室著，中国文联出版社 2001 年版，第 98 页）、《日军在宜阳的罪行》（宜阳县公安局档案 1951 年长期卷 20 号卷）及宜阳调研组的入户调查汇总而成。

⑦ 《伊阳县公安局组织案卷》，Y12—2—32。

⑧ 洛宁县志编纂委员会：《洛宁县志》，生活·读书·新知三联书店 1991 年版，第 772—773 页。无原件。

⑨ 栾川县地方史志编纂委员会：《栾川县志》，生活·读书·新知三联书店 1994 年版，第 24、212 页。

污妇女 10 余人①。

平顶山市：1944 年 4 月，日军侵占鲁山县库区乡栗村，糟蹋了几名妇女，郭家的童养媳雪儿被日军轮奸 1 天后，含恨而死。1944 年 5 月 2 日到 7 日，先后在郏县高庄村、茨芭乡许洼村、后姚村、椅子圈村、李口村，堂街乡士庄村、王集乡吴楼村、黄道庙村和宝丰县城北大牛庄村强奸、轮奸妇女 100 多人②。1944 年 6 月 3 日至 6 月 6 日，又在郏县李世和庄、鲁山县瓦屋村糟蹋妇女。1945 年 3 月 16 日，日军攻占汝州焦村，强奸、轮奸妇女 47 人。日军占汝州 1 年 4 个月，强奸妇女 1135 人③。在 1944 年 5 月日军制造的宝丰县观音堂惨案中，有 10 多个青年妇女在光天化日下被强奸、轮奸④。

安阳市：仅滑县（今滑县相当于抗战时期解放区的滑县、卫南县之和）、内黄县（今内黄县相当于抗战时期解放区的高陵县、内黄县之和）被敌奸淫染病者 1921 人⑤，至于被奸未致疾病之妇女以及间接传染花柳病者，均未统计在内。

鹤壁市：1938 年 3 月 27 日，日军制造浚县惨案。躲藏在浚县南关小庙内的 8 名妇女，先被日军轮奸，又被放火烧死。日军杀死李金禄的老伴后，又将其两个姑娘（大的 16 岁，小的 13 岁）轮奸，然后用刺刀捅入阴道绞死。菜园街李老香的妻子 50 多岁，日军将其轮奸昏迷，后又用刺刀捅入阴道扎死。日军将孕妇轮奸后，再将其腹部剖开，用刺刀挑起胎中的婴儿举着嬉戏。他们还把抓到的青年妇女集中在一个院子里，剥光衣服，纵其兽欲。浚县被奸淫染病者 258 人。另据大屠杀幸存者刘式武的回忆文章《浚城喋血》所记："日军仅在城内四关、大伾山、浮丘山等处就屠杀居民 6400 多人，奸淫妇女 800 多人。"1938 年 2 月 13 日，日军侵占淇县。次日，日本侵略军在城内公开搜抓"花姑娘"，下关村一位青年妇女被堵在屋内，在刺刀的威逼下，遭到 18 名兽兵的轮奸，致使该女愤辱交加，投井自杀。一次，日军到淇县古城村"扫荡"，奸污妇女，有一位老汉为了使儿媳不受污辱，帮助儿媳越墙逃跑，一日本兵看到后，一刀将老汉劈死。还有一次，一个 15 岁的姑娘逃到山坡上，被几个日军用枪打死后，剥光死者衣服，将女尸轮奸。据统计，在日军统治的 7 年中，淇县有千余名妇女遭到不同程度的污辱⑥。

---

① 河南省嵩县志编纂委员会：《嵩县志》，生活·读书·新知三联书店 1990 年版，第 1079 页。

② 郏县地方史志编纂委员会：《郏县志》，中州古籍出版社 1996 年版，第 225、226 页。

③ 汝州市地方史志编纂委员会编：《汝州市志》，中州古籍出版社 1994 年版，第 239 页。

④ 宝丰县史志编纂委员会编：《宝丰县志》，方志出版社 1996 年版，第 340、341 页。

⑤ 《冀鲁豫第四分区八年抗日战争人口损失统计表（1946 年 5 月调查）》，河南省档案馆藏，档案号 G12—81—2。

⑥ 鹤壁市抗战损失课题调研组：《抗战时期鹤壁市人口伤亡和财产损失情况调研报告》，2006 年 11 月；淇县志编纂委员会：《淇县志》，中州古籍出版社 1996 年版，第 567 页，也对日军的罪行有所反映。

新乡市：仅长垣县和延津县被敌奸淫染病者就有 418 人①。

焦作市：1938—1945 年 8 年间，日军在温县强奸妇女 3363 人，奸后致病 1350 人②。另据刘宝珍《日寇在沁阳的暴行》一文介绍，据 1951 年对战争损失的统计，日军在沁阳奸污妇女 2598 人③。

濮阳市：濮阳、昆吾、清丰、南乐、范县、濮县、台前因敌军奸污致病的有 1775 人④。《台前县志》对日军的强奸轮奸罪行也有反映⑤。

许昌市：1944 年 4 月 1 日，日军高山部队侵入长葛四照、西杨、坡张、东湖、石固五个村庄，强奸妇女 190 人。4 月 2 日，侵入长葛二郎庙村，强奸杨李氏等妇女 30 余人，其中一名年仅 12 岁的小姑娘受辱后投井自尽，其母因阻止日军兽行被杀。4 月 3 日，侵入长葛水磨河村，轮奸李彦妮等 31 名妇女。4 月 6 日，侵入许昌石岩村一带，强奸妇女 4 人（其中一人被奸致死）。4 月 7 日，侵入许昌忽庄、吕庄、靳庄 3 个村庄，强奸益白合妹妹（15 岁）等妇女 35 人，4 月 8 日，侵入许昌李庄、李楼、小店、俎庄、沈村、大任庄、大路张、宋庄，强（轮）奸李新昌女儿（12 岁）、俎满仓妻子、牛焕妮（15 岁）等妇女 259 余人。4 月 20 日，侵入长葛湾张村，强奸李花等妇女 100 余人（其中奸死 1 人）。同一天，包围长葛南席镇，在占领南席镇 5 天时间里，奸淫妇女 10 人⑥。4 月，日军领木部队甲第二五三〇部队烧杀抢掠许昌苏桥、丈地、黄桥 3 区和孟庄村，强奸妇女 96 人。5 月 3 日，日军混成第七旅团占领襄城。日军在襄城西部山区（六王冢）一带惨杀无辜群众 2000 余人，受伤人数 800 余人，奸污妇女 200 余人。史称"西山惨案"，又称"六王冢"惨案⑦。5 月 5 日，日军在禹县城北贺庄一洞内集体轮奸妇女数十人⑧。5 月 6 日，日军领木部队甲第二五三〇部队侵入许昌碾上村，强奸妇女 50 人。5 月 11 日，日军领木部队甲第二五三〇部队侵入许昌白兔寺、碾上两村，杀害村民 5 人，强奸妇女 43 人。5 月 12 日，日军领木部队甲第二五三〇部队侵入许昌七里店村，强奸妇女 15 人。5 月，日军领木部队

---

① 《冀鲁豫第四分区八年抗日战争人口损失统计表（1946 年 5 月调查）》，河南省档案馆藏，档案号 G12—81—2，《冀鲁豫第二分区八年抗日战争人口损失统计表》，河南省档案馆藏，档案号 G004—01—82。

② 温县志编纂委员会：《温县志》，光明日报出版社 1990 年版，第 234、235 页。

③ 《太岳区八年来被杀死杀伤人口及各种灾害统计表》，山西档案馆藏，档案号 A71—1—76。

④ 《冀鲁豫第四分区八年抗日战争人口损失统计表（1946 年 5 月调查）》，河南省档案馆藏，档案号 G12—81—2；《冀鲁豫第二分区八年抗日战争人口损失统计表》，河南省档案馆藏，档案号 G004—01—82。

⑤ 台前县地方史志编纂委员会：《台前县志》，中州古籍出版社 2007 年版，第 302 页。

⑥ 长葛县志编纂委员会：《长葛县志》，生活·读书·新知三联书店 1992 年版，第 246、247 页。

⑦ 襄城县地方史志编纂委员会：《襄城县志》，中州古籍出版社 1993 年版，第 229 页。

⑧ 许昌市地方志编纂委员会：《许昌市志》，南开大学出版社 1993 年版，第 770 页。

甲第二五三〇部队在许昌灵沟河南北两岸、河街乡北村烧杀奸淫，强奸妇女 117 人。另据许昌县志记载，1944 年 5 月 1 日，日军攻破许昌县城，奸污妇女 8868 人[①]。5 月，日军小团部队，在鄢陵县城西轮奸一名妇女。6 月，日军警备队长上尉衣色率部侵入许昌石岩村一带，强奸妇女 4 人，其中一名妇女奸后被刺死。9 月，日军警备队上士班长拉山郎在丈地强奸 1 名妇女。10 月，日军领木部队甲第二五三〇部队在许昌灵沟河北岸强（轮）奸包括一 14 岁女孩在内的 9 名妇女。1945 年 2 月，驻许昌市日军领木部队苏桥车站特务班班长朱有在丈地、杜岩、苏桥 3 个区，强奸妇女 12 人。3 月，驻许昌日军领木部队上等兵站务员达路在口村奸污 1 名妇女致死，并打死该女的母亲[②]。据不完全统计，许昌被日军奸污妇女为 9552 人，其中禹县 117 人，长葛县 366 人，许昌县 8868 人，鄢陵县 1 人，襄城县 200 人[③]。

漯河市：从 1944 年 5 月到 1945 年 8 月 1 年零 4 个月的时间里，日军在漯河犯下了累累强奸和轮奸罪行。1941 年 1 月，日军在舞阳县城将一名妇女绑在椅子上进行轮奸；在三里店村，轮奸一名年近古稀的老太太和一名 15 岁的逃荒姑娘。在临颍石桥村奸淫妇女 105 人，致死 7 人，投井自杀 3 人；在临颍樱桃郭村，奸淫妇女 46 人；在舞阳县朱兰店村，一次抓去 30 多名妇女进行集体轮奸，其中有 10 余名不满 20 岁的姑娘；在舞阳县田烙庄，梁某的妻子及侄女被拉到将军墓寨日军碉堡内轮奸一星期，后又带到朱兰店驻地奸淫几个月。据统计，日军在舞阳朱兰店、大韩庄、栗林铺、尚店、吴城北高村，保和朱耀环、辛安等地共奸淫妇女 60 余人。驻漯河日军中尉西村强迫 100 多名妓女登记为随军妓女，抓南大街民女芦秀清、高秀兰、小兰妮，在车站抓吴秀荣、应保珍等 100 余名妇女，这些妇女全部被轮奸。1944 年 5 月，日军二九七一部队腾田工兵队在郾城林庄、沟张、张仁庄轮奸妇女 9 人，其中两人受辱后被割去阴户而死。日军还在临颍县西大街设"御料理"，在舞阳县设"军人俱乐部"，专供日军发泄兽欲。凡被抓妇女稍有不从，即成刀下鬼。被辱妇女或上吊，或投井，或被杀。据有关资料显示，仅临颍县就有 2139 名妇女被奸污，致死 80 人[④]。

---

① 许昌县志编纂委员会：《许昌县志》，南开大学出版社 1993 年版，第 268 页。

② 许昌市的数字除注明出处为县志的外，其余均见《关于日本战犯在河南的罪行材料汇集》，湖北省档案馆藏，档案号 ZN—1—29。

③ 综合数字来源于许昌市抗战损失课题调研组：《抗战时期河南省许昌市人口伤亡和财产损失调研报告》，2006 年 11 月。

④ 《关于日本战犯在河南的罪行材料汇集》，湖北省档案馆藏，档案号 ZN—1—29。

三门峡市：1944 年 5 月 20 日，日军攻占卢氏县，在县城北墙根，集中 30 多名妇女，强奸后全部杀死①。

南阳市：日军在多次侵犯南阳期间，疯狂凌辱妇女，受害者上至年迈老妇，下至数岁幼女，强奸、轮奸而后屠杀者难以数计，甚至连产妇、病妇都不放过。在淅川县青风岭，日军把抓到的妇女关进一所学校，每天集体轮奸。在该县大石桥和白亭村，日军把抓来的妇女脱去衣服，在乳房上挂上铜铃，逼迫她们来回奔跑，以此取乐。淅川县毛堂乡大竹园有个久病不起的姑娘，被 10 余名日军轮奸致死。另据《淅川县志》记载日军强奸妇女 22 名②。在桐柏县城，日军强奸妇女 15 人，其中 13 人奸后被杀。在桐柏县大河乡闵庄村，两名日军轮奸了一名妇女，后用刺刀割掉其乳房，使这名妇女活活疼痛而死③。西峡口五里桥北堂村 1 名妇女，被 10 余名日军轮奸后，又用凉水冲其下身，肆意凌辱，被活活折磨致死。1945 年 4 月 4 日，20 多名日军闯进西峡重阳半川村一农民家，抓住其唯一的一个女儿进行轮奸，年仅 16 岁的小姑娘反抗无力被摧残致死。日军占领邓县期间，在城东河南街设一军妓院，外挂一牌子美其名曰"慰问团"，把抓来的中国妇女关进去，并在门前悬挂其照片，供日军选择淫欢。不仅如此，日军还任意闯入民宅奸污妇女，仅 4 个月时间日军就在其城关奸污妇女 791 多人④。在方城县吴庄寨，日军奸污妇女 3 名⑤。在唐河县，1939 年 5 月，日军窜犯黑龙镇，强奸、轮奸妇女 3 名。1945 年占领县城后强奸妇女 7 名。在桐河一个刚生下孩子的妇女被日军轮奸致死⑥。

商丘市：1938 年 5 月 12 日，日军攻占永城，肆意强奸、轮奸妇女。1 名 70 多岁的老太太，大白天被拉到场里强奸。1 名病妇被 2 名日军轮奸，两天后死亡。5 月 13 日，攻占夏邑县韩集镇，强奸妇女 100 多人。侵占夏邑 8 年奸污妇女 201 人，因奸致死 67 人，强奸不从被投井淹死者 8 人。1938 年 6 月 3 日，2 名日军在柘城县强奸 2 名幼女。6 月 21 日在孔楼寨强奸 3 名妇女⑦。1938 年 6 月 2 日，

① 卢氏县志编纂委员会：《卢氏县志》，中州古籍出版社 1998 年版，第 594 页。

② 淅川县地方史志编纂委员会：《淅川县志》，河南人民出版社 1990 年版，第 489、490 页。

③ 桐柏县志编纂委员会：《桐柏县志》，河南人民出版社 1995 年版，第 97 页。

④ 《邓县抗日战争时期日寇罪行统计表》，1985 年 12 月 12 日。

⑤ 方城县地方志编纂委员会：《方城县志》，中州古籍出版社 1992 年版，第 252 页。

⑥ 《中共唐河历史》，中共党史出版社 1997 年版，第 202、203、204 页。

⑦ 中共河南省委党史工作委员会编：《侵华日军在河南的暴行》，河南人民出版社 1989 年版，第 128、129、131、134、137 页；政协商丘市文史资料委员会编：《商丘文史资料》第 4 辑，2006 年 2 月，第 104、109、110、111、112、113 页。

3 名日军在宁陵县强奸 2 名妇女。据商丘党史资料不完全记载，日军在商丘共奸淫妇女 342 名①。

信阳市：日军经常把抓来的妇女关押在现在人民电影院对面的一个大防空洞里和中山路口东侧的一个大屋子里，供他们发泄兽性和取乐，经常有被害致死的妇女尸体运出来②。城西关姓王的一家六口被敌机炸死四口，剩下十岁的王来知和大嫂二人。1938 年冬的一天，日本兵闯入他家，一把抓住他，提着两脚，头朝下塞进二尺多深的粪缸里，把他活活溺死，随后强奸了他大嫂，奸后用刀戳死。1939 年春，在信阳城郊老关庙，两个日本兵抓住一个抱小孩的青年妇女，他们把这个妇女强奸后用刺刀捅死，小孩吓得大哭，日本兵又将这个小孩摔在草堆上，然后放火烧死。1939 年 3 月的一天，两个喝醉酒的日本兵闯入信阳南郊傅家湾童幺家中，逼迫其父去找花姑娘，童幺爹吓得不敢说话，被日本兵砍死。1938 年 9 月，日军第十三、十六师团各一部占领新县沙窝镇后，将年轻妇女金某和两个小孩抓住，日军轮奸了金某后，用刺刀将其捅死。日军在第一次占领固始县城的 49 天里，城关就有 70 多名妇女被奸污，城里十几妇女躲入吴家大夫祠，均遭奸污，就连天主教堂的几名修女也未能幸免。1938 年 9 月 6 日至 10 日，日军沿固潢公路和淮河水陆并进，进攻潢川。胡族铺的任氏、三角店的王氏、何氏等十几名妇女被奸污后仍然被杀害。胡族铺有一位姑娘，日军强奸后仍不放过，硬逼其跳入水塘中活活淹死③。日军占领固始往流集后，在街上公开轮奸了杨寡妇等人；郭氏被 5 个日本兵轮奸后，精神失常，郭家没过门的媳妇郎某在菜地剁菜，遭到奸污；北街谢家姐妹俩同时被奸；日军还用枪逼着 10 多个妇女到集西边乱坟岗的山洼地进行轮奸④。日军占领息县后，在县城强奸妇女多人，"清乡"时在张陶一带掳掠妇女 10 多人强奸⑤。

周口市：据不完全统计，1938 年 6 月太康沦陷至 1945 年 8 月日本投降，日军在太康县奸污妇女 3584 人⑥。1941 年 1 月 5 日，日军占领扶沟县江村镇，在侵占江村的 8 个多月里，强奸妇女 200 多人⑦。1939 年 11 月，日军第四次侵袭郸城集，奸淫妇女 50 人。根据进村入户调查走访和查阅资料统计，日军在郸城

① 商丘市抗战损失课题调研组：《抗战时期商丘市人口伤亡和财产损失课题调研报告》，2006 年 11 月。

② 中共信阳地委党史资料征编委员会：《丰碑》第 7 辑，1985 年 4 月，第 165—166 页。

③ 固始县胡族铺乡政府 1984 年调访材料。

④ 固始县往流乡孙文焕、叶兴武、周文昌的回忆。

⑤ 息县志编纂委员会：《息县志》，河南人民出版社 1989 年版，第 203 页。

⑥ 太康县志编纂委员会：《太康县志》，中州古籍出版社 1991 年版，第 240—241 页。

⑦ 周口地区地方史志编纂办公室：《周口地区志》，中州古籍出版社 1993 年版，第 294、295 页。

县奸淫妇女 105 人①。在鹿邑县，日军在王寨轮奸 1 名老太太②。

驻马店市：1941 年 1 月 28 日，日军攻陷遂平，盘踞 8 天，奸污妇女 144 人，其中 130 人被轮奸。日军把从上蔡掳掠的 70 名青年妇女，关在遂平县城清泉池澡塘里，日夜轮奸，污辱后把她们驱赶到遂平县政府大院防空洞里烧死。遂平县城居民胡某之妻被 10 名日军轮奸后，锁在屋里烧死。遂平县城北街一位 69 岁的老太婆被日军轮奸后，又将其阴道塞个红萝卜致死。于某之妻、李某之母和另两位老太婆被轮奸后，又被泼上汽油活活烧死。遂平八里杨郑某的母亲被轮奸后，又被推进草屋里放火烧死。遂平北街郑某被日军打死，其妻被轮奸后当场死亡。遂平城东北杜赵村魏某之儿媳、沈某之女、东关殷某之妻均被日军轮奸后致死。遂平玉山镇王某之女仅 13 岁，被 12 名日军轮奸后月余不能下床。遂平干石桥村 11 名妇女被日军轮奸时，其中一个趁机逃跑，被追上拉进柏树林里，用刺刀穿入阴户剖开腹部当场死去③。1944 年 5 月 9 日，遂平再次沦陷。日军又强奸 3 名妇女④。据《西平县志》记载，抗战期间西平县境妇女被奸淫者达 1195 人⑤。如 1941 年 1 月，百余名日军侵入西平县仪封镇抢劫，奸污妇女 10 多名，24 岁的王某之妻被日军轮奸后又把线穗子捣入阴道含恨而死，52 岁的王某之母被日军奸污后裸体抬到马背上玩弄，另一妇女抗拒被日军强行撕掉衣服裸体捆绑在门板上，以开水浇阴道摧残致死。仅一天时间，日军在牛集、岗王、于庄奸污妇女 97 名。1941 年 2 月，日军在上蔡先后轮奸幼女、妇女 9 人⑥。1944 年 5 月，日军在驻马店镇奸淫妇女 500 多名⑦。1945 年 3 月，日军侵袭正阳县小王楼，30 多名青年妇女被日军强奸后烧死⑧。

济源市（含王屋县）：1946 年统计被日军奸污的妇女达 4871 人⑨。

本文根据上述各市的不完全统计，将日军在河南境内的强奸、轮奸罪行制表如下。

---

① 郸城县地方志编纂委员会：《郸城县志》，中州古籍出版社 1996 年版，第 14 页。

② 政协鹿邑县文史资料委员会编：《鹿邑县文史资料》第 1 辑，1988 年 6 月，第 89、90、91 页。

③ 驻马店市地方史志编纂委员会：《驻马店地区志》，中州古籍出版社 2001 年版，第 105、660 页。

④ 遂平县志编纂委员会：《遂平县志》，中州古籍出版社 1994 年版，第 201 页。

⑤ 西平县史志编纂委员会：《西平县志》，中国财政经济出版社 1990 年版，第 399 页。

⑥ 上蔡县地方史志编纂委员会：《上蔡县志》，生活·读书·新知三联书店 1995 年版，第 241 页。

⑦ 河南省驻马店市史志编纂委员会：《驻马店市志》，河南人民出版社 1989 年版，第 16 页。

⑧ 正阳县地方史志编纂委员会：《正阳县志》，方志出版社 1996 年版，第 231 页。

⑨ 《济源县人口损失调查表》，河南省档案馆藏，档案号 G18—01—0009—1；《王屋县人口损失调查表》，河南省档案馆藏，档案号 G18—01—0012—1。

表二　日军在河南强奸、轮奸妇女的罪行（不完全统计）

地　区	有资料证实的被日军强奸、轮奸妇女人数
郑州市	643 人（荥阳 163 人，巩义 480 人）
开封市	1421 人（杞县、通许 1285 人，开封市、尉氏县、开封县等地 136 人）
洛阳市	2257 人（日军黑田、黑须、鹭鸶部队等强奸 158 人，在偃师、孟津、宜阳、伊阳、洛宁、栾川等地日军强奸 2099 人）
平顶山市	1256 人（其中郏县 100 多人，鲁山 6 人，汝州 1135 人，宝丰观音堂惨案 15 人）
安阳市	1921 人（高陵、内黄、滑县、卫南县被敌奸淫染病者）
鹤壁市	2058 人（淇县 1000 多人，浚县因奸致病者 258 人浚县惨案 800 多人）
新乡市	418 人（长垣县和延津县被敌奸淫染病者）
焦作市	7311 人（温县 3363 人，孟县因奸致病 1350 人，沁阳 2598 人）
濮阳市	1775 人（濮阳、昆吾、清丰、南乐、范县、濮县、台前因奸致病妇女人数）
许昌市	9552 人（禹县 117 人，长葛县 366 人，许昌县 8868 人，鄢陵县 1 人，襄城县 200 人）
漯河市	2308 人（临颍县 2139 人，舞阳 60 多人，漯河车站 100 多人，郾城 9 人）
三门峡市	35 人（卢氏县）
南阳市	845 人（邓县 791 人，西峡 2 人，方城 3 人，唐河 11 人，淅川 22 人，桐柏 16 人）
商丘市	342 人
信阳市	140 人左右
周口市	3890 人（太康 3584 人，扶沟 200 多人，郸城 105 人，鹿邑 1 人）
驻马店市	1961 人（其中遂平 147 人，西平 1195 人，上蔡 79 人，驻马店镇 500 多人，正阳 40 人）
济源市	4871 人（济源县、王屋县）
合计	42923 人

说明：本表数字均由各省辖市的调研报告及其附件资料中抽取。

事实上，日军强奸、轮奸的妇女人数远不止这些。因为限于条件，这些数字只是从很不全面的零星资料的汇总中得来。很多省辖市有数字的只有 1—2 个县市。即便有统计数字的市县的统计情况差异也很大。像济源市（原为一个县）被奸污的妇女就有 4871 人。而在抗战中与之相邻、被日军侵占情况相似的同类县，不是没有相关资料，就是已有的数字差别极大，这其中有相当数量受残害的妇女人数没有得到统计是可以肯定的。濮阳、安阳等地依据的只是 1946 年解放区统计的因奸致病的人数，被奸污而没有得病的妇女人数也未统计在内。再将此表中的数字与 1951 年的调查相比，出入也较大。如 1951 年统计洛阳市被奸淫 5000 多人，本表数字为 2257 人。1951 年统计开封市被强奸 71 人，本表数字为 1421 人。1951 年统计潢川专区被强奸妇女 827 人，本表信阳被强奸的妇女人数只有 140 人左右。1951 年统计商丘专区被强奸妇女 1580 人，而本表商丘市已查证的被强奸妇女人数只有 342 人。考虑到行政区划的变动，两类数字又不能互相替换，但可以看出此类数字在统计中因种种原因被大大低估的实际情况。

但限于条件和资料，目前的统计也只能做到这一地步。总起来说，侵华日军对河南妇女犯下的强奸、轮奸罪行虽难以确切统计，但从上表中的数字中，可以看出日军强奸、轮奸罪行的严重程度。

2．日军在河南设立的"慰安所"

"慰安妇"是指第二次世界大战时期，被迫为日本军人提供性服务、充当性奴隶的妇女。"慰安妇"的起源最早可以追溯到第一次世界大战末期。1917 年俄国十月革命胜利后，日本出兵西伯利亚，干涉苏俄革命。根据日本军医机构保存的档案，由于战事不利，情绪低落的日军士兵把抵触情绪发泄在了苏俄妇女身上，强奸事件层出不穷，并导致性病在日军中大规模流行，从而严重削弱了日军的战斗力。据日本有关方面统计，死于性病的日军官兵超出了阵亡的官兵。从那时起，日军高层便开始考虑大量掳掠被占领国女性充当日军军妓，以避免性病流行减弱日军战斗力。

在第二次世界大战中，在军国主义氛围里培养成长起来的日本法西斯军队，把杀人放火看作是为天皇尽忠的表现，把强占民女看作是为了把那些女性的肉体和灵魂"奉献"给"有功之臣"。在日军眼中，那些任其蹂躏的妇女的身体代表了她们的国家和民族，日军把在战争中流的血，甚至险些丧命的仇恨，都发泄到了她们柔弱的身躯上。目睹此情此景，连日本的盟友——纳粹德国的驻华外交官，在其发给德国外交部的报告中也不禁写道："枪杀无辜、强奸妇女和掠夺钱财的消息不断传来。现在日本人也把被强奸妇女的子女和其他家庭成员当成侮辱对象……这是一支禽兽部队。"

"慰安妇"制度的始作俑者是冈村宁次。据不完全资料统计，日军在战时设立"慰安所"的地点遍及日本本土、朝鲜、中国、菲律宾、太平洋各岛国、新加坡、马来西亚、印度尼西亚和缅甸等十几个国家，可以说在日军占领区内，各国均有大量女性成为受害者。

最早的随军"慰安妇"来自日本国内招募的妓女和良家妇女。但是日本籍"慰安妇"的数量远不能满足日军的兽欲，1937年后，日军开始大规模在中国掳掠女性充当"慰安妇"，使中国成了日军"慰安妇"制度的最大受害国之一。据不完全统计，日军在中国的20多个省市设立的"慰安所"不少于1万个。中国至少有20万名妇女被逼充当过"慰安妇"，她们其中大部分被日军凌虐致死。有一些学者认为真实数字还要高出许多。日军在河南强征"慰安妇"的罪行，没有专门统计，这里只能罗列零星资料加以说明：

1937年11月5日，日军攻陷安阳，侵入河南，次年又攻占新乡以南地区。在各个城市，均设立供日本人和军队玩乐的妓院，如安阳一个小小的县城内，仅前街一条路上就有妓院100多家。

1938年冬，日军侵占豫南重镇信阳，"日军每到一处，对未及逃走的妇女，除先行强奸外，还将青年女子带到县城内，开设了近10个'慰安所'、'花乃家'以供日军发泄兽欲。不仅县城里设有'慰安所'、'花乃家'，连日军占领的集镇上也设有'营妓'"[1]。

1940年4月13日，日军第三五师团突袭新乡地区，抓走妇女82人，有28名被日军凌辱致死，其余54名妇女都被押送到山西大同，关入"慰安营"供日军发泄兽欲[2]。

1941年12月13日，日军队长小林率队夜袭朱仙镇的大律王庄，抢走男女青年240多名，运到开封，16日，其中的部分美貌姑娘分配到"芙蓉队"即慰安所供日军淫乐，男子则运往抚顺下井挖煤[3]。

1942年夏，日军第59师团驻守河南，当时，菊池义邦担任分队长，他们的部队驻在虞城、夏邑和永城等地。刚到虞城，中队长便打算到随军的日本处女"慰安妇"那儿去过一夜。需要70元钱，因此中队长命令菊池等人去设法弄钱。于是，菊池冲进了一家中国肉店，抢了一头猪卖掉，完成了任务。菊池还回忆道："离虞城约10里（日里）地有个叫侯庙的村庄，那里派去一个十五人的分队。分配给这个分队一个慰安妇。不仅解决性欲问题，还帮助做饭、洗衣等家务劳动。不久，这个村庄遭到袭击。我们接到无线电报告后，立即前往增援……但看到那

① 苏智良：《慰安妇研究》，上海书店出版社1999年版，第174页。
② 苏智良：《慰安妇研究》，上海书店出版社1999年版，第175页。
③ 中央档案馆等编：《日本侵略华北罪行档案·9·性暴力》，河北人民出版社2005年版，第23页。

个慰安妇蜷缩在旮旯里颤抖的时候，有一种奇异的感觉。"①

日军占领洛阳后即由师团的后方参谋主持将中国的民居改作"慰安所"，并掠抢中国女子充当"慰安妇"②。

1945 年 4 月，日军占领河南邓县县城后在东河街设立一个军妓院，外面挂一块牌子，美其名曰"慰问团"，里边都是抓来的中国妇女。就这样日军还任意在街上奸污妇女，仅 4 个月，日军就在该县城关奸污妇女达 500 多人。一次日军在安阳街道当众劫走两汽车妇女，以充当"慰安妇"③。

直到日军即将战败的 1945 年春夏之交，日军仍在鲁山县城、张良等地抓捕青年妇女 10 多人，组成"慰安队"，供日军奸淫④。

对日军在河南设立"慰安所"、强征"慰安妇"的暴行，日军战犯也有供述。

曾任日军第二七步兵团团长的铃木启久 1955 年 5 月 6 日供述，在驻防怀庆（今焦作一带）时，在"日军驻扎的地区设立了慰安所，抓了 60 名妇女为慰安妇进行奸淫"⑤。

在河南日军"慰安妇"的来源，还有来自外地的中国妇女。1944 年 5 月，日本河南前线驻军向天津日军防卫司令部提出了希望派遣 150 名"慰安妇"的要求，天津防卫司令部立即于 5 月 30 日发出命令，要求天津特别市政府提供"慰安妇"。附加条件是"期限为一个月，欠债抵押为妓的和有领家的还可以还其自由之身"。天津特别市政府马上向负责管理天津乐户联合会的警察局发出指示，命其选派 150 名妓女。警察局保安科来仲威科长与乐户联合会负责人周通培一起巡视各分会，督促分会供给妓女。在报给来仲威上级的报告书写道："对于那些受领家虐待、因债务抵押为妓并愿意报名者，已劝其自 5 月 31 日开始到警察医院接受检查"。关于供给目的，报告书中写道"是为了慰劳日军，繁荣市场"。经过性病检查，天津特别市政府共征收了 86 名妓女送往河南。途中仅供给两顿饭，途中有 8 人因病被送回天津，42 人逃走，有 36 名妓女被留在堰城为日军提供"性服务"。虽然日军说在漯河卖身 3 个月后就给钱，但结果一分钱也没给，只好卖掉自己的东西，一边讨饭一边返回天津⑥。

① 苏智良：《慰安妇研究》，上海书店出版社 1999 年版，第 174 页。

② 苏智良：《慰安妇研究》，上海书店出版社 1999 年版，第 175 页。

③ 苏智良：《慰安妇研究》，上海书店出版社 1999 年版，第 176 页。

④ 中央档案馆等编：《日本侵略华北罪行档案·9·性暴力》，河北人民出版社 1999 年版，第 24 页。

⑤ 《铃木启久的口供》，中央档案馆藏，档案号 119—2—1—1—4。

⑥ 中央档案馆等编：《日本侵略华北罪行档案·9·性暴力》，河北人民出版社 2005 年版，第 20—22 页。

"慰安妇"的遭遇是凄惨的，她们平均每人每天都要受到十几名日军的摧残。日军侵略河南期间，一队"慰安妇"跟在列车后面步行 10 天，到达日军驻地后，等待她们的是一个师团的充满兽欲的日军官兵。在满洲里，严寒中死去的"慰安妇"的尸体被日军扔到雪地里，任凭狼群撕咬。"慰安妇"不仅承受着日军对自己肉体的蹂躏，还面临着各种性病的威胁，然而最可怕的事情是怀孕。当发觉自己怀孕后，很多"慰安妇"会选择自杀，但更多的"慰安妇"则是被"慰安所"管理人员强迫将孩子打掉。只有极少数"慰安妇"能够把不知父亲是谁的孩子带到人世，但在妊娠期间仍旧要为日军士兵"服务"。还有很多"慰安妇"被迫做了"停止月经"的手术，永远失去了做母亲的能力。

就全国而言，由于日军将"慰安妇"作为"特殊的战备物资"，"慰安妇"的征召和去向并未登记归档，因此难以弄清究竟有多少妇女沦为日军"慰安妇"。同样，由于缺乏原始资料，日军在河南究竟掳掠了多少妇女做"慰安妇"也难以统计。

3．结论

考察日军对河南妇女的性犯罪，我们从中可以得出三点结论：

（一）侵华日军对河南妇女实施的强奸、轮奸和强征"慰安妇"的罪行，范围极为广泛。凡是日军所到之处，均伴有类似罪行的大量发生。这是侵华日军欠下的一笔难以清算、不容抹杀的血债。

（二）侵华日军对河南妇女实施的强奸、轮奸、强征"慰安妇"等不同形式的性残害，手段之残忍，行径之无耻，超出常人的想象之外，充分暴露出日本法西斯分子的病态心理和残暴本性。侵华日军的确是史上罕见的"兽类的集团"，其暴行将永远被钉在历史的耻辱柱上。

（三）由于侵华日军对河南妇女的残害罪行，在抗战中和抗战结束后的国民政府、解放区政府调查中没有给予足够的重视，留下的原始资料很少。在本次调研中，各市普遍反映由于遭受日军残害的妇女的家（亲）属不愿提及祖辈屈辱的一幕，这就使许多遭受日军残害的情况难以查清。因此，本专题对侵华日军对河南妇女残害的揭露和分析，只是初步的和不全面的，只是揭开了冰山的一角。真正弄清楚日军对河南妇女犯下的各种罪行的概况，还需要征集更多的资料，花大气力进行研究。

（三）侵华日军对河南的文化侵略和破坏

李趁有

1937 年至 1945 年全国抗日战争期间，日军在河南除烧、杀、抢、掠等军事侵略和经济掠夺外，还利用一切残忍的手段残杀、迫害文化人士；对河南的少年儿童和百姓强制推行奴化教育；对河南的文物、书籍等文化财产进行大肆的掠夺、破坏和毁灭。因战争，河南的教育事业受到了极大的摧残，河南的文化受到了极大的破坏。我们查阅了大量的档案资料和当时人的记述，通过综合分析，撰写成此专题调研报告。

1. 日军对河南的文化侵略

日军对河南的文化侵略，是同它的军事、政治、经济侵略同步进行的。既有其强制性，又有其潜移默化性和欺骗性。其组织形式，或由日军亲自出面组织"宣抚班"，或有日本人充当顾问的伪政权宣传、教育机关推广。其集中点为大力开展"思想战"，企图泯灭中华民族精神。1938 年 10 月，侵华日军占领武汉、广州等地，中日战争进入到相持阶段。日本华北方面军于 11 月提出主张，要"思想对思想"地进行所谓的"思想战"。在华北各地成立"宣抚班"和"新民会"。1940 年 3 月以后，连续制定了《华北地区思想战指导纲要》和《第四次强化治安运动宣传计划》和《第五次治安强化宣传计划》①，并印发到下属基层付诸实施。日本"思想战"的要点是：向华北民众宣扬"新民"思想；"灭共亲日"的思想；鼓吹中日携手建立"大东亚新秩序"的思想等。其最终目的就是要瓦解华北人民的抗日意志，泯灭中华民族的爱国思想和赖以生存的民族精神，以实现其占领中国，建立日本大东亚帝国的野心。

抗日战争时期，沦陷区的河南殖民教育，在日军的操纵下，始终贯穿着推行

---

① 日伪华北政务委员会情报局：《第四次强化治安运动宣传计划》，中国第二历史档案馆藏，档案号 2005—2—460；华北治强运动总本部：《第五次治安强化宣传计划》，中国第二历史档案馆藏，档案号 2005—2—462—1。

奴化教育和日化教育这一条黑线，沦陷区的学校成了日军文化侵略、思想侵略的重要基地。这些学校教育的课程设置按照日伪华北政务委员会教育总署制定的合成标准实施的。使用的课本教材由日伪华北政务委员会教育总署教科书编委会统一编审。华北新民书局统一印刷发行，主要课程是日语课，所占课程课时数比国文课授课课时还要多①。

　　1943 年 2 月 28 日，伪华北政务委员会教育总署督办素体仁颁布了 1943 年度华北教育施策纲要。同时为适应当时形势的需要，针对 1943 年华北教育施策纲要，还专门制定了实施方案。方案中明确规定：各学校应当对日伪政权推行的奴化中国人的新国民运动持积极态度；各学校、各学术团体应清除由欧美传来的不合乎中国国情的一切主义，应放弃中国传统精神的创造以创造东亚新文化等。

　　在沦陷区一些变节的文人、汉奸在日、伪政府的支持下，通过办报等形式为日伪政府摇旗呐喊，进行欺骗宣传。1937 年至 1938 年在安阳创办的《安阳日报》，1938 年至 1943 年在新乡创办的《新生报》和在开封创办的《新河南报》等，这些报纸的主要内容：造谣中伤，颠倒黑白，挑拨离间，破坏中华民族的大团结；利用桃色新闻麻醉青年，磨灭沦陷区同胞的志气；粉饰敌军罪行，夸大敌军胜利；鼓吹"皇军"功德，沦陷区人民生活幸福等。另外，由新民会出面组织各项文化活动，鼓吹武士道精神，中日两国同文同种，日军占领中国是"黄种人应共享黄海权"，灌输反共思想②。

　　沦陷区奴化教育的内容主要有以下四个方面：

　　（1）宣扬"中日亲善"、"共存共荣"的反动谬论。无论在学校的奴化教育，还是报纸、宣讲等宣传教育中，侵华日军都始终贯彻这一奴化教育主题。日军每侵占一地之后，都急于设立学校，编辑他们需要的教材，鼓吹"中日亲善"、"共存共荣"、"共同防共"、"经济提携"等反动思想③。如 1943 年华北教育施策纲要指出：一切宣传教育的指导思想是使大东亚解放新国民运动具体化，使一般民众确立中日共存共荣，必须协力完成大东亚战争的信念；组织共济会，加强中日教员、学生的联络，以倡导两国的友谊合作精神④。这些宣传教育的目的只有一个，那就是麻醉沦陷区民众的思想，磨灭沦陷区民众的反抗意志。

---

① 邢汉三：《日伪统治河南见闻录》，河南大学出版社 1986 年版。邢汉三乃日伪政府中的职员。

② 禹鼎：《开封沦陷记》（下），载政协河南省文史资料委员会编：《河南文史资料》第 66 辑，1998 年印。

③ 《河南省教育厅的奴化说教》，载邢汉三：《日伪统治河南见闻录》，河南大学出版社 1986 年版。

④ 《开封奴化教育概况》，载《河南民国时报》1943 年 9 月 6 日。

（2）宣传封建主义的伦理道德及所谓的"东方文化"。在沦陷区，侵华日军极力利用中国封建的伦理道德来维护日伪的统治，大肆宣传封建主义的伦理道德。伪华北政务委员会教育总署把"提倡我国固有之美德以领导学生思想趋于正轨，而为建设东亚新秩序之始基"定位为沦陷区教育的方针。大肆宣传"黄种人应共享黄海权"，"亚人应种亚洲田"等反动谬论。1938年7月，日本政府制定了《从内部指导中国政权的大纲》。其中规定了侵占地区的文化教育的方针，即"尊重汉族固有文化，特别尊重日华共通的文化，恢复东方精神文明，彻底禁止抗日言论，促进日华合作"。这一切都是为日本帝国主义侵华寻找理论依据，为侵华日军进行屠杀、抢掠寻找冠冕堂皇的借口。

（3）宣传"日满华一体"，制造所谓的"超国家集团"。1938年11月，日本政府宣称"此次征战之终极目的，再建设一个可以确保东亚永久安定之新秩序"，并编了"建设东亚新秩序"的谬论，即"把亚洲各民族从欧美帝国主义的旧秩序下解放出来"，声称"日本是具有指导中国的权利和义务"。1940年6月又提出建立"大东亚共荣圈"的侵略方针和计划。在河南沦陷区，为了进行欺骗宣传，日伪在各学校用的教科书中都编写了"日满华一体"、"建设东亚新秩序"等奴化、毒化青少年学生的内容。修身课主要内容就是"中日亲善"、"共存共荣"、"大东亚共荣圈"、"大东亚战争必胜"等内容，并且推广反动的《新民歌》。极力推广其"黄种人应共享黄海权，亚洲人应种亚洲田，青年、青年切莫同种自残"的"超国家集团"的侵略思想。而残杀中国人民、掠夺中国财富的正是宣传这些思想的日本侵略者自己。

（4）强制推广日语。在河南沦陷区，日本占领军强迫人民学习日语，办法多种多样。而对伪公教人员学习日语更是有严格规定，如果做不到，轻则降级减薪，重则开除公职，甚至被扣上反满、反日、思想不纯等帽子受到迫害。据当时不完全统计，开封及豫东豫北各县的青年，参加日语学习者共达10万人左右，远远超过在校学生总数，比成年人参加学习者多两倍，领日语学习津贴者90%以上。所有日语学校及补习班，在教师上课时，都必须用相当一段时间讲述日本为何强大，亲日反共为何重要以及建设新东亚的谬论，用以向学生灌输奴化思想[①]。

为了推行其奴化政策，日军在沦陷区成立了以日本人为主的"宣抚班"和以汉人为主的"新民会"。所谓"宣抚班"即宣传与安抚之意。日本在中国沦陷区

---

① 邢汉三、武友石：《关于日伪在河南进行的奴化教育的回忆》，载《河南教育资料汇编》（民国部分），河南省教育总编辑室，1983年印。

的"宣抚"活动规模很大，危害甚深。如果说武装侵略、烧杀抢掠是日本军人对付中国人民的"硬刀子"，那么"宣抚"活动则是对付中国人民的"软刀子"。从1938 年开始，日军即在华北沦陷区组织大量的以日本人为主、"转向者"（即变节的中国人）参加的"宣抚班"，在各地进行大肆的欺骗宣传、造谣惑众、又拉又打以分化当地百姓的抗日斗志。同时成立汉奸组织为日军搜集、提供情报，离间、破坏民众和抗日军队。

与"宣抚班"性质相同的是"新民会"，所不同的是前者是暂时的、流动的，而后者则是常设机构。据长期在河南新民会工作的邢汉三回忆：在华北沦陷区，凡有伪政权的地方，都有同级新民会的组织。新民会是在日军情报人员领导下的所谓"民意"组织。其负责组织百姓。训练青年和代伪组织进行宣传活动。1938年夏、秋，先后成立了开封市新民会和河南省新民会，其大小头目均由日本人担任。河南省新民会先后在沦陷区 41 个县成立了联合协议会。新民会的成立和活动，起到了日军军事武装起不到的作用。日军的每次重大运动，如"治安强化运动"等都靠新民会卖力的宣传。同时，新民会还有一个主要任务，即对沦陷区人民特别是青年进行奴化训练。据邢汉三回忆，各地青年受训时间累计在三个月以上，男青年将及半数，各县都有训练所，每年训练二期至三期，每期多为三个月，受训青年每期四五十人至百人。每县平均受训青年在 200 人左右。自 1939 年至1944 年间，全省 42 个县，被训青年在四万人以上。除县训练所外，县属各区都在冬季进行青年训练。数年间，受训青年约在二十五六万之巨。新民会训练青年的结果，对抗日事业造成了极大损害。因为受训青年奴化思想越深，爱国思想随而减弱，日、伪军和伪政权的情报网相当大一部分也是依靠受过训的青年建立的。

除"宣抚班"和"新民会"外，侵华日军还在沦陷区大抓师范教育，培养伪校师资，举办各种训练班，奴化教师思想；设立各种技术训练班，以满足他们掠夺经济财富的需要。总之，所有这一切，只有一个目的，那就是进行文化渗透和文化侵略，力求解除沦陷区人民的反侵略思想武装以达到他们占领中国的罪恶目的[①]。

---

① 张成德：《日军侵华的特殊工具——"宣抚班"》，载政协山东省文史资料委员会编：《山东文史资料选辑》第
   25 辑，山东人民出版社 1988 年版。

2. 抗日战争中河南教育的损失和破坏

全国抗战八年，河南无论是沦陷区还是国统区，甚至根据地解放区，由于战争的影响，使教育极度萎缩，几乎奄奄待毙。

（1）中等以上学校在辗转迁移中举步维艰

抗战八年，河南省中等以上的学校县立中学因环境所迫停办 14 所，私立中学因经济拮据停办 44 所。其余各校从 1937 年到 1945 年抗战胜利，几经辗转，相率而迁。在此期间，由于时局的动乱，图书仪器的匮乏，教育经费的奇缺，严重地影响了教学质量和师生的身心健康以及设备物质的保存。对河南的教育是一次极大的劫难，河南的中高等教育几近崩溃。

河南当时的最高学府——河南大学于 1937 年底开始迁移。5 院 10 系，40 班共 590 名学生分两批分别迁往信阳鸡公山和南阳镇平。在以后的八年抗战中，河大师生不断迁移，艰难地行走于豫西南的崇山峻岭之中，住宿、饮食、办学条件十分艰苦，部分院系并入邻省的高校中，极大地影响了河大的教育质量。焦作工学院在抗战初期是河南私立学校中的最高学府。1937 年豫北形势紧张，焦作工学院被迫迁移到西安。1938 年奉国民政府教育部命令，并入国立西北联合大学，致使河南唯一的一所高等工业学校因战争而消失。

1937 年 10 月，河南中等学校开始首批迁移。省立安阳高中，百泉乡村师范等豫北的十所学校一律迁往豫南和豫西；1938 年河南中等学校开始了第二次大迁移，开封高中、开封师范、商丘中学等豫东 20 余所中学迁移至豫西南的大山之中；1938 年 11 月，平汉铁路豫南段形势紧张，河南中等学校又进行了第三次大迁移，南阳以东的省立各校，再次纷纷迁往豫西南的大山中。在以后的几年中，各校不断迁移，几乎是在流离颠簸中度过的。由于在战争中不断迁移、动荡不安，各学校所带图书、教学仪器以及各种必需的设施不断损毁。物价激长，教育经费严重不足，教科书籍日益匮乏，师生食宿没有基本保障，导致教育质量日益下降，造成了河南教育不可弥补的极大损失。

由于经费奇缺，使得本来就清苦的教师更加贫困，据有关资料表明："在抗战期内，因教育经费极度紧缩之故，高中校长月薪不及 300 元，初中校长月薪不及 100 元，高中专任教员月薪不满 100 元，初中专任教员月薪仅及 60 元，小学教员最高月薪不过 42 元，最低乃有 6 元者（各县、乡小学教员）。已如前述，教育人员物质报酬之菲薄如是，因战事关系，学校一再搬迁，地居穷乡设备简陋，教学及个人之饮食起居，不无感受困难。"[1]

（2）学校、学生战前战后的比较

八年抗战中，河南的各类学校不但在硝烟炮火中生存艰难，且数量锐减，质量大幅度下降。以师范学校为例：据战后河南教育部门不完全统计，1936 年河南有各类师院 96 所，1944 年减至 33 所，1946 年恢复为 91 所，如下表：[2]

战前、战中、战后师范学校表

	战前（1936 年度）	战中（1944 年度）	战后（1946 年度）
省立	7	9	12
县立	87	24	79
私立	2	—	—
小计	96	33	91

战前、战中、战后师范学校学生数

	战前（1936 年度）	战中（1944 年度）	战后（1946 年度）
省立	2155	14418	6114
县立	6281	6456	21437
私立	617	—	—
小计	9053	20874	27551

需要说明的是因战争，省立、县立师范学校转徙于山区，正常招生受到限制，不得不招收培养了当地大批的师范生。虽然数量增加，但受条件限制，教学质量却大幅度下降。

1940 年，河南省各市县各级学校毕业生只有 361 人，师范毕业生除开封有 17 名男生外，全省其他市县竟无毕业生记录。同年，全省有学龄儿童 904206 名，失学儿童竟有 760589 名之多，竟高达 84%[3]。1938 年河南全省各种教育机关尚有 5805 个，而 1939 年即降至 4236 个[4]。

① 《河南教育资料汇编》（民国部分），河南省教育志编辑室，1984 年印，第 59 页。

② 《河南教育资料汇编》（民国部分），河南省教育志编辑室，1984 年印。

③ 河南省政府统计处编：《河南省统计年鉴》民国二十九年，河南省图书馆馆藏，Z101。

④ 国民政府主计部统计局编：《统计月报》66 号，民国三十一年二月，河南省图书馆馆藏，E236。

就现在所能见到的资料而言，当时虽说有统计，但并不全面，然而仍可从中看到河南教育锐减、举步维艰之一斑，如下面两表：

1938 年、1939 年两年学校、教职员、儿童、经费数量对比表[1]

	学校数	教职员数	儿童数	经费数
1938 年	21854	38046	1173433	5837852
1939 年	11694	24765	940365	4006487

河南省事变前后教育状况统计表[2]
二十九年份

			总计	高等教育 大学暨专科	中等教育 师范	中学	职业学校	初等教育 小学	幼稚园
校数	公立	前	19646			63	36	19405	34
		后	1520	2	106	3	1	1511	2
	私立	前	1733	1	3	63		1666	3
		后	41			2		39	
	合计	前	21379	3	106	126	36	21071	37
		后	1561		3	5	1	1550	2
教职员数	教员	前	41082		494	1086	123	39163	42
		后	3174	174	25	59	17	3070	3
	职员	前	1427	107	222	484	84	514	16
		后	248		12	22	9	204	1
	合计	前	42509	281	716	1570	207	39677	58
		后	3422		37	81	26	3274	4
学生数	男生	前	932102		9691	23261	2191	895250	902
		后	66229	807	376	121	214	65468	50
	女生	前	89470	56	1899	1952	96	84862	605
		后	10920		42	463		10380	35
	合计	前	1021572	863	11590	25213	2287	980112	1507
		后	77149		418	584	214	75848	85
经费数	岁出	前	265290166		74803564	145038040	27273371	17509900	20086
		后	1240356	645205	104892	118620	62880	952188	1776
	岁入	前	265621109	597007	74797484	145432595	27278646	17495291	20086
		后	1240356		104892	118620	62880	952188	1776

（3）战争中学校及财产损失

由于战争，学校不断搬迁或停办，加上敌机轰炸，日军追杀，全省各个学校

---

① 国民政府主计部统计局编：《统计月报》66 号，民国三十一年二月，河南省图书馆馆藏，E236。

② 河南省政府统计处编：《河南省统计年鉴》，民国二十九年，河南省图书馆馆藏，Z101。

财产损失十分严重。因资料缺乏，现只能以全省总数和个案来了解战争中学校的损失。据国民政府的不完全统计，截止到 1940 年 12 月底，因战争，河南学校直接损失 75735 元，间接损失 2144 元（银元）[①]。再看个案，济源县 1946 年 7 月统计，全县唯一的一所中学、2 所乡师和职业学校、19 所高小、380 所初小和 2 座民教图书馆几乎全部在战争中损毁[②]。王屋县属豫西北山区小县（新中国成立后已并入济源县），战前仅有的 3 所高小全部在战争中予以损毁。战前的 258 所初小，也在战争中损毁 91 所[③]。焦作市所有的 1 所大学、2 所中学、4 所高小、2 所初小及民教馆和图书馆在战争中竟全部损毁[④]。以上虽是个案，但足以说明战争给河南教育事业带来的打击是毁灭性的。

3．日军对河南古迹文物的破坏和掠夺

河南地处中原、黄河中下游，有着数千年的文明史，有丰富的地上地下文物资源，历史上一直是日本文化学习的榜样。抗日战争期间，日军除了大肆掠夺中国的经济和文化资源外，对文物也进行了不择手段的破坏和掠夺。

（1）日军对河南文物的严重破坏

战火中，河南大批的古建筑被破坏。大批公私文物图籍收藏在战火中化为灰烬。这些文物古迹的数字因社会长期处于动乱之中而未能详细统计。只能暂据部分亲历者的回忆和少量的文献资料来陈述大概情况。据王继文回忆[⑤]：1938年 6 月 2 日，日军先头部队逼近古城开封（当时河南省省会），以开封的标志性建筑——宋代建筑的铁塔为目标连击 62 发炮弹，将铁塔中部击毁丈余长，幸未倒塌。在日军占领开封期间，收藏家崔光周大批图书字画文物被毁；河南大学教授段凌辰等一大批文人学者因撤退来不及带走的图书资料被毁。据禹鼎回忆[⑥]：1938 年农历 3 月，日军飞机多次轰炸大相国寺，炸毁无量庵等多处古建筑。卫

---

① 《抗战中人口与财产所受损失统计》，湖北省档案馆藏，档案号 A1—2—185。

② 《济源县文化教育事业损失统计表》，河南省档案馆藏，档案号 C118—01—009—4。

③ 《王屋县文化教育事业损失统计表》，河南省档案馆藏，档案号 C118—01—009—4。

④ 《焦作市文化教育事业损失统计表》，新乡市档案馆藏，档案号 4—92。

⑤ 王继文：《开封沦陷时期古书遭劫目睹记》，载政协河南省文史资料委员会编：《河南文史资料》第 5 辑，1987年印。

⑥ 禹鼎：《开封沦陷记》（上），载政协河南省文史资料委员会编：《河南文史资料》第 63 辑，1997 年印。

辉市香泉寺，建于北齐年间，是一处佛教圣地，原存有大量古建筑，1939 年也毁于日军炮火之中①。位于新郑市的卧佛寺，创建于隋开皇十年。历经宋元明修缮，是中原地区一座重要的佛教寺院，上世纪 40 年代毁于日军的炮火，如今只剩下一座孤零零的佛塔见证着日军的罪行和岁月的沧桑。登封的观星台建于元至元年间，是我国现存最早、保存较好的天文台，是最好的中华文明的说明书。1944 年，日军炮击观星台，台顶小室倒塌过半，台体多处严重裂崩，满壁弹洞炮痕，损失严重②。

时任河南省图书馆馆长的井俊起在他的回忆录《雪苑戆叟忆往》③中写到：抗战时期，河南省图书馆转移到南阳山区，为防轰炸，将图书馆镇库之宝——明代大画家文征明所绘《长江万里图》16 大幅和明代璐王朱常㳭所存《中国全图》一巨册存放在庄佩兰家。1938 年 5 月 29 日，日军轰炸南阳，庄稼被炸，以上两件镇馆之宝化为灰烬。图书馆留汴图书和一大批书稿及所存古玩均在战争中被毁，连河南省图书馆开封馆舍也未能幸免。抗战胜利后的 1946 年，国民政府对河南在战争中的图书文物损失有一次不完全统计，并根据当时物价折合成法币，如下二表④：

书籍	公	35400 册	26290 元
	私	2886 册	2625 元
字画	公	88 件	6300 元
	私	10 件	730 元
碑帖	公		
	私	1010 件	1016 元
古物	公	6743 件	48400 元
	私	10 件	210 元
古迹	公	315 件	582300 元
	私		
合计			667871 元

---

① 卫辉市地方史志编纂委员会：《卫辉市志》，生活·读书·新知三联书店上海分店 1993 年版。
② 郑州市文物志编辑委员会：《郑州市文物志》，河南人民出版社 1999 年版，第 238、268 页。
③ 政协河南省文史资料委员会编：《河南文史资料》第 35 辑，1990 年印。
④ 《河南省公私文物损失数量及估价表》，中国第二历史档案馆藏，档案号 5—11707。

物主	文物类别	数量	损失情形	估计价值
中央研究院河南省政府合组河南古迹研究会	书籍 古物	3000 册 6500 件	民国二十七年开封沦陷后损失	1700 元 9700 元
河南大学	书籍	19 种	民国三十三年五月在嵩山县潭头镇被敌毁损	1700 元
河南省图书馆	字画	16 幅	民国二十七年五月在南阳被敌机炸毁	4000 元
河南省立博物馆	古物	53 件	民国三十一年及三十二年经数次被敌机炸毁	14800 元
河南省通志馆	书籍	8000 册	民国二十九年至三十四年间在开封南刘府胡同二十六号被劫	5000 元
南阳宛中图书馆	书籍	23000 册	南阳沦陷时被毁	12000 元
南阳民教馆及汉画馆	书版 壁画 古物	1000 面 64 幅 170 件	民国三十四年五月南阳沦落时被焚	5000 元 700 元 10000 元
南阳诸葛庐	书籍 字画 古物 古迹	400 套 6 幅 16 件 6 座	民国三十四年二月在卧龙岗被毁损	740 元 60 元 1900 元 6300 元
南阳玄妙观	书籍 字画 古物 古建筑	3 种 2 件 4 件 103 处	民国二十七年春及三十四年二月被毁	150 元 1000 元 12000 元 146000 元
泌阳县	古迹	5 所	民国三十年二月在本县被敌焚毁	600000 元
开封	古迹	1 处	民国二十七年被敌炮毁损	70000 元
洛阳龙门	古迹	1 处	民国三十三年被敌毁损	100000 元
巩县石窟寺	古迹	100 尊	巩县沦落时被敌毁损失大半	200000 元
开封侯宗禹	书籍 字画 碑帖	15 种 2 件 10 件	开封失陷时损失	275 元 40 元 16 元
开封段凌辰	书籍 碑帖	884 册 1000 种	民国二十七年在开封被敌焚毁	2000 元
开封张清涟	书籍	10 册	民国三十四年春在浙川县损失	500 元
河南大学张森祯	书籍	1992 册	民国二十七年六月及三十三年五月开封嵩县沦落时损失	530 元

物主	文物 类别	数量	损失 情形	估计 价值
开封冯翰飞	书籍 字画 古物	6 种 5 件 7 件	民国二十七年开封沦陷时 被劫	200 元 250 元 190 元
开封熊伯乾	书籍 字画 古物	6 种 3 件 3 件	民国二十七年七月在开封本寓 被劫	120 元 80 元 20 元

再来看个案，1944 年 4 月，日军进攻豫西渑池县，大肆抢劫民间财务，包括古籍、古画、古董等，仅孟岭村孟文卿一家，除损失虎皮褥、虎皮大衣等外，被抢走的还有大量古迹文物，如宋马远《山水中堂》，明大画家董其昌《山水》，明末清初大书法家（孟津人）王铎的《山水》和书法，清高其佩指画《雄鹰独立图》，明蓝瑛《梅中堂》，清末重臣曾国藩对联，民国书法大家于右任书法，《淳化阁帖》、《汝帖》、《三体石经》和多种志书以及古琴等四十余件[1]。

抗战胜利后，中原仍处在国共相争、百废待兴、人心不宁的动乱之中，其财产损失调查常不全面，加上以后几年的内战，档案丢失严重。现在所能查找到的文物损失档案只有极少部分如新乡[2]、安阳[3]等地。而大部分市县几乎没有档案资料留存下来。故此文中所列文物损失的数目是极不全面的，甚至只是战争中文物损失的极少部分。

（2）日本人在河南大肆盗掘文物

自 1840 年鸦片战争以后，中华大地硝烟不断，战争频繁，日本利用各种机会，不择手段地掠夺中国的文物资源。抗日战争期间，这种掠夺更是近于疯狂的地步。

中国商代的司母戊大方鼎，是世人皆知的国之重器。自从民国初年出土以后，经历了多灾多难。抗日战争期间，占领安阳的日军为了得到司母戊大方鼎，在她的出土地小屯一带大肆搜查，绑架村民，威逼利诱，甚至以死来威胁。虽未达到目的，但给小屯一带村民造成了极大的压力和财产的损失。

1937 年，华北综合调查研究所等机关，专门在河南进行考古发掘，尤以东京帝国大学所派遣的调查人数最多，规模最大。

---

① 《财产损失报告单》，三门峡市档案馆藏，全宗号 125.101。

② 《新乡县抗战期间文献损失调查表》，河南省档案馆藏，档案号 M8—30—0856。

③ 《安阳县古物保存委员会抗战期间调查表》，河南省档案馆藏，档案号 M8—53—1637。

从 1928 年到 1937 年，国民党政府历史语言研究所前后对河南安阳殷墟进行了 15 次考古发掘。但在震惊中外的七七事变发生之后，华北沦陷，殷墟的考古发掘也被迫停止，从此殷墟便开始遭受到日本文化盗贼肆无忌惮的掠夺，其中包括：1938 年日本应义应熟大学文学部组成"北支那学术调查团"，专门在安阳考古发掘；1938 年日本东方文化研究所在水野清一、岩间德等人的带领下，在殷墟进行了发掘；1940 年至 1941 年，日本东京帝国大学考古学研究室在原田淑人的带领下，在殷墟进行了发掘；1942 年至 1943 年，进驻安阳的日本军队对殷墟进行了大规模的盗掘。通过上述盗掘，大批珍贵的商代出土文物被劫往日本。

1940 年，日本东京帝国大学考古学研究室，派遣关野雄等人，在占领商丘的日军的帮助下对商丘的古代遗迹进行了考察和盗掘，并将盗掘的文物统统运回日本[①]。

（3）巧取与掠夺

河南省有着数千年的文明史。出土文物甚多，特别是碑帖石刻为全国第一。抗日战争期间，日军在河南沦陷区大肆掠夺和巧取，就连用于送给其前线将士慰问的礼物，也要向省博物馆索取珍贵的"刘根造像碑"拓片。据河南省立博物馆 1942 年"赠品登记"记载，一年之内，日军就向博物馆以各种名义索要各种珍贵拓片 278 张[②]。如下表：

品名	数量
魏志拓片	74
隋志拓片	22
大隋舍利塔铭拓片	23
刘根造像碑拓片	53
其他	106
合计	278

1938 年 6 月，日军土肥原贤二所属之合井部队在开封捏造罪名，查抄大收藏家冯翰飞的住宅劫走唐代吴道子山水画一幅，清山水四大家之王石谷山水一幅，清戴醇士山水一幅和宋画《儿童戏水图》一幅[③]。

---

① 张健：《国宝劫难备忘录》，文物出版社 2000 年版。
② 《河南省立博物馆售品处赠送物品报表》，河南省档案馆藏，档案号 M19—03—0133—19。
③ 严绍：《日本藏汉籍珍本追踪纪实》，上海古籍出版社 2005 年版，第 487 页。

4．日军对河南文化教育界人士的迫害和残杀

抗日战争期间，日军在沦陷区推广奴化教育，妄图从文化、思想上灭亡中华民族。对不愿做亡国奴的文化人士在肉体上也横加迫害和残杀。

1944年4月，日军大举进攻豫西，河南大学300多名师生避难于豫西嵩县的潭头。5月15日，一部分师生在潭头遭遇日军。日军向手无寸铁的师生开枪扫射，5人当场中弹身亡。一对年轻的夫妇及其妹三人不甘受辱，投井自杀。数名师生惨死在日军的刺刀之下。农学院院长王直青被敌人掳去后，因不堪虐待而跳崖自尽，跳下而未死，日军在上面用石头砸，直到砸得血肉模糊而死方才罢手。王是国内最早研究棉作物的专家之一。医学院院长张敬吾等20余人则被抓去做苦力，孔繁韬和另一女士同时被掳，日军竟用铁丝将两人穿在一起投入井中。许多师生下落不明。理学院被敌人放火焚烧，师生们几经搬迁的图书仪器在大火中化为灰烬。曾以主编《植物学大辞典》而著名的老教授黄以仁，几经饥寒、恐吓、一病不起，含恨而亡[①]。

5．结　论

抗战胜利后，国民政府曾做过一次抗战中人口伤亡和财产损失调查。但因当时的中国尚处在动荡不安之中，加上不久就发生了内战，所留下来的档案资料只有一小部分，难以全面说明问题。文化、教育和文物在抗战中损失的资料则更少。本文使用所能见到的档案资料和部分当事人回忆综合而成。就此可见，日军在侵华期间，不但疯狂地残杀中国人民，掠夺中国的财富，还想尽一切办法进行奴化教育，妄图从文化、思想上灭亡中华民族。造成了中国文化教育的巨大损失。这一滔天大罪是永远不能抹杀的。

---

① 《河南大学生的谴责》，载《新华日报》1949年7月15日。

（四）黄河改道所造成的河南人口伤亡和财产损失

陈随源

1．本专题调研的意义

日本发动侵华战争给中华民族造成巨大人口伤亡和财产损失。1938 年 6 月 9 日的黄河改道也给黄泛区人民造成了重大人口伤亡和财产损失。开展抗战时期黄河改道河南人口伤亡和财产损失的调查研究，对于中华民族勿忘历史，振奋民族精神，发扬爱国主义精神，揭露侵略者的战争罪行，有着十分重要的意义。

2．黄河改道前后河南省黄泛区的自然条件和社会经济状况

河南黄泛区地处黄河中下游，位于河南省中东部，东和皖西接壤，南与淮河相接，在平汉铁路、陇海铁路、津浦铁路和淮河圈成的四方形地带，地势平坦，土质肥沃，是中原的富饶之地。

黄泛区最北边有郑县、广武、中牟和开封，因接近黄河，是多沙地带，人口密度不高，其中中牟、郑州和开封盛产花生。沙质较轻的地方果园很多，梨、枣、石榴和葡萄产量甚高，所以这里就是遇到干旱、水涝收成不佳，也不会引起严重的粮食问题。中部的洧川[①]、杞县、睢县、太康、陈留[②]、鄢陵、通许、尉氏、扶沟、柘城等县，地质较好，极宜种植棉花、麦子，每年这里多余的粮食大部外运，比如睢县，在水灾的 1929 年还可收小麦 30 万担，棉花百余万斤。这里适宜人类居住，所以人口稠密。南部的西华、淮阳、商水、鹿邑、项城、沈丘等是中原有名的粮仓。据可靠资料统计，淮阳在 1929 年遭受水灾的情况下仍产粮食400 多万担。由于这里粮产丰富，所以农户将余裕之粮从事牲畜的饲养和繁殖，

---

① 该县取消建制，改为镇制，原县属地分划给开封市尉氏县和许昌市长葛县。
② 该县取消建制，改为镇制，隶属开封县。

抗战前豫西、秦中的耕畜的 80% 来自于这里①。故有人说战前的黄泛区比起河南省的其他地区，是"中原乐土毫不为过"②。

当然，由于干旱、水涝、虫灾、土地分配不均、苛征暴收和连年的兵灾匪患，这里本应有的繁荣也大为减色了。这里随处可见农村的凋敝。中农之家由于上述种种原因，也常过着困苦的日子。但是，这如果和黄河改道后的情形相比，可以说是相对的天堂。黄河改道后是真正的地狱。1938 年夏中原战事正烈，日军自豫东连续占领商丘、开封，迫近郑州和平汉铁路之际，国民党军队在中牟赵口决堤未果，又奉命在郑州花园口炸堤阻敌。于是，黄河这条素以"中国之忧患"见称于世的害河挟其滚滚浊流，从花园口和赵口南下，经中牟、尉氏直泻而下，夺贾鲁河，篡涡河分流入淮。黄水所及之地豫东、皖北尽成泽国。刚刚经历过兵灾的泛区上千万人民又惨遭水患。因为黄河改道是人为的、有军事目的和极为秘密的，所以毫无防备的泛区人民在从天而降的黄水面前之悲惨是旷世未闻，古今仅见的。黄水所到之处，人畜、房屋、村庄、庄稼在瞬间不见了踪影，昔日的繁华成了今朝的黄沙浊流。就是位居泛区较高位置的黄泛区各县城，也不同程度地受到 40% 至 60% 的破坏③。

另外，黄河改道后，河东为敌占区，时称水东，河西为国统区，人称水西。日军飞机为阻击八路军、新四军等中国军队进入其占据的水东，不时对新黄河进行空袭。本来就是仓促修建的黄河数百里新堤更是千疮百孔，遇到洪水就决堤，每年数惊，"总计 8 年以来，官堤民埝，大小决口三十二次，有九十一处"④，从而进一步造成了黄泛区大量的人员伤亡和财产损失，使河南省黄泛区人民蒙受了空前的灾难。

在其后的数年里，黄流又多次冲破仓促修建的黄河新堤向西滚，因此黄泛灾区逐年扩大。至 1945 年黄泛区总计有 44 个县，仅河南省就有 20 个县。

抗战胜利了，但是黄泛区人民不能像中国其他地区的人民一样马上重建家园，过上正常人的生活，因为黄河河道归故需要巨大的工程和一定的时间。直到 1947 年初黄河归故成功、黄泛区大规模展开了重建工作后，他们才逐渐恢复正常的生活、生产。

---

① 行总河南分署、河南省政府联总驻豫办事处编印：《黄河氾区善后建设会议纪录》之《附录》，1947 年 1 月，河南省图书馆馆藏，F791。

② 行总河南分署、河南省政府联总驻豫办事处编印：《黄河氾区善后建设会议纪录》之《附录》，1947 年 1 月，河南省图书馆馆藏，F791

③ 《善后救济总署河南分署周报》第 14 期，河南省图书馆馆藏，F717。

④ 《黄河氾区善后建设会议纪录》之三《灾区灾况》，河南省图书馆馆藏，F791。

3. 黄河改道给河南造成的人口伤亡情况

黄河改道给河南省黄泛区人民造成的人口伤亡和财产损失，有不同时间、不同机构的调查，有着不同的调查结果。我们综合研究了这些调查材料，认为到目前为止较为准确的黄河改道河南人口伤亡应是 43.5 万余人，加上安徽和江苏两省的数字，整个黄河改道所造成的人口伤亡应近 90 万人。

抗战胜利后，官方机构对河南省黄泛区的人口伤亡和财产损失调查主要有三次。第一次是 1945 年 10 月间，河南省政府派员分别到河南省黄泛区各地进行了调查，并将调查的结果与黄河水利委员会、黄泛区复兴与建设指导委员会所掌握的材料"会同汇制"[①]，并于 1946 年 7 月将其作为《河南省黄泛区各县损失统计表》编入《河南灾情实况》之中。这份材料对黄泛区八年受灾的悲惨情景和目前"若不急加振救，则灾后仅余灾民，亦将随劫物化，靡有孑遗矣"紧迫性有了生动逼真的描述，让政府和世人对黄泛区受害情况有一个总体性把握和了解，河南省黄泛区也有了一个人口伤亡、土地、房屋损失的初步统计数字。之所以我们称之为"初步"，是因为当时逃难在外的黄泛区难民尚未完全返乡，各种情况和数字尚在不断地充实和修改之中。如睢县在这组数字中死亡人口仅有 8 人，几个月后的调查为 635 人，但一年后的第三次调查的数字修改为 82 人，相差 10—80 倍之多。在这组数字中，河南省黄泛区人口伤亡是 325589 人。尽管有以上不尽如人意的地方，但这次调查仍让政府对河南省黄泛区有了一个基本的把握，为黄泛区重建打下了重要基础，其调查数据被政府多次使用。

第二次调查是一个月后的 1945 年 11 月 9 日，联合国善后救济总署调查处吕敬之会同总署顾问穆懿尔、专员班乃尔、农林部代表王绶由渝经陕赴豫，实地视察河南省战时农业损害概况，因其视察的重点是"农业"，至于黄泛区及难民、医药、工业、交通运输等方面的材料仅是"摘要"收集，所以在同年 12 月形成的《河南省战时损失调查报告》[②]中专门注明黄泛区等的调查结果"藉供参考"。报告对黄泛区受灾的过程比第一次调查有了简明、扼要、准确的描述，对人口伤亡和房屋、土地的损失有了少量的补充、修正和分析，如睢县的人口死亡数字由

---

① 《河南灾情实况》，中国第二历史档案馆藏，档案号 21—2—287。

② 《河南省战时损失调查报告》，1945 年 12 月，中国第二历史档案馆藏，档案号 20—2—287。

8 人升为 635 人。但由于是非重点的"摘要"收集,故其调查与第一次调查相比数字基本上没有大的突破。这次调查河南省黄泛区人口伤亡数字是 325037 人,比第一个数字少了 552 人。再加上此次调查距第一次调查的时间太近,大量黄泛区的难民仍在返乡之中,各种统计数字仍在补充、修正之中,故这次调查的数字不是最终的统计数字。1946 年 5 月 5 日,善后救济总署河南分署在其第 17 期《周报》中发表了《河南省黄泛区 20 县份人口土地房屋损失数量统计表》①,其中人口死亡数字为 321989 人,比第一个数字又少了 3000 多。各县数字大多沿用了第一次的调查结果,个别的县有一定调整,如睢县的死亡人口从第二次的 635 人降为 82 人。可见随着大量难民的逐渐返乡和各种情况的逐步核实,统计数字至 1946年 5 月一直处于增减之中,处于补充完善之中。

第三次调查也是 1945 年 11 月。将河南省黄泛区人口伤亡和房屋土地损失之"调查统计引为当前急务"的河南省政府选派李登峰、杨廷煌等 10 名委员,分赴河南省黄泛区 20 个县详为调查。两个月后的 1946 年 1 月制成《河南省黄泛区域人口死亡财产损失调查统计表》②,又隔两个月后的 1946 年 3 月 1 日以省政府的名义上报联合国善后救济总署河南分署。在这次调查结果的数字中,河南省黄泛区人口死亡数字为 432425 人③。因是几个月有组织有分工的复查,且距吕敬之于 1945 年 12 月形成的数字时间又过了几个月,所以这一复查的数字更为可信可靠。但可惜的是这张统计表上个别县因故开了天窗,如陈留县。

1947 年元月,联合国善后救济总署河南分署、河南省政府、联总驻豫办事处联合召开了河南省"黄泛区善后建设会议",会议基本使用了第三次调查的数字,该会所使用的泛区灾情《统计表》④中,将河南省黄泛区人口伤亡数字确定为 433530,比第三次调查结果仅补充了 1105 人(若按 422316 人计算则增加 11214人),很多县保持了原数字,如洧川、杞县、柘城、西华、太康等。但此表也有美中不足,就是它是从重建泛区所需求的角度制定的统计表,是为善后建设会议使用的,缺少了广武、郑县和开封。因此,如果将这三个县的数字按第三次的调查结果补齐后,应该是这几组数字中最齐全、最准确的了。补齐后,黄河改道给河南省造成的人口死亡是 435351 人。

之所以认为这一数字最为准确,是因为这一数字是联合国善后救济总署河南

---

① 《善后救济总署河南分署周报》第 14 期,1946 年 4 月 15 日,河南省图书馆馆藏,F717。

② 《河南省政府代电》,中国第二历史档案馆馆藏,档案号 21—2514。

③ 作者对此统计表进行了反复计算,死亡人数不是原表中的 422316 人,应为 432425 人。

④ 《河南省黄泛区村庄人口损失统计表》,河南省图书馆馆藏,F791。

分署、河南省政府和联总驻豫办事处三家共同认可的；是因为这一数字是经过一年多的反复调查、补充修正的；是因为这一数字已将缺少的三个县数字按第三次调查结果补充了上去。

河南省抗战时期黄河改道人口伤亡统计表

	村庄		人口				备注
	战前村庄	战后村庄	战前人口	死亡人口	逃亡人口	1947年初人口	
中牟	603	297	116536	9612	33155	75769	
尉氏	560	182	214832	77832	82203	55075	
杞县	856	563	273120	752	38644	233724	
通许	368	193	179191	58059	28334	91901	
鹿邑	820	460	226240	3528	46265	141676	
陈留	258	182	125554	3600	34000	87954	
睢县	436	165	13986	82	5166	8713	
柘城	158	87	5015	6	471	4574	
鄢陵	647	495	84426	7938	26242	50246	
洧川	160	110	63029	79	35	62915	
扶沟	987	91	315500	78600	169800	67100	
淮阳	1112	662	298046	36180	64920	213184	
西华	1031	417	258549	14808	126575	116960	
商　水	902	845	96120	2107	61782	42243	
沈　丘	1020	566	120819	12860	48315	41651	
太　康	1870	963	595643	124570	84578	392692	
项　城	1651	1570	120126	2897	37060	80169	
广武（受灾村庄22）			7069	48	451	6570	①
郑县（受灾村庄26）			15569	1191	5169	9209	
开封（受灾村庄372）			191647	582	24198	166967	
总计	13439	7848②	3321017	435351③	917363	1949292	

在河南省黄泛区所有的受灾县中，处于新黄河主流下游位置的太康、扶沟、尉氏、通许、淮阳、西华六县人口伤亡均达到万人以上，其中最多的太康县竟达124570人，占全县原有人数的21%。人口伤亡最少的县是柘城、广武、洧川和

---

① 本表系作者对原资料表进行补充修改后最后形成的统计表，不是原资料表。原资料《善后建设会议统计表》中没有广武、郑县和开封三地的数字，但有陈留县的数字。本表根据第三次调查结果补充了广武、郑县和开封三地的数字，其他各县数字均为《善后建设会议统计表》的数字。另，本专题调研报告所有的统计表数字均为黄泛区的数字，不是黄泛区所涉及的县的全部数字。

② 村庄数不含广武、郑县、开封县。

③ 此列数字总合应为435331。除广武、郑县、开封之外的数字总和，应为433510，但原件为433530。疑为原件错误。但因县数较多，错因不明，故仍采用原件数字总和。

睢县四县，均不到百人，主要是因为它们是黄泛区边沿地区，黄河水冲到该县时水速慢了很多，人有了一定的逃生机会。广武县处于花园口的上游，按说不该受黄河改道之灾的，不属黄泛区的，但是 1938 年 7 月 20 日新黄河发洪水时，黄水南泄不及，便从索须河向西北倒灌该县 22 个村，毫无精神和物资准备的广武人因此也受到很大损失。

4. 黄河改道给河南造成的财产损失情况

这方面损失包括耕地、房屋、牲畜[①]、农具的损失，包括对难民、慈幼机构、卫生机构、学校和小型工赈的补助，以及花园口、赵口的堵口和豫境黄河复堤费用。下文中涉及财产损失的货币统计数据，凡未标明币种者均为法币。

（1）耕地损失

河南省黄泛区 20 个县共计受灾面积 5821 平方公里，受灾耕地 9555036 亩。截止到 1947 年初被淹涸出待耕地有 5150905 亩，适于曳引机耕地有 4481800 亩[②]。

河南省黄泛区耕地受淹损失统计表[③]

	受灾面积（平方公里）	受灾耕地（亩）	被淹涸出待耕地（亩）	适于曳引机耕地（亩）	备注
中牟	360	745000	640000	105000	
尉氏	360	427100	223000	204100	
杞县	900	562000	552000	0	
通许	50	309300	294300	15000	
鹿邑	500	901000	0	901000	
陈留	360	60000	60000	0	
睢县	18	27400	27400	0	
柘城	22	16500	16500	0	
鄢陵	350	154600	93000	61600	
洧川	15	20700	20700	0	
扶沟	340	1240500	660000	580500	
淮阳	800	1431000	178000	1253000	

---

① 骡、马、驴、牛等牲畜在原表中统称为挽力。

② 水淹地与荒地之和。这些地若没有机器的牵引仅凭人力是无法耕种的。

③ 《河南省黄泛区耕地损失及现状统计表》，河南省图书馆馆藏，F791。

	受灾面积 （平方公里）	受灾耕地 （亩）	被淹涸出待耕地 （亩）	适于曳引机耕地 （亩）	备注
西华	180	838000	144000	694000	
商水	40	37500	22500	15000	
沈丘	200	488000	450400	37600	
太康	880	1544000	1079000	515000	
项城	60	430000	430000	0	
广武	26	9735	5337	0	①
郑县	80	48711	23997	0	
开封	280	263990	230771	0	
总计	5821	9555036	5150905	4481800②	

在河南省黄泛区所有的县中，受灾面积最大的县是杞县、太康、淮阳，分别是 900、880 和 800 平方公里，耕地受灾亩数最多的县是太康、淮阳和扶沟，分别是 1544000、1431000 和 1240500 亩，这些县均是新黄河主流所经之地。其中扶沟受灾耕地占原有耕地 1445000 亩的 86%，可见受灾之严重程度。

如果按每亩每年收益以二市石计算，每年约减收 19110072 市石；若从 1938 年黄河改道到 1947 年黄河堵口归故按 9 年计算，黄泛区共减收 171990648 市石③。按《任村历年物价比较表》《冀钞发行以来与蒋币比价表》和《抗战期间全国零售物价总指数表》约折合法币 15613145914 元。

（2）房屋损失

在河南省黄泛区因黄河改道所造成房屋损失共计 2010320 间，占原有间数 3163231 的 63.5%多。若按《冀鲁豫区物价表》《冀钞发行以来与蒋币比价表》和《抗战期间全国零售物价总指数表》，河南省黄泛区因黄河改道所造成房屋损失约折合法币 16082560 元。

河南省黄泛区房屋损失统计表④

	原有间数	被淹间数	现有间数	备注
中牟	93701	59367	34334	
尉氏	190650	188680	20455	

---

① 广武、郑县、开封三地的数字根据第三次调查的结果，其他各县的数字根据 1947 年初的黄泛区建设会议所用统计数字。

② 此列数字总和有误，原件如此，实应为 4381800。但由于错因不明，故仍采用原件数字总和。

③ 在善后救济总署 1945 年 12 月的《河南省战时损失调查报告》中，"每亩每年收益按二市石计算"。

④ 表中广武、郑县和开封三地的数字为第三次调查数字，其他各县数字为 1947 年河南黄泛区建设会议所用数字。

	原有间数	被淹间数	现有间数	备注
杞县	176194	17680	158514	
通许	200242	149243	50774	
鹿邑	395747	112671	283065	
陈留	2026	1013	1013	
睢县	25105	11757	13348	
柘城	19782	11869	7913	
鄢陵	82368	75447	6921	
洧川	7082	574	5868	
扶沟	211201	198530	12670	
淮阳	196499	127726	75001	
西华	372836	306576	66260	
商水	84000	67200	33600	
沈丘	203359	61990	141369	
太康	750992	564714	236398	
项城	34949	12873	22076	
广武	6235	4520	1715	
郑县	21078	13134	7944	
开封	89185	24756	64429	
总计	3163231	2010320	1243667	原有间数和现有间数仅指该县受灾地区的，不是全县的间数

河南省黄泛区受灾房屋最多的县是太康、西华、扶沟和尉氏，分别是564714、306576、198530和188680间，其中尉氏的受灾房屋损失程度几乎达到99%，真是黄水过后房倒屋塌，一片汪洋都不见[①]。

（3）牲畜、农具损失

虽然骡、马、牛、驴等牲畜有些能浮水，但是在波涛汹涌的黄水中它们仍难逃噩运。河南省黄泛区的牲畜和农具损失程度和房屋损失一样严重。牲畜损失505360头，占原有牲畜的近43%，若按《冀鲁豫区物价表》《冀钞发行以来与蒋币比价表》和《抗战期间全国零售物价总指数表》约折算为法币26784080元；农具损失为6530538596[②]元，其他损失为112311548562[③]元。

---

① 《河南省黄泛区财产损失统计表》，河南省图书馆藏，F791。

② 当年统计数，未按1937年7月法币币值折算。

③ 当年统计数，未按1937年7月法币币值折算。

河南省黄泛区牲畜农具损失统计表

	牲畜损失			农具损失价值	其他损失
	原有牲畜数	死亡数	现有牲畜数	（元）	（元）
中牟	33546	16787	16759	2187286600	44826628000
尉氏	199400	163475	15229	34782500	2458485900
杞县	29000	1123	13506	731430000	1009710000
通许	26964	21959	5142	793430140	1277904358
鹿邑	38201	5437	32764	48579380	328700000
陈留	2076	1038	1038		462860
睢县	1463	455	1008	162057	134165
柘城	1317	79	1238	2750000	9760000
鄢陵	24125	13342	10783	93600000	877500000
洧川	3511	56	2485	59977400	91015500
扶沟	50450	45800	4650	227480000	30236440000
淮阳	28496	18579	9185	1191680135	1768905608
西华	63290	50507	12783	453579405	21665649500
商水	18120	7248	10872	10500000	82950000
沈丘	117820	54056	63764	550392713	1715057525
太康	117926	99390	25174	618909003	5708297920
项城	34456	174	34282	26384000	
广武	237	45	192	1385680	4738500
郑县	1935	1228	707	68190000	184850000
开封	18376	4582	13794	6816296	64358726
总计	810709	505360	275355	6530538596	112311548562

在黄泛区的 20 个县中，牲畜损失最大的仍是黄河主流所经地尉氏、太康、沈丘、西华和扶沟，分别是 163475、99390、54056、50507 和 45800 头。其中尉氏县不仅损失的绝对值大，而且损失的比例也最高，达到 82%。

农具损失最大的县是中牟、淮阳、通许、杞县和太康，分别是 2187286600、1191680135、793430140、731430000 和 618909003 元[①]。

（4）难民救助

河南黄泛区的难民有 917363 人，是死亡人口的二倍还多。他们在黄水中侥幸逃生后大多西迁，开始长达八九年的流亡生涯。他们冒险穿过战火洗劫的千里赤地，躲避着抢掠，忍受着饥饿，来到西安、宝鸡等后方城市。在这些城市的街

---

① 《河南省黄泛区财产损失统计表》，河南省图书馆馆藏，F791。

头，城外荒凉的村落，无遮无挡的公路上，到处是乞丐似的萎缩蹒跚的黄泛区难民，到处是扶老携幼、提箱背笼的黄泛区流亡队伍。

当抗战胜利了，这些逃难在外的难民，满怀希望和憧憬，从陕、甘、川、鄂等地返回故乡时，迎接他们的不是久别的亲友，不是熟悉的村庄和赖以生存的田地，而是垠垠黄沙和澎湃的浊流，在黄沙和浊流下边，掩埋着他们的田地、家园和亲人的尸骨、祖先的坟墓。而能返乡的难民仅是黄泛区难民的一小部分，绝大部分难民经过八年的流亡生涯，或徘徊在生死线上，或生活无着，或身患疾病，或无钱无力移动返乡。总之，黄泛区已返回的和未返回的，以及留下来的难民都急需政府的紧急援助。

从 1946 年 1 月至 1947 年 11 月，行总河南分署总计向河南省黄泛区发放基本食粮 24973.6963 吨，一般食粮 6131.7798 吨，衣物 2566.584 吨，农具 592880 件，种子 4854.140 斤，肥料 438 吨，药械 242.1 件，其他物资 918.7724 吨[①]。

① 赈济逃难灾民

1946 年 3 月，行总河南分署得知逃难在外的大批难民在异乡流离、无以为生、无力返乡的情况后，就派员携款 6000 万元前往救助。他们在陕西西安、宝鸡、凤翔、麟游、眉县、渭南、蓝田等地[②]，共发赈粉 6500 袋、小麦 7660 斤、赈款 3580 万元，受惠人数达 2 万多人。为及时帮助返乡难民，自 1946 年 1 月起，先后在开封、郑州、洛阳、信阳、陕州等地设立难民处，帮助、救济辗转途中之难民 364313 人[③]。据郑县难民服务处的报告，"每天过境遣往泛区在一千以上"，在陕州难民服务处一带就有一万以上。在陕西境内的 30 万泛区难民亦在准备东返[④]。

② 设立粥厂发放物资

在难民或较集中，或必经之县设立固定粥厂 11 个，发放大量面粉、豆粉、罐头、牛奶、苞谷等，受惠难民达 2757767 人[⑤]。

① 《善后救济总署河南分署周报》第 100 期，河南省图书馆馆藏，F751。

② 《国营陕西黄龙山东省垦区管理局三十年度三月间豫省到达黄沁难民登记表》（1940 年）（陕西省档案馆藏，档案号 64—1—193）、《民叩附赉华县瓜坡乡居留难民调查表》（1945 年）（陕西省档案馆藏，档案号 90—3—252）、《陕西省赈济会代领转发豫省灾民救济费收支报告表》（1942 年 11 月至 1943 年 11 月），（陕西省档案馆藏，档案号 9—2—823）。

③ 《本署各难民处站遣送难民人数统计表》，河南省图书馆馆藏，F751。

④ 《黄泛区人民生活的一般》，河南省图书馆馆藏，F751。

⑤ 《行总河南分署在黄泛区设立粥厂发放物资及受惠人数统计表》，河南省图书馆馆藏，F791。

河南省黄泛区设立粥厂发放物资统计表

	厂数	面粉（袋）	罐头（磅）	豆粉（袋）	牛奶（磅）	奶粉（磅）	牛油（箱）	干豆（袋）	包谷（包）	旧衣（包）	受惠人数
西华	2	1343	5580	3000	3696		10	188	94	40	390463
扶沟	2	2834	14592	780	5544	10000	30	752	80	80	672338
尉氏	1	1027	5580	450			10	188			363000
鄢陵	2	1042	5580	450	5544		10	236		40	422640
淮阳	1	1386	7236	776	3694		10	439		40	403300
沈丘	1	1208	5106	376			10	376	40	40	274180
中牟	2	1536	828	900			60	376	89	80	231846
总计	11	10376	44502	6732	18478	10000	140	2465	394[①]	320	2757767

在遇到难民突然增多、集中的情况下，行总河南分署还临时设立粥厂，进行救助。如1946年4月10日，6月1日、5日、7日和9月30日，分别在西华、扶沟、鄢陵、尉氏和中牟设立3个、3个、2个、2个和3个粥厂，总计13个，受惠人数多达120余万[②]。此外，为救助灾区儿童，还在尉氏、周口、漯河等地设立了牛奶供应站。

③ 急赈面粉、旧衣

向河南省黄泛区发放急赈面粉和旧衣，仅17个县的黄泛区就救济面粉67000袋，旧衣900包，受惠人数260036人[③]。

---

① 此列数字总和有误，原件如此，应为393。仍采用原件总和。
② 《行总河南分署设立粥厂拨发物资及受惠人数统计表》，河南省图书馆馆藏，F791。
③ 《行总河南分署发放黄泛区急振面粉旧衣及受惠人数统计表》，河南省图书馆馆藏，F791。

河南省黄泛区急赈面粉旧衣统计表

	发放面粉数 （48 $\frac{1}{2}$ lbs 袋）	旧衣数（包）	受惠人数	备 注
中牟	6000	50	18286	
尉氏	3000	50	18007	
杞县	6000	70	21634	
通许	4000	70	15814	
鹿邑	4000	50	14198	
陈留	3000	60	12636	
睢县	4000	60	14330	
柘城	3000	60	11232	
鄢陵	6000	50	18961	
洧川	2000	30	8425	
扶沟	5000	50	27421	
淮阳	3000	70	12809	
西华	5000	50	18205	
商水	3000	40	10392	
沈丘	3000	40	12012	
太康	5000	70	18192	
项城	2000	30	7482	
总计	67000	900	260036	缺少广武、郑县和开封三县数字

④ 发放春耕种子、肥料代金

一贫如洗的灾区难民进行春耕生产存在巨大的困难。为搞好河南省黄泛区的春耕生产，行总河南分署向灾区发放春耕种子、肥料代金 656328 万元，受益农户 17240 户，受益田地 13889510 亩[①]。

河南省黄泛区春耕种子肥料代金统计表

	配分数 （万元）	实贷数 （万元）	受益户数	受益亩数	备 注
洧川	30000	30000	1511	1349900	
中牟	50000	50000	1671	492000	
尉氏	50000	50000	2892	2117200	
柘城	30000	25461	1808	12730	

---

① 《行总河南分署发放黄泛区各县春耕种子肥料代金统计表》，河南省图书馆馆藏，F791。

	配分数 （万元）	实贷数 （万元）	受益户数	受益亩数	备　注
鹿邑	40000	30867	1987	1591800	
鄢陵	40000	30000	1344	459550	
淮阳	40000	40000	808	273800	
西华	50000	50000	1431	13343	
沈丘	30000	30000	877	213800	
扶沟	50000	50000	1200	192600	
项城	30000	30000	733	967340	
太康	40000	40000	1120	1080000	
商水	30000	30000	664	289570	
通许	30000	30000	548	363400	
陈留	30000	30000	812	519000	
杞县	50000	50000	917	688100	
睢县	40000	40000	917	688100	
总计	660000	656328	17240	13889510	缺广武、郑县、开封三县数字

此外，还向中国农民银行郑州办事处洽办耕牛贷款 10000 万元，以帮助难民解决春耕中的挽力问题。

⑤ 补助泛区卫生机构医药、器械和营养品

抗战胜利后，河南省黄泛区经济形势恶劣，蝗旱交侵，以致疫病流行，百病猖獗，如豫东流行着黑热病。行总河南分署根据不同情况有针对性地对泛区卫生机构补助了相当数量的医药、器械和营养品等[①]。

河南省黄泛区补助卫生机构医药器械营养品统计表

	机构数 （所）	药品数 （箱）	每箱重量 （磅）	脱脂奶粉 （磅）	蒸浓牛奶 （磅）	鱼肝油精 （加仑）	备注
中牟	1	4	75				
尉氏	1	3	75				
柘城	1	3	80	800		532	
鹿邑	1	3	75				
太康	1	4	75				

---

① 《行总河南分署补助黄泛区各县卫生机构医药器械统计表》和《行总河南分署补助黄泛区各县卫生机构病人营养品统计表》，河南省图书馆馆藏，F791。

	机构数（所）	药 品 数（箱）	每箱重量（磅）	脱脂奶粉（磅）	蒸浓牛奶（磅）	鱼肝油精（加仑）	备注
商水	1	3	80				
西华	1	4	80				
扶沟	1	4	75				
淮阳	3	25	75	1800		532	
项城	1	3	75	800		532	
杞县	1	4	80			532	
陈留	1	3	80				
沈丘	1	3	80				
鄢陵	1	6	75		3840	532	
洧川	1	3	75				
通许	1	3	75				
睢县	1	4	75				
甲种第一卫生队	1	61	80	400	2400		
甲种第二工作队	1	62	75		960		
乙种第一工作队	1	53	75				
乙种第二工作队	1	37	80				
乙种第三工作队	1	25	75				
总计	24	320	1690	3800	7200	2660	无广武、郑县和开封数字

除此之外，还举办培训班，对卫生人员进行短期培训，提高他们的医疗水平。

⑥ 救济泛区学校物资

教育是河南省黄泛区的希望。虽然泛区是百业待兴，但仍将教育摆在了重要位置，尽量给学校以大量的物资救助①。

---

① 《行总河南分署发放黄汜区各县学校救济物资统计表》，河南省图书馆馆藏，F791。

河南省黄泛区学校救济物资发放统计表

	学校数	员生数	旧衣（包）	白洋布（疋）	面粉袋（个）	棉花（斤）	纽扣（箱）	汤粉（磅）	备注
尉氏	63	7439	10	640	30727	7200	3		
中牟	88	6687	13	540	25181	5850	3	3984	
洧川	113	781	16						
鹿邑	339	2677	54						
柘城	122	282	6						
淮阳	271	21651	67	1520	73684	17000	8		
沈丘	273	3688	63						
项城	312	2662	47						
商水	162	1961	40						
西华	171	13436	23	1100	53207	12150	6		
太康	205	19982	25	1680	81419	18900	9		
扶沟	32	2697	7	220	10244	2250	1		
通许	75	4762	15	360	17402	4050	2		
陈留	100	463	10						
睢县	106	1599	26						
杞县	183	939	19						
鄢陵	179	10497	30	800	38389	9000	4		
总计	2794	102203	471	6860	330253	76400	36	3984	缺广武、郑县、开封数字

从以上表中可以看到，补助最少的几个县中，学校总数并不少，但员生数少。如：补助最少的柘城有 122 个学校，但只有 282 个员生；陈留有 100 个学校，只有 463 个员生；文化教育大县杞县有 183 个学校，也只有 939 个员生。他们每个学校平均只有员生 2—5 人。由此可见，教育事业在黄河改道中受到了毁灭性的打击。而这些补助只能是杯水车薪。

⑦ 发放慈幼救济机关物资

到抗战胜利之际，河南省黄泛区很多青壮年或为国捐躯、或葬身黄水，致使泛区老失所养，幼失所恃现象严重，一部分人无力工作、无依无靠。故行总河南分署先后在扶沟等地设立了慈幼院、孤老残废院，收容孤苦无依之难童和老弱盲聋无法自活者，并向这些慈幼救济机关发放了物资①。

---

① 《行总河南分署发放黄汜区各县慈幼救济机关物资统计表》，河南省图书馆馆藏，F791。

河南省发放黄泛区慈幼救济机关物资统计表

	棉花（斤）	棉被（个）	旧衣（包）	布（疋）	面袋（条）	面粉（袋）	奶粉（磅）	罐头（磅）	受惠人数	备注
中牟			52				750		2582	
尉氏			23				4800		866	
鹿邑			6						242	
柘城			3						173	
鄢陵	396	132	3		528	273			132	
项城			2						110	
商水	600	200	6		800	451			218	
西华			1						50	
太康			2						85	
扶沟	84	28	35		112	58			28	
通许			6						277	
杞县			2						120	
陈留			2						90	
睢县	270	90	6	11	360	186			90	
沈丘	450	150	2	18	600	489	600	2610	150	
洧川			3						150	
总计	1800	600	154	29	2400	1457	6150	2610	5363	无广武、郑县和开封数字

⑧ 小型工赈费用

为了充分调动有一定工作能力难民的积极性，由小型工赈委员会会同政府、参议会、县党部等共同组织了小型工赈，工程范围包括农田水利、修补道路桥梁、修建卫生院、小学校房等。至1946年9月，大部工程已完工，计修公路16条，长500余里；河渠3道，长约200里；修建埝堤9处，140余里；修建学校56所，计房舍1100余间、校具600余件等。以下表格为进行这一工赈所用的工数、面粉和款数①。

---

① 《行总河南分署补助黄氾区小型工振统计表》，河南省图书馆馆藏，F791。

河南省补助黄泛区小型工赈统计表

	小型工赈		打 井				总 计		
	面粉（袋）	工数	面粉（袋）	工数	现金（元）	贷款（元）	面粉（袋）	工数	金额（元）
开封	2000	34800	441	3760	56400	3400000	4318	68646	3456400
中牟	2000	34800	441	3760	56400	3150000	2441	38560	3206400
郑县	2000	34800	441	3760	56400	3400000	2481	39256	3456400
广武	2000	34800	441	3760	56400	3200000	2441	38560	3256400
尉氏	2000	34800	441	3760	56400	3150000	2441	38560	3206400
杞县	2000	34800	441	3760	56400	3150000	2441	38560	3206400
通许	2000	34800	441	3760	56400	3150000	2441	38560	3206400
鹿邑	2000	34800	441	3760	56400	3150000	2441	38560	3206400
陈留	2000	34800	441	3760	56400	3150000	2441	38560	3206400
睢县	2000	34800	441	3760	56400	3150000	2441	38560	3206400
柘城	2000	34800	441	3760	56400	3100000	2441	38560	3156400
鄢陵	2000	34800	441	3760	56400	3150000	2441	38560	3206400
洧川	1000	17400	441	3760	56400	3150000	1441	21160	3206400
扶沟	2000	34800	441	3760	56400	3150000	31534	669878	3206400
淮阳	1000	17400	441	3760	56400	3150000	1441	21160	3206400
西华	2000	34800	441	3760	56400	3150000	2441	38560	3206400
商水	2000	34800	441	3760	56400	3150000	2734	43708	3206400
沈丘	1000	17400	771	6580	987000		1771	23980	987000
太康	2000	34800	441	3760	56400	3150000	2441	38560	3206400
项城	1000	17400	771	6580	987000		1771	23980	987000
总计	36000	626400	9480	80840	2989200	57200000	76783	1374488	60189200

注：因开封、郑县、扶沟、商水等县还有其他小型工赈未在表中反映，所以总计的数字要大于小型工赈与打井费用之和。

⑨ 旱、涝、匪等灾的赈款

1945 年和 1946 年河南省黄泛区各县不同程度、不同时期发生了旱、涝、匪等灾害，行总河南分署针对不同情况发放了大批赈款，总计 16640 万元[①]。

---

① 见河南省政府统计处编：《河南省统计年鉴》，民国三十五年，河南省图书馆馆藏，Z101。

河南省黄泛区旱涝匪灾赈款统计表（万元）

县别	45年旱灾赈款	45年涝灾赈款	46年涝灾赈款	46年灾荒赈款	46年匪灾赈款	总计
西华	160	35	400	200	800	1595
鄢陵	90	20		200		310
扶沟	160	35	400	200	1200	1995
淮阳	160	35	400	200	800	1595
太康	160	35		200	1200	1595
睢县	120	10		150	800	1080
杞县	120	10		270	1200	1600
尉氏	160	30		200	600	990
广武	80	10		150		240
郑县	90	10		200		300
柘城	100	10		220	400	730
鹿邑	160	20		200	400	780
项城	70	20		100		190
商水	90	20	400	150		660
开封	160	10		200		370
通许	120	10		200	1200	1530
洧川	90	10		100		200
沈丘	70	30		150		250
陈留	100	10		150		260
中牟	140	30		200		370
总计	2400	400	1600	3640	8600	16640

⑩ 黄河堵口、复堤费用

河南省黄河的堵口工程自 1946 年 3 月 1 日开工。花园口口宽 1460 米，过水部分宽 1030 米，水最深处达 9 米，施工以抛石平堵为主，水深的地方打桩架桥，上铺钢轨，用小火车和手推车运石抛投，总计历时 14 个月于 1947 年 5 月 4 日才全部告竣。而河南省境内的黄河大堤因改道而废弃了六年，至抗战胜利时已千疮百孔，所以堵口前必须修复大堤。为完成花园口堵口和复堤工程，以便早日使黄河归故，使泛区人民过上正常生活，行总河南分署同时组织了六个工作队，分别在河南省黄河沿岸的 20 个县进行堵口、复堤工程，加上采石队等有 11 个分队。平时在花园口堵口的第一工作队有 15000 人，其他 10 个分队各有 2000 人。后因堵口紧张，仅花园口一处就有工人 60000 人。若以每人每天 2 市斤半计算，则每天发面粉 15 万斤，又加上工旅费粉 3 斤，将近 20 万斤之数①。截至 1946 年 11 月底，已用工 19127540 个，拨发面粉 6047900 袋。从以下两个统计表中可以看出这两个工程之艰巨和浩大②。

河南省黄河堵口复堤工作队统计表（1946 年 11 月底）

	工作队所在县	应出民工	拨发面粉（48.5lbs 袋）	估计出工数
第一工作队	广武、郑县、中牟	45000	5359500	5359540
第二工作队	开封、兰封、陈留、考城	12500	108504	2170080
第三工作队	武陟、原武、阳武、封丘、温县、沁阳	34500	121577	2431540
第四工作队	西华、淮阳、商水、沈丘	25000	147501	2950020
第五工作队	尉氏、鄢陵、扶沟	9000	78800	1576000
第六工作队	河北长垣至山东济河	450000	232018	4640360
总　计	20	576000	6047900③	19127540

表中计划出工数与估计实际出工数相差 10 倍之多，相差最多的是第二工作队，实际出工是计划出工的 17 倍还多。

花园口堵口完成主要工程量统计表④

工程名称	单位	数量	工程名称	单位	数量
土方	立方米	2440535	抛辊	个	12349
护堎	立方米	58561	抛枕	个	8596
占土	立方米	250232	打桩	根	761
柳石坡	立方米	29853	造船	只	18
柳石坝	立方米	104979			
抛石	立方米	86505	房屋建造	间	305
桥涵	座	12			

仅第 1 工作队在花园口堵口就做 3820785 工，发面 8820940 斤；复堤做 1479729 工，发面 3509240 斤，采石做 496282 工，发面 1115932 斤，共合 13446112 斤⑤。

以上不包括黄泛区在堵口、复堤后进行重新建设之长期巨额费用。黄泛区的

---

① 《马署长参加黄河堵口合龙典礼致词》，河南省图书馆馆藏，F751。

② 河南省政府统计处编：《河南省统计年鉴》民国三十五年，河南省图书馆馆藏，Z101。

③ 此列数字总和，原件统计为 956377，系明显错误。因数字相差较大，故采用新的统计数字。

④ 河南省地方史志编纂委员会：《河南省志·黄河志》（第四卷），河南人民出版社 1991 年版。

⑤ 《马署长参加黄河堵口合龙典礼致词》，河南省图书馆馆藏，F751。

黄河堵口、堤岸修复仅仅标志着黄泛区恢复重建的开始，其重建任重道远。黄河决口给河南黄泛区带来的财产损失是深远的。

5. 结 论

（1）抗日战争时期，黄河改道给黄泛区上千万人民带来了巨大的人口伤亡和财产损失，并使大量泛区人民流离失所、家破人亡，给他们造成无法弥补的精神创伤。这是中国人民，尤其是黄泛区人民永远不会忘记的历史悲剧。

（2）这一水患的根本责任者是日本侵略者。黄河花园口大堤虽然是国民党最高当局下令军队炸开的[①]，但是如果没有日本帝国主义发动的侵华战争，国民党最高当局就不会下令炸堤，黄河花园口决口事件就不可能发生。日本专家田中一久说得好："花园口虽不是日本人炸的，但是日本发动的战争给中国人造成的灾难，都是日本人的罪过。"[②]所以，日本侵略者对战时黄河改道所造成的巨大人口伤亡和财产损失负有最根本的责任；战时黄河改道所造成的巨大人口伤亡和财产损失是日本侵华战争造成的重大间接损失。

（3）这一水患的直接责任者是下令决堤的国民党最高当局。为了迟滞日军沿陇海铁路西占郑州后直取武汉的图谋，国民党最高当局不顾黄泛区数千万人民的生命财产安全，下令以水代兵阻挡日军西犯，在郑州花园口炸开黄河大堤。虽然黄河此次改道在一定程度上改变了日军的军事计划，但是，也给黄泛区造成了巨大的人口伤亡和财产损失。

---

① 国民党有关当局为了掩盖自己不顾泛区千万人民生命财产的安全决堤之历史责任，曾通过各种媒体宣传花园口大堤是日本军队炸毁。现这一历史事实已经澄清，没有争议。

② 《河南商报》2007年1月6日。

三、资　　料

（一）档案资料[①]

1. 河南灾情实况[②]

豫灾实况——三千四百万灾民的苦诉

1946 年 7 月

总　述

河南位居全国中心，为中国文化发祥地。自平汉陇海两铁路筑成，遂为全国交通之枢纽。地势重要，故为军事所必争。抗战以来，河南所受战事直接间接之影响，损害至为惨重，自七七事变三个月后，豫北安阳，临漳，内黄，汤阴一带，即沦为战场，拉锯战继续二年之久，豫北全部终告沦陷，战士白骨，断壁残垣，至今犹在。而胜利以后，大军云集，民生疾苦，仍未稍戢。豫东平原，本称富庶之区，但因黄河改道，泛滥成灾，中牟，尉氏，扶沟，西华二十县，八年来深陷於黄水冲涮之中，村镇房屋，均被淹没，先后死伤人民达一百五十余万人。所余突出水面之少数高地灾民则堆积芦草，以蔽风雨。而多数人民无家可归，日常均以草根树皮果腹，现仍继续其颠沛流离之生活。豫南各县自二十七年先后沦陷，迭经长期拉锯战，信阳，罗山一带纵横百余里，富庶区域，人烟绝迹，狼狐遍野。荒凉情况，触目惊心。豫西南各县，虽沦陷较迟，而出粮，出兵服劳役，以支持抗战，贡献独多。农民以仅有之牛车，担任粮草运输差费繁重，不能负荷，因此饥寒疾病，惨状百出，人畜死亡，倾家荡产者，不计其数。三十三年春，

---

① 以下档案资料中，涉及财产损失的货币统计数据，凡未标明币种者均为法币（亦称为国币），凡未标明货币单位者均以"元"为单位。特此说明。

② 此件为河南省社会处于 1946 年 7 月编制。因附表太多，收入本书时略去了分区统计表。

中原会战及三十四年宛西会战，除新蔡一县屹立未动，河南全部，悉告沦陷。豫西南一隅于饱受敌人炮火摧残与铁蹄蹂躏之后，田园荒芜，疫疠流行，厥状尤惨。

河南因受战事影响，沦陷地区森林树木，悉遭敌寇砍伐焚毁，致使雨量失调，旱潦不匀，灾象丛生，农产锐减。据各方调查河南灾情种类如战祸，匪患，风，雹，霜，雪之灾，旱，潦，虫，雾之害，黄泛及蝗灾不下十三种之多！而敌寇复以种种手段，强征勒派，搜括食粮，被灾人民不胜苛优，扶老携幼，相率逃亡，流离陕，甘，宁，新，青，冀，川，晋，鄂，黔，滇各省者为数约有五百万人之众！

河南工矿业，不甚发达，矿产除豫北的焦作，六河沟，及豫西少数小型人工开采之煤矿外，其他如郑州之豫丰纱厂，开封火柴公司，安阳，漯河各地之机器工厂，均遭敌寇破坏，河南之社会经济基础，一向建立于广大之农村中，而八年以来因灾侵迭乘，沃野变成赤地，农村整个破产，难民辗转归来，但见一片荒芜！无房屋，无农具，无耕牛，无种籽，生机斩绝，求生无术，实为光复以来极端严重之问题。

河南以地居交通要冲，胜利之后，人口骤增，复以大军云集，致酿成极严重之粮荒。室无积储，野多饿殍，瘟疫流行，黑热病遍及许昌等四十余县。天花，疟疾，伤寒，赤痢，各地均有发见。而河南以房屋破坏过多，各地医院设备损失尤重。贫病难民，呼救无所，任其死亡，伤心惨目，情至可悯！

此外因战事关系，公路大道多被破坏，或以游击作战，改变地形，桥梁残缺，涵洞失修，交通困难，已臻极点。目前平汉陇海两铁路虽可通车，而车辆不敷，燃料缺乏，时生阻碍。公路交通，以汽车甚少，车辆窳旧，油料奇缺。运输路线仅有开封许昌，南阳洛阳，可以直达，其余各县交通工具，均惟牛马大车是赖。但以牲畜死亡，挽力有限，往来需时，且多风险，交通之难，于兹可见。

河南本为产麦区域，而当此大战之后，灾象丛生之际，在农村中竟以面粉为稀世之珍！田连阡陌之家，日以谷糠麸皮为食，已成普遍现象。现在春荒虽过，而麦收因受风灾虫灾影响，丰收无望。今日横在河南人民目前者，厥惟一片贫困，饥饿，疾病，与死亡！此中情况，非身临其境者，实不易感觉其惨痛与严重。兹将各种灾情，与损失数字，统计列表附后，并略叙其梗概如次：

战祸残酷损失巨大

七七事变三个月后，烽火便延及豫北各县，其后豫境战争连年，日趋激烈，就中以太行山，中条山，中原及宛西各次会战为最著，范围广大，历时亦久，寇踪所至。烧杀掳掠，极尽残酷能事。田园荒芜，庐舍为墟，死伤盈野，流亡载道，计全省一百一十一县，未受敌人蹂躏者仅余一二县而已。昔称人口富庶之省，今为灾民最多之地。鼎盛文物，已是过眼云烟，弥望全境，惟见荒墟蔓草。如豫西南内乡淅川一带为宛西会战主要战场，沿南坪公路自屈原岗至马鞍桥长约一百华里一线及其两侧淅川石门毛堂一带百余里，农村十九破坏，农田悉数荒芜，一片凄凉，目击心伤。查河南战前人口共有三千四百余万，今则仅余二千八百余万，其中待救灾民达八百六十余万，占总数百分之三十强。人民财产损失计房屋六百九十余万间，农具二千四百九十余万件，牲畜五百七十余万头，衣服六千八百八十余万件（详细数字均见附表）仅就此数字以观，损失之大，已可见一般。

黄氾惨重灾绝人寰

黄河自民国二十七年六月於中牟赵口及郑县花园口决口以来，因氾区居民事先毫无防备，堤防骤溃，洪流踵至。氾滥奔腾，东泻千里，席卷而下，弥望无涯，人畜猝不及避，尽逐波臣，田产房舍，全葬泽国，即侥幸逃出者，亦多缺衣乏食，风餐露宿，野死道路，横尸相望，鸟兽争食寒鸦画噪，馋狐夜出，荒凉悲惨，非复人境，嗣后因河水泛滥，夺淮入颍。泛区益广，险工迭出，每逢霪雨，一夕数惊，总计八年来，官堤民捻，大小决口，共三十二次，凡九十一处，受灾县份计有西华，鄢陵，扶沟，淮阳，太康，睢县，杞县，尉氏，广武，郑县，柘城，项城，商水，开封，鹿邑，通许，中牟，洧川，沈邱，陈留凡二十县，死亡人口达三十二万余人，沦为灾民者，在一百一十七万以上，房屋损失约一百四十六万余间，被淹田地达六百五十万亩有奇，目前可耕田地虽有二百六十六万余亩，然因耕牛种籽，两俱无着，加以八年以来，膏腴尽覆沙砾，纵有轻沙露泥之地，亦多丛柳杂生，盘根牢固，如无曳引机加以翻犁，仅凭人力，挖掘恐亦至感不易，故仍属荒废。泛区民众，因迫於饥馑无暇择食，每多以含毒野菜及观音粉相率充饥，草根树皮亦被罗掘殆尽，糠粃杂食，反为上馔，食后面目浮重，饥肤绽裂或便秘脱肛，伏地惨呼，亦有老弱妇孺，不复顾及羞耻，率将裤裆剪开，以便随时匍匐溲溺。并互以细枝从肛门中拔出干粪，俾免因秘结而被胀死，厥状之惨，未忍卒述，至卖儿鬻女，骨肉生离，牵缠号哭，难分难舍，更属司空见惯，习闻不怪。人价之贱，不啻羊豕，凶岁居民，大有不知今日究为何世之感！

目前泛区积水，弥望汪洋，低地柳树，仅见杈枒，高地坟茔，微露碑顶，高楼半没土内，平房檐与地齐。数十里内，少见人烟，孤草自振，惊沙坐飞，令人目击心伤，几疑置身绝漠，非复人世！纵有一二恋家灾民，不肯远去，而一身之外，别无长物，仅能辟积芦草，草创蓬室，孤栖悬野，望洋兴叹，若不急加振救，则灾后仅余灾民，亦将随劫物化，靡有孑遗矣。

旱灾蝗灾遍及全省

历史上至民国二十六年止三千九百三十余年中，中原共有水灾一千零五十八次，旱灾一千零七十四次。三十一年抗战正殷，不意天祸吾豫，又遭普及全省之空前大旱，田园龟裂，赤地千里，二麦颗粒无收，秋禾全数枯萎。于时树叶草根，都成上品，腐木细泥，亦用果腹。厥后所现病象与前述黄泛灾民无异，灾民因饥饿难忍，而服毒者，缢死者，自刎者，甚至杀儿以求一饱者所在多有，司空见惯，同时无主弃婴，到处可见，音弱泣声，到处可闻，死尸横野，无人收埋鬼哭神号，无殊地狱，阴森凄惨，绝异人寰，据调查此次旱灾饿死者达二百二十万人，真乃人间空前浩劫。

尔后数年雨量较丰，麦苗亦旺，民众方额手称庆，不料每届六七月间，辄发现大批飞蝗，遮天蔽日，逐队群飞，所过之处，遇物即啮，禾苗五谷，当之立尽，尤以玉蜀米及黄谷等茎根被啮，便即枯萎，不再生长。且一落田间，即遗卵生蝻，扑灭不易，以致年复一年，大量增加为害造成更可怖之饥馑现象。蝗虫长自泛区渐次年延，遍及全境三十一年面积即达八一，七五二，九三〇亩（修武长葛二县未计）三十二年为蝗灾大暴发期受害面积为七〇，三四五，一〇一亩，而修武等六县以地属陷区，查报困难，亩数尚未列入。三十三年其势虽稍杀，但仍为六三，四八六，七八一亩。三十四年为五六，二五四，五三三亩，总计四年受害面积达二七二，八三九，六七八亩！本年各县又有呈报，正设法消灭藉免后患。

流离难民亟待救济

自七七事变以来，河南扼南北之要冲，首继华北而沦陷，敌骑践踏，庐舍为墟，封豕横突，遍地星膻，奸淫烧杀，惨绝人寰，兼之连年灾患频生，形成农村破产，在此天灾人祸双重压迫之下，豫省人民，大都家产荡然，谋生无术，更为爱祖国，重人格起见，决不甘受敌伪之蹂躏，遂逃难于后方，冀获苟延残喘，尤以中原暨宛西两次战事变起仓猝，无不辗转流离，饱受惊险，率皆餐风宿露，衣食两缺，鸠首鹄面，嗷嗷待哺。扶老携幼，景象凄惨！胜利后辗转归来，又值兵戈再兴。有家难归，而籍隶黄泛区者，及各地荒区者，亦均欲归不得，徘徊旅途，死亡日见，经调查估计，河南赤贫难民，已达一千四百余万人！非振不活者八百六十余万人，流亡省外者，五百六十余万人，亟盼救济，以延残生。

疫情严重医药缺乏

河南民众医学及卫生常识缺乏，加以长期沦陷，人民食住，均极简陋，尤其泛区居民，多茸茅作屋，食草果腹，豫西一带，且多穴居，环境卫生，更非一时所能改善，一般营养，远较正常水准为低。疫疠流行，颇为普遍，豫南信阳一带，今年春初一度天花流行，疟疾，回归热，及赤痢等传染病，黄泛区流行最烈，黑热病分布区域最广，死亡率亦最大，据河南分署本年调查豫东，豫南及豫西一带疫情后认为黑热病在本省为极严重之病，其蔓延区域，约占全省面积四分之三，患者至少约二十万人。以豫中豫东一带为最甚，堪称为严重之"地方病"。人民因此致死者，不可胜计，河南流行疾病种类既多，地区广泛，而河南医药卫生设备，仍极缺乏，战前本省计有省立医院二所，外籍教会医院一七所，县立医院一一所，大同医院一所，原有病床二三九七张，医师二四三人，护士五一五人，药剂师八一人，助产士一二九人，贫乏情状，竟至如此！各地医院设备情形，就中以省立第一医院设备较为完备，教会医院以郑州华美医院及许昌信义医院设备较为完善。至於各县卫生院设备，均极简陋。自中原沦陷，各医疗机关院址，药械，均遭摧毁损失，程度约在百分之八十以上，亟待补充，故速拨大批药械，以便推广卫生善后救济事业，实为河南当前之急务，不容稍缓也。

工矿损失恢复维艰

河南工矿业本极落后，据统计战前全省工矿业不足一百三十家（128）以棉煤为主，大多星布於铁路沿线，而集中於省之北部，抗战军兴豫北全部沦陷，其设备可能迁移员工可能后撤者，（如中福公司豫丰纱厂），均已内迁，无从出产或产量锐减，其不迁移者，又饱受敌伪之摧毁，相继倒闭或缩小，至胜利后，其产量已不及战前百分之十！查本省原有煤矿四九处，战前每日产量共为二四三一〇吨，战时损失程度为百分之二十至百分之百！现在每日产量仅三七二〇吨，原有纱厂五处，战前产量不详，战时各厂损失程度约为百分之七十，至百分之百！原有机制面粉厂九处，每日产量约为一万五千袋，战时损失程度约为百分之七十至百分之百，现在每日产量仅三九二〇袋，原有榨油厂二处，战时损失程度约为百分之八十至百分之百，现在每日产量仅二〇〇〇斤，原有电厂九处，战时损失程度为百分之七五至百分之百，现在每日发电量甚小，其他棉织厂八处，丝织厂七处，毛织厂四处，制革厂六处，火柴厂三处，玻璃厂二处，打包厂九处，铁工厂五处，制蛋厂一处，造纸厂五处，瓷器厂四处，其损失程度为百分之五十至百分之六十五者，计二十单位，损失程度为百分之八十至百分之百者，计三四单位，观于上述本省工矿损失惨重情形，揆诸地方财力之困难，非由救济机关贷与必要机具器材，予以扶植。如仅恃其本身力量以谋恢复，实未易为力也。

交通破坏运输困难

河南交通在战前尚称便利，惟以地处中原，抗战八年来，始终处于最前线，频年兵燹，天灾人祸，纷至沓来，交通破坏殆尽，胜利以后，因环境特殊，不特建设复员，无从着手，千孔百疮之残余道路桥梁，亦尚在赓续破坏与阻挠修复之中。

关于铁路方面——河南境内铁路有平汉陇海道清三线，道清全线破坏，修复无期，平汉路北自安阳入境，南至信出境，信阳至郑州段以轻便车为主体，运输力薄弱，如以汉口救济物资运至郑州，最低需一百四十四小时，间或机车发生故障，中途抛锚，可能有二三次之多，郑州至安阳路基不固，机车车皮均不敷用，而平汉路用煤又复缺乏，更为该线之致命伤，由郑州至安阳百余公里路程，恒需时达一周之久，其运输效力，可想而知，而郑州铁桥早逾年限，且经一度破坏，间有一段系用木料浮修，车行其上，摇摇欲坠，危险极大，其运输对之影响，可想而知，陇海路迄今尚未修复，在豫境各段破坏尤甚，汴郑段以中牟桥时有停顿可能，郑洛段为轻轨便道，行车经常肇事，洛陕段至今尚未修复，以破坏过重，全线通车，尚待时日，铁路情况如此，更因军运频繁，对救济物资之运输，几难为力。

公路方面——河南公路截至二十六年终已完成者计有开许路四十四线，共长五千一百五十一公里，年来由于军事进展公路率多破坏，尤以桥涵为甚，抗战胜利后，地方虽已着手修复，惟尚未恢复旧观，现有之公路，亦几无车可驶，河南公路局车辆既少，商车亦绝无仅有，故公路运输，在河南现阶段，根本无从谈起。

铁路公路运输，在河南既如是艰困，唯一运输工具，则赖中世纪铁轮牛车，然大兵之后，河南农村过于凋敝，耕牛之损失，数目惊人，即有重价雇用，而为数有限，难担任庞大运输，同时效力过低，每车载重仅半吨物资，日行仅二十五公里，需时既久，越山涉水，耕牛往往倒毙，时届炎夏，耕牛畏热，势难运用，同时耕牛为农民命脉，如何不违农时，亦颇堪注意。

最后提到水运方面——河南全省本有可航河道十五条，航程五千华里，惟以年久失修，河道淤塞，黄河既乏舟楫之利，其他河流间有少数民船，亦无济于事，交通运输，诸多困难，类皆如此，殊可慨也！

灾祸频仍粮产锐减

河南遭受各种灾祸据统计不下十三种之多，前已述及，八年来可谓无年无灾，无灾不备且无灾不重，难民谋生未遑，救死不暇，扶老携幼，逃之四方，坐视良田美地，听其荒芜。据调查全省耕地面积共有一六三六六五〇〇〇亩，现在荒地达三七〇八五〇〇〇亩，占百分之二九。荒废时长，垦殖已属不易，人民纵使归来，因无房舍无农具无耕牛无种籽，面对丛生蔓草束手无策，徒唤奈何？就现有耕地一二六五八〇〇〇〇亩而论，又以风雨不调，灾祸频生，而普遍歉收。本年各县呈报暴风灾冰雹灾黑霜灾及二麦之黄疸黑疸病灾，复纷至沓来，几遍全省。如淅川内乡一带发生之风雹灾，大风飞沙走石摧屋折栋，天昏地暗，咫尺不辨。继即落雹其大如拳如碗如盆，最重者竟达四十七斤，树木枝叶无存，人畜死伤甚重。房屋全被破损，不特田间荏弱，麦禾摧毁亦尽也。本省战时粮食正常生产量为二四八六五一七七〇石，三十四年收获量为八一七七八六〇七石，而本年上半年度收获量仅有三千七百万石，差为正常之三成。灾象成矣，哀哀我民，何以卒岁！近日物价飞涨，高出一倍，惶惶人心，不可终日！

负担繁重民生日蹙

河南人民于灾劫之余，仍能踊跃输将，竞服兵役，其所出壮丁及所纳粮赋数量之多，在全国各省均居第一位。抗战胜利，贡献独大，此乃豫省之殊荣，亦为中原灾苦之主因。复员伊始，虽奉明令豁免三十四年度田赋，略苏民困，而实际上河南目前驻军达八十四万人以上，依照中央规定每人每月发给木柴或煤十斤，自属不敷应用。以是各部队多按每人每月六十斤至九十斤征购，每人平均以七十斤计算，即每月共需木柴五八八〇〇〇〇〇斤，市价平均为四十元一斤，部队发价平均仅及八元，每月须赔价一八八一六〇〇〇〇〇元。至军中副食费中央核定为每人每月五千元，按目前物价计仅及所需之半，各部队仍按此数征购，计每月须赔偿二五二〇〇〇〇〇〇元，此外军粮赔价每月达八六〇一六〇〇〇〇元，马乾赔价每月达二一四五〇〇〇〇〇元，合计每月河南人民担负公用赔价达一百五十一亿四千八百二十万元，半年须赔价九百零八亿八千九百二十万元，数字之庞大，实属惊人。其他非法征派及欠偿借用之累赔，尚不在内。以河南灾情之重，灾民之众，对此重负，其何能堪！如欲救灾，勿更造灾，长此以往，若不亟所补救，所谓"竭泽而渔"，民力日惫，民生日蹙，前途诚不堪设想也。

救济机构经费缺绌

本省连年灾劫光复之后，匪类肆虐，全省待救难民八百余万人，其中以最低当估计非救不活，当有十分之一约八十万人。除壮年部分，另以工振或其他方式施以救济外，所有老弱残废，孤儿弃婴，毫无生产能力者，至少均在十万左右。如不设法收养，必将流为饿莩。本省此种收养机构，原甚寥寥，经此灾劫之后，几已全部摧毁。本年度经列入省预算者计有十一单位，共收容三千九百人，其他私立机构，可能自筹经费者有二十处，共收容二千人，各县救济院虽经规定一二等县各收容四百名，三四五等县各收容三百名，经临各费均得列入县自治预算，而因民力枯竭，黄泛匪区之县份需要最为殷切，而粮款最难筹措。其他各县虽有机构，亦每因财力物力之不足，房屋设备之简陋，有名无实居多，办理完善者绝少，截至月前县救济院已成立者八十一处，收容仅万名而已，再加整饬亦不过增收万名，连同省私立各机构共亦不过二万五六千名之数，其余应收养之七万五千人、非另筹粮款，新设机构，则无由拯救，但又非仰赖中央拨款、本省亦必没有此财力物力，而此七八万老弱，正在死亡线上流浪也。

河南省各项被灾损失总计表　民国二十七年至三十五年

项目		数量	说明	材料来源
人口	战前人口数	34,439,947 人		本栏所列战前人口数, 系根据民国廿五年七月及八月出版之"河南统计月报"二卷七期及八期填列。 其死亡, 受伤, 逃亡, 待救人数, 系根据各县县政府历年呈报汇列统计。 现有人口系根据河南省民政厅三十四年十一月调查统计之"河南省乡镇保甲户口统计表"所列填入。
	被灾受伤人数	239,939 人		
	被灾死亡人数	802,256 人		
	被灾逃亡人数	5,671,667 人	民廿七年黄泛淹毙者卅二万人 卅一卅二两年大旱饿毙二百卅万人在内匪灾逃亡人数在外	
	被灾待救人数	8,612,324 人	按省内外人口生殖率增加约一百五十万人, 故合计如左数。	
	现有人数	28,220,808 人		
土地	原有地面积	247,712,175 亩	等于 40,823,931 英亩	本栏所列原有土地面积及战前耕地面积, 系根据民国二十五年七月及八月出版之"河南统计月报"二卷七期八期填列。 现在荒地系根据历年水, 旱, 寇, 匪等灾所荒废之土地统计所得。
	战前可耕面积	163,665,000 亩	等于 26,906,526 英亩	
	现在可耕面积	126,580,000 亩	等于 20,809,752 英亩	
	现在荒地面积	37,085,000 亩	等于 6,096,774 英亩	
人民房屋衣物损失	房屋损失	6,930,930 间		本栏所列各项损失, 系根据河南省抗战损失调查委员会调查制列。
	农具损失	24,995,172 件	按每套九件计算	
	牲畜损失	5,791,405 头	内有耕牛三分之二马骡驴三分之一	
	衣服损失	68,889,669 件	第五行政区缺报其他各区合计	

项目		数量	说明	材料来源
食粮	战前正常收获量	320,210,163担		本栏所列战前收获及战时收获及三十四年收获量各数字,系根据河南省田赋管理处调查统计。三十五年麦季收获,因本省今年被灾七十余县,收获不足战时收获十分之三,故预测如左数。按本省现有人数每人年需粮食以五百八十四斤半计算,共需一万五千余万担,除收获外,至秋收前仍需救济粮食如左数(应需救济粮食数量系根据哈里逊视察团咨询河南粮荒会议记录所列)。
	战时正常收获量	248,631,770担		
	卅四年收获量	81,778,607担		
	三十五年麦季收获预测	37,000,000担		
	应需救济食量	42,480,000担		

河南省各行政区人口受灾损失统计表

项别	战前人数 100%	受伤人数 0.70%	死亡人数 2.33%	逃亡人数 16.48%	待救人数 25.02%	现有人数 81.99%	备考
合计 区别	34,421,947	239,939	801,917	5,671,667	8,612,324	28,220,808	待救人数为现有人数30.5%
一区	3,284,451	2,762	18,180	876,477	1,271,324	2,180,017	
二区	2,834,020	4,188	14,697	209,932	390,000	2,362,568	
三区	3,554,320	38,338	116,376	731,251	631,000	3,513,958	
四区	3,158,123	127,762	396,976	888,257	949,000	2,347,952	
五区	2,920,767	10,107	76,217	467,562	966,000	2,077,777	
六区	5,126,997	16,425	49,651	504,491	1,141,000	4,546,583	
七区	2,832,219	2,124	15,112	1,009,797	562,000	2,255,247	
八区	2,790,408	712	4,597	159,162	482,000	2,546,956	
九区	2,934,342	34,374	76,335	321,674	482,000	2,389,704	
十区	2,464,500	759	4,703	162,206	747,000	1,714,497	
十一区	1,010,577	1,555	6,339	99,646	591,000	853,472	
十二区	1,529,323	833	23,053	191,212	400,000	1,432,077	

附注: 1. 本表所列,全以八年来因战争而死亡者为限。至本省因受匪灾所有受伤,死亡,被掳及逃亡人数,均未列入,详见后附之"河南省各县三十四年元月至三十五年六月遭受匪灾损失统计表"。

2. 本表所列逃亡人数,包括因三十年旱灾而死亡之三百万人在内。

河南省各行政区原有土地及荒废面积统计表

项目\区别	原有土地面积 100%	战前耕地面积 66.1%	现在荒废面积 15.0%	现在耕地面积 51.1%	备考
合计	247,712,175	163,665,000	37,085,000	126,580,000	现在荒废面积占现在耕地面积 29.29%
一区	16,368,683	10,137,618	2,413,865	7,723,753	
二区	14,355,367	10,758,875	2,634,074	8,124,801	
三区	18,523,861	13,103,750	3,160,927	9,942,823	
四区	17,448,427	11,284,875	2,711,214	3,573,661	
五区	15,632,424	10,004,250	2,401,060	7,603,190	
六区	51,784,448	35,293,500	6,198,371	29,095,129	
七区	15,847,940	11,899,500	2,874,874	9,024,626	
八区	16,558,628	13,346,125	3,112,529	10,233,596	
九区	30,911,281	19,911,750	4,977,932	14,933,818	
十区	19,043,868	8,565,582	2,142,412	6,426,170	
十一区	23,319,803	12,527,875	2,750,747	9,777,128	
十二区	7,917,445	6,828,300	1,706,995	5,121,305	

河南省各行政区私有财产抗战损失统计表

项目\区别	房屋（间）	农具（件）	牲畜（头）	衣服（件）	备考
合计	6,930,930	24,995,172	5,791,405	68,889,669	
一区	1,349,654	9,349,084	463,362	5,927,079	
二区	284,413	149,709	532,142	5,480,467	
三区	1,279,711	1,371,775	1,515,506	12,625,402	
四区	1,078,118	7,944,406	1,012,285	7,679,369	
五区	396,904	309,873	144,350	该区未经呈报	
六区	873,679	4,940,542	1,122,520	13,443,628	
七区	88,249	77,716	85,514	4,988,832	
八区	221,203	118,342	82,691	1,705,018	
九区	373,852	107,201	117,591	923,088	
十区	43,743	275,839	326,953	2,273,344	
十一区	913,907	296,536	345,496	11,483,931	
十二区	27,497	54,149	42,995	2,359,511	

河南各县城镇破坏程度一览表

区别	县镇别	破坏程度	县镇别	破坏程度
第一行政区	郑县	90%	广武	35%
	中牟	70%	开封	30%
	氾水	60%	朱仙镇	50%
	尉氏	60%	新郑	30%
	荥阳	40%	禹县	30%
第二行政区	永城	95%	虞城	70%
第三行政区	汤阴	65%	楚庄镇	80%
	水冶镇	100%	临漳	100%
	汲县	40%	由店	100%
	浚县	95%	贾河口	100%
	道口镇	30%	武安	80%
	滑县	95%	涉县	90%
	内黄	90%	林县	80%
第四行政区	延津	40%	修武	99%
	封邱	50%	博爱	97%
	阳武	35%	沁阳	95%
	原武	45%	温县	92%
	获嘉	55%	孟县	96%
	辉县	70%	济源	98%
第五行政区	鲁山	70%	漯河镇	30%
	许昌	60%	临颖	40%
	临汝	50%	襄城	40%
	郾城	40%	宝丰	35%
	郏县	35%		
第六行政区	南阳	50%	桐柏	30%
	邓县	50%	西峡口	90%
	内乡	5%		
第七行政区	周口镇	60%	太康	75%
	西华	95%	商水	55%
	扶沟	70%		
第八行政区	汝南	40%	正阳	50%
	确山	60%	西平	45%
	上蔡	40%	遂平	45%
	驻马店	80%		

区 别	县镇别	破坏程度	县镇别	破坏程度
第九行政区	潢川	60%	商 城	60%
	光山	70%	经 扶	40%
	固始	60%	罗山	80%
	息县	65%	信阳	70%
第十行政区	洛阳	60%	嵩县	40%
第十一行政区	陕县	90%	阌 乡	90%
	渑池	95%	卢 氏	50%
	灵宝	50%		
第十二行政区	通许	90%	考 城	50%
	杞县	80%	陈 留	30%
	兰封	60%	睢 县	30%

说　　明　一、本表所列各县镇破坏，系在百分之三十以上者。

二、泛区各县亦因战灾而波及，故亦列入。

三、其破坏程度较轻及不详者，未予填列。

（中国第二历史档案馆馆藏档案，档案号 21—2—287）

2. 关于日本战犯在河南的罪行材料汇集

河南人民检察署

1952 年 12 月 17 日

日军在开封罪恶材料

土肥原部队在开封周围的罪恶事实：

于一九三八年七月廿一日，在徐府坑三十号抓走孔宪政，被杀害。五月常王氏被三日兵轮奸。秦喜妮、冯李氏、冯胖妮、罗巧妮、赵段氏五人被强奸。

三八年十一月在郊区腾屯，耿小巧被强奸，后有病致死。六月将高高氏、王怀德之妻、八月把宋王氏三人强奸，将刘永年用洋狗咬死。

三八年在西大堤外将郭姜氏强奸，同年六月在开封南关用枪打死邓学字之父，七月将新城集农民五十余名杀害。烧房子一百余间。

三八年六月在郊区封神岗，把郑天祥惨杀在堤上。在南关西后街，用刺刀刺死农民三人。

三八年六月在郊区孟政村，活埋王银东、刘文德。七月又打死齐德奎在洋楼南面。刘玉化（女）被抓到城墙上用枪打死。

三八年春在马市街，把李继林、周振中、吴主义三人打死，又将王凤汉的腿打伤，强奸了李姜氏。

三八年六月，在北门大街一六八号强奸妇女一人，轮奸张王氏及一个老太太。七月在老工管村打死一看瓜的农民。六月在北大堤上，有两个姑娘被日军轮奸后用刺刀刺死。

三八年六月在北大街，一居民被鬼子用狗咬后用刺刀刺死。八月在太康县马头巷，有一农民头上有疮痕，日军说他是游击队，用刺刀刺死。

三八年在相国寺将范家之闺女强奸。五月在徐府街一六○号将许氏强奸。在开封北关有一老婆被打死。雨柴屯薛开发三人被刺死。五月在曹门南街，有一日本军官因找纸烟用枪打死一个老太太。同院王庄看见惊慌逃跑，被追到宋门外用枪打死。

三八年打死农民老句一人，强奸费张氏在南菜园里。五月在徐府街一六〇号将苏徐氏强奸。

三八年五月在郊区赵屯村，强奸吴高氏及小凤、钱爱妮、贾高氏，在吴高氏家里边强奸，八月张刘氏被强奸。

三八年六月，在郊区大朱屯，林凤妮、林高氏二人被日军强奸。五月将该村老刘杀死在村西头。

三八年五月，在郊区正门口村西北强奸杜殷氏。六月在郊区土城村强奸耿靳氏、曹徐氏，在高屯把孙照林的腿打断。

三八年在郊区西菜屯，用枪打死魏云山、杨秀茅、张庆山、吴宝玉、杨修成、贾安、张继生、王大孬及苏某九人。并打伤周温祥。集体强奸李安氏、郭方氏、张周氏、刘高氏。

三八年在开封小北关，有一过路农民被捆在树上吊死。八月十日孙发祥被日军用刺刀刺死。同年六月在杞县猪皮岗，惨杀活埋农民男女一百五十余人。

三八年八月在宋门关北街，集体强奸何张氏、赵苏氏、赵高氏、乔正荣的儿媳四人。五月在百塔村强奸崔明山之妻。

三八年四月在宋门关南后街，何玉田之继母被日军强奸。五月在城郊区仁和乡石砦村，残杀农民石敬海、石亭、张少虎、石发臣四人。又在仁和打死王平潮、李富二人。

三八年五月在郊区三教堂村，用炮弹炸死杨砦明，打死徐胡。在出口咕庄用刺刀刺死宋忠一人。五月将开封县牛庄村薛云刺死在小李庄。

三八年五月八日，开封市小新庄村刘恩翰、刘张氏（女）、焦栓柱、刘成贤、张奎元五人被日军刺死。又在曹门关中街，将白金生、王小露二人用枪打死。

三八年五月，在开封北关用枪打死张兴林、周李氏（女）二人。七月又捕去了群众王其瑞、程万年等七人用枪打死。同年夏天，将北门大街四个妇女捉去，送到杞县何寨村，轮奸后用枪打死。

三八年七月，日军进攻尉氏县城时，在护城河内一次打死老百姓二千七百多人。又在该县孔家村杀害农民二十余人，又在南关杀七人。

三八年，在开封西南水波河口一带，因妇女被强奸不从被刺死者四人。烧毁村庄五个。又在开封北柳园口，以便衣为名，杀死农民三人，强奸妇女三人。

三八年三月，在杞县西十八里焦寨村和张庄村，烧民房二百余间，杀人五个，逼跳河淹死者十三人，强奸妇女十人。

三八年，在宋门关以敲诈为借口，活埋青年二人，强奸一人，又强奸一残废女人。十二月二十八日，在太康县长营砦和五子李村，把全村群众逼到村外，用机关枪扫射，打死农民三百余人，全家死绝者有八十余户。

三八年，在开封宪兵队，将一商丘人张利富灌凉水致死。三九年杀死徐立中等十五人。四三年春，开封市民郭××被抓入，用筷子通喉而死。四二年在北关一次杀死六十八人。

土肥原部队中村师团长在三八年五月进入开封后，下令放假三天，奸淫烧杀，无所不为，在宋门叫老百姓拉地雷，炸死二人。

三八年，在开封市第四巷强奸妇女一人致死。另在六月强奸丹元成之妻、白翠、吴氏、小菊四人。

日本便衣队队长九井，于四三年在北关活埋了十六个老百姓。又在南关杀二人。

日本便衣队队长军曹小差田，活埋商人六个。

日本铁路工兵队花形，在开封南关铁路沿，一次杀死人廿多个，另打死小孩两个。

日本自动车部队小川，在小南门里，强迫一过路农民与其女性交，他看热闹。

日本板原师团于一九三九年二月，在开封市制绒街将一卖药的打死。

开封市飞机场独立连希马古骡桑，于四四年在郊区小李庄北地，用日本狗咬死何唐静的母亲。

星野一四七部队，于四四年五月在乾河沿上杀死一抗日军人。

开封宪兵队田中，于三八年五月将张制服灌凉水致死。

开封宪兵队西永，于三九年在北门外屠杀七个居民。

开封宪兵队伍长中士，于四二年在北关一次杀死五十多人。

开封宪兵队中易浩，于三九年在市内将黄寿春抓去棒打，并打死王秀武，狗咬死王老头。

马委铁路部队，于三九年在开封北关马庄，杀死农民三人（曹仁祥、杜某、张某）。

井医部队居地，在开封西关口用狗咬死三人，强奸妇女十余人，另杀死四十多名，在开封制绒街五十五号，打死黄于氏丈夫，刺死牛瑞亭之哥哥。

开封情报联络站中麦三省，于三九年在制绒街强奸一妇女，后用毒药毒死。
罪恶事实统计：1. 被惨杀者：三五六八人。2. 妇女被强奸者：七一人。3. 烧房子：三〇〇间。4. 受伤者：四人。

日军在郑州市罪恶材料

日军南支派遣军十二军团原田熊部队在郑州市的罪恶事实：

于一九四四年四月，在涓川小学，用刺刀杀死师生八人。

四一年八月，在菜王村将王李氏的丈夫王庆祥在村外被日军用铁锹打死。又将该村王兰氏因要钱不给用刺刀刺死。

四四年八月，在兑局村，日军将金海生打死。又于四三年，在刘寨村将王凤英的丈夫打死。

四二年在郑州市，将徐全聚的房子烧毁五间，麦子八十余石。又在南关抢走食粮九千多斤，烧五星堡房子十间。烧死十五人。在黄岗寺烧毁房子一百三十间，杀死男女二十多人，又拉走牲口二十余头，烧毁房子价值人民币一千万元，强奸妇女五名。又于四三年，在西卧龙村将高长静的父亲打死，将高拉去当苦力。于四四年三月，将北卧龙村谷凤祥刺死。

四一年在东五星堡，日军打死赵郭氏等八个农民，同年在赵堡村，将张示选及其两个小孩刺死，丢到井中。张老三及其子女共四人，也被丢到井里淹死。将赵小孬等四人杀死投井。又在西五里堡、牛庄，将牛东海刺死，叫洋狗吃。在南五里堡，将李发德、张长生、杨老六、刘振声、赵刘氏、李应呈、刘尔聚及刘永庆之妻女三口共十人打死。

四一年在五里堡村，将彭老头、郜康氏、徐氏、郜周氏、王保山、张保元、张老实等七人杀死投井。又将彭小五、高刘氏、高孬秃、高宝长、杨是好五人杀死。

四一年在王申庙庄，将司六妮刺死。四四年三月，在段庄将关岱公杀死，抢走牲口四头。

四一年五月，在凤凰台将吴顺堂、高老五、魏臣发、杨南方、魏张氏、徐老怪、朱刘氏、徐王氏、高文生、杨大柱、岳六来、岳小七、岳老麦十三人杀害。同年，在李春吾村，将刘教民、刘杨氏等四人惨杀。同年又在三关庙村，将李锡林、赵桂英等三人杀死，于四三年，将该村的楼房扒了一百五十多间。四四年又在凤凰台尚庄村，将李老七、李子海父子二人活埋。并叫自己挖坑。

四一年在郑州市徐寨村烧毁房子七间，强奸妇女二十一人，烧毁粮食一百零八石，死伤五人。同年在张关寨，将张宝实、刘老三、刘聚生、宋子东四人惨杀。又在奇里村将关何妮、关爱妮、关良成、关秀妮、关老央五人投井淹死。同年又在冯庄将冯三妮抓去，强奸后没下落。并将孙生、李金明、冯线妮打死。又将冯玉兴刺了九刀。

四四年在李庄村，孟梅妮（女）、李万妮（女）、王金海抓去没下落。四一年将该村贾启明、苏世书杀死。

四四年在郑州市，将王春贞的伯母和嫂子强奸。另有六个青年妇女被强奸后投井自杀。四二年在西大街将何世俊、王百亭等十二人严刑拷打，其中二人致死。四一年在南五胡同打伤张长妮（女）、张小骡、张春林和张六俊。四一年井桂兰在关虎街被鬼子强奸。宋庆妮（女）、宋小官、老宋被鬼子打死。又于四一年在沈庄将李二何、王袁氏（女）、王老发、金名二四人打死。

四一年，王大个在职工路被鬼子打死。石开巨被鬼子杀死。四一年，崔向林在东大街被鬼子刺死。四一年八月十七日，杨书奇从乡下回家，被鬼子抓住，用刺刀刺了两下，后又活埋了。

四三年，在北关外大街，将张光俭之子刺死。四四年在中和路将张桂荣之兄打死。又在二道街将德保之子打死。同年在七里岩街烧房一处，并烧死卅人。又于四二年在郑市一道街烧死七人。同年在宝寿街烧毁房子十一间，并把刘不头之母亲用枪打死。

四四年日军在张乐村，把张百里的牛和猪拉走，把张瑞之及张俊德之房烧毁五间。同年在兴隆铺村，将刘邦俊的牲口及刘永康的车和牛拉走，并烧毁刘廷延的房三间。四四年在西陈庄，把常小喜的父打死。同年又在兑周村将金福生打个半死。同年七月在西冯沟村，拉走大树三车。又在沟罗寨、东目纲等村，拉走大树四十三车，农具二十四车，牛两头。

四三年八月，日军在蒲寨村，日军用刺刀刺王衍善两刀。同年三月廿八日，蒲长德在岗刘村被刺数刀。又于四三年三月廿九日，宋自诚的丈夫在王龙口村被日军拉走，至今没有下落。

日军南支派遣军十二军团原田熊部队——汽车队在郑州的罪行：

四四年在寺坡村抢去孙百祥牲口一头，拆房五间，抢去农具十件打死打伤农民甚多，强奸二人，杀死耕牛两头。

四二年四月，在郑州西十里沙门，有一个日本小队叫二百多民侠给拉木头造房子，小孩都拉不动，即用火将全部烧死。

罪恶事实统计：1.被惨杀者：二一五人。2.受伤者：二五人。3.妇女被强奸者：三一人。4.烧房子：三二六间。5.拉走牲口：三〇头。

日军在信阳专区罪恶材料

第三兵团中将司令官山本，于一九四〇年在信阳五里店街口，一次杀抗日部队一三四人。在杨口一次杀抗日部队三四人。

第三兵团少校独立大队长花茂，于四〇年五月在信阳五里店，杀死群众五人，奸淫妇女二人致死。

信阳日本宪兵队长准尉望月，于四〇年到四三年，在信阳翠桥一次杀死新四军九人。在紫雨院一次活埋新四军八人。在三里店苗圃一次杀死十八人。

信阳日本宪兵队中尉高月，于四〇年到四二年，在信阳双林寺活埋我抗日部队五十人。

信阳日本宪兵队中尉小队长山哲，于四三年在信阳小南关外，两次刺死我新四军共五十人。

一三八一部队上尉中队长高桥，于三九年到四四年，在新乡杀铁路工人十三名，学生二十多名，抗日部队十八人。在漯河一次活埋我党员六人。在正阳一次杀抗日部队三七人。

一四〇三部队准尉小队长山本清一，于四二年到四三年，在南阳一次杀新四军三五人，活埋四人。在西平县杀新四军十一人，活埋群众五人，烧房三四间。

信阳宣抚班中尉情报主任川保，于三九年在信阳市三里桥一次枪杀群众十三人。

皇军司令部连长高雄，于四五年三月十六日在上蔡北二郎关强奸妇女一人，烧县立初中房子五十间，烧高中房子五十五间。在城南关烧房四十五间。杀死陈彦一人，又将两个老百姓从楼上推下摔死。另在东关刺死推小车的一人。在城西和尚庄杀死六人。

皇军司令部连长举宝公，于四五年十二月，在上蔡城西门里烧伪县府房子二百余间，烧民房二二五〇间。

前日本一三二部队少将任信阳警备司令花谷，于三九年到四四年，在信阳县市杀人民二四一一人，强奸妇女三二人，杀害俘虏二五一人，烧民房二三七间，杀害抗日部队二千余人，信阳城南有万人坑之地。

前日本一三二部队大佐任信阳警备司令部参谋长杉江，于一九四〇年到四三年强奸妇女十三人，强奸五牌楼怀孕妇女姚之汗后，刺开腹部将小孩弄出来，其状极惨。

前日本一三二部队大佐任信阳城防司令柿岛，于一九四〇年到四二年，在信阳县市无故杀害市民八十五人，烧房七二四间。

前日本花谷部队中佐任信阳宣传队长田村，于一九四〇年到四三年，在信阳县市强奸妇女十三人，杀市民一五二人，烧房三五二间。

前日本花谷部队少佐任信阳电线指导部长小柿，于一九四〇到四二年，在信阳县市强奸妇女二八人，杀死市民六五人。

柿岛部队大尉任信阳县府顾问柿岛，于一九四〇年到四二年，烧民房二五二间，杀市民四二人，强奸妇女十二人。

柿岛联队大尉任信阳南星店警备队长铃木，于一九四一年到四四年，在南星店杀市民一〇二人，强奸妇女九人，烧民房二九四间。

柿岛联队中尉任信阳青石桥警备队长富岛，于一九四〇年到四三年，强奸妇女十四人，杀群众四十五人，烧民房二〇四间。

柿岛联队中尉任鸡公山警备队长岛之，于一九四〇年到四四年，杀农民五八人，烧民房九二间。强奸妇女八人。

一三二部队大尉、任信阳五里区警备队长高木，于一九四一年到四四年，杀群众七二人，强奸妇女十二人。

一三二部队中尉、任信阳八区警备队长小柿，于一九四一年到四二年，在信阳长台岗杀害群众六十四人，强奸妇女七人。

一三二部队中尉、任信阳警备队长小柿，于一九四一年到四四年，杀害市民三五四人，强奸妇女十三人，烧民房五二七间。

一三二部队中尉、任信阳武胜关区警备队长冈村，于一九四一年到四三年，烧民房二七四间，杀四六人。

一三二部队中尉、任信阳冯家庄区警备队长斋腾，于一九四〇年到四三年，杀死农民八五人，强奸民女七人。

金字部队中尉排长金田，于一九四四年十月，在正阳三区付寨村烧房子三间。（此系翻译官石磊所作。）

黑田部队中尉排长，于一九四五年二月，在正阳城十字街强奸妇女一名。在熊国瑞祠堂三日兵轮奸一姚姓妇女。在西北街过车戏楼刺死熊子祥徒弟。在南关戏院北边用枪打死胡来。

日正规军区属队司令小林，于一九四三年在汝南区四次活埋我抗日军人一〇六名，强奸妇女二八人。

罪恶事实统计：1.被惨杀者：六四〇四人。2.妇女被强奸者：一九九人。3.烧房：五五九三间。

日军在许昌专区罪恶材料

领木部队在许昌的罪恶：

一九四四年四月七日，在四区忽庄，日军营长亲手殴打五个农民，几乎打死。并将忽子荣的衣服扒开用刺刀刺死，还强奸五个妇女。在昌庄吊打农民李菊胜，后吐血而死。还刺死尚文春。强奸妇女十五个。在靳庄轮奸益百合之妹（十五岁）。全村共被强奸十五个妇女，烧房六间。

四四年四月八日，在三区李庄张新昌之女（十二三岁）被鬼子轮奸。八区李楼邻六个妇女被强奸，十个妇女被轮奸，还杀死居民一五四人。损失粮一四一四〇斤，在水翊乡小店村杀死二人，强奸一个五十三岁的老大娘和一十二岁幼女。

四四年四月八日，在四区俎庄刺死俎灵聚夫妻及其子女共四人。轮奸俎满仓之妻。俎天愿被打伤。另一小孩（小先）绑到马尾上拉死。全村共被强奸妇女二百余人。在沈村牛焕妮（十五岁）被四个鬼子轮奸。全村共被鬼子强奸妇女十三人。

四四年六月，在许昌石岩一带，日军警备队长衣色（上尉），烧房三十余间，强奸妇女四名。（其中一名奸后刺死），杀人三名。

四四年九月，上集乡警备队班长搭拉山朗，在丈地一带催道木，强奸一个妇女，打死一个老头。

四四年十月，上等兵站务员苦力萨拉，在苏桥区打死一赶集老头。杀死两个买菸农民。刺死一个行商。

四五年三月，上等兵站务员达路，在湾马村轮奸一个妇女致死。并打死这个妇女的母亲。

四五年二月，苏桥车站特务班班长朱有，在丈地、杜岩、苏桥一带，强奸妇女十二名，打死群众六名。

领木部队甲第二五三〇部队在许昌的罪恶：

一九四四年四月，在五区苏桥刺死农民九名，强奸妇女四一名（其中一个奸后刺死），还拉走农民十二名。在丈地区杀死农民九名，强奸妇女三十一名，烧房三十二间。在孟庄村杀死群众三人，轮奸妇女四名，拉走农民二十四人。在黄桥区轮奸妇女廿余人，杀死群众三人，抓去农民四十多人。

四四年四月在杜荣村，高倒小队杀死十二人，强奸妇女九名，拉去牛三十二头，抓去农民三十九名。

四四年五月，在一区灵沟河南岸，强奸妇女四十八名，抢去驴二头。在北岸强奸妇女十九人，致死一人。杀牛二头。五月在河街乡北村，五天强奸妇女五十余名，拉走骡子三头，活埋人三口。

四四年十月，在六区灵沟河北岸轮奸一十四岁的妇女，强奸妇女八名。五月十一日，在白兔寺村活埋农民二人，打死一人，扎死一人，烧死一人。杀牛五头，强奸妇女卅余名。五月十二日，在七里店村，强奸妇女十五名，杀牛三头。四月八日在庞庄乡大任庄强奸王纳妮（十六岁），后投井淹死。在堡张乡大路张村强奸五个妇女。在堡张乡宋庄，强奸妇女廿三人，吃牲口十二头。五月十一日在碾上村强奸妇女十三人，六日间强奸妇女五十余人。

高山部队在长葛县的罪恶：

一九四四年四月廿日，在和尚桥区湾张村，以分粮名义让农民集中一起，将李盘妮等十余名妇女投井淹死，强奸李花等妇女一百余名，奸死一人。杀牛五十余头。四月三日在水磨河村轮奸李彦妮等三十一名妇女，杀牛十八头。四月二日在六区二郎庙村，杀死耕牛四十五头，强奸杨李氏等妇女三十余名。其中有一十二岁的小姑娘，其母不愿意，被日兵刺死。其女也投井了。

四四年四月一日，在五区四照、西杨、坡张、东湖、石固五个村，杀死农民张世章等十五人，强奸妇女一九〇名，烧房子二三四间，杀耕牛一四四〇头。

二九七一杜边、大归、多本部队在郾城的罪恶：

一九四四年四月十三日，二九七一杜边部队腾田工兵队中尉腾田，在十一区林庄村轮奸妇女四名。在二区沟张村杀死民伕五十三人，刺死农民十一人，刺伤妇女二人。在张仁庄杀死三人。三日杀王庄农民五人。

四四年四月十三日，大归部队校官大归，在郾城二区刘集村杀死民伕十四人，农民十三人（内有两个妇女在奸后将阴户割去而死）。在湾赵村轮奸四个妇女（有十四岁的赵芳妮和十五岁的杨玉枝等）。在五星庙杀死农民卅人。在赵槽村杀死农民二人。强奸妇女一人。

四四年四月，杜边部队大尉杜边，在杨干杀死农民十五人。轮奸妇女十九人。在赵槽村杀农民二人，强奸妇女一人。在城内轮奸一十四岁幼女，又杀死妇女二人。在阎庄活剥农民三个。在马坡村烧民房六十余间。在罗庄烧死农民十五人。另在春庄轮奸十个妇女。在城内抓民女十二人，成立妓院，进行轮奸。

四四年四月廿七日，多本汽车队中尉多本，在二区老应村因强奸妇女未从，烧房二七四间，杀牲口卅二头。

四四年四月十三日，大归部队所属山山部队队长山山，在乾河陈庄强奸妇女七人。刺伤二人，烧房一百余间，杀死农民十五人。

日军在漯河罪恶

一九四五年四月，曾任北京宪兵队长中尉西村，在漯河市将登记妓女百余名编为随军妓女，又拉南大街民女芦秀清、高秀兰、小兰妮等五十余名。在车站又抓吴秀荣、应保珍等五十余名妇女，结果全被奸污轮奸。二月在漯河将南阳一拉架车工人说是特务，用酷刑审死。

四四年十月，驻漯宪兵队队长田村，在漯河强奸妇女五人，杀人七名。

一九四五年，笠井青康在漯河寨内石头村下边强奸妇女一名，后又强迫结婚。在南大街烧房三间。

四四年，九一师团部部长木内，在戏楼后街刺死贾西祥。在郊区孙庄枪杀居民十二名，抓走青年十九名，烧房子十七间。在大方庄村刺杀农民十二名，烧房十余间。在小李庄村刺死七人。在市内大新街割去张敬坤的儿子（十二岁）的头挂在树上。在市内街道上，飞机一次炸死市民七百余人。

日军在藁城县的罪恶：

四四年四月十日，第一〇八师团中将山路，在孟沟村刺死郑建丰，烧庄稼三百多亩。

四四年四月十八日，一〇八师运部中尉奈川四郎，在黄柳村抓走邓支文，并到孟沟村刺死。还刺死商人胡大学。

四四年四月十三日，一〇八师上将参谋吉川，在高胜村刺死青年学生誉生周，在孟沟村刺死尚庄范老举。

四四年四月十日，一〇八师上校参谋长川明，在雪楼村东街用洋枪打死一卖针的。

四四年四月十日，一〇八师炮兵团中校山本，在黄柳乡杀吃五十七头牲口。

四四年四月十日，警备司令部上校大归，在城关镇用飞机炸死宋饺子严石匠等六人。

四四年四月十六日，军政部长中将黑田，在西门外将宋西林活埋。

日军在舞阳的罪恶：

一九四三年五八部队二等兵（名字不详），在上岗何村强奸一正出嫁的妇女。

四五年五八部队曹长（名字不详），踢死一给他作工的老头。

四五年六月，五八部队物长（名字不详），在南台乡轮奸农民李富原的两个媳妇及一个闺女共三人。

日军在鄢陵的罪恶：

一九四四年五月，日军小园司令在鄢陵城西一班人轮奸一个妇女。在城东打死我军一被俘排长，配合伪军消灭我军一个排。

日军在叶县的罪恶：

一九四四年地委城防司令赵熊，在十区柿园村强奸两女，其中有一人致死。刺死农民四十五人，全村房屋烧光。在常派乡村烧房二一七间。在新店烧民房二十七间。在杨庄强奸妇女十七人。

四四年，司令部翻译官三星，在三区杨庄村一次杀死朱永章兄弟廿三人。柳庄乡万秀英之奶奶八十多岁，被鬼子强奸后刺死。

罪恶事实统计：1.被惨杀者：一二七三人。伤十人。2.妇女被强奸者：一三一四人。3.烧房：一〇一〇间。4.拉走牲口：一七〇一头。

日军在潢川专区罪恶材料

日军六十三师团少校大队长植田高宾，于一九四〇年在罗山县杀居民七十九人，烧房子廿九间强奸妇女二十七名。

日军六十三师团植田高宾，率部宿罗，在罗山烧民房三一七间，杀我同胞二七一名。樊金立的父亲被蒙眼刺死。闻公书的房子被烧光，头被砍掉而死。陆文海被鬼子练习射击而死。马光荣全家四口人被刺死，徐德贵、郭希二人之妻，皆被日兵强奸致死。

日军六三师团所部付哈弥、隆光、中庆在城内北大街设一安乐院，每月抓捕妇女三十人强奸，估计一年半时间共强奸妇女八百人。

罪恶事实统计：

1.被惨杀者：三五八人。2.妇女被强奸者：八二七人。3.烧房：三四六间。

日军在商丘专区的罪恶

小池部队于一九三七年在睢县八年，共杀害我同胞七一六人。强奸妇女一四二五人。烧毁房子一四四一间。

赤紫部队于三八年七月，在睢县四区花园村杀死农民三十五人，强奸妇女三十七人，房子大部烧毁。

佐佐木部队佐几间、酒保，于一九四二年在商丘朱集市杀害我同胞一七〇〇余人，活剥开膛的九十三人，强奸七十人，烧房二三二间，打伤七十八人，抢去金钱二九〇〇万元，抢去银洋二八〇〇元。

三八年，日军在野鸡岗驻的石岗、小朱、宋边三队长，共杀死群众六十一人，强奸妇女四十八人，烧房子三八○间。

四二年，睢县高扳部队，将杨振川的父亲杨进田（新四军地下工作者）抓去审问，结果被洋狗撕吃。

四○年七月廿四日，乐团部队在朱集市西边魏庄村，抓住姓郑、孔、孙、张、刘五人，用铡刀铡死，用狗咬死魏玉生的叔父。

四○年，在朱集市将四个农民的头砍下，挂在九龙门外达十余天。

三八年六月，驻柘城的秋三运部队，赴城东扫荡，在王安楼村，将农民王银、李套等五人杀死，将李德宝、杜金才之妻及其他妇女共五人轮奸，后皆刺死。九月某日夜间清查户口，搜出五人，以嫌疑为名，枪杀在北门外。

罪恶事实统计：1.被惨杀者：二六三一人。2.妇女被强奸者：一五八○人。3.烧房：四一四二间。4.受伤者：七十八人。

日军在淮阳专区的罪恶材料

北九二七一部队上尉队长田中，于四四年四月廿九日，在周口市强奸郑树林之妻与其姐，奸后活埋。七月又在前王、中王、后王三庄共强奸妇女四十多人（其中陈春云的闺女十三岁亦被强奸）。九月一河北商人皇献堂娶妻路过日军司令部，当时新媳妇被拉下扣押，晚上被轮奸。四月兴隆街一姓阮商人，因回家未报告，被说为探子刺死。五月，在山货街博爱医院内，以探子为名，将我同胞三人（赵、胡二姓与一个小孩）活埋。

北九二七一部队准尉队长荒谷，于四四年七月十三日，在周口市为引沙河入护城沟，扒开河堤淹民房二四○○多间，淹死人五○口，淹毁大秋六千多亩。同月七日，在北寨马子庙检查架子车，因架车夫未及时服从，被刺死抛入河中，三月十七日，将一商水城内来周口买线的妇女赵孟氏软禁，晚被轮奸。四月廿日，群众乘船过河往北岸东店村躲日军，该部用机枪扫射，打死卅多人。六月一渔夫因日军买大鱼换给了他小鱼而被打死在河中。四月廿九日，磨盘街开饭铺的魏老五被打死。

北九二七一部队少尉队长清水，于四四年七月十五日，在周口市西门外因用火烤衣服将王泮林三间草房烧光。六月廿八日，为引沙河入护城沟，二次扒堤，人财损失，不计其数。于四五年元月十日，非法将南阳六名商人装入麻袋投河，财富吞夺自肥。

一二二五部队少校司令官大贺，于三九年二月，在太康吴子李庄杀死老百姓三百余人。在常营寨杀群众一千多人。烧房强奸无数。三八年秋，在洪山庙活剥群众五人，洋狗咬死一人，并将二人装麻袋投河。在淮阳城内打死农民七十多人。七月打死百黄渠居民三人。九月杀死张远生等六人。十二月打死两个邮差。二月将卅多农民拉到三座塔杀害。

一二二五部队上尉驻太康司令石野，于四四年八月十一日，在太康县张庄轮奸两个不到十五岁的幼女致死。同月在芦庄杀死农民芦心廷、芦美仁等十五人，用狗咬死两个小孩。元月在五区中街村将和金贵全家人口杀死。另烧死一个躲在地洞里的群众，还将和金贵家两个躲藏的青年妇女强奸，后用木棍插入阴户而死。

一二二五部队大尉司令桑元金一，于一九四二年九月，在淮阳城内以搜查游击队为名，被捕五十多农民集体杀害。于四三年元月，说居民苏开天白老虎偷他的东西被杀害。四月怀疑大宝楼唱戏的为游击队员，有十七人被杀害。四〇年二月，将民商孙鲁望和其他群众三人绑在椅子上刺死。四三年将逃荒群众廿五人杀害。

一二二五部队大尉司令小林，于三九年二月在淮阳城内红学院杀死廿五个农民，还扒居民韩杏林、桃某的心。七月抓代集居民五人用枪刺死。

一二二五部队宪兵队准尉队长绝井，于四三年七月在太康县龙曲集河坡村，将王遂仁之臂打断，徐毛立的腿打断，用火烧死多人。六月在城内西街毁民房一百余间。七月将商民于老阳之妻拉到宪兵队内，强奸数日。十一月将关帝庙郑扣珍装麻袋刺死。四四年三月在斧头岗打死农民七人。

一二二五部队宪兵队准尉队长获元五朗，于三九年五月在淮阳城内无故抓范相栋多人，施以酷刑毒打后害死。

北九二七一部队司令大贺，于四二年六月在西华阎岗村，将农民杨春田、杨海龙等九人押到张士元村抛入河中淹死。另外刺死三个人。

北九二七一部队司令小林，于四二年五月在西华救济院杀死职员王侦，强奸妇女多人。四一年元月在张庄村烧房子十八间，烧死农民二人，炸死十二人。在西门外炸毁渔船两只，死人两口，强奸妇女七人。

北九二七一部队少尉军政部长鹤辛夫，于四五年元月十五日，三月二日，在周口市非法逮捕我同胞多人，严刑拷打，王振玉胸口被打一枪，腿被刺一刀。王如德腿被打断。王孝亮臂被打断。孙大娘的眼被打瞎，腰被打断（有照片可证）。四月无故抓走唱戏的沈文献拷打，夜间杀害，胸口刺三刀，血流如注，当即晕死过去，一日后又复活（有照片可证）。七月二日将一商人装麻袋刺死。六月在何家医院内活埋其伪任的团长于海龙，及大队长李某。并活埋一个商人叫张明。

一二二五部队上尉司令兼田龟，于四一年春在淮阳城关杀了卅多个农民。四二年在城南十二王店与骑二连打仗，打死二百多人，烧民房四十多间。

一二二五部队上尉司令荣元，于四二年秋，在淮阳十一区打死村长一名，烧房很多。

一二二五部队上尉司令官佐腾，于四三年秋，在淮阳大申寨和抗日军队打仗，打死群众四百多人，烧全寨房子三百多间。

罪恶事实统计：1.被惨杀者：二三四七人。2.伤者：八人。3.妇女被强奸者：五〇人。4.烧毁房子：二八六一间。

日军在陕州专区的罪恶材料

白板部队在渑池的罪恶：

一九四四年十一月，在东关将李发贵刺死。六月将义马堡后村李德发、李洪阳等四人活埋。在老龙岗集体打死十五人，叫狗拉的遍地都成尸体。八月在铁门街杀死沟头村的郭黑子，把头挂在树上。

四四年四月，在杨庄村将杨石头之母打死。在李堡村打死民伕八人。在龙同坡打死二人。在头峪沟用机关枪打死十七人。在义马将刘德温的母亲和贺双喜之妻强奸致死。在格峥村强奸刘小王之妻，被逼跳崖而死，又将胡石头等二人打死。在吉家岭将如天保打死。在长岭村打死马平道，刺死一个邮差，惨杀农民五人，现在还埋在谢湾村东地。在西村东坡将二过路客人打死。四月十七日在南庄村将王文鸣之侄女杀死。在朱沟将吴长海等三人打死。

四三年四月在河西边打大炮将张顺生打死。

四一年四月在王家岭将王占贞打死。六月将如保银打死。八月将张毓学打死。十月将陈友学打死。四月十八日在段峪村将农民王文圣等三人戮死。

四四年十月，在班庄村将王长高杀死。四月十八日在头峪沟戮死妇女二人，小孩一人。在铁门将杨贵宝打死。九月在磁湾后沟打死民夫二十三人。四月十九日在英豪打死农民四十多人。

四一年九月在秦家庄集体惨杀农民三十多人。

三九年七月在班村打死群众三人。在东关打死商民二人。在南园村打死农民四人。

四四年四月在黑河将郭得胜、展银平二人打死。在北方沟村将农民薛凤山等四人打死。五月在果园村将张培南、郭文信二人打死。在丁村乡后河村将赵清华、赵学德等五人惨杀。在二区张村将曹黑娃之祖母、曹二成之妻、杨学信、杨各侄四人惨杀。

四五年在西杨坡杀死刘兴仁及其儿，又杀死刘成镇。

四四年四月在小石村，将李登志、陈生姓、房炳礼三人打死。在石板沟村西岭将张小狗的父亲及狄或狗、范长官三人打死。在桐花摇村将刘冷舟、范小雪二人打死。在丁村乡西坡将潘铁中、王老三等三人打死。在延村将艾方姓打死。在车天池村、石佛村、格塔村，将李书元、王银拴等三人打死。在白浪乡天王庄石口门上，将范文祥、姚新木杀死在鱼肚乔村，将姚永标、陈东虎等三人打死。并用炮弹将王守荣、朱九岑和车夫船夫共十七人打死。

四〇年十二月二十八日，在垣曲南村放毒炮。毒死李成标之妻，张点呆之母、张小玉之妻、张之娃之母、妻等八人。

四四年五月，在南村刺死王远纪、李成水二人。四月将卫小生打伤。

松蒲部队和朝刚部队在渑池的罪恶：

四四年该部百余人在堡后沟村，将李玫君之侄、刘登云之子二人活埋，并枪杀翟何龙、李武成等四人。十月，朝刚部队在五区四关乡南阴沟村要强奸李福声之妻，李妻不从被打死。又将张春学十二岁的儿子打死。四月十七日在白浪乡阴坡村将农民孔福江、姚丑娃、王老虎三人打死。在垣正山要民兵伏刺死张本姓、李心怀。在五区仁村将代理后、代力成、赵学娃、李小古四人打死。十二月将洋胡村村长张光德之幼女拉去强奸。

四四年六月日军弘部队在于家岭，将农民陈德彦之妻轮奸后用枪探条插入阴户致命。九月在上涧村强奸宋点得之女（十三岁），其母王氏不愿，结果被打死。

伊藤部队板六部队在渑池罪恶：

四四年六月六日在南村一带盘踞，令一个班长率领十三个士兵，携带机枪一挺，步枪八支和一只洋狗，到柏树格塔村将一个青年妇女（农民郑六支的儿媳）全身衣服脱光，抢迫另一个青年男子陈方娃与其交合。又找出另一个青年男子张小务强迫与妇女交合。侮辱妇女，其状甚惨。六月在牛家村强奸妇女六人，又将刘启明之妻强奸。

四四年四月十七日，伊藤部队在班村将杨建爱、陈本二人之妻轮奸，张顺河的母亲亦被轮奸。四月将刘玉杰之妻和两个妹妹在螭庄强奸。在坡头将上官贞、官元祥、上官克三人之妻强奸。在西庄村将王辛丑、王继丑、王长安之妻、妹五人强奸。又在英豪街将程金池、程立天二人之妻，和董宪章闺女共三人强奸。四月二十三日，在东湖沟村将张来本（女）、郭元娃之妻二人强奸。

四四年十月在上涧村、南庄、石道坡、宋村、鄂峪村、段峪村六处妇女拉走八十余人，让群众给他担水，担一挑水换走一个妇女。结果有七个妇女被轮奸。十月九日在前营庄将王金彦、王德耀、胡奎金、詹兆峰、王拴磨、王改声等十人之妻强奸。六月在吴庄村将段有益的姐姐和张安的妹妹及其他两个民女强奸。

四四年四月下旬，在刘村乡沟头村将吕邦林之妻强奸。在半道沟把四个妇女奸后将衣服脱光玩弄取乐。在南庄将王太顺之十四岁小女轮奸。另在煤瓦窑内将四个妇女强奸。将王小秃之妻强奸。在段峪村将陈店新、官石头二人之妻强奸。在杨河村将宋二官之妻、嫂、妹三人轮奸。在宗村将赵双梅、刘年、赵曾论三人之妻强奸。在南渔石头将狗喜之儿媳强奸。在南关后将邵世民之妻强奸。在玉皇庙强奸妇女三人，在黑河强奸一人。车关村强奸妇女十六人。在八里寨强奸妇女一人。在官光村将杨光普之妻强奸，并打伤腿部。在西南城村将马不川、马曾生、马六成、马德立、马官仓六人之妻强奸。在常村将杨锡文等廿一人之妻强奸。

四四年七月，朝刚部队在东庙村将妇女张黑太等廿一人轮奸。

四四年五月上旬，在西关将韩点成之儿媳轮奸。五月中旬在小西把单田有、单五月、沈际荣、邵光玉、宋永德、沈正钧、沈仁寿、张双喜、沈长命等十二人之妻集体轮奸。在西渠后沟把所有妇女集体赶到梅花村皇军新院内施行强奸。五月下旬在义马香山庙沟，将秦更云之妻轮奸。

四四年十一月，在仁村将陈小江之妻轮奸。

四四年五月上旬，在西曲村将薛小头之母亲轮奸。在石佛沟强奸裴文松之妻。在西村强奸妇女一人。

四四年四月上旬，在任坟村将蒋松才、茹殿章之母妻四人轮奸。又在牛岭村强奸贺梦周、李建仁、张延、刘荣堂、张生娃五人之妻。四月中旬在全头村范姚生等十人之妻被强奸。四月十七、十九二日，在南村和寺后村将张成喜、张或星、屈留群三人之妻强奸。四月在刘庄沟强奸妇女三人。在结瓜村将马六东之妻轮奸。

四四年十月下旬，朝刚部队在南阴沟村烧房五十一间，杀牛八头。

四四年六月弘部队，在石道坡拆房八间。

伊藤等四部在洛宁的罪恶：

四四年在陈吴、中益、屯家等地烧民房四百多间。在长水附近杀死农民四百余人。在白土凸村炸死青年学生五十多人。

四四年十二月十五日，黑田部队在古庄一个村杀耕牛四十头。在马村三天杀耕牛百余头。

罪恶事实统计：1.被惨杀者：七一九人。2.妇女被强奸者：一八二人。3.烧房：四五九间。4.杀牲口：一四八头。

（湖北省档案馆馆藏档案，档案号 ZN6—1—29—13）

3．关于日本战犯在河南省的罪行补充材料汇集

河南人民检察署

1952 年元月

日寇战犯在洛阳专区的罪恶材料

一九四四年三月，日寇进攻中原，洛阳等地相继沦亡；敌一○九师团（师团长木村）进驻洛阳，负责豫西军事指挥。所辖三个联队即：（1）黑须联队（联队长黑须）住洛阳孙奇屯；其部所属编有三九一七、三九一八部队、宣抚班、装甲师团等单位，分驻新安、宜阳、洛阳等地。（2）竹村联队（联队长竹村）住洛阳东关东大寺、救济院及偃师、伊阳、伊川、嵩县等地。（3）米田联队，住洛阳西车站，其部经常到孟津、登封等地扫荡。此外还有驻洛日本军政部（部长筱村御民）、驻洛屯军司令部（部长岛田）及特务机关豫西庄、三井洋行、三阳公馆等一部分。实行其一贯的杀、烧、抢三光政策。并任意强奸妇女，不论老婆幼女均难幸免。据不完全统计，全区被杀的无辜农民及爱国人士共一万零二百余人。妇女被奸淫的五千余人（内有因奸致死者一百余人）。被烧房屋一万四千余间。掠屠耕畜八千九百余头。砍伐树木仅伊川一县即三万余株。抢掠财物不可胜算。今将其罪恶事实分述于下：

一、黑须联队的罪恶事实

民三十三年五月间，在洛阳四区昌沟村，烧死居民魏根义全家人七口。在马沟强奸妇女三名。在南村烧民房七间，奸淫妇女十一人，打死居民十二人，杀食耕牛三十余头。该部所属宣抚班长马金榜，在孙奇屯活埋居民七名，奸淫妇女四人。三十三年四月在洛阳四区南寨麦地拉去李克笃之妻轮奸致死。三十四年二月，在新安四区五头村、崔沟村酷刑致死居民一人，放火烧了四家麦垛，打死人二名。三十三年四月，在宜阳寻村戮死居民三人，在麦田强奸妇女十余人。三十四年四月，该部宣抚班麻今巴将群众四人活埋于孙奇屯西门外，同时遇见一过路客人（陕西口音），被捉住用水灌审，肚子灌大后，着脚穿带钉皮鞋的日寇在肚子上用力踏死。三十三年四月，在新安县东关吕家坡刺死三人。在牌路村强奸一民妇后，

把炸弹把插在阴户内。并奸淫七十多岁的老太太及老幼妇女等五十余人，打死七人，伤五人，拉去耕牛三十余头。三十三年五月，在新安县一次即集合群众百余人，用机枪扫射，打死打伤七十名之多。城内郭耀山之女十二岁，被轮奸后三日死去。孔火炎祖母七十二岁，被轮奸后打的顺面流血。郭张氏五十七岁，被强奸后赤身抬到大街。据现有材料统计：该部共枪杀我居民四百余人，强奸妇女一百三十余人，抢宰耕牛八十余头，烧房六百余间。该部所属部队还有如下罪恶事实：

（1）三九一七部队（队长九甲），三十三年四月在洛阳南茹，将西半村家具焚烧一空，打死妇女三人，用刺刀杀死居民男女四人，在南门外一次活埋居民青年卅余名。又在圪垱村边活埋廿人。三十四年五月，该队在洛阳七区王山寨进行扫荡，一次即屠杀平民二百余人。在苗沟扫荡杀死萧长等十二人。在孙奇屯附近打死卅余人，埋在了一个坑里。共计杀人三百余名。

（2）派驻洛阳龙门的宣抚班，三十四年在李村打死共产党员刘茂森，在魏村奸淫了李清廉之妻。三十三年十月在伊川与我人民抗日军对打，杀死居民五人，烧房卅余间，奸淫妇女三人。

（3）田野部队于三十三年四月间在宜阳段村、韩沟枪杀农民卅余人，奸淫妇女百余名，杀害中国官兵二百余名。又在木材关奸杀河大女学生卅七名。在北坡村烧民房五十八间。卅四年四月在张沇南凹打死居民及小伙一百余名。在贾园村十个鬼子轮奸王子见八岁的幼女，因阴户太小，用刺刀割开奸淫。又在石陵俘虏民伙及中国官兵三百余人，集合于二郎庙内，将房顶揭破，用手榴弹机枪打死于屋内。在水沟庙集西车院，一次用机枪扫射致死的民伙与难民一百余人。六月在漫柳村打死人廿名。烧房三百七十余间，拉牛十四头，其他无算。四月在三乡镇曾强奸一个七十六岁的李柴氏，兰小品十一岁的幼女，该部前后共计杀我居民及中国官兵学生等一千五百八十名，烧房二千〇五十二间，奸淫妇女二百五十七人，抢杀耕畜四百一十六头。

二、竹村联队及其所属部罪恶

（1）松井战犯：该犯派塞古队长在伊、登边界和尚山修筑工事，每日逼派民伙二百五十人左右，伊川当地数十村居民因冻饿得病死者村村皆有，三五不等。农民温磨甘到工迟，鬼子即用刺刀将眼挖去。该部在伊川江左、吕店一带，数次进行扫荡，摧残我抗日根据地。自一九四四年五月至一九四五年七月大小扫荡三十余次。除杀伤、焚烧、破坏外，兽性强奸令人切齿。如四四年六月八日在江左北王化沟村集体强奸老幼妇女五人。江左镇杜树之的闺女因奸致死。又如在十一月廿七日，俘捉我民兵王春景，挖目、拔舌、削头残酷万状。据统计：杀人四百八十余人，焚毁民房一千七百余间，奸淫老幼妇女九百余人，奸死妇女十二人。

（2）刚本战犯：在伊川白元一带，进行反复扫荡。一九四五年三月二十三日，鬼子纠集一千余人攻打前后富山村，共二千余间房子即被烧去一千二百余间，杀猪、宰鸡任意践踏。即此一役打死居民十二名，伤十余人，烧房子一千二百八十三间。在谢庄强拉幼女行奸后用木棍插入阴户疼痛致死。到土门村将李安娃十七岁女儿绑在木椅上排队轮奸。一日内在该村奸淫妇女十三名，逮捕抗日人员兰其润十余人，在审讯中惨刑拷打，滚水浇头，后以铁丝穿手心放入水牢。四四年五月进入酒后拉走牲口四十八头。破坏和乐中学及完小校房屋一百三十余间，校具三百卅七件，图书八千余册，被任意损坏。该部计杀人四百余名，焚房一千余间，奸淫妇女七百余名，致死者九名。

（3）滕本战犯，在伊川古城驻防。一九四四年九月，在漫留扫荡一次即杀死杀伤居民一百余人。四五年元月至三月，在九间房一带进行扫荡，计打死有杨松山、刘凤章等卅七名。四四年五月，在窑底集体枪杀农民二十余人，用红火柱将居民兰改照、罗彦青二人的肛门插破烙死。在季家沟村（七十户人家）内即奸淫妇女三十人。在平等镇将一寡妇李姓老婆轮奸一夜。在魏庄村边地里妇女二十余人被奸得不能动。在石家窑轮奸致死妇女二人。一九四四年十二月间，在漫留一村即焚烧民房达四百八十余间。在马村经过即拉牲口十余头。据统计共杀人三百七十余名，焚房一千四百余间，奸淫妇女六百二十余名，致死者十余名。

（4）权×战犯：一九四四年五月在伊川西草店，集中青年小伙四十余人，绑在两道沿，每人轮刺三刀，叫苦连天，鬼子大笑。同月在东草店，无故杀害王才、张转娃等数十人。计在一月上下草店被害男女老幼达百余名。六七月间在蔡沟村，抓要妇女七名奸淫取欢。五月在水秦一次扒房二百余间。高屯大小树木一一砍伐，全村家具门窗抢光，搭渡伊河，结果被冲完。共计该部杀人二百七十余名，烧房七百余间，奸淫妇女七百余人，致死者数名。

（5）战犯小奇、金津、大野等部队进驻伊阳县。据不完全统计：全县被惨杀者三五四人，惨遭蹂躏的妇女三百余人，其中被轮奸致死及割阴户刺杀死者三十余人，烧房二千七百余间，抢杀耕畜三五三头。如：一九四四年八月廿三日，日战犯小奇在上店镇烧房二百余间，屠杀居民郭保定、王东友等卅余人。金津战犯在伊阳城西门外一次集体屠杀农民张国祯、王银东等十五名。大野战犯在五区黄大安村集体轮奸十一岁的幼女赵娃致毙命。六月又在湾寨村轮奸高力娃妻，后割去乳头刺杀。八月二十二日在竹园头南坡、铁佛寺岭集体屠杀何云亭、建章等四九名。

在埠捕捉居民卅二名，酷刑吊打后枪杀。又在蟒庄集体枪杀赵连章等廿余人。

（6）滨板部队在嵩县驻扎，四处扫荡，无恶不作，凡经过的村子普遍燃火，火光连天。如：第二区红花堂村任世英一家房子廿间被烧光。田湖砦里外被烧有二百间。嵩县城内大街中段房屋被烧三分之二，西关大街的东半街成了一片焦土。将第二街划成了军区，所有居民全被赶走。北店街的老百姓回家时，堂屋住的野狼已产了狼娃，荒草满院，凄凉万状。在第二区梁衡街两个女人被轮奸。并将一个城里的奸了三四天才放回去。薛凤莲在柴草堆里被搜出轮奸了三天。该部佐佐木夜间派人到郭村抓了一个女学生住了三夜，才赎回她无故被扣打的父亲（因欲奸其女被扣）。枪杀王长新于北门外。王二旦被打死于城墙上。计该部大队长滨板即烧毁城南关村一个、西关房屋四百余间，杀害居民十七人，士曹梅津杀居民二十五人，烧北店街房子五十余间。上尉伊藤在纸房村烧房一百廿间。上等兵佐佐木繁治杀居民三十二人。大尉加藤扒嵩县城内房子五百余间。

（7）竹村部队所属部队，于民三十四年围剿我抗日军皮定军①部队，在高崖村杀害居民二百余人。又在军屯、彭天寨、东庞村枪杀王中卫等一百余人。另一次在追剿中至登封经偃师返洛阳途中，在平乐杀害居民四十余人，伤三十余人。一九四四年五月，该部在白马寺扒烧寺房二百余间。一九四五年二月该部在新安甘泉岭杀八十一名，奸淫妇女二名。到西陈庄打死我人民抗日游击队九名。在泥河黑山沟刺死农民九人。在宋村奸淫妇女五人。竹村司令于三十三年五月廿七日晚在郭家牌坊亲自刺死商人一名。廿九日在西背后街用细麻绳绑住一人的小便卵子吊在窗子上致死。六月在城内抓去十五岁的幼女到部下强奸。七月到解寺村奸淫一个十七岁之女后用刺刀刺死。三十四年一月十日，该部在运水乡抓居民二十余人，用酷刑打死。四月在宜阳县奇庄打死居民三人，奸淫妇女三人，杀食耕牛十头。

三、米田联队罪恶

三十三年十一月一日，该部在口子、管茅两村杀居民五十二人，烧房二十余间。在卢氏一次杀了十余个民工。其所属部队罪恶行为：

（1）石乔部队住孟津长华镇，修筑堡垒。在寒冷的冬天用冷水使民工圆泥坷垃，稍微怠慢即罚以跪地，手举泥坷垃数十斤，直至晕倒。在铁炉庄杀一农民，头挂寨门上五天。打死马屯许姓闺女一名。

---

① 原文如此，应为皮定钧。

（2）公袁部队（队长公袁），人称杀人阎王。筑一水牢，入地数丈深，上盖炮楼，计杀人廿余名。一次有河北客商十余名路过，被公袁杀死吃掉了心肺。该寇嗜善饮酒，醉后必定要奸淫妇女。

（3）申田部队在孟津一区打死人五名，拉走十余名青年，焚烧我抗日干部卫恒家房子十数间，强奸了六个妇女。

（4）小古部队，一九四四年十一月一日向管茅扫荡，捉住当地居民组织的抗日红枪会会员十余名，投入井内而死，打死打伤青年卅余人，在参驾店将居民陈旺肚子剥开，肠流满地而死。

四、驻洛军政部及所属单位罪恶

（1）大江部队（宪兵队），三十三年活埋茹凹居民杨保兴于城墙边，并曾毒死给他当顾问的中国人陶木庵。该部住洛市东华街，设有小型木房监狱，经常扣押居民不下五百人。卅三年十月一次即枪杀三百余人。十一月曾绳绑居民十一人，由汽车运出活埋。又一次活埋卅余人。七月将俘虏中国官兵百余人用汽车载至营林街刺死。据群众反映，营林街的地洞因死尸（成）堆才漆住了口。凡是审不清的案犯都拉出去刺死或活埋。驻洛东车站的宪兵队用居民二名放一"花炮"取玩，其方法是先挖圆坑，叫人站在坑内把头露在外面，缠生白条数层，坑土踏实，停一会被埋人的头上响一声就开了花，名为"开花炮"，其情至惨。

（2）黑田部队，四三年五月在塔湾、唐寺门一带刺杀活埋七十余人，妇女被奸致死和奸后自杀的有廿余人。

（3）野口部队（即警备队）在文峰塔附近活埋居民卅余人。在营林街一次拉进三汽车百五十余人，全刺死活埋。

（4）警备部队强奸妇女三十四人，致死者三人。刺杀居民十七人，烧死二人。一九四四年五月群众避难至河滩，日寇开枪射击打死数人。吕氏街冠遂安被日寇用汽油倒身烧死。

五、驻洛屯军司令部岛田部队对俘虏中国官兵
在解押途中刺死千余人

以上仅系目前了解材料，还极不完整，特别是部队番号与战犯具体人名很难与罪恶行为联在一起。请阅后再加指示。

（湖北省档案馆馆藏档案，档案号 ZN6—1—29）

4．河南省善后救济调查报告[①]（节选）

王式典

1945 年 10 月 31 日

　　粮食：敌寇搜刮数字，根据中央组织部接获深入沦陷区工作人员卅二年八月廿一日及十二月廿七日调查敌情报告内称：敌自卅二年八月起大批征派粮食运回日本，饬由华北伪军政各机关，组织粮食征收委员会，向各县大批征粮，以各县伪新民会为负责征收机关。查该报告内，分别列载安阳、汤阴、开封等四十县，被敌掠夺小米、玉米、高粱、米及豆类等粮食数字，总计为八万零五百二十公吨。

　　本省战前粮食收获总量根据《中华民国统计提要》所载，自一九三四至一九三八年，产小麦三四五一二〇千市担，大麦六五五七三千市担，豌豆三七二〇八千市担，蚕豆二〇二五千市担，燕麦二一九千市担，籼粳稻三五九五一千市担，糯稻六二六八千市担，高粱一〇三八三五千市担，小米一〇二六八〇千市担，糜子八九七八千市担，玉米六一〇九六千市担，大豆六四八五〇千市担，甘薯二二五八一一千市担，五年总计一〇五九六一四千市担，平均每年收获量为一千零五十九万六千零七十公吨。各县收获量，虽无分计数字可考，但按农地面积与产量比例推算，即得各县收获数量，以敌寇掠夺安阳等四十县粮食数字，与安阳等四十县战前收获量比较，约占各县收获量百分之二·六，其因战事影响所减产量成分，根据历年调查各县所受灾害之程度，及难民外逃、农村人畜劳力缺乏，因而荒废耕地面积与作战破坏之程度暨其他减低产量之因素。分县推算估计，全省因战事影响，减产及损失，每年五百一十万三千七百九十六公吨，占战前收获量百分之四十八（附表 6），此系专指热力食物而言，至于普通人民保护食物，如肉类、蛋、蔬菜类、水果类、脂肪、糖等，其因战事影响减低产量及损失成分，当与粮食情况相同，此项食物关系人民健康，其需要救济数量，自可按普通人民平均消费量比照粮食成分计算。

[①] 此件为河南省行政善后救济总署副署长王式典在 1945 年 10 月 31 日写的报告。入选本书时节选了其中"粮食"部分与有关难民的修正表。

表一 河南省粮食战前产量消费量战时减收及损失量

单位：吨

县别	战前粮食通常收获量	战前主要粮食消费量	有余或不足		战时减产及损失	
			余额	不足额	%	粮食数量
总数	10,596,070	10,626,455		33,385	48.2	5,103,796
开封	132,332	146,307		13,975	48.2	63,784
中牟	93,760	31,705	62,055		66.8	62,632
郑县	63,348	67,780		4,432	58.4	36,995
广武	29,537	33,869		4,332	55.8	16,482
汜水	19,432	42,288		22,856	51.4	9,988
荥阳	35,463	56,597		21,134	54.0	19,150
密县	68,109	95,985		27,876	45.0	30,649
禹县	79,865	156,432		76,567	45.0	35,939
长葛	42,265	75,144		32,879	54.0	22,833
新郑	56,159	64,416		8,257	52.0	29,202
洧川	38,961	54,128		15,167	55.8	21,740
尉氏	63,445	92,234		28,789	70.6	44,792
宁陵	61,016	51,227	9,789		42.4	26,271
柘城	66,652	78,215		11,563	42.4	28,260
商丘	187,422	234,066		46,644	46.3	86,776
虞城	54,701	52,190	2,511		46.3	25,327
夏邑	86,375	91,831		5,456	42.4	36,623
永城	184,021	175,426	8,595		41.8	76,921
鹿邑	184,604	212,154		27,550	67.4	124,423
武安	64,417	117,591		53,174	46.3	29,825
涉县	74,619	38,616	36,003		50.1	37,384
林县	80,643	126,835		46,192	52.0	41,934
汲县	40,613	56,633		16,020	50.1	20,347
淇县	44,791	33,518	11,273		46.3	20,738
汤阴	55,673	76,180		20,507	46.3	26,177
安阳	92,399	206,548		114,109	48.2	44,536
临漳	52,369	61,385		9,016	43.7	22,885
内黄	65,874	68,477		2,603	43.7	28,787
浚县	85,598	96,740		11,142	46.3	38,632
滑县	191,891	227,780		35,889	48.2	92,491
孟县	34,589	80,646		46,057	55.9	19,335
温县	37,698	65,345		27,647	54.0	20,357
济源	90,456	106,218		15,762	69.3	62,686
沁阳	31,868	100,261		68,393	50.1	15,966
博爱	68,206	89,219		21,013	50.1	34,171
修武	47,220	70,837		23,617	50.1	23,657
武陟	59,948	104,831		44,883	48.2	28,895
原武	26,039	22,531	3,508		42.4	11,040

县别	战前粮食通常收获量	战前主要粮食消费量	有余或不足		战时减产及损失	
			余额	不足额	%	粮食数量
获嘉	37,504	57,051		19,547	44.4	16,652
辉县	76,173	88,698		12,525	48.2	36,715
新乡	54,604	82,842		28,238	42.4	23,152
阳武	51,786	48,103	3,683		42.4	21,957
延津	61,988	42,166	19,822		48.2	29,878
封邱	53,049	47,446	5,603		46.3	28,562
鲁山	90,456	79,294	11,162		50.1	45,318
宝丰	59,559	78,396		18,837	48.2	28,709
郏县	61,988	73,873		11,885	50.1	31,056
襄城	70,149	104,527		34,378	50.1	35,145
许昌	76,465	124,569		66,104	54.0	41,291
鄢陵	68,789	80,577		11,788	46.3	31,849
临颍	61,016	93,848		32,832	46.3	28,250
偃城	77,922	133,126		55,204	42.4	33,079
临汝	81,721	98,193		19,481	48.8	39,875
安阳	231,532	250,302		18770	50.1	115,997
内乡	267,676	128,824	138,852		52.0	139,191
南召	106,584	64,447	42,137		50.1	53,399
方城	154,096	119,216	34,880		52.0	80,130
叶县	91,233	120,395		29,162	54.0	49,266
舞阳	87,541	139,697		52,156	52.0	45,521
泌阳	210,254	116,455	93,799		50.1	105,337
桐柏	144,283	39,331	104,952		73.8	106,481
唐河	248,730	200,533	48,197		43.1	107,203
新野	115,232	87,909	27,323		44.4	51,163
镇平	141,854	122,670	19,184		44.4	62,983
邓县	224,537	173,945	50,592		44.4	99,694
淅川	126,502	77,590	48,912		48.2	60,974
淮阳	198,789	232,785		33,996	59.1	117,484
扶沟	78,797	95,281		16,484	67.4	53,109
太康	145,740	166,747		21,007	67.4	99,229
西华	103,378	102,695	683		67.4	69,677
商水	61,016	75,560		14,544	48.2	29,410
项城	99,783	104,763		4,980	27.2	27,141
沈邱	83,266	56,519	26,747		36.0	29,976
汝南	217,833	229,799		11,966	44.4	96,718
西平	75,105	115,015		39,910	44.4	33,347
遂平	84,821	91,589		6,768	46.3	39,272
确山	123,393	96,930	26,463		46.3	57,131
正阳	129,806	98,789	31,017		42.4	55,038
新蔡	106,099	109,568		3,469	24.8	26,312
上蔡	120,964	144,156		23,192	42.4	51,289

县别	战前粮食通常收获量	战前主要粮食消费量	有余或不足		战时减产及损失	
			余额	不足额	%	粮食数量
潢川	130,097	96,314	33,783		26.4	34,346
信阳	199,372	132,509	66,863		46.3	92,309
罗山	139,716	112,564	27,152		27.2	38,003
息县	183,438	159,006	24,432		24.8	45,493
光山	167,601	110,730	56,871		36.0	60,336
经扶	80,254	31,852	48,402		61.6	49,436
商城	128,640	75,418	53,222		41.6	53,514
固始	260,486	172,797	87,689		34.4	89,607
洛阳	69,858	171,124		101,266	48.2	33,672
宜阳	41,682	65,404		23,722	48.2	20,091
嵩县	153,124	79,721	73,403		49.5	75,796
伊阳	51,981	49,000	2,981		46.3	24,067
伊川	109,208	87,600	21,608		48.2	52,638
偃师	42,459	67,905		25,446	50.1	21,272
孟津	8,939	39,112		30,173	48.2	4,309
巩县	50,815	93,710		42,886	50.1	25,458
登封	34,978	74,206		39,228	52.0	18,189
陕县	104,641	53,148	51,493		50.1	52,425
阌乡	28,856	24,208	4,648		24.0	1,925
灵宝	95,800	52,708	43,092		46.4	44,451
卢氏	178,677	66,401	112,276		64.0	114,353
洛宁	175,957	59,373	116,584		68.0	119,651
渑池	69,664	42,141	27,523		48.2	33,578
新安	93,176	47,322	45,854		50.8	47333
通许	45,857	76,156		30,299	45.0	20,636
考城	57,616	55,391	2,225		42.4	24,429
兰封	45,179	37,106	8,073		44.4	20,059
陈留	37,892	38,937		1,045	43.1	16,331
杞县	107,362	128,281		20,919	44.4	47,669
睢县	71,315	105,701		34,386	44.4	31,664
民权	77,048	46,215	30,833		43.1	33,208

表二 河南省各县难民人数户数修正表

县名	人口	无家可归难民人数			难民数占人口百分比	难民户数
		共计	流徙外省者	本省境内者		
全省总数	33,410,615	14,533,200	5,233,200	9300000	43.5	2,270,812
开封	460,086	199,300	70,800	128,500	43.3	31,800
中牟	99,702	62,200	43,800	18,400	62.4	5,700
郑县	213,144	115,200	67,000	48,200	54.0	16,300
广武	106,508	54,400	28,700	25,700	51.1	6,900
汜水	132,982	61,800	26,600	35,200	46.4	6,300
荥阳	177,977	87,400	42,700	44,700	49.1	15,200
密县	301,839	119,800	30,000	89,800	39.7	16,200
禹县	491,924	195,300	49,000	146,300	39.7	35,800
长葛	236,302	116,100	56,700	59,400	49.2	20,500
新郑	202,565	95,400	42,500	52,900	47.1	15,480
洧川	170,214	87,000	45,900	41,100	50.8	15,950
尉氏	209,045	192,000	143,500	48,500	66.2	30,160
宁陵	161,092	59,700	9,600	50,100	37.0	11,350
柘城	245,958	91,100	14,700	76,400	37.0	15,000
商丘	736,056	300,900	88,300	212,600	40.9	49,630
虞城	164,119	67,400	19,600	47,800	41.1	10,260
夏邑	288,776	107,000	17,300	89,700	37.0	12,500
永城	551,655	200,700	27,600	173,100	36.4	25,500
鹿邑	667,152	421,300	300,000	121,300	63.2	57,100
武安	369,782	151,800	44,300	107,500	41.0	26,800
涉县	121,433	54,800	21,800	33,000	45.1	8,890
林县	398,853	187,800	83,700	104,100	47.1	30,500
汲县	178,090	80,300	32,000	48,300	45.1	13,470
淇县	105,403	43,300	12,600	30,700	41.1	7,790
汤阴	239,501	89,400	28,700	69,700	41.0	16,100
安阳	649,523	279,700	97,400	182,300	43.1	43,260
临漳	193,034	85,500	17,400	68,100	44.3	12,400
内黄	215,336	84,200	19,400	64,800	39.1	17,232
濬县	304,214	133,000	48,500	84,500	43.7	22,600

县名	人 口	无家可归难民人数			难民数占人口百分比	难 民 户 数
		共计	流徙外省者	本省境内者		
滑县	716,288	308,500	107,400	201,100	43.1	58,500
孟县	253,605	129,700	68,500	61,200	51.1	19,000
济源	334,018	217,700	16,300	57,400	65.2	26,600
沁阳	315,285	142,100	56,700	85,400	45.0	25,500
博爱	280,563	126,200	50,000	76,200	45.0	14,880
修武	222,758	100,400	40,000	60,400	45.2	11,800
武陟	329,657	142,000	49,400	92,600	43.1	17,100
原武	70,851	26,300	4,200	22,100	37.1	4,000
获嘉	179,407	70,000	16,000	54,000	39.0	11,000
辉县	278,926	120,200	41,800	78,400	43.1	18,900
温县	205,487	100,900	49,300	51,600	49.1	14,250
新乡	260,511	96,500	15,600	80,900	37.0	13,560
阳武	151,266	56,100	9,000	47,100	37.1	7,400
延津	132,597	57,200	19,900	37,300	43.1	9,500
封邱	149,200	61,500	17,900	43,600	41.2	10,200
鲁山	249,351	112,400	44,800	67,600	45.1	19,600
宝丰	246,528	106,300	37,000	69,300	43.1	13,800
郏县	232,305	104,800	41,800	63,000	45.1	20,000
襄城	328,702	148,100	59,000	89,100	45.0	29,600
许昌	448,329	220,100	107,600	112,500	44.2	35,800
鄢陵	253,386	103,800	30,000	73,800	41.0	18,100
临颍	295,120	121,200	35,400	85,800	41.0	22,400
郾城	418,635	155,000	25,000	130,000	37.0	27,400

县名	人 口	无家可归难民人数			难民数占人口百分比	难 民 户 数
		共计	流徙外省者	本省境内者		
临汝	308,783	135,500	50,000	85,500	32.4	20,800
南阳	787,114	269,400	14,200	255,200	34.2	54,980
内乡	405,106	177,700	65,600	112,100	43.9	36,200
南召	202,665	91,300	36,400	54,900	45.0	15,300
方城	374,893	143,500	78,700	64,800	38.3	23,100
叶县	378,600	185,800	90,800	95,000	49.1	30,450
舞阳	439,298	206,800	92,200	114,600	47.1	36,930
泌阳	366,212	165,100	65,900	99,200	45.1	26,600
桐柏	123,684	48,300	11,100	37,200	39.0	7,900
唐河	630,607	238,600	45,400	193,200	37.9	41,400
新野	276,445	107,900	24,800	83,100	39.0	16,300
镇平	385,754	150,600	34,700	115,900	39.0	17,500
邓县	546,996	213,500	49,200	164,300	37.0	34,400
淅川	243,995	105,100	36,600	68,500	43.1	11,100
淮阳	732,029	398,600	234,200	164,400	54.5	53,300
扶沟	299,627	189,300	134,800	54,500	63.2	41,100
太康	524,362	331,200	235,900	95,300	63.2	60,700
西华	322,942	204,000	145,300	58,700	63.2	27,000
商水	237,609	102,300	35,600	66,700	43.0	17,500
项城	329,444	128,600	29,600	99,000	39.0	21,200
沈邱	177,733	82,500	35,500	47,000	46.4	11,900
汝南	722,640	282,100	65,000	217,100	37.8	42,960

县名	人口	无家可归难民人数			难民数占人口百分比	难民户数
		共计	流徙外省者	本省境内者		
西平	361,684	141,200	32,500	108,700	38.9	21,200
遂平	288,016	118,300	34,500	83,800	41.1	17,800
确山	304,812	125,100	36,500	88,600	41.0	23,300
正阳	310,658	115,100	18,600	96,500	37.0	20,300
新蔡	344,555	127,600	20,600	107,000	37.1	23,300
上蔡	453,320	167,900	27,200	140,700	37.0	31,900
潢川	302,873	112,100	18,000	94,100	37.0	18,000
信阳	416,695	170,900	50,000	120,900	41.0	29,600
罗山	353,975	138,200	31,800	106,400	39.0	17,300
息县	496,875	184,000	29,800	154,200	37.0	21,600
光山	348,207	128,800	20,800	108,000	37.0	19,300
经扶	100,163	37,100	6,000	31,100	37.0	5,480
商城	237,165	87,900	14,200	73,700	37.0	8,300
固始	543,387	201,300	32,600	168,700	37.0	22,240
洛阳	538,492	231,900	80,700	151,200	43.1	29,500
宜阳	205,673	88,600	30,800	57,800	43.1	12,700
嵩县	205,696	111,400	42,600	68,800	49.5	13,200
伊阳	105,945	62,000	18,000	44,000	41.1	9,300
伊川	275,472	138,700	47,300	91,400	50.3	17,300
偃师	213,537	96,300	38,400	57,900	45.1	13,100
孟津	122,993	53,100	18,500	34,600	43.3	8,200

县名	人　口	无家可归难民人数			难民数占人口百分比	难 民 户 数
		共计	流徙外省者	本省境内者		
巩县	294,656	132,800	53,000	79,800	45.1	13,700
登封	233,351	109,900	49,000	60,900	47.1	19,240
陕县	167,132	75,300	30,000	45,300	45.0	12,100
阌乡	67,125	27,500	3,500	24,000	37.8	4,900
灵宝	165,750	68,100	19,800	48,300	41.1	9,100
卢氏	208,807	75,900	10,400	65,500	36.4	12,700
洛宁	186,709	76,700	22,400	54,300	41.0	10,700
渑池	132,519	57,100	19,800	37,300	43.1	10,400
新安	148,811	61,100	17,800	43,300	41.1	7,700
通许	239,486	94,500	23,000	71,500	35.2	9,100
考城	174,185	64,500	10,400	54,100	36.1	12,500
兰封	116,687	45,700	10,500	35,200	39.1	7,750
陈留	122,445	46,400	8,800	37,600	37.9	7,880
杞县	403,398	157,500	36,300	121,200	39.0	21,900
睢县	332,392	129,800	29,900	99,900	39.1	24,000
民权	145,331	55,400	11,000	44,400	38.1	10,000

（中国第二历史档案馆馆藏档案，档案号 21—2—202）

5. 河南省战时损失调查报告

善后救济总署调查处 吕敬之

1945 年 12 月

I、绪言

自二十七年起豫省即一部沦入敌手，近年来旱灾、蝗灾、匪灾及黄河泛滥等灾相继而至，迄三十四年秋季止，全省一百一十县中几无一县未受敌寇侵扰，尤以二十七年之黄泛与三十一年之旱灾，全省被淹毙饿死者几达三百万人，其灾祸之重，实为全国所罕有。本署召〔有〕鉴及此，爰于三十四年十一月九日由调查处派敬之会同联合国善后救济总署顾问穆懿尔（Reymond.T.Mayer）与专员班乃尔（Mildred Bonnell）二氏暨农林部代表王绶由渝经陕赴豫实地视察该省战时农业损害概况，但实际调查时除着重搜集农林资料外，关于难民、医药卫生、工业、交通运输以及黄河泛滥区各项资料亦摘要搜集，藉供参考。

II、调查地区

1. 实地调查：

阌底镇→阌乡→官道口→卢氏→洪涧镇→瓦穴子→洪源镇→朱阳关→寨沟→西坪镇→重阳店→丁河→西峡口→丹水→内乡→镇平→南阳→方城→保安驿→中县→漯河→许昌→郑县→开封→封邱→新乡→西平→驻马店→信阳。

2. 其他地区：

上列实地调查之地区外，其余各地损害情形，均参照省府、专员公署、县府及其他地方机关团体士绅之报告与谈话记录记载。

III、调查概况

1. 豫西及宛西各县：计包括内乡、淅川、嵩县、卢氏、南阳、邓县、镇平、鲁山、南召、新野、方城、陕县、舞阳、洛宁、灵宝、唐河、宜阳、伊川、泌阳、桐柏、伊阳、渑池、阌乡二十三县。除桐柏、泌阳等县沦陷较早外，其他各县多系三十三年以后相继失陷，总计该二十三县战前人口约 6,792,021 人，截至三十四年八月日本正式投降后，据估计结果因各种灾祸急待赈济人数约 595,342 人，就人口比例言，以淅川、内乡、灵宝、镇平、南阳等县为最重，盖三十三年春，敌寇曾以重兵二十余万向内乡、淅川县境进攻，经当地国军与民团抵抗，相持约半年之久，加之三十一年普遍旱灾，以及近年来之蝗灾，农民相率逃往陕西与鄂北一带，交通要道各地多属十室九空，以致该两县荒地面积约 200,000 市亩，其中尚有西峡口一镇三十二年曾为豫西之经济集中地，原设立之电力厂、农具制造厂、纺纱厂、染织厂、印刷所各一处，颇具规模，均被破坏无余。又据估计该二十三县粮食损失约计 8,668,384 市石，拆毁房屋约 205,375 间，牲畜损失约 315,394 头，器具（包括农具及家具）约计 78,611,943 件，衣服约计 19,684,748 件，凡敌寇所到之处，铁器约被搜刮 95%以上，该二十三县半数以上地区均以养蚕为主要副业，所有饲养用具损失亦在 50%以上，去年底止该二十三县相继回乡之 60%灾民，一般均感耕牛、农具、种子缺乏，幸亏当地政府尚能利用合作办法，并由公家给与必需费用，所经各地 70%以上耕地均已播种，惟本年冬末春初之际最感严重之问题，即普遍缺乏粮食，至少要以两月半计算，亟待政府机关妥为筹划，否则冻饿人数实难以估计。又据调查该二十三县上年秋季疾病一项最为流行，其中以伤寒、疟疾、痢疾、回归热等疾较多，因此而死亡人数约计 90,000 人，此因原有医药卫生设备均被破坏，且数十万灾民来自外地，饱受辛苦，身体抵抗力已减低至最低限度故也。兹摘录各项损失如下表：

表一　河南省豫西及宛西各县灾情损失估计

县别	人口总数（人）	待救人数（人）	损失状况			
			牲畜（头）	食粮（市石）	器具（件）	衣服（件）
内乡	405 106	97 321	68 496	1 648 937	75 798 108	4 602 775
淅川	243 995	55 839	36 879	1 122 096	131 800	837 773
嵩县	250 696	27 449	52 390	480 088	1 410 879	1 634 739
卢氏	208 807	15 320	726	5 465	15 327	34 680
南阳	787 114	68 721	12 730	832 690	106 079	732 930
邓县	546 996	73 507	20 321	1 075 316	92 538	690 387
镇平	385 754	56 290	33 865	972 508	126 381	731 820
鲁山	249 351	27 603	10 867	803 210	52 518	510 800

县别	人口总数（人）	待救人数（人）	损 失 状 况			
			牲畜（头）	食粮（市石）	器具（件）	衣服（件）
南召	202 665	10 659	31 508	690 138	399 050	408 710
新野	276 445	9 066	10 720	205 100	108 977	122 395
方城	374 893	8 821	9 976	330 511	96 871	103 892
陕县	167 132	538	850	60 210	1 978	2 210
舞阳	439 298	509	509	2 390	3 239	8 483 124
洛宁	186 709	55 476	10 263	115 977	28 533	8 483 124
灵宝	165 750	30 447	7 917	212 134	79 144	234 173
唐河	630 607	8 916	936	70 690	53 030	87 601
宜阳	205 673	10 226	1 031	6 977	87 910	106 916
伊川	275 472	9 518	965	8 031	6 307	96 822
泌阳	315 285	8 019	539	7 103	979	60 195
桐柏	123 684	7 283	1 067	4 069	1 127	8 964
伊阳	150 945	6 999	1 936	8 311	2 713	7 382
渑池	132 519	5 315	857	6 203	5 071	9 119
阌乡	76 125	1 500	46	230	2 584	894 700
—	—	—	—	—	—	—
总计	6 792 021	595 342	315 394	8 668 384	78 611 943	19 684 748

2. 黄河泛滥区：查黄河自二十七年在郑县花园口溃决后，二十七年与二十八年，虽将黄河西岸新堤修复，终以一线沙堤难御洪流，迄二十九年以后在尉氏、西华等县连遭决口，泛区民众迭遭沉灾，三十三年八月黄泛主流复在尉氏县之荣村决口，泛区遂扩大为二十县，计包括郑县、中牟、开封、通许、尉氏、扶沟、太康、西华、商水、淮阳、鹿邑、项城、沈邱、鄢陵、陈留、杞县、广武、睢县、柘城、洧川。综计该二十县战前人口约 9 197 480 人，截至上年底，其淹毙人数约 325 037 人，逃亡人数约 631 070 人，损失农具、家具什物约 124 000 套，被冲房屋 622 780 间，淹毙牲畜约计 220 000 头。又查泛区 5821 平方公里内原有耕地按十分之六计算，计有耕地 8 731 500 市亩，每亩每年收益以二市石计算，平均每年约减收 17 463 000 市石，其损失不可谓不大。被灾二十县中就以杞县、太康、淮阳三县泛区面积为最广，均在 800 平方公里以上，其次为鹿邑、中牟、尉氏、陈留、扶沟，其泛区面积较小者为洧川、柘城、商水、广武等县，但本年如不设法修筑新堤，泛区恐将更显扩大。目前留居该地数百万灾民，频年敌匪侵扰，其受害程度，就整个情形而言，实较豫西及宛西各县尤为严重。兹摘录其受灾情形如下表：

表二　河南省黄河泛滥区损失估计

县别	人口总计	被淹面积（平方公里）	被冲房屋（间）	淹毙人数（人）	逃亡人数（人）
郑县	213 144	80	12 260	4 800	8 800
中牟	99 702	360	54 500	21 600	39 600
开封	460 086	280	41 430	18 800	31 100
通许	239 486	50	7 060	3 000	5 450
尉氏	290 045	360	54 000	21 600	38 520
扶沟	299 627	340	52 600	20 400	37 800
太康	524 362	880	132 600	52 800	97 650
西华	322 942	180	2 734	10 800	19 950
商水	277 609	40	6 290	2 400	4 450
淮阳	732 029	800	120 540	48 000	87 950
鹿邑	667 152	500	75 300	30 000	54 980
项城	329 444	60	8 990	3 600	6 230
沈邱	177 733	200	29 870	12 000	22 000
鄢陵	253 368	350	52 500	21 400	37 000
陈留	122 445	360	53 800	3 600	34 000
杞县	403 398	900	137 800	49 700	90 000
广武	106 508	26	3 530	859	7 000
睢县	332 392	18	2 240	635	41 00
柘城	245 958	22	3 250	543	4 810
洧川	170 214	15	2 010	500	3 200
总计	6 197 480	5 821	877 910	325 037	631 070

3. 其他各县：全省一百一十县中，除黄泛区二十县，豫西及宛西二十三县外，尚有六十七县，多被敌寇盘踞时间较久，且有十馀县受匪灾最甚。迄至上年底止，桐柏山附近及黄河以北各县，仍在混乱中，地方秩序尚未恢复，各种受灾实情尚难予以正确之估计。豫北二十五县战前人口约 12,000,000 人，年产食粮亦足供自给，尤以棉花产量为最著，品质优良，驰名华北，纺织工业极为发达，综计该二十五县规模较大之纺织厂约十处，自二十七年迄三十四年底止，被摧毁者达 70%以上。又新乡以西之焦作煤矿，原为供给豫省境内之主要煤产地，近年来迭遭破坏，生产已告停顿，以致酿成豫省之煤荒，此外各交通线破坏最巨者，即为彰德以北迄石家庄以南之平汉路，不仅铁轨无存，且路基亦遭重大破坏，至于公路线上之桥梁，尤多为拆毁。兹据各方报告，该二十七县中，急待赈济灾民约 3,670,000 人，近数年来，因各种灾祸而致死亡者约计 1800,000 人，房屋损失

约计 478,954 间，牲畜损失约计 679,500 头，衣服约计 4,200,000 件。六十七年[①]县中受各种灾祸最重要者首推安阳、修武、巩县、鲁山、新乡、泌阳等县。其受灾祸较轻者为交通偏僻且沦陷较早各县是也。

4. 全省灾祸总论：豫省战前人口总计 33,410,615 人，据此次调查与各方估计结果，急待赈济灾民约 6,445,000 人，就中黄河泛滥区与豫北各县约占 60% 以上，豫西及宛西各县虽不及百万，但淅川、内乡、镇平等县 200,000～300,000 灾民之紧急救济实为迫切，在调查期内已目睹多数灾民，终日以食菜根、野草维持生命者，他如房屋损坏总计约 1,562,239 间，牲畜损失约计 1,214,894 头，衣服约计 23,884,748 件，其他各项已分述于上列各节。

Ⅳ、善后救济应注意之点

1. 豫西及宛西各县原以邓县、南阳、新野等县出产较丰，余则仅够自给，亦有半数以上粮食全赖外地供给者，似应由各当地政府积极发动民众开辟荒地，扩大耕地面积，以灾轻地区耕牛、农具、种子借与灾重地区，扩大本年春耕面积，并谋农村副业之恢复，此外，关于工赈方面，拟就淅川之西坪镇、内乡西峡口、阌乡之阌底镇、灵宝之虢略镇、南召之李青店及邓县、嵩县、卢氏、洛宁、陕县、南阳等县城所在地，各就当地原有之最重要工业设工厂一处，每厂以收容工人 5,000 计，至少可减少饥饿灾民 50,000 人，此外为兴修白河一河，即可增加耕地 150,000 市亩，挖凿水井，建筑道路，以达寓救济于工赈之中。

2. 黄河泛滥区：目前重要工作因属堵塞花园口决口及培修黄河旧堤，但在交通尚未畅通前，堵口材料短期内恐难运到，且堵口复堤工程预计尚须两年始能完成，而黄泛东西两岸新堤卑矮单薄，如不及时大加培修，大泛时期将有冲坏新堤、扩大泛区之虞，应即由本署河南分署与省政府配合招致泛区难民壮丁还乡，趁此农隙之时，以工代赈，彻底培修新堤，以免泛区再行扩大，一旦决口堵塞，难民亦得尽速还乡。

3. 豫北各县应迅予恢复治安，修复各交通线，积极筹划本年春耕事宜，一般缺乏农具耕牛、肥料、种子各地区，设法及早运往，免失农时，原有纺织工业以应先后兴工，藉以补救失业灾民。

4. 修复全省重要交通线。查平汉、陇海两路，原为豫省交通孔道，截至目前止，平汉线可由汉口直达彰德，惟黄河铁桥亟待补修，免生意外，又陇海路上海州至开封已正式通车，而开封至郑县尚不能直达，郑县至西安亦须分段行驶，

---

① 原文如此，此处似多一"年"字。

对于物资之运输以及难民还乡等问题，影响颇大，亟待全部修复，俾便外来物资均可由海州汉口等地迳运郑州、开封、漯河，再由公路或其他交通工具转运内地。再者关于汽车、大轮车，目前豫省境内极感缺乏，应即设法补充，盖本省 80% 的交通运输全赖陆地故也。

5．筹设医药卫生设备。上年春季全省普遍疾病流行，因此而致死亡者约在二十万人以上，故本年春病疫防治工作最为重要，全省应在平汉、陇海两路上增加设备较为完全之医院十处，并由本署河南分署与省卫生处配合派遣病疫防治工作队分赴各地，俾免疾病之滋生。

6．防治旱灾。查豫省平原居多，河湖较少，且原有水井及灌溉工程，亦少兴修，似应利用农隙时期，发动急待赈济灾民，以工赈办法，挖凿水井，修理水利工程，同时加紧造林，数年之后，旱灾自可减少。

7．防治蝗虫。近三年来，豫省蝗虫为害极为普遍，尤以豫西及中原一带为最甚，其捕杀办法，应按蝗虫生活史，会同豫省农业改进机关技术人员唤起各地民众，预先捕灭卵块，并规定治蝗规章，责成地方保甲人员严格执行。

8．豫省紧急救济物资除粮食及寒衣外，交通器材之铁轨、枕木、汽车、火车头、钢铁等项亟待外地输入。

V、各地区所需救济物资之估计

1．豫北十四县所需物资之估计：（35 年 1 月→35 年 5 月）（见下表）

县别	人口数（人）	待赈人数（人）	待赈物品			
			食粮（市石）	牲畜（头）	农具（件）	棉衣（件）
武陟	315 780	154 254	370 209	56 714	215 604	308 508
修武	283 564	152 475	365 940	54 321	274 900	304 950
辉县	259 713	132 452	317 854	31 953	185 674	264 904
沁阳	291 564	104 257	250 216	49 812	217 300	208 514
博爱	255 436	99 824	239 577	40 925	195 790	199 648
温县	219 731	82 471	197 930	32 501	183 929	164 942
孟县	234 567	84 712	203 308	30 168	165 427	169 424
济源	293 758	92 475	221 940	43 705	197 386	184 950
获嘉	241 563	84 252	202 204	20 346	126 349	168 504
新乡	267 436	137 916	330 998	13 024	157 823	275 832
原武	123 084	62 347	149 632	7 137	92 737	124 692
阳武	175 148	61 813	148 351	8 264	105 736	123 626
封邱	183 051	69 358	166 459	5 319	83 634	138 716
延津	182 736	68 975	165 540	1 240	57 294	137 950

2. 豫西及宛西八县所需物资之估计（34 年 12 月→35 年 5 月）（见下表）

豫西及宛西八县所需物资之统计（34 年 12 月至 35 年 5 月）

乡别	人口数（人）	待救人数（人）	待赈物品			
			粮食（市担）	衣服（件）	待救人所需房屋（%）	牲畜（头）
卢氏	208 807	15 320	120 000	57 600	45%	2 262
内乡	405 106	97 321	106 020	100 000	70%	90 846
淅川	243 995	55 839	235 000	180 000	70%	47 271
镇平	385 754	56 290	80 000	60 000	50%	79 201
南阳	787 114	68 721	123 336	128 336	40%	45 371
邓县	546 966	73 507	145 000	27 500	45%	57 209
方城	374 893	8 821	180 000	45 000	50%	45 919

3. 黄河泛滥区：查黄河决口堵塞后，亟待兴办工程及其所需物资与款项估计：

（A）除沙工程：查黄泛区面积共计 5,821 平方公里，淤沙面积约计为 1,377 平方公里，如用人工除沙，估计每人每日挖土以三立方公尺计，约需工三万四千四百万工，每工每日给工资 400 元，共需 137,600,000,000 元。

（B）排水工程：黄泛区低洼之地，所存积水须开沟排除，以利耕种，排水沟土方工程约为 50 万立方尺，每立方土地工资按 150 元计算，需工款 75,000,000 元。

（C）沙层过深之区，挖沙工程过大，不拟举办，拟普通植树以改良土壤，此区之面积估计约合 2,065,500 市亩，每市亩拟种树 120 株，约需植树四十九万五千七百二十万株。

（D）重建农村：被淹区农民房屋悉被冲没，必须重建农村，俾农民得以归耕，计冲毁房屋 622,780 间，倘如数修复，每间以 50,000 元计，总需 31,139,000,000 元。

（E）购置农具：泛区户数以 124,000 户计算，每户须分配农具一套，共需农具 124,000 套。

（F）购置牛马：耕地牛马，以 20 市亩需牛或马一头计算，土地复员工程完竣后，可获良田 4,232,000 市亩，共需耕地牛马 211,600 头。

（G）建筑道路：泛区修复后，约须修县乡路 500 公里，每公里以 100,000 元计，总需 50,000,000 元。

（H）挖凿水井：农村重建时及重建后，均须大量之清水以资建筑使用及众人民饮用，按 500 人需井一眼，泛区复原后可收容 700,000 人，则需井 1,400 眼，每井之工资费以 50,000 元计，总计需国币 70,000,000 元。

（中国第二历史档案馆馆藏档案，档案号 20—2—287）

6. 河南省政府代电
——电送本省黄泛区各县损失调查表清查照由

中华民国三十五年三月

　　善后救济总署河南分署公鉴查本省抗战之翌年黄河改道被灾者二十县人民逃亡田舍为墟所有财产牲畜均付东流关于损失数字已往因情形特殊未能调查迨本府还汴对于此项数字之调查统计引为当前急务经遴派委员十人分赴各泛区之郑县等二十县详为调查兹已调查完竣合将有关各项调查数字汇列成表电请查照为荷河南省政府寅养社三印附河南省黄泛区各县损失调查表一份

河南省黄汜区城人口死亡财产损失调查统计表 三十五年元月日

县别	被灾村庄数目	人口 原有人数	人口 死亡人数	人口 逃亡人数	人口 现在留居人数	土地 原有亩数	土地 被淹苗数	土地 现在可耕苗数	房屋 原有间数	房屋 被淹间数	房屋 现有间数	挽力 原有数目	挽力 死亡数目	挽力 现有数目	农具损失总值	其他损失总值
郑县	二十六村	男7,996口 女7,573	男556口 女635	男2738 女2431	男4,702 女4,507	72,708	48,711	23,997	21,078	13,134	7,944	1,935	1,228	707	68190000	184,850,000
广武	二十二村	男3,828 女3,241	男27 女21	男267 女184	男3,534 女3,036	15,072	9,735	5,337	6,235	4,520	1,715	237	45	192	1385680	4738500
开封	三百七十二村	男95,446 女96,201	男355 女227	男12723 女11475	男83073 女83,894	494,761	263,990	230,771	89,185	24,756	64,429	18376	4,582	13,794	6816,296	64358,726
陈留	一百九十二村	男 女	男 女	男 女	男 女	438,697	168,936	438,697	1,013	1,013			无	无		462,860
杞县	四百八十四村	男140,810 女132,310	男215 女537	男21,332 女17,312	男119,263 女114,461	945,000	900,000	875,000	176,194	17,680	158,514	29,000	1123	13,506	731430000	1009710000
睢县	四十九村	男6,996 女6,990	男43 女39	男2,336 女2,830	男4,617 女4,096	41,892	27,446	41,892	25,105	11,757	13,348	1,463	45	1008	162,057	134,165
淮川	四十九村	男32,423 女30606	男37 女42	男21 女14	男32,365 女30,550	96,725	20,726	96,725	7,082	574	5,868	3,511	56	2,485	59977400	91015,500
鄢陵	二百二十三村	男41,113 女43,313	男3,926 女4,012	男15,425 女60,817	男21,762 女28,484	347,950	345,800	2,150	82,368	75,447	6,921	24,125	13,342	10,787	93,600,000	877,500,000
鹿邑	七百三十村	男622,202 女586,348	男7,756 女6,335	男107672 女95,067	男506,774 女484,946	4,571,630	2,156,280	241,5350	1,731,394	492,882	1238,512	167,132	23,786	143,346	397,610,000	328,800,000
柘城	十八村	男2,748 女2,303	男4 女2	男259 女212	男2,485 女2,089	27,707	16,486	11,239	19,782	11,869	7,913	1,317	78	1239	2,750,000	9,760,000
大康	一千三百七十九村	男302,968 女292,675	男64,641 女59,929	男40,982 女43,596	男203,194 女198,798	931,706	598,878	533,638	750,992	564,714	236,398	117,926	619,391	25,174	618,909,003	5,708,297,920
西华	六百七十七村	男132,021 女126,522	男7,688 女7,120	男66,780 女59,795	男57,553 女59,607	1,300,576	1065,876	287,638	372,836	306,576	66,260	63290	50,507	12,783	453,579,405	21,665,649,500

说明

一、本表系于三十四年十一月派员李登峰、杨廷煌、王禘、王农开、高国汉、朱三、云五、王珍、贾玉印、张启忠等于复查。

二、总值包括食粮、衣服、器具、饰物、家畜、森林等项。

三、挽力系指骡马牛驴等。

四、农具系指耕田用具、车辆、犁耙、绳索及有关农具。其他损失总值。

续表

项别县别	被灾村庄数目	人口				土地			房屋			挽力			农具损失总值	其他损失总值	说明
		原有人数	死亡人数	逃亡人数	现在留居人数	原有亩数	被淹亩数	现在可耕亩数	原有间数	被淹间数	现有间数	原有数目	死亡数目	现有数目			
通许	三百二十村	男93,068 女86,118	男29,445 女28,614	男13,956 女14390	男49,667 女43,114	425,944	387,559	87,936	201,782	149,283	52,499	26,864	22,479	4,385	802,430,140	1,439,211,358	
扶沟	八百九十六村	男603,500 女502,000	男38,200 女30,440	男870,500 女74,300	男37,800 女29,300	1,445,000	1420,090	204,900	211,200	1908,530	12,670	50,450	45,800	4,650	227,480,000	30,236,440,000	
项城	六十二村	男50,023 女60,105	男1,495 女1,420	男1915 女2,791	男46,613 女56,970	346,344	321,994	24,350	34,949	14,557	20,392	16,136	2,047	14,089	26,384,000	40,316,000	
沈邱	一百七十三村	男49,825 女53,000	男4,610 女8,303	男23,100 女25,212	男22,115 女19,485	421,252	371,030	50,222	203,359	108,186	95,173	77,820	43,926	33,894	550,392,713	5,164,464,812	
商水	四百五十村	男47,530 女48,590	男950 女1157	男16,467 女25,315	男30,173 女22,130	480,000	480,000	416,572	84,000	67,200	33,600	18,120	7,248	10,872	10,500,000	82,950,000	
淮阳	一千五百村	男148,145 女149,901	男19,480 女16,700	男34,009 女30,920	男107,565 女105,619	444,387	306,833	115,616	196,499	127,726	75,001	28,496	18,579	9,185	1,191,680,135	1,768,905,608	
中牟	三百三十三村	男60,953 女65,083	男4,848 女4,764	男17,388 女15,767	男39,243 女36,526	253,635	182,178	71,457	93,101	59,367	34,334	33,546	16,787	16,759	2,187,286,600	44,826,628,000	
蔚氏	三百三十村	男108,691 女106,141	男39,952 女37900	男41,265 女40,938	男27,359 女27,716	517,840	500,944	337,730	190,650	188,680	20455	199,400	163415	15,229	34,782,500	2,458,485,900	
合计		4372,224	422,316 实为 432425	911458	2745765	13618,826	9593474	6271286	4508350	4159,647	251,952	879,144	515,434	324,072	6,807,258,929	88,750,882,885	

河南省黄泛区域人口死亡财产损失调查统计表 三十五年元月日

说明：
一、本表系于三十四年十一月派员李登峰 杨廷煌 王振升 高国祥 朱汉云 王玉珍 贾玉田 张启忠等用手复查报告。
二、挽力系指骡马牛驴而言。
三、农具损失指车辆犁耙耧篓具绳索及其有关耕田等项。
四、其他损失总值包括食粮衣服器具饰物家畜森林等项。

（中国第二历史档案馆馆藏档案，档案号 21—2514）

· 163 ·

7. 冀鲁豫区八年抗日战争人口损失统计

冀鲁豫区八年抗日战争人口损失及急待救济统计表　　1946年5月调查

数别 \ 地别	第一分区	第二分区	第三分区	第四分区	第五分区	第六分区	菏泽市	山东部分	合计			总计	备考
									河北部分	河南部分	江苏部分		
战争中损失人口　被敌杀死	86342	20436	22781	21815	11621	7078	183	127204	5951	26100	11001	170256	
特务暗害死	2738	1069	691	598	498	333	12	4530	281	804	324	5939	
敌灾病饿死	724626	45934	70513	27085	20871	11022	2324	802767	19597	26018	33993	882375	
流亡失踪	29367	11446	7976	6987	3729	1663	39	48559	4286	6365	1997	61207	
被抓壮丁	130846	28048	23518	13017	8807	7099	326	177044	6184	16778	11655	211661	
合计	953919	106933	125479	69502	45526	27195	2884	1160104	36299	76065	58970	1331438	
现有人口	2885531	3511237	2694725	2838191	2143472	621990	37973	9442238	1675587	2439934	1175361	14733120	
目前伤残疾病无钱救济人数　遭敌枪伤拷打致残者	5828	7128	7969	6799	5534	3195	13	22102	4171	7043	3150	36466	
被敌奸淫传染病者	2940	3605	4228	3990	2847	2146	9	10766	1944	5067	1988	19765	
现在仍患疾病者	59685	67420	42335	11827	36073	11241	6	183643	11201	20166	13577	228587	
少衣无食者	667948	51334	48358	49735	18499	13415	323	753503	18808	51568	25733	849612	
合计	736401	129487	122890	72351	62953	29997	35	970014	36124	83844	44448	1134430	急待救济人数占现有人口8%弱

说明：
① 被抓壮丁系指被掳去长期未回者。
② 少衣无食者系指目前即没法维持生活者，内包括因敌灾造成的孤老孤儿及贫苦难民。
③ 遭敌灾致残者，系指被敌打伤致残不能恢复健康者，现已痊愈健康者未统计在内。
④ 被奸致残者，系指妇女被奸淫蹂躏致伤残者，至于被奸妇女致染花柳病或其他伤病或间接传染花柳病症者均未统计在内。
⑤ 道口市济宁市的损失未统计在内。

冀鲁豫区第一分区山东部分八年抗日战争人口损失统计表　1946年5月调查

县别	战争中损失人口						现有人口	目前伤残病疾待救济人数				
项目	被敌杀死	敌伪暗害	敌灾病饿致死	流亡失踪	被抓壮丁	合计		遭敌枪伤打致残者	被敌奸淫染病者	现仍患疾病者	少衣无食者	合计
茌平	11551	357	58256	1235	8854	80253	210000	615	343	4754	75900	81612
博平	5214	161	40621	1279	13615	60890	304713	554	298	7206	53258	61316
筑先	7334	226	63960	3675	13315	88510	107519	346	169	2182	54928	57605
东阿	4781	147	42758	1347	8141	57174	228525	385	263	4928	44825	50341
齐禹	8788	364	40101	1754	8130	59137	169940	438	214	3603	36953	41208
阳谷	12390	382	92329	3280	17512	125883	247000	684	318	4429	86215	91646
长清	7707	238	65489	1863	12711	88008	317784	548	258	6233	55709	62748
河西	1067	32	31698	1742	3805	7344	161772	308	150	3323	35910	39691
泰安	9887	305	85714	10282	18226	124404	399426	518	251	7428	172106	80303
肥城	6872	212	72687	1373	16534	97678	213468	504	272	4801	61545	67122
平阴	3921	121	40862	1272	8468	54644	261693	432	209	5456	44964	51061
宁阳	6850	193	70151	1265	1535	79994	263691	496	253	5342	45635	51726
合计	86342	2738	704626	29367	130846	953919	2885531	5828	2940	59685	667948	736401

备考

① 被抓壮丁系指被敌掳去长期未回者。

② 少衣无食者，系指目前即没法维持生活者，包括被遭灾造成的孤老孤儿及贫苦难民。

③ 遭敌灾致死者，系指被敌打伤致残不能恢复健康者，已痊愈者未统计在内。

④ 被奸淫致疾者，系指妇女被奸淫传染花柳病或其他伤症，至于被奸淫不致疾病的妇女以及间接传染花柳病者均未统计在内。

冀鲁豫区第二分区八年抗日战争人口损失统计表　1946 年 5 月调查

县别	战争中损失人口						现有人口	目前伤残疾病急待救济人数				
	被敌杀死	敌特暗害	敌灾病饿致死	流亡失踪	被抓壮丁	合计		遭敌枪伤打致残者	被敌奸淫染病者	现仍患疾病者	少衣无食者	合计
濮县	3145	165	9193	1015	3835	17353	133000	215	113	2650	3718	6696
郓北	499	26	1297	242	483	2547	216122	434	231	4132	2966	7763
郓城	998	52	10098	1327	1975	14450	200504	403	232	4500	6030	11165
鄄城	617	35	1485	96	708	2941	240000	507	247	4325	3449	8528
寿张	879	46	7789	367	664	9745	225139	604	324	3970	1565	6463
范县	259	14	1036	131	1290	2730	180942	195	86	3618	909	4808
观城	401	21	693	184	817	2116	103675	114	60	2050	1262	3486
郓钜	1169	61	2200	900	4600	8930	237310	563	263	4573	2862	8261
临泽	1153	60	3110	885	2235	7443	230000	498	2389	4612	7934	13283
朝城	746	39	1350	600	700	3435	86800	218	118	1545	9600	11481
崐山	1584	83	1637	1120	1569	5993	125552	405	251	2452	2235	5343
张秋	1145	60	1177	800	862	4044	140942	315	203	2794	1352	4644
康平	1378	73	1705	750	1351	5257	346092	521	251	6576	1530	8878
汶上	1152	60	1267	1020	1814	5313	214786	604	289	4078	826	5797
南旺	1002	48	185	290	1025	2550	266583	457	207	5265	1110	7039
钜野	1777	93	370	1250	2180	5670	120000	243	134	2380	863	3620
嘉祥	1259	66	242	189	85	1841	177244	314	154	3374	1287	5129
济宁	1273	67	1100	280	1855	4575	266546	518	203	4526	1856	7103
合计	20436	1069	45934	11445	28048	106933	3511237	7128	3605	67420	51334	129487

备考

1. 被抓壮丁系指被敌掳去长期未回者。
2. 少衣无食者系指目前及无法维持生活者，内包括遭灾造成的孤老孤儿及贫苦难民。
3. 遭敌灾致死者系指被敌打伤致成残废者不能恢复健康者已痊愈者均未计算在内。
4. 被奸致疾病者系指妇女因奸淫致花柳病或其他伤症，至于被奸淫染花柳病之妇女以及间接传染花柳病患者均未统计在内。

冀鲁豫区第三分区八年抗日战争人口损失统计表　1946年5月调查

县别	项目	战争中损失人口						现有人口	目前伤残疾病急待救济人数				
		被敌杀死	被敌特暗害	敌灾病饿致死	流亡失踪	被抓壮丁	合计		遭敌枪伤拷打致残者	被敌奸染疾病者	现仍患疾病者	少衣无食者	合计
山东部分	鱼台	455	14	1407	248	512	2636	180162	692	314	3521	2816	7343
	单虞	1206	37	3729	658	1485	115	166048	573	273	3204	3604	7654
	金乡	3130	96	9568	1309	3210	1313	301216	965	426	5848	4780	12019
	单县	5522	170	16530	2875	4956	1053	311075	1034	508	6113	5845	13500
	城武	1024	37	3071	657	1243	6032	266469	942	414	4649	2646	8651
	钜南	443	13	2215	232	457	360	294394	613	305	5423	2934	9275
	小计	11780	367	36520	5979	11863	6509	1519364	489	2240	28758	22625	58442
江苏部分	丰县	1643	49	5122	307	1764	885	200830	671	314	3365	3950	8300
	砀山	2345	71	7534	425	2543	3918	106448	694	325	2859	4085	7963
	沛县	2189	63	6742	397	2298	689	326077	136	553	560	7993	9242
	沛铜	2475	72	7580	455	2557	3139	280727	905	434	3727	5325	10391
	华山	2349	69	7015	413	2493	2339	261279	744	362	3066	4380	8552
	小计	11001	324	33993	1997	11655	8970	1175361	3150	1988	13577	25733	44448
合计		22781	691	70513	7976	23518	5479	2694725	7969	4228	42335	48358	102890

说明

1. 被抓壮丁系指被敌掳去长期未回者。
2. 少衣无食者系指目前没法生活者，包括遭敌造成的孤老孤儿及贫苦难民。
3. 遭敌灾致残者系指被打伤致残不能恢复健康者，现已痊愈者均未统计在内。
4. 被敌奸淫致疾者，系指妇女被敌奸染传染性柳病或其他病症者，至于被奸淫未致病之妇女以及间接传染性柳病者均未统计在内。

冀鲁豫区第四分区八年抗日战争人口损失统计表　1946年5月调查

县别 项目数目		战争中损失人口						现有人口	目前伤残疾病急待救济人数				
		被敌杀死	被敌特暗害	敌灾病饿致死	流亡失踪	被抓壮丁	合计		遭敌枪伤拷打致残者	被敌奸淫染病者	现仍患疾病者	少衣无食者	合计
河北部分	南乐	1008	43	6542	1344	952	9819	213871	689	304	1052	3503	5548
	长垣	732	38	1246	112	696	2824	210712	402	195	1303	1289	3189
	濮阳	607	35	1584	118	874	3218	248423	521	273	1855	2553	5207
	昆吾	972	48	822	985	893	3720	405900	812	332	1546	3630	6320
	清丰	1564	68	7867	1249	996	11744	297729	1245	457	1844	3577	7123
	小计	4883	232	18061	3808	4411	31395	1380235	3669	1561	7600	14557	77387
河南部分	高陵	5163	78	2252	902	1787	10182	136273	568	365	483	8695	10111
	濬县	2482	53	1357	321	1578	5791	145763	515	258	502	5432	6707
	延律	2196	56	1040	208	1343	4843	273000	131	223	600	3216	4170
	内黄	2322	63	1582	354	1048	5369	208958	867	569	896	7366	9725
	滑县	3184	79	1897	594	1876	7632	373662	834	603	1203	8349	10989
	卫南	1585	37	896	798	974	4290	318500	215	384	543	2120	3262
	小计	16932	366	9024	3179	8606	38107	1457956	3130	2429	4227	35178	44964
合计		21815	598	27085	6987	13017	69502	2838191	6799	3990	11827	49735	72351

附注：
1. 被抓壮丁系指被敌掳去长期未回者。
2. 少衣无食者系指目前无法维持生活者，内包括因遭敌灾造成的孤老孤儿及贫苦难民。
3. 遭敌灾病打伤致残者系指被敌打伤致残至今不能恢复健康者现已痊愈者均未统计在内。
4. 被奸致疾病者系指妇女因奸淫染花柳病者或其他病症者至于被奸淫未致染花柳病者均未统计在内。

冀鲁豫区第五分区八年抗日战争人口损失统计表　1946 年 5 月调查

县别	项别 数目	被敌杀死	被敌枪暗害	敌灾病饿致死	流亡失踪	被抓壮丁	合计	现有人口	遭敌枪伤拷打致残者	被敌枪奸淫染病者	现仍患疾病者	少衣无食者	合计
		战争中损失人口							目前伤残疾病急需待救济人数				
山东部分	曹县	5462	151	1801	96	800	8310	285698	925	405	5568	4303	11201
	复程	213	54	303	107	293	970	331077	814	398	6317	554	8083
	定陶	769	38	1874	332	2989	6002	256297	813	702	4627	3206	9048
	荷泽	375	22	2550	540	300	3787	191408	512	215	3548	575	4850
	南华	852	49	3764	492	839	5991	246291	738	347	4862	1466	7413
	齐滨	792	30	3071	161	745	4799	173361	512	205	2852	1169	4738
	小计	8463	344	13363	1728	5961	29859	1488132	4314	1972	27774	11273	45333
河北部分	东明	572	28	1439	399	1192	3630	188652	245	187	2243	3691	6366
	东垣	496	21	97	79	581	1274	106700	257	196	1358	560	2371
	小计	1068	49	1536	478	1773	4904	295352	502	383	3601	4251	8737
河南部分	民权	728	34	809	808	832	3211	86522	212	205	945	1334	2696
	考城	1362	71	5163	715	241	7552	273466	506	287	3573	1641	6187
	小计	2090	105	6972	1523	1073	10763	359988	718	492	4698	2975	8883
	合计	11621	498	20871	3729	8807	45526	2143472	5534	2847	36073	18499	62953

说
明

1. 被抓壮丁系指被敌掳去长期未回者。
2. 少衣无食者系指目前即无法维持生活者内包括因遭敌灾造成的孤老病儿及贫苦难民。
3. 遭敌灾致残者系指被敌打伤不能恢复健康者现已痊愈者均未统计在内。
4. 被奸致疾者系指妇女被奸淫染传染花柳病者或其他病症至于被奸淫未致疾病之妇女以及间接传染花柳病者均未统计在内。

冀鲁豫区第六分区八年抗日战争人口损失统计表　1946年5月调查

项目 数目 县别	战争中损失人口						目前伤残疾病急待救济人数					
	被敌杀死	敌特暗害	敌灾病饿致死	流亡失踪	被抓壮丁	合计	现有人口	遭敌枪伤拷打致残者	被敌奸淫染病者	现仍患疾病者	少衣无食者	合计
杞县	1726	55	3024	367	1340	6512	126000	567	433	2006	2980	5986
睢县	1053	42	2015	298	1562	4970	114027	553	358	2534	2634	6079
通许	1130	63	2316	258	1090	4857	97200	489	296	1856	1956	4597
太康	896	49	1008	206	985	3144	73763	401	258	1126	1532	3317
克威	845	51	964	185	843	2888	90000	502	310	1500	1962	4274
太西	796	39	865	194	679	2573	81000	431	255	1223	1943	3252
扶沟	632	34	830	155	600	2251	40000	252	236	996	1008	2492
合计	7078	333	11022	1663	7099	27195	621990	3195	2146	11241	18415	29997

附注：
1. 被抓壮丁系指被敌掳去长期未回者。
2. 少衣无食者系指目前没法维持生活者，内包括因被遭灾造成的孤老孤儿及贫苦难民。
3. 遭灾致残者系指被敌打伤致残不能恢复健康者，现已痊愈健康者，至于痊愈者均未统计在内。
4. 被奸淫致病者，系指妇女被奸淫后得传染花柳病或其他病症者，至于被奸淫未致病之妇女以及间接传染花柳者均未统计在内。

（山东省档案馆馆藏档案，档案号 G004—01—82—2）

8. 冀鲁豫区八年抗日战争物资损失统计①

冀鲁豫区八年抗日战争物资损失统计表　1946年5月调查

类别 / 项目	第一专区	第二专区	第三专区	第四专区	第五专区	第六专区	济宁	菏泽市	合计 山东部分	合计 河北部分	合计 河南部分	合计 江苏部分	合计 总计	备考
粮食 原产量 原有地亩数	7458575	10321468	7764632	6175091	6096418	3153160		63541	26501942	4059349	7367363	3109231	41033125	
粮食 原产量 每亩平均产量	200	200	200	200	200	200		200	200	200	200	200		
粮食 减产量 被敌侵占 损毁土地 亩数	19000	9660	8590	6561	7040	2280		965	39615	4560	6491	3730	54096	
减收	19000000	9666000	8590000	6561000	7040000	2280000		1158080	39808080	4560000	6491000	3430000	47798080	
荒芜土地 亩数	936218	29318	76442	72644	59450	922580		400	1115304	46676	968392	29680	2160052	
减收	936218000	2931800	76442000	72644000	59450000	13522580000		48000	1051952000	46676000	13568392000	29680000	14696900000	
劳力肥料缺乏及天灾减产量	3298380000	4970740000	3724690000	3068000000	3693590000	2169770000		317750	12924077750	15578500000	4719000000	1460640000	34182217750	
食 损失 共计 被敌抢劫存粮数	33664000	64282900	19001300	11989800	13098700	5243000		70000	119623800	65778280	12737080	7102700	205241780	
强征粮数	2196970600	1327592200	1492579200	913781680	1043001500	408942000		2542000	5096612300	716362900	1490019400	621161000	7583155000	
损失粮数 数	6484232600	64015929000	53211002500	4270683180	4888180200	16108815000		4135830	18732343930	3168945180	19455639400	2121813700	43478742210	
损失粮数 折价	648423260000	6401592900000	53211002500000	4270683180000	4888180200000	16108815000000		413583000	1873234393000	316894518000	1945563940000	212181370000	4347874221000	
性口 原有头数	248420	328160	281650	232328	257927	151420		1040	899857	173540	307138	120410	1900945	
战争损失 头数	86650	62423	36988	37363	35368	57785		269	200715	17133	87395	11603	316846	
战争损失 折价	17330000000	12484600000	7397600000	5265800000	7073600000	11657000000		5380000	40094580000	1219800000	17579000000	2320600000	61239800000	
现有头数	164620	264797	248329	240387	223909	136030		490	708942	166576	296360	106684	1278562	
损失 恢复生产急需补 头数	82000	67634	36500	37203	35140	57750		545	201079	16940	87353	11400	316772	
损失 充牲口 折价	16400000000	13526800000	7300000000	5262600000	6428000000	11548000000		10900000	39517700000	1210000000	17468600000	2280000000	60476300000	

① 本表系冀鲁豫解放区统计。

类别	数目	第一专区	第二专区	第三专区	第四专区	第五专区	第六专区	济宁	菏泽市	山东部分	河北部分	河南部分	江苏部分	总计	备考
										合　计					
大车	原有辆数	70599	120892	82033	53805	66752	30722		190	289584	38288	66802	29819	424493	
	损失辆数	14736	13257	7788	7281	6856	11130		28	37311	4273	16589	2903	61070	
	现有辆数	55863	107135	75245	45424	59996	27692		138	253349	32915	58313	26916	371493	
小车	原有数目	132120	23785	177027	91585	146908	594440		1120	373530	65145	658300	70010	1166985	
	损失数目	27788	21953	16023	13656	13449	22917		54	69628	8641	31383	6188	115840	
	现有数目	104332	215897	161004	78097	133615	37620		885	517786	56592	93250	63822	731450	
主要农具之损失（犁耙楼）	原有数目	379050	466302	392448	291546	303832	155594		440	1283516	197892	353126	154678	1989412	
	损失数目	80070	47801	37222	35548	28295	54175		151	168703	21460	78373	74726	283262	
	现有数目	298980	461611	365026	255110	275889	102980		328	1168062	176520	2716490	139952	4201024	
	共计 件数	122594	83011	61033	56485	48591	87222		233	275642	34365	125345	23817	459169	
	共计 折价	6589960000	5372180000	34013000000	3023470000	28440700000	4880840000		12500000	15971920000	1882920000	6980300000	1289180000	26124320000	
	急需 件数	122594	83011	61033	56485	48591	86900		350	275759	34365	125023	23817	458964	
	急需 折价	6589960000	5372180000	34013000000	3023470000	28440700000	4878800000		20000000	15939420000	1882920000	6978260000	1289180000	26129780000	
	修补 折价	3528327	4426680	3254480	2691200	2464620	882400		42375	11564752	1762000	2530860	1432470	17290082	
房屋损失	原有间数	2885970	3951355	2962220	2345152	4710550	522900		35922	10152887	1584230	4389342	1287610	17414069	
	战争 间数	639580	495325	293260	346147	209070	384622		1098	1424733	177770	621739	144860	2369102	
	损失 折价	18701370000	14859750000	6013560000	10384410000	6057100000	11538660000		32940000	41940960000	5333100000	18752170000	1561560000	67587790000	
	急需 间数	603000	495325	293260	203507	209070	354470		1350	1388405	177480	591500	144860	2302245	
	修补 折价	18000000000	14859750000	6013560000	10373100000	5957100000	10634100000		40500000	41247150000	5324000000	17745000000	1561560000	65878110000	
共计损失折价		691044590000	672875820000	548922710000	445741996000	504792790000	1638895800000		464403000	1971241853000	325330338000	1988875410000	217522710000	4502800311000	

说明

1. 粮食斤数均按小米计算。

2. 折价均按目前本区物价折成法币（鲁钞一元合法币十元）计算。大车每辆合法币三十万元，小车犁耙每件合法币一二万元，房子每间合法币三万元，牲口每头合法币二十万元，小米每斤合法币一百元。

3. 此项损失统计，仅系农村的主要损失项目，至于被服、棉衣家具及林木类苇金属钱物（包括敌抢拾夺散计勒索）以及工商业文化建设等项损失均未统计在内。

冀鲁豫区第一专区八年抗日战争财产损失统计表　1946年5月调查

类别	数目	县名	茌平	博平	筑先	东阿	齐禹	阳谷	长清	河西	大安	肥城	平阴	宁阳	合计	备考
粮食损失	原产量	原有地亩数	814160	678112	315031	530573	465124	740693	641915	390639	795822	610491	673985	802030	7458575	
		每亩平均产量	200	200	200	200	200	200	200	200	200	200	200	200	200	
	减产量（每年）	被敌侵占损毁土地 亩数	2060	1720	865	1350	1180	1880	1625	1000	2020	1550	1720	2030	19000	
		损毁土地 减收	2060000	1720000	865000	1350000	1180000	1180000	1625000	1000000	2020000	1550000	1720000	2030000	19000000	
		荒芜土地 亩数	167080	139056	50501	63264	65504	74813	63000	30000	76000	60000	67000	80000	936218	
		荒芜土地 减收	167080000	139056000	50501000	63264000	65504000	74813000	63000000	30000000	76000000	60000000	67000000	80000000	936218000	
		劳力肥料缺乏及天灾减产数	322510000	268660000	131830000	265950000	233970000	312000000	288640000	1798820000	358900000	274470000	302630000	360000000	3298380000	
	损失	被敌焚毁指耔粮数	3430000	3450000	1995000	2310000	2500000	2865000	3100000	1989000	3000000	2955000	3070000	3000000	33664000	
		强征粮数	238742400	199999800	131920200	196283400	170983200	210631800	165624900	112281300	202194000	189572400	202194000	176543200	2196970600	
	共计	损失粮数	733822400	612885800	317111200	529157400	473137200	602189800	521989900	325090300	642114000	528547400	576614000	621573200	6484232600	
		折价	73382240000	61288580000	31711120000	52915740000	47313720000	60218980000	52198990000	32509030000	64211400000	52854740000	57661400000	62157320000	648423260000	
牲口损失		战前头数	27310	22700	10000	17680	15500	24660	21390	13020	26520	20330	22660	26650	248420	
	战争损失	头数	12000	9080	3000	5890	5180	8200	7120	4340	8320	6580	7560	8880	86650	
		折价	2400000000	1816000000	600000000	1178000000	1036000000	1640000000	1424000000	868000000	1764000000	1316000000	1512000000	1776000000	17330000000	
		现有头数	13650	15130	6500	1780	10330	16440	15000	8980	19850	13560	15600	17800	164620	
	恢复生产急需补	头数	14000	7500	4000	6000	5500	8000	6000	5000	4000	7000	7000	8000	82000	
		折价	28000000000	1500000000	800000000	1200000000	1100000000	1600000000	1200000000	1000000000	800000000	1400000000	1400000000	1600000000	16400000000	

类别 / 项目 / 数	茌平	博平	筑先	东阿	齐禹	阳谷	长清	河西	大安	肥城	平阴	宁阳	合计	备考
大车 原有数目	7540	6578	2985	5068	4350	6890	6048	3250	7596	5980	6530	8850	70599	
大车 损失数目	2980	2950	698	1230	883	1380	1060	480	880	685	690	820	14736	
大车 现有数目	4560	3628	2287	3778	3467	5510	4988	2770	6710	2595	5840	7030	55863	
小车 原有数	1230	11600	6990	7890	8960	16900	12300	6980	15600	12500	8900	11500	132120	
小车 损失数	4500	4300	1580	1560	1770	3200	3650	768	1850	1680	910	2020	27788	
小车 现有数	7500	7300	5410	6330	9190	13700	8650	6212	13750	10820	7990	9480	104332	
农具 原有数	49200	33400	15700	26500	23200	37050	31500	19000	39500	30000	33000	41000	379050	
农具 损失数	20500	15350	5760	5400	4640	4880	4500	2500	4500	3560	3820	5010	80070	
农具 现有数	28700	18400	9940	21100	18500	32170	27000	16500	35000	20440	29180	35990	298980	
犁耙耧之损失 现有数	279800													
共计损失 件数	27980	22250	8038	8190	7293	9460	9210	3748	8230	5925	5420	7850	122594	
共计损失 折价	1394000000	1278000000	356200000	503200000	393100000	575600000	481000000	209360000	391000000	310300000	311600000	386600000	6589960000	
急需补充 件数	27980	22250	8038	8190	7293	9460	9210	3748	8230	5925	5420	7850	122594	
急需补充 折价	1394000000	1278000000	356200000	503200000	393100000	575600000	481000000	209360000	391000000	310300000	311600000	386600000	6589960000	
房屋 原有间数	317700	365655	129022	274230	203928	296400	381340	194122	479310	256160	314030	316430	3528327	
房屋 损失（战争）间数	111120	108696	25800	41135	40700	20510	57200	29118	72800	38400	47100	47000	639580	
房屋 损失（战争）折价	3333600000	3266080000	774000000	1234000000	1021000000	615300000	1716030000	582360000	2184000000	1152000000	1413000000	1410000000	18701370000	
房屋 现有间数	206580	256960	105000	234000	150500	275900	34140	165000	410000	221500	266930	269500	2885970	
房屋 急需修补 间数	111120	108000	25000	41100	40700	20500	57200	29100	72800	38400	47100	47000	603000	
房屋 急需修补 折价	3333600000	3240000000	750000000	1233000000	1021000000	615000000	1716000000	873000000	2184000000	1152000000	1413000000	1410000000	18000000000	
共计损失折价	8050980000	6664866000	3344132000	5583094000	4976382000	6304989000	5582002000	3416875000	6955040000	5563040000	6089800000	6572992000	69104459000	

说明：

1. 粮食斤数均按小米计算。

2. 折价均按本区实物价物价折成法币（鲁钞一元合法币十元）大车每辆折法币三十万元，小车犁耙耧每件折法币三万元，房子每间折法币三万元，米每斤合法币一百元，牲口每头合法币二十万元。

3. 此次损失统计仅系农村的主要损失项目至于被服棉布金属家具树木柴草等物（包括破获枪枝弹药等动素）以及工商业文化建设损失等项均未统计在内。

冀鲁豫区第二专区八年抗日战争财物损失统计表　　1946年5月调查

类别	数目别	濮县	郓北	郓城	鄄城	寿张	范县	观城	郓钜	临泽	朝城	崑山	张秋	东平	汶上	南旺	巨野	嘉祥	济宁	合计	备考
粮食·原产量	原有地亩数	494094	648936	602192	657360	692420	542826	365136	332470	472057	302107	580696	422396	878169	656289	653180	460480	498743	561917	10321468	
	每年每亩平均产量 苗数	390	570	680	480	620	570	310	540	460	610	610	480	870	680	660	480	550	670		9660
减产量·被敌伪占损毁	土地 减收	390000	570000	680000	480000	620000	570000	310000	540000	460000	610000	610000	480000	870000	680000	660000	480000	550000	670000	9660000	
	荒芜 亩数	12546	1481	1059	1267	673	570	372	1372	214	3450	985	480	556	280	450	375	432	856	29318	
	荒芜 减收	12546000	1481000	1059000	1267000	673000	570000	372000	1372000	214000	3450000	985000	480000	556000	280000	450000	375000	432000	856000	29318000	
损失	劳力肥料缺乏及天灾减产量	2325000000	3125500000	3040100000	3287500000	3367200000	2389700000	1005600000	3634500000	2274500000	1357900000	2613500000	2156700000	4174500000	3259400000	3219800000	2279900000	2419600000	3176500000	4970740000	
	被敌焚抢抢夺粮产数	4399500	3892900	3900400	3361005	5124000	8593800	9666200	2150000	3293000	6719700	603000	503000	3309200	1581900	411400	1833400	1114400	2851000	64282900	
	强征粮数	45027000	12414000	12646500	71390000	12480000	17700000	3140000	85000000	25400000	47431000	55442000	44350000	13456400	10098000	84564000	74632000	56547000	100000000	1327592000	
共计	损失粮数 折价	2948625000	4426339000	4361344000	4022231000	4679370000	2658338000	1740402000	4525212000	2627170000	1940007000	3189900000	2614830000	5567492000	4354619000	4080654000	3053104000	3006034000	4220700000	64015920000	00
	折价	2948625000	4426339000	4361344000	4022231000	4679370000	2658338000	1740402000	4525212000	2627170000	1940007000	3189900000	2614830000	5567492000	4354619000	4080654000	3053104000	3006034000	4220700000	64015920000	00
牲口	战前头数	16414	16229	17037	30545	34914	18133	15360	20087	13698	8970	16700	14380	27131	18750	18655	12550	13607	15000	328160	
牲口损失	战争损失 头数	3694	3534	3019	2924	15637	3332	2662	4000	1605	1875	3120	4393	4680	4650	5505	3050	2707	2030	62423	
	战争损失 折价	7388800000	7068000000	6038000000	5848000000	11274000000	66640000000	5324000000	8000000000	3210000000	3750000000	6240000000	8786000000	9372000000	930000000	110100000	6100000000	5414000000	406000000	1248460000	0
损失	现有头数	12720	12695	14018	27621	28277	14801	12698	16087	12093	7095	13580	9987	22445	14160	13150	9500	10900	12970	264797	
	为恢复生产急需 头数	3694	3600	3000	3000	5630	3330	2660	4070	1600	1870	3120	4400	4680	4650	5500	8000	2800	2100	67634	
	需补充牲口 折价	7388800000	7200000000	6000000000	6000000000	11260000000	66600000000	5320000000	8000000000	3200000000	3740000000	6240000000	8800000000	9360000000	930000000	11000000000	16000000000	5600000000	4200000000	1352600000	0

· 175 ·

续表

数 类别 名目	濮县	郓北	郓城	鄄城	寿张	范县	观城	郓钜	临泽	朝城	昆山	张秋	东平	汶上	南旺	巨野	嘉祥	济宁	合计	备考
大车 原有数目	5045	5643	5513	5762	8048	6488	4015	8765	5270	4662	5896	5156	10546	10075	8504	6406	6523	8075	120392	
损失数目	769	704	750	695	948	802	512	889	596	498	628	576	946	982	875	650	627	810	13257	
现有数目	4276	4939	4763	5067	7100	5686	3503	7876	4674	4164	5268	4580	9600	9093	7629	5756	5896	7265	107135	
小车 原有数目	8590	14550	11748	15070	18040	6570	6860	19050	17680	8864	14060	10565	18055	19840	16870	9982	12000	10056	23785	
损失数目	825	1305	1005	1345	1667	580	608	1564	1463	976	1389	998	1760	1894	1543	1020	1025	984	21953	
现有数目	7765	13245	10743	13725	16373	5990	6252	17486	15615	7888	12671	9567	16295	17946	15327	8562	10975	9072	215897	
器具之损 犁	44052	31456	30296	31876	40000	18470	12500	36650	23560	15000	15030	2440	43900	31890	32600	23000	24900	33090	466302	
耙	4010	3040	2970	3095	3900	1301	1050	3265	2060	1600	1830	2064	4350	2870	3026	2130	2090	3130	47801	
耧	40042	28416	27328	28781	36100	17169	11450	33385	21500	13000	13200	19056	39550	29020	29574	20870	22810	29960	461611	
共计 件数	5604	5049	4725	5185	6515	2683	2170	5718	4121	3074	3847	3658	7056	5746	5444	3800	3042	4924	83011	
折价	327400000	298100000	304500000	297300000	395740000	278220000	186760000	363280000	249300000	200920000	252700000	234440000	406000000	389880000	353880000	258000000	250400000	325280000	5372180000	
损失急需补充 件数	5604	5049	4725	5135	6515	2683	2170	5318	4124	3074	3847	3658	7056	5746	5444	3800	3742	4924	83011	
折价	327400000	298100000	304500000	297300000	395740000	278220000	186760000	363280000	249300000	200920000	252780000	234440000	4060000	3898800	3538800	258000	2504000	3252800	5372180000	
房屋损失 原有同数 同数	351510	219320	280000	268000	270000	200200	124400	214760	236000	124160	140660	169200	415320	287740	318960	184000	212650	369800	4426680	
战争损失 同数	71575	21050	39380	35480	46750	12250	8420	20140	21360	21690	30650	9110	34527	24870	29870	15840	19690	32680	495325	
损失 折价	214725000	631500000	118140000	106440000	140250000	367500000	252600000	604200000	640800000	6502000	9195000	2733000	1035600	7461000	896100	475200	590700	980400	1485975000	
现有同数 同数	279935	198270	250620	232520	223250	187950	115980	194620	214640	102470	150010	160090	380800	262870	299090	168160	192960	337120	3951355	
急需修补 同数	71575	21050	39380	35480	46750	12250	8420	20140	21360	21690	30650	9110	34520	24870	29870	15840	19690	62680	495325	
折价	214725000	631500000	106440000	106440000	140250000	367500000	252600000	604200000	640800000	6507000	9195000	2733000	1035600	7461000	8961000	4752000	5907000	9804000	1485975000	
共计损失折价	3269970万	4589979万	4570314万	4216881万	4971934万	27289550万	18376584万	4701868万	27483280万	27062669万	3369528万	2753464万	5805372万	4561217万	4315752万	3187424万	3144284万	4391438万	6728758 2万	

说 明：1. 粮食斤数均按小米计算。

2. 折价均按目前本区区物价合成法币（一元鲁钞合法币十元）。

3. 此项损失统计仅系农村之主要损失项目，至于数据被服棉布金属家具及农具林木柴草钱物（包括被抢夺款详勤豪以及工商业文化建设损失等均未计入）。

冀鲁豫区第三专区八年抗日战争财物损失统计表　1946年5月调查

类别	数目	鱼台	虞单	金乡	单县	城武	钜南	山东部分合计	丰县	砀山县	沛县	沛铜县	华山县	江苏部分合计	统计
粮食原产量	原有地数	674645	415409	826778	1041222	730452	966895	4655401	451360	257025	708426	831809	260611	3109231	7764632
	每亩平均产量	200	200	200	200	200	200		200	200	200	200	200		
减产量 被敌侵占	亩数	770	680	1040	800	960	910	5160	560	310	790	880	890	3430	8590
	减收	770000	680000	1040000	800000	960000	910000	5160000	560000	310000	790000	880000	890000	3430000	8590000
损毁土地	亩数	6543	4789	8765	9876	7321	9468	46762	4315	3120	6820	7565	7860	29680	76442
	减收	6543000	4789000	8765000	9876000	7321000	9468000	46762000	4315000	3120000	6820000	7565000	7860000	29680000	76442000
劳力肥料及天灾减收		325740000	204530000	407420000	501480000	343450000	481430000	2264050000	210860000	128600000	300000000	405450000	415670000	1460640000	3724690000
损失	被敌焚烧抢夺粮食数	1612600	1453600	2267800	3002400	2145700	1416500	11898600	1562200	306500	1014200	1932600	1687200	7102700	19001300
	强征粮数	121345000	87654300	165431200	194357600	121315600	181314500	871418200	90160000	51343000	141500000	116185800	171944200	621161000	1492579200
共计	损失粮数	456010600	299106900	584924000	709516000	475192300	674539000	3199288800	307257200	183739500	450752200	582013400	598051400	2121813700	5321102500
	折价	45601060000	29910690000	58492400000	70951600000	47519230000	67453900000	319928880000	30725720000	18373950000	45075220000	58201340000	59805140000	212181370000	53211025000000
性口	战前头数	26045	15140	28584	36895	28900	25676	161240	18120	11230	29670	30140	31250	120410	281650
战争损失	头数	3105	3010	5016	8764	3040	2450	25385	2235	1038	2732	3085	2513	11603	36088
	折价	621000000	602000000	1003200000	1752800000	608000000	490000000	5077000000	447000000	207600000	546400000	617000000	502600000	2320600000	7397600000
	现有头数	24350	13040	23580	30875	26000	23800	141645	16024	10220	27013	27082	26345	106684	240329
损失 为恢复生产急需补充牲口	头数	3000	3000	5000	8700	3000	2400	25100	2200	10000	2700	3000	2500	11400	36500
	折价	600000000	600000000	1000000000	1740000000	600000000	480000000	5020000000	440000000	200000000	540000000	600000000	500000000	2280000000	7300000000

续表

类别	数目	县名	鱼台	虞单	金乡	单县	城武	钜南	山东部分合计	丰县	砀山县	沛县	沛铜县	华山县	江苏部分合计	统计
主要农具之损失	大车	原有数目	6548	5045	8360	15100	9131	8030	52214	4213	2356	6978	8054	8218	29619	82033
		损失数目	668	504	808	4230	879	796	4885	412	237	653	789	1612	2903	7788
		现有数目	5880	4541	7552	14870	8252	7234	48329	3801	2119	6325	7265	7406	26916	75245
	小车	原有数目	15050	14155	18078	22867	17887	13980	107017	14822	3208	15673	19854	16453	70010	177027
		损失数目	1345	1298	1960	2578	1616	1238	9835	1238	294	1476	1738	1442	6183	16023
		现有数目	13705	12857	16318	25289	16271	12742	97182	13584	2914	14197	18116	15011	63822	161004
	犁耙耧	原有数	38730	20800	41330	52060	36500	48350	237770	22516	12593	36021	40792	42056	154678	392448
		损失数	3537	1980	3904	4950	3545	4580	22496	2014	1099	3436	3994	4183	14726	37222
		现有数	35193	18820	47426	87110	33055	43770	225374	20502	11494	32585	36798	38573	139952	365026
	共计损失	件数	5550	3782	6472	8758	6040	6614	37216	3604	1650	5565	6521	6437	23817	61033
		折价	298040000	216760000	355080000	519560000	366920000	355760000	2112120000	188640000	98960000	294140000	351340000	356100000	1289460000	3401300000
	急需补充	件数	5550	3782	6472	8758	6040	6614	37216	3664	1650	5565	6521	6437	23817	61033
		折价	298040000	216760000	355680000	519560000	366920000	355760000	2112120000	188540000	98960000	294140000	351340000	356100000	1289180000	3401300000
房屋损失	原有间数		215190	199200	361440	373200	319700	353280	1822010	260990	127720	393260	336870	313530	1432470	3254480
	战争损失	间数	19560	16980	33160	32110	25140	21450	148400	28170	13580	40120	32830	30160	144860	293260
		折价	586800000	509400000	994800000	963300000	754200000	643500000	445200000	845100000	407400000	120360000	98400000	90300000	1561560000	6013560000
	现有间数		195630	182220	328280	341090	294360	332830	1674610	232820	114140	353240	304040	283370	1287610	2962220
	急需修补	间数	19560	16980	33160	32110	25140	21450	148400	28170	13580	40120	32830	30160	144860	293260
		折价	586800000	509400000	994800000	963300000	754200000	643500000	4452000000	845100000	407400000	120360000	98400000	90300000	1561560000	6013560000
共计损失折价			47106900000	31238850000	60846000000	74187260000	49248350000	68942560000	331570000000	32206460000	19087910000	46036120000	59268080000	60754140000	217352710000	548922710000

说　明：1. 粮食斤数均按小米计算。

2. 折价均按目前本区物价合成法币（鲁钞一元合法币十元）大车每辆折法币卅万元，小车犁耙等每件折法币两万元，牲口每头合法币廿万元，房子每间合法币三万元，米每斤合法币一百元。

3. 此次损失统计仅系农村之主要损失项目，至于被服家具农具棉布金属树木柴草钱物（包括被抢夺欺诈勒索）以及工商业文化建设损失等均未统计在内。

冀鲁豫第四分区八年抗日战争财物损失统计表　1946 年 5 月调查

类别	项目	河南部分 高陵	濬县	延津	内黄	滑县	卫南	合计	河北部分 长垣	濮阳	昆吾	清丰	南乐	合计	总计
粮食 · 原产量	原有地亩数	354552	139763	416640	701345	1184253	421837	3218363	492728	704000	640000	670000	450000	2956728	6775091
	每亩平均产量	200	200	200	200	200	200		200	200	200	200	200		
粮食 · 减产量	被敌侵占 亩数	380	231	430	720	960	450	3171	480	690	560	880	780	3390	6561
	被敌侵占 减收	380000	231000	430000	720000	960000	450000	3171000	480000	690000	560000	880000	780000	3390000	6561000
	损毁、荒芜土地 亩数	5230	2520	4540	9654	10200	4320	36464	4320	6980	6110	9820	8950	36180	72644
	损毁、荒芜土地 减收	5230000	2520000	4540000	9654000	10200000	4320000	36464000	4320000	6980000	6110000	9820000	8950000	36180000	72644000
	天灾减产量	170000000	65000000	200000000	350000000	600000000	210000000	1595000000	250000000	340000000	298000000	334000000	250000000	1473000000	3068000000
粮食 · 损失	被敌焚烧抢夺粮食数	589000	785000	885000	1126000	1345000	783000	5513000	897880	1423000	630000	1988000	1498000	6436880	11989880
	强征粮数	61848200	27946200	83328000	101268000	188456000	80025000	542871400	88426900	128680000	123450000	120000000	108100000	568656900	913781680
共计	损失粮数	238047200	96482200	289183000	462768000	800961000	295578000	2183019400	345124780	477773000	428750000	466688000	369328000	2087663780	4270683180
	折价	2380472000	964822000	2891830000	4627680000	8009610000	2955780000	21830194000	3451247800	4777730000	4287500000	4666880000	3693280000	20876637800	42706831800
性口	战前头数	12553	6034	18499	3416	46581	21015	108098	20010	28890	26000	30100	19230	124230	232328
战争损失	头数	4358	828	2055	8890	6742	2230	25103	1980	2500	2120	3540	2120	12260	37363
	折价	871600000	165600000	411000000	1778000000	1348400000	446000000	5020600000	39600000	50000000	42400000	70800000	42400000	245200000	5265800000
口	现有头数	9864	5311	16508	26380	39890	19284	117137	18200	26400	24900	36500	17250	123250	240387
损失	为恢复生产急需补充性口 头数	4358	828	2055	8890	6942	2230	25103	2000	2500	2100	3500	2000	12100	37203
失	需款 折款	871600000	165600000	411000000	1778000000	1348400000	446000000	5020600000	40000000	50000000	42000000	70000000	40000000	242000000	5262600000

类别	项目	高陵	漕县	延津	内黄	滑县	卫南	合计	长垣	濮阳	昆吾	清丰	南乐	合计	总计
		（河南部）							（河北部）						
主要农具之损失 — 大车	原有数目	2546	1032	3120	5848	9762	3988	262967	4592	6611	5988	6213	4105	27509	53805
	损失数目	587	123	298	1688	1435	407	4538	395	502	534	789	523	7743	7281
	现有辆数	1959	909	2822	4160	8327	3581	21758	3197	6109	5454	5324	3582	23666	45424
小车	原有数目	2980	2830	7960	9220	12650	7060	42700	8665	11855	10230	10240	7895	48885	91585
	损失数目	315	277	688	2125	2510	697	6612	768	986	955	2350	1985	7044	13656
	现有辆数	2670	9610	7284	4110	10220	6370	36260	7893	10869	9275	7890	5910	41837	78097
器具	战前有数目	17786	6980	20080	4920	48860	20150	148776	22350	33660	30000	35760	21000	142770	291546
	损失数目	2805	715	1980	5870	6188	1990	19548	1920	2980	2850	4270	3980	16000	35548
	现有数目	14980	6270	18110	28810	42690	18280	129140	20430	30680	27150	31490	17020	126770	255910
共计损失	件数	3707	1115	2966	9683	10133	3094	30698	3083	4468	4339	7409	6488	25787	56485
	折价	238500000	56740000	142760000	522390000	604460000	175840000	1740690000	1712260000	229920000	236300000	369100000	276700000	1282780000	3023470000
急需补充	件数	3707	1115	2966	9683	10133	3094	30698	3083	4468	4339	7409	6488	25787	56485
	折价	238500000	56740000	142760000	522390000	604460000	175840000	1740690000	1712260000	229920000	236300000	369100000	276700000	1282780000	3023470000
房屋损失	原有间数	219040	167650	110620	244800	319870	198940	1260920	223710	261540	401250	312560	231220	1430280	2691200
	战争损失间数	72939	23040	7673	45280	47280	5945	202157	15280	19240	31250	42540	35680	143990	346147
	折价	2188170000	691200000	2301900000	1358400000	1418400000	1783500000	6064710000	458400000	577200000	937500000	1276200000	1070400000	4319700000	10384410000
	现有间数	146200	144610	102974	199520	272590	192995	1058862	208430	242300	370000	270020	195540	1286290	2345152
	急需修补间数	72900	23000	7670	45280	47280	5940	202070	15200	19200	31200	42500	35000	143700	203507
	折价	2187000000	690000000	2301000000	1358400000	1418400000	178200000	6062100000	456000000	576000000	936000000	1275000000	1068000000	4311000000	10337100000
共计损失折价		27102990000	10561760000	29702250000	49935590000	83467360000	30357990000	231127940000	35181738000	48634420000	44091200000	48349000000	38321800000	214614058000	445741998000

说明：1. 粮食斤数均按小米计算。

2. 折价均按目前本市物价合成法币（一元鲁钞合法币十元）大车每台合价合成法币三十万元，小车犁耙耧等件每件折法币两万元，牲口每头合法币三十万元，房子每间合法币三万元。

3. 此项损失系统计区系农村的主要损失项目，至于被服粮棉布金属家具树木等类草钱物（包括数据被其他字数作动素）以及工商业文化建设等损失均未计在内。

冀鲁豫区第五专区八年抗日战争财物损失统计表　1946 年 5 月调查

类别	项目	数别	山东部分 定陶	复程	曹县	齐滨	菏泽	南华	合计	河北部分 东明	东垣	合计	河南部分 民权	考城	合计	总计	备考
粮食	原产量	原有地亩数	744127	763600	727289	496166	614280	717495	4002957	456241	646380	1102621	363131	634709	990840	6096418	
		每亩平均产量	200	200	200	200	200	200		200	200		200	200			
	减产量	被敌侵占 亩数	840	920	960	680	670	760	4830	680	490	1170	390	650	1040	7040	
		损毁土地 减收	840000	920000	960000	680000	670000	760000	4830000	680000	490000	1170000	390000	650000	1040000	7040000	
		荒芜土地 亩数	7945	7000	6978	4579	6134	6970	39606	4340	6156	10496	3380	5968	9348	59450	
		荒芜土地 减收	7945000	7000000	6978000	4579000	6134000	6970000	39606000	4340000	6156000	10496000	3380000	5968000	9348000	59450000	
		劳力肥料缺乏天灾减收	354540000	334760000	351750000	211780000	307980000	330050000	1890860000	213000000	635500000	848500000	346250000	607980000	954230000	3693590000	
损失		被敌焚毁抢夺粮食	1830400	1764500	2311500	1231400	1002100	1568400	9708300	687800	721600	1409400	956400	1024600	1981000	13098700	
		强征粮数	141632800	1369901800	1231445600	91214500	105143200	100051000	698089500	91246000	1284460000	1477066000	72536000	124670000	197206000	1043001500	
	共计	损失粮数	506788200	481346300	485145100	309484900	420929300	439400000	2643093800	309953800	771327600	1081281400	423512400	740292600	1163805000	4888180200	
		折价	50678820000	48134630000	48514510000	30948490000	42092930000	4394000000	264309380000	30995380000	7713276000	1081281400000	42351240000	74029260000	1163805000000	488818020000	
牲口	性口	原有头数	28887	20380	36075	22950	26050	26655	160997	20030	29280	49310	19980	27640	47620	257927	
	战争损失	头数	5012	4978	7124	2705	3015	3154	25988	2325	2548	4873	1872	2635	4507	35368	
		折价	1002400000	995600000	1424800000	541000000	603000000	630800000	5197600000	465000000	509600000	974600000	374400000	527000000	901400000	7073600000	
		现有头数	23890	15400	30000	21000	23500	23600	137390	17642	25684	43326	18185	25008	43193	223909	
损失	为恢复生产需补充牲口	头数	5000	5000	7000	2700	3000	3100	2580	2300	2540	4840	1870	2630	4500	35140	
		折价	1000000000	1000000000	1400000000	540000000	600000000	620000000	4560000000	460000000	508000000	968000000	374000000	526000000	900000000	6428000000	

数目类别	项目	山东部分							河北部分			河南部分			总计	备考
		定陶	复程	曹县	齐滨	菏泽	南华	合计	东明	东垣	合计	民权	考城	合计		
主要农具之损失 — 大车	原有数	7760	7130	9720	5168	8176	8235	46189	4467	6312	10779	3606	6178	9784	66752	
	损失数	757	695	927	526	718	782	4405	889	641	1530	325	596	921	6856	
	现有数	7003	6435	8793	4642	7458	7553	41884	3578	5671	9249	3281	5582	8863	59996	
小车	原有数	18080	24068	24680	13985	12000	16675	109488	8920	7340	10260	10340	10820	21160	146908	
	损失数	1780	2048	2316	1189	1079	1586	9998	886	711	1597	965	889	1854	13449	
	现有数	16300	22020	22364	12796	10921	15089	99490	8140	6615	14755	9410	9960	19370	133615	
犁耙耧器具	原有数	37250	35010	36364	24810	30710	35810	199954	22812	32310	55122	18700	30056	48756	303832	
	损失数	3570	3040	3540	2385	2580	3070	18185	2310	3150	5460	1680	2970	4650	28295	
	现有数	33680	31970	32824	22425	28130	32740	181769	20670	29080	49750	17120	27250	44370	275889	
共计	件数	6107	5783	6783	4100	4377	5438	32588	4076	4502	8978	2970	4455	7425	48591	
	折价	334100000	310260000	395220000	229280000	288580000	327720000	1885160000	330620000	269520000	600140000	102790000	255980000	358770000	2844070000	
损失	件数	6107	5783	6783	4100	4377	5438	32588	4076	4502	8978	2970	4455	7425	48591	
	折价	334100000	310260000	395220000	229280000	288580000	327720000	1885160000	330620000	269520000	600140000	102790000	255980000	358770000	2844070000	
急需补充	件数	6107	5783	6783	4100	4377	5438	32588	4076	4502	8978	2970	4455	7425	48591	
	折价	334100000	310260000	395220000	229280000	288580000	327720000	1885160000	330620000	269520000	600140000	102790000	255980000	358770000	2844070000	
房屋损失	原有间数	307540	357290	342820	212830	229680	295200	1745360	201860	129860	331720	88780	298760	387540	2464620	
	间数	20570	27410	30210	18000	20180	23960	140330	21430	12350	33780	8970	25990	34960	209070	
	折价	602100000	822300000	906300000	240000000	605400000	718800000	3894900000	642900000	370500000	1013400000	269100000	879700000	1148800000	6057100000	
	现有间数	286970	329880	312610	194830	209500	271240	1605030	180430	117510	297940	79810	272770	352580	2255550	
急需修补	间数	20570	27410	30210	18000	20180	23960	140330	21430	12350	33780	8970	25990	34960	209070	
	折价	602100000	822300000	906300000	240000000	605400000	718800000	3894900000	642900000	370500000	1013400000	269100000	879700000	1148800000	6057100000	
共计损失折价		52617420000	50262790000	51240830000	31958770000	43589910000	45617320000	275287040000	32433900000	78282380000	110716280000	43097530000	75691940000	118789470000	504792790000	

说明：1. 粮食斤数均按小米计算。

2. 折价均按目前本区区物价折成法币（鲁市一元合法币十元）大车每辆折法币三十万元，小车犁耙等每件折法币二十万元，牲口每头合法币二十万元，房子每间合法币三万元。

3. 此项损失统计仅系农村的主要损失项目。至于被服棉布家具农村木柴草金属钱物（包括散枪枪弹药等）以及工商业文化建设损失等均未统计在内。

冀鲁豫区第六分区八年抗日战争财物损失统计表　　1946 年 5 月调查

类别	数目	杞县	睢县	通许	太康	克威	淮太西	扶沟	合计
原产量	原有地亩数	460480	305830	424550	261510	400420	300330	10000000	3153160
原产量	每亩平均产量	200	200	200	200	200	200	200	
减产量	被敌侵占损毁土地 苗数	480	330	450	270	420	330		2280
减产量	被敌侵占损毁土地 减收	480000	330000	450000	270000	420000	330000		2280000
减产量	荒芜土地 亩数	4610	3120	5010	3000	3940	2900	900000	922580
减产量	荒芜土地 减收	4610000	3120000	5010000	3000000	3940000	2900000	13500000000	13522580000
减产量	缺乏劳力肥料及天灾减收	421200000	293840000	435820000	306980000	401280000	310650000		2169770000
粮食损失	被敌焚毁抢存粮食	1208000	1158000	934000	621000	655000	542000	125000	5243000
粮食损失	强征粮数	80034000	58976000	81432000	52321000	79854000	56325000		408942000
粮食损失	共计 损失粮数	507532000	357424000	523646000	363192000	486149000	370747000	13500125000	16108815000
粮食损失	共计 折价	50753200000	35742400000	52364600000	36319200000	48614900000	37074700000	1350012500000	1610881500000
牲口损失	战前损失 头数	21520	13580	20840	12570	19890	14520	88500	151420
牲口损失	现有头数	1968	1235	2106	1530	1848	1098	48000	57785
牲口损失	折价	393600000	247000000	421200000	306000000	369600000	319600000	9600000000	11657000000
为恢复生产急需补充牲口	头数	60000	11350	18780	11050	18050	13440	43360	136030
为恢复生产急需补充牲口	现有头数	1960	1230	2100	15000	1840	1090	48000	57750
为恢复生产急需补充牲口	折价	392000000	246000000	420000000	306000000	368000000	218000000	9600000000	11548000000

类别名称	数名目	杞县	睢县	通许	太康	兖威	淮太西	扶沟	合计
大车	原有数目	4269	2968	4065	3550	3890	3880	9100	30722
	损失数目	431	301	398	244	401	355	900	11130
	现有数目	3838	2667	3647	2306	3489	3525	8200	27692
小车	原有数目	8170	8810	6080	4860	5890	5030	20000	594404
	损失数目	799	908	620	502	600	488	19000	22917
	现有数目	7380	7950	6090	4360	5290	4550	2000	37620
主要农具之损失	犁耙耧 原有数	23000	18290	21225	13079	20000	15000	45000	155594
	损失数	2510	2010	2025	1130	1890	1610	40000	54175
	现有数	20600	10200	19800	11800	19480	13400	2500	102980
	共计损失件数	3740	3219	4043	1876	1891	2453	71000	87222
	折价	195480000	148660000	172300000	105840000	170100000	148460000	3740000000	4800884000000
急需补充	件数	3700	3200	3000	1800	1800	2400	7100	86900
	折价	195000000	148000000	172000000	105800000	170000000	148000000	3940000000	4878800000
房屋损失	战争损失 原有间数	115600	105260	95210	70650	85680	80000	330000	882400
	间数	12010	9987	9389	6978	8368	7890	330000	384622
	折价	360300000	299610000	281670000	209340000	251040000	236700000	9900000000	11538660000
	现有间数 间数	103600	95280	85820	63680	77320	92200	25000	522900
	急需修补 间数	12000	9900	9350	6970	8360	7890	300000	354470
	折价	360000000	297000000	280500000	209100000	250800000	236700000	9000000000	10634100000
共计损失折价		51702580000	36437670000	53239770000	36940380000	49405640000	37779460000	137345250000	1638958000000

说明

1. 粮食斤数均按五月间本区物价折成法币（鲁币一元合法币十元）计算，大车每辆合法币三十万元，小车每辆合法币二十万元。
2. 折价均按五月间合法币三万元，房子每间合法币三万元，牲口每头合法币一百万元。
3. 此次损失统计，仅系农村的主要损失项目，至于被服棉布金属家具农具树木柴草类物等（包括敌抢夺诈勒索）以及工商业文化建设等项损失均未统计在内。

（山东省档案馆馆藏档案，档案号 G004—01—82—2）

9. 民国二十八年度全国空袭状况之检讨

航空委员会防空监部编印

民国二十八年度

甲 敌机动向

一、敌地华空军兵力分布状况

查敌在华空军兵力，常随战局重心之转移而增减，（或由敌国增调补充或由各战区内互调）各地分布机数多无一定标准，兹为便于统计及检讨起见，根据各方所得情报，就各月同一时期所停机数为基准，判断其兵力配备如下：

一月份——计停于包头归绥大同张北北平天津塘沽保定石家庄太原青岛济南安阳临汾运城开封徐州一带者共有飞机五百四十九架。其停于上海南翔杭州芜湖南京蚌埠安庆九江信阳孝感汉口汉阳武昌各地者则有五百一十一架。其他在厦门南澳岛广州三水三灶岛涠洲岛以及神泉与阳口北海等海面停放者共有四百四十七架。

二月份——计停于百灵庙固阳包头归绥大同张北北平天津保定石家庄太原临汾运城安阳新乡开封德州济南徐州青岛连云市各地之飞机共停机四百七十八架。其停于上海杭州南京芜湖安庆九江德安鄱阳湖信阳孝感汉口武昌汉阳京山各地者则有四百九十一架。其他在厦门南澳岛广州三水三灶岛涠洲岛以及神泉阳江与北海等海面停放者共有四百四十四架。

三月份——计停于包头归绥北平天津保定石家庄太原临汾运城安阳新乡济南青岛连云市一带者共有飞机三百五十八架。其停于上海南翔杭州南京九江鄱阳湖停水机母舰二艘附水机十二架孝感汉口武昌应山通城各地者共二百六十四架。其他在厦门南澳岛广州三水阳江海面海口附近涠洲岛各地停放之飞机共有三百二十四架。

四月份——计停于包头大同北平天津保定石家庄太原运城安阳新乡济南连云市青岛各地之飞机共三百二十五架。其停于上海杭州南京安庆九江武昌汉口孝感者共三百六十七架。其他在闽江口厦门广州三灶岛涠洲岛海口附近海口文昌各地者共二百九十九架。

五月份——计停于包头北平天津石家庄太原临汾运城安阳新乡东海各地之飞机共一百九十七架。其停于上海杭州南京安庆九江武汉岳阳各地者共三百〇五架。其他在永嘉海面闽江口厦门南澳广州三水海口各地者共二百四十七架。

六月份——计停于包头北平天津德州石家庄安阳新乡太原运城东海各地之飞机共一百九十架。其停于上海南京杭州湾安庆南昌信阳武昌汉口岳阳各地者共四百六十九架。停于闽江口厦门广州三水万山群岛三灶岛海口涠洲岛永嘉海面各地者共二百四十二架。

七月份——计停于包头北平天津保定太原运城安阳新乡济南东海各地者共一百九十四架。其停于上海南京杭州湾安庆信阳汉口南昌各地者共三百五十八架。又停于永嘉海面闽江口厦门广州万山群岛三灶岛海口涠洲岛北海海面各地者共二百三十架。

八月份——计停于北平天津德州济南徐州石家庄安阳开封太原太谷汾阳临汾夏县运城各地者共一百五十二架。上海南京杭州汉口武昌南昌各地者共二百二十二架。又停于闽江口南澳汕头广州万山群岛三灶岛永嘉海面停水机母舰一艘附水机十三架各地者共一百七十架。

九月份——计停于大同北平天津德州济南徐州石家庄太原临汾运城安阳新乡开封淮阳各地者共二百二十余架。其停于上海杭州南京合肥安庆九江三套口小池口湖口彭泽各地者共六百二十一架。（按本月内我机曾数度轰炸武汉敌空军巢穴予敌以最大之打击故停驻武汉敌机全数调往九江一带以避我空军之进袭）。又停于厦门三灶岛荷包岛各地者共一百五十八架。

十月份——计停于包头大同北平天津石家庄太原新乡运城各地者共一百八十五架。其停于上海杭州江阴永嘉九江德安南昌武汉洞庭湖各地者共三百六十二架。又停于闽江口厦门南澳岛广州万山群岛三灶岛海口涠洲岛各地者共二百一十五架。

十一月份——计停于包头大同北平天津青岛连云市济南石家庄安阳新乡开封长治太原临汾运城各地者共三百架。其停于上海苏州江阴南京杭州湾安庆九江南昌孝感汉口武昌各地者三百三十四架。又停于闽江口厦门金门汕头南澳广州三灶岛万山群岛海口广州湾涠洲岛各地者共三百五十二架。

十二月份——计停于包头大同北平天津济南青岛连云市石家庄安阳新乡开

封长治太原临汾运城各地者共三百六十七架。其停于上海苏州江阴南京芜湖嘉兴杭州杭州湾安庆九江南昌孝感汉口武昌岳阳信阳各地者共三百七十二架，又停于闽江口汕头广州万山群岛三灶岛海口涠洲岛各地者共二百五十九架。

根据上列各月敌机分布状况数量统计平均敌在华常备兵力约为九百余架，但空军最富机动性，调动频仍，各地分布机数调查自难免于重复耳。

二、敌空军作战范围与区域

华北区——黄河以北敌所驻空军大多为陆上飞行机队，以平津青岛等地为主要补给根据地，常川均驻有大量机队，以供各地调补增援，其余则分驻于太原、运城、绥远、包头、安阳、济南及其他前进根据地并随时相互调动，以应各地战区之需要，内中包头大同安阳等处常分驻有重轰炸机约五六十架及远距离侦察机数架，为进袭甘肃宁夏及四川之用，此外多为轻轰炸机驱逐机及普通侦察机，均在晋豫鲁冀各战区及战场附近活动或作协助陆军进攻之用。

华中区——长江流域之敌空军多数为海军航空队，以上海南京两地为主要补给根据地，自武汉失陷后，敌即以武汉安庆为主要进袭根据地，嗣以南昌于三月间相继失陷，敌即将安庆根据地转移于南昌，惟多数机队仍集结于武汉一隅，最多时曾驻有二百五六十架，最少亦在百架左右；仅九月内因我机数度进袭予敌以最大之打击，曾有一时期全数移驻于安庆九江一带，其中海军重轰炸机专作轰炸我川湘赣豫等后方都市之用，陆军飞机则在各战场上及近距离活动。

华南区——闽粤桂方面敌系以广州海南岛三灶岛涠洲岛及南澳岛等处为陆上根据地，常川驻有海军航空队一队及陆军飞行队约三队，其中海军航空队约有重轰炸机三十余架，为轰炸滇桂黔，又如桂南之役，敌机调动之数亦殊可观；此外据各方情报本年七八月间日苏蒙诺坎之役敌曾有大量飞机调往伪满增援，但数量之多寡，无法予以证实，惟观乎七八月间敌在华空军之总数骤然减少，仅及平时之半，则敌大量空军调往伪满之事实，殆无疑问矣。

四、敌空军之运输概况[①]

战场日渐扩大，为避免我方袭击，故敌空军运输队为敌解决交通问题上重要之一环；计本年内航经非战区领空之敌运输机数达八百三十余架，其有航经沦陷区域我监视队哨无法发现者或当数倍于此，内中以台湾广州间最为频繁，几为定

---

① 原档案没有"三"。

班航运，每日至少均有一、二架往来其间，太运包绥安阳开封以及武汉京沪间之运输为数亦复不少；又武汉南昌等地与粤闽之间亦时有往来，以桂南一役而论，敌使用运输机即达百架以上。

五、敌机战略战术上之特征

敌空军所采之战略战术，时因对策上之需要而有所变更，兹就一年来敌机进袭我各后方城市所采取战略战术上之特征概述如次：

（一）先侦察后轰炸　敌机进袭我各后方重镇及我资源集中之地点，每于进袭前之数小时或一日，辄以一、二架侦察机先行窜入侦察，随即以大批进袭；如川甘两省最为显著；湘粤桂等省亦时有此种现象。

（二）队形与高度　敌机昼间进袭，其队形常采用梯形双层配备，隐藏其大队于五千公尺以上之高空，少数机群则暴露于低空航进，以蒙混我监视队哨之视听，而遂行其巧诈之诡计。

（三）分批连续轰炸　敌机进袭我空军基地及资源集中地点，常以数批连续进袭，或分觅目标个别轰炸，或则集中一地更番投弹；如十一月二十八日敌机七十余架分批袭甘，其第二批二十四架由陕入甘后复分二批至靖远一带盘旋良久，先后八次进入市郊及机场投弹轰炸；又如五月内渝市数度被袭亦为其例。

（四）分批返复进袭　敌机夜袭我后方重镇，每于一地投掷少量炸弹后，即分批续进或返航至相当距离后，复行迂回飞返原地作再度之轰炸，如八月五日午夜一时三十分第二批敌机九架在渝市附近机场投弹后，以三架经长寿涪陵东返；以为夜色苍茫而图淆乱监视队哨之视听，余机至渝北依凤场后，复飞越渝市上空于二时十一分回至该机场投弹；度其用意，以为我机升空已久，油量消耗殆尽，趁我机降落之顷，忽然折返投弹，企图予我空军之较大损失。

（五）一批敌机反复轰炸数地　敌机对我空军场站及资源生产机构密集之处所，每以一批反复来回轰炸数地；如八月十日敌机六架由北海起飞至桂境之隘口投弹数枚后，又至镇南关投弹数枚起火后，直至卡摩村投弹，致我各方损失总和愈十数万元之巨；又如十月二十三日敌机三十九架先在芷江沅陵轰炸后；又至辰溪投弹后，复再折回沅陵投弹，又如十月二十四日敌机二十架分五批进袭南阳一带，而每批均反复连续轰炸南阳内乡等数地机场至数小时之久。

（六）大队机群威力侦炸　敌机对我水陆交通线路地区，每以大队机群沿路来回游弋，犹如第一次世界大战德空军所组之巡逻机队相似，每批由三架九架以至十八架不等，如发现我运输车辆船舶或资源之所在，即行集中投弹轰炸，此种事例，以桂境之公路沿线及粤境之东西北江及粤汉路沿线最为繁多，浙省沿海岸一带亦所常见。

（七）网形侦察　敌机对我接近战区地带及交通沿线地区，常采用多数侦察机分别同时出动，彼此互取联络，如发现我军队之调动或密集部队以及我物质给养之输送等目标时，则敌侦察机即迅速转返根据地，于最短之时间内即有大批敌机迳往各该目标集中投弹轰炸，此种情况以粤境各地最为显著。

（八）大队机群分合进袭　敌机对我接近战区之各重要城市及后方重镇，常以大队机群分批同时出动，或先后迂回进袭至一定地点各批再行会合，盘旋于相当时间之后，又复各批分开或更番集中一地投弹，或则分别各个目标轰炸，揆其用意，不外欲使我情报混乱，判断困难，而不知敌机之数量为若干？目标何在？致使我陷于混乱恐惧之中，此种情况，以桂境为最显著，如十一月二十四日敌机三十六架分两批入桂境至迁江来宾一带数度分合迂回盘旋甚久后，分别在迁江都安等地投弹轰炸；又如三十日敌机三次入桂共二十四架，每次均分数批而各批均数度分合后在宾阳武鸣一带投弹。

（九）机动进袭　敌机进袭我陕豫湘赣各省重镇，每采机动出击，即由甲地起飞轰炸某地后，另至乙地降落；如九月二十日敌机三十架由运城起飞炸西安后迳往武汉降落；又如同月二十一日敌机三十二架由武汉起飞炸洛阳后迳往安阳降落；袭湘赣各地之敌机亦常由广趋昆明。

河南方面——敌机袭豫目的在破坏我陇海交通河防工事以及各军事重镇，其进袭航线可分南北两方面，北路方面多由运城安阳新乡等地起飞斜趋黄河及陇海铁路迳袭洛阳灵宝陕县等城市，此方进袭之敌机为数最频，几无停日，尤以黄河南岸之各渡口要塞及铁路沿线之车站等进袭最烈，且每为多批连续轰炸，但机数不多，每批多为二、三架，甚少有大规模之进袭，此外开封方面亦时有敌机沿平汉路沿线附近活动，但为数甚少，仅为侦察扰乱性质，南路方面多由武汉起飞，信阳亦时有敌机出动，其航路多沿随枣信宛两公路进袭南阳内乡等地，或经由南阳一带继续北进直趋洛阳等地轰炸。

湖北方面——在鄂境活动之敌机除进袭鄂南者多与袭川航路相同，至鄂北一带则不外由武汉起飞经安陆随县枣阳樊襄宜城钟祥北转，或由武汉起飞经钟祥宜城襄樊枣随一带折回。

陕西方面——袭陕敌机其主要航线可分为二路：一路由运城起飞沿渭河陇海路西向进袭西安宝鸡等地，或至西安转向西南经佛坪固城一带进袭南郑，或则经潼关蓝田越秦岭直趋南郑,第二路由武汉起飞沿汉水溯上经郧县安康石泉一带迳趋南郑,此外陕北一带多由太原临汾大同等路起架系轰炸机场者,有十三次及五十八架系轰炸交通者,足见其轰炸目标,仍以城市为主,惟本月份各地空袭次数及进袭机数,均较前减少,而轰炸区域反为扩大,如西北兰州、平凉、固原、靖远及西南之贵阳等地均遭袭击是也。敌对甘肃方面,空袭规模较大,平均每批敌机总在十架以上,且除在市区投弹外,复轰炸机场,度其用意,似欲摧毁我西北各城市之资源及空军实力;其对浙省萧山及富阳所属乡镇之轰炸,则企图予我钱塘江两岸部队以打击;对赣省方面,敌因进袭南昌关系故轰炸浙赣铁路之重要站驿,如东乡、分宜、宜春、清江等站,均遭滋扰,似欲阻止我方军队之调动及弹药粮秣之运输;其对川、黔、粤、陕、鄂、豫等省之行动,则完全滥炸市区,尤以贵阳、万县两地被炸最惨,我方受祸最烈,其目的无非欲焚烧城市屠杀平民也。证诸本年一月二十四日敌机袭洛时,被我高射部队击落一架,俘获敌空军人员七人,其中有敌中队长杉田荣治者,在其身上搜得出发之命令,着其"向人烟稠密之市区投弹轰炸,藉以沮丧中国之民气"云云,更足以明瞭敌机空袭之目的。

......

江西省——南昌、吉安、都昌、萍乡、牯岭、进贤、樟树、东乡、分宜、宜春、清江、玉山、余江、乐平、贵溪、丰城、永修、安义、靖安、新淦、吉水、南城、新喻、修水、临川、奉新、余千、上饶、弋阳、上高、赣县、万年、崇仁、大庾、广昌、泰和、云都、瑞金、万载、永泰、峡江、河口、高安、信丰、新建、铅山、瑞昌、安福、夏铺、铜鼓、武宁、宜丰、上栗,鄱阳、彭泽、浮梁。

河南省——南阳、灵宝、阌乡、商城、唐河、洛阳、荥阳、新安、渑池、郑县、陕县、许昌、商水、孟津、偃师、巩县、汜水、叶县、方城、新郑、新野、济源、孟县、中牟、洧川、尉氏、内乡、密县、广武、登封、禹县、舞阳、唐河、沁阳、桐柏、邓县、镇平、确山、扶沟、信阳、洛宁、嵩县、遂平、固始、正阳。

湖北省——襄阳、宜昌、沙市、恩施、荆门、当阳、钟祥、随县、樊城、广济、宜城、江陵、光化、黄梅、枣阳、老河口、监利、罗田、巴东、通城、秭归、来凤、沙洋、枝江。

甘肃省——平凉、固原、靖远、兰州、永昌。

贵州省——贵阳。

附表一　河南省敌机行动统计表　二十八年度

区别\月份	进袭次数	敌机架数	起航地点（架）						前线作战	行动概况（架）					附计
			武汉	运城	新乡	开封	信阳	其他		后方轰炸	侦察	运输	调动	其他	
一月份	67	231	25	82	95	10	19			163	39		29		
二月份	91	211		66	54	10	81			25	106		80		
三月份	120	315	6	140	150	8	11			166	106	9	34		
四月份	89	201	38	93	64	3	3			121	50	15	15		
五月份	72	284	214	21	33			16		155	15		114		
六月份	36	146	24	49	65		3	5		105	26		15		
七月份	56	169	54	16	81	18				111	28	3	18	9	
八月份	28	119		30	77		12			87	16		16		
九月份	33	67	39	17	8	3				38	18	11			
十月份	71	287	21	252	14				4	151	81	2	49		
十一月份	51	351	279	69	3					49	9	19	265	9	
十二月份	66	343	87	195	48		13			26	4	60	253	18	
合计	780	2724	787	1030	692	52	142	21	4	1197	498	119	888	18	

[甘肃省档案馆馆藏档案，（军事）127]

附表二 河南省敌机空袭损害统计表 二十八年度

项目 月份	空袭次数	敌机架数	投弹枚数 爆炸弹	燃烧弹	人员死伤 死	伤	房屋损毁（间） 炸毁	震倒	交通工具 民船（艘）	汽艇（艘）	汽车（辆）	车箱（辆）	铁机（丈）	枕木（根）	其他	财产损失估计	附记
一月	37	163	535		125	119	1057								车头一个 飞机一架		
二月	7	25	187		86	49	643										
三月	34	166	898		469	423	3178										
四月	43	121	727		267	253	1994					6			车头一个		
五月	39	155	810		320	400	7707										
六月	18	105	590		197	148	2738										
七月	33	111	590		236	263	1986		7								
八月	16	87	363		146	130	1174	15									
九月	7	38	171		44	24	907										
十月	24	151	1007		132	79	1615										
十一月	13	49	451		91	103	500										
十二月	12	26	104		102	110	434										
合计	283	1197	6433		2215	2101	23933	15	7			6				飞机一架 车头二个	

[甘肃省档案馆馆藏档案，（军事）127]

10. 抗战损失汇报表

抗战损失汇报表 1939 年

省市别		河南省									
县市别		安阳县									
地点		城内鼓楼坡路	城内鼓楼坡路	城内铁狮口街南段	城内铁狮口街南段	城内仓巷街五四号	城内仓巷街六四号	城内大街口路	城内县西头街	城内	香巷街
事件		轰炸	轰炸	轰炸	轰炸	轰炸	轰炸	轰炸	轰炸	轰炸	轰炸
日期		26年10月14日	26年10月14日	26年10月14日	26年10月14日	26年10月14日	26年10月14日	26年10月14日	26年10月14日	26年10月14日	26年10月14日
分类		长盛和	大德工厂	李姓住宅	韩金堂	张纪武	刘纪增	刘志朝	王中流	县党部	赵金奎
死伤人数	死			二			一		八		
	伤										
损失情形	数量	房九间	房十一间	房十三间	房十一间	房十四间	房八间	房十一间	房七间	房三间	房九间
	价值	二千元	二千元	三千元	三千元	三千元	二千元	三千元	三千元	一千元	
备考											

河南省											
安阳县											
香巷街	香巷街	西钟楼巷	仁义巷	鼓楼后	鼓楼后	鼓楼前	东头道街	东头道街	东头道街	东头道街	九府胡同
轰炸	轰炸	轰炸	轰炸	轰炸	轰炸	轰炸	轰炸	轰炸	轰炸	轰炸	轰炸
26年10月14日	26年10月14日	26年10月14日	26年10月14日	26年10月14日	26年10月14日	26年10月14日	26年10月14日	26年10月14日	26年10月14日	26年10月14日	26年10月14日

王老现	张全德	李可明	德茂花行	德聚成药店	刘运生	汪源盛维线庄	张文富	徐老幼	朱姓住宅	谢芳	房屋
		九	三	一		二		一	一		
房三间	房三间	房十二间	房六间	房三间	房八间	房七间	房四间	房廿九间	房九间	房五间	七间
以上三项共三千元	五千元	五千元	二千元	二千元	二千元	一千元	六千元	二千元	一千元	二千元	

河南省 安阳县

北大街高家胡同 轰炸	安阳车站 被敌破坏抢掠	安阳车站 被敌破坏抢掠	安阳车站 被敌破坏抢掠
26 年 10 月 14 日			
高姓住宅 三四	中国新纺纱厂	中国打包厂	平汉路车站等
房廿一间			
一万元	一百万元	二万元	一百万元

河南省 安阳县

抗战损失汇报表 1939 年

省市别	河南省									
县市别	开封									
地点					自开封至海州	城内	开封车站	开封车站	开封车站	开封车站
事件	被敌强占	被敌强占	被敌强占	被敌强占	被敌掠夺	被敌强占	轰炸	轰炸	轰炸	轰炸
日期										
分类	天丰面粉厂	益丰面粉厂	德丰面粉厂	普临电灯公司	铁道车头及车皮	商店饭庄澡堂	票房	货厂	一至七号房屋	机器厂水塔

省市别		河南省								
县市别		开封								
死伤人数	死									
	伤									
损失情形	数量						约一百五十家			三百五十间
	价值				以上四项均改为敌军管理工厂	为敌南满铁路局管理				

河南省									
开封									
开封车站	开封车站	开封至为庄	开封至韩庄	城内	城内	城内	城内	城外官坊街福豫春及中山南街一带	城内外	
轰炸	自动炸毁	自动炸毁	被敌掠夺	被敌侵占	被敌侵占	被敌侵占	被敌侵占	被敌侵占		被拆卖	被敌掠夺
		28年3月间							敌军入城时	敌军入城时
机器厂笨重机器			铁轨及枕木	省政府	保安处	民房	商店	民房	民众死伤	一至十八号营房	老凤祥店硬币金条法币

河南省

开封

								约二零人		
						以上四项房屋约五百间	约六百间			
	以上两项约百万元	被拆去修筑开新铁路					以上五项约共十五万元	被伪警察局及地痞拆毁盗卖木石		

河南省

开封

								匠叶新埭集等	赤仓集万林网	赤仓集万林网
被敌掠夺	被敌掠夺	被敌充公	被敌充公	被敌充公	被敌充公	被敌掠夺	被敌掠夺	被敌焚毁	被敌焚毁	
敌军入城时	敌军入城时							27年8月间	28年4月间	28年4月间
万福楼金店硬币金条法币	实泰华金店硬币金条法币	张钫家产	常自箴家产	齐真如家产	李敬齐家产	河南家工制造厂之五金物品黑网口之吸管	古物图书	村庄	房屋	人口死伤
										三六人
							一部份	共十三村	一百三十间	
	以上三项约一二百万元				以上四项约廿万元		约五六千万元			

河南省												
信阳												
轰炸	轰炸	轰炸	轰炸	轰炸	轰炸	轰炸	轰炸	轰炸	轰炸	轰炸	轰炸	轰炸
县立高级小学	教育局	农林局	武庙小学	商会小学	财政局	中山公园	文庙	节孝桐	初级小学	湖广会馆	职业学校	女子师范
											即前道尹公署	

河南省											
信阳											
城内	城内	车站附近北至羊山房庄南至信黄公路西南至公和里北口									
轰炸	被敌拆毁					因战事停顿			被毁	被毁	因战事停止
民房	民房	民房	民房	农事试验场	汽车站	铁路机器房材料场通蓄隧场	开商业	机器米场	电话局	电话局	关卡
约占城内民房八分之一	约占城内民房八分之一	全部被毁	被毁二分之一	全部被毁	全部被毁	全部被毁	完全停顿	共五家全被毁			

河南省

信阳

				城北十里以内	城北十里以内		长台关附近之三官庙等村	□岗店等村	母子河茅屋等寨	冯家庄出山店以南之双沟一带	城过十里以南			
因战争停止	被劫	被敌侵占	被敌查封	被敌焚毁	自动拆毁	自动破坏	被敌焚毁	被匪焚毁	被敌焚毁	被敌焚毁	因战事停	因战事损失		
田赋	产业财物	房屋	房屋	乡村	乡村	铁路桥梁	村庄	村庄	村庄	村庄	田地	商业资本	房屋	
十室九空	三十家	七家	二分之一	二分之一		三十余村	二余村	八个寨	被焚十分之七八				约五万间	
												约一万元	约四百万元	
							为土匪陈友三部所焚毁							

11．河南第十一区各县敌机投弹损害统计表[①]

类别	投弹地点	投弹次数	投弹数目	投弹期间	被毁建筑物	伤亡人畜数
陕县	城关车站上河头万金滩沿河南岸一带贾王庄郭寺元头卢家庄茅津渡口会兴镇及车站交口马家河底张茅硖石观音堂尖坪各处	四十五次	一千三百三十七枚	自二十七年四月起至本（卅）年六月底止	共计房窑七千余间毁火车皮九辆其他财物无算	共计死人五百七十余名伤人三百余名伤毙牲畜十余头
灵宝	城关、车站、函谷关一带	十四次	五百余枚	自二十七年六月起至本（卅）年六月底止	计房六百余间财物损失计达二十余万元	共计伤亡人数一百八十四名牲畜九头
阌乡	城关、盘头、阌底镇、南磨沟、大湖峪、万家岭西姚村各处	十一次	一百五十余枚	自二十七年十月起至本（卅）年六月底止	计房三百八十间	共计伤亡人数五十余名死牲畜十一头
卢氏	无	无	无	无	无	无

说明：本表所列系八年之数

洛宁	第四区大许村	一次	六枚	于二十八年十一月间	无损失	无损失
新安	城关、铁门、仓头盐仓、西沃正村石寺、狂口、陈湾横山岭、李村、北村南、泉安里西坡塔地各处	四十次	七百六十余枚	自二十七年起至本（卅）年六月底止	房七十余间损失财物计一万五千余元	共计伤亡九十余人死牲畜十五头
渑池	城关最重一次则利津南村班村坡头一带	二十五次	三百五十二枚	自二十七年六月起至本（卅）年六月底止	损失房财物等约在十万元以上	共计死人一百六十名伤人一百一十名死牲畜三十头
说明	总计投弹一百三十六次弹数三千一百零五枚伤亡人数一千四百六十四口牲畜七十五头毁房窑等九千八百余间损失财物计三十一万五千余元毁火车皮十七辆（内子弹车五辆）其铁轨桥梁电线电杆墙壁等甚伙无法统计特此声明					

[①] 此件引自 1941 年 8 月 1 日《河南第十一区行政督察专员欧阳珍莅任八周年工作报告》。

河南第十一区陕灵阌新渑沿河五县敌炮轰击损害统计表（保四）

县别	年月	敌炮位置	发射弹数	弹着地点	被毁建筑物	伤亡人畜数
陕县	自二十七年起至本年六月底止	黄河北岸各高原地带	三千四百六十余发	城关车站太阳渡洋桥大小安村南沟雷家湾贺家庄梁家渠洪渠尚村会兴镇及车站槐树凹马家河底茅津渡口程家圪口各处	房窑一百五十余间七七军弹药车三辆花子车二辆空车皮七辆木船十余只外有电线杆铁轨炸倒墙壁等甚多无法统计	伤亡八十三人（内中毒瓦斯三十二人毒死二人）牲畜二头
灵宝	自二十七年起至本年六月底止	黄河北岸高原地带	三千四百三十余弹	黄河南沿岸各村庄铁路桥梁及函谷关城关一带为最	房屋四百余间桥梁十九孔其他墙壁等无法算	计伤亡八十六人
阌乡	仝右	仝右	一千七百余弹	黄河南沿岸各村庄城镇铁路附近各处尤以阌底镇为最	无损失	伤亡十人
新安	自本年五月起至六月底止	仝右	七十五弹	黄河南岸各村庄及阵地	房三十三间余无损失	伤亡八人
渑池	自二十七年起至本年止	白浪对岸高原地带	五百余弹	黄河南岸各村庄及空地各处	房五十余间余无损失	伤亡二十余人
说明	总计敌炮射弹九千一百余发伤亡二百余人毁房窑六百三十余间桥梁十九孔木船十余只火车皮十二辆（内弹药车三辆），其他电杆电线铁轨牲畜墙壁衣物等无数。					

河南第十一区各县战时受敌机敌炮轰击损害统计表

情形 项别 县别	敌机空袭			敌
	投弹地点	次数	弹数	炮位
陕县	城关车站上河头万金滩贾王庄郭寺原头贺家庄，会镇及车站安口马家河底张茅硖石观音堂大营尖坪等处	四八次	一三九六枚	平陆县之茅津镇桥头村桥子上薛家坪禹庙村
灵宝	城关车站及函谷关一带	一四次	五七九枚	黄河北岸高原地带
阌乡	城关盘头阌底镇南磨沟大湖峪万家岭西姚村等处	一一次	一五七枚	永乐岳村芮城等处
卢氏	飞机场	一次	一七枚	
洛宁	大许村	一次	六枚	
新安	城关铁门仓头盐仓西沃正村石寺猛口陈湾横山头李村北村南长泉安里西坡塔地等处	四〇次	七六八枚	河北关阳竹里北长泉等处
渑池	城关村津南村口村坡头寺处	二五次	三五二枚	范家山鸡笼山等处
合计		一四〇次	三二七五枚	
备考				

（三门峡市档案馆馆藏档案，民国渑池县政府全字 124—13）

炮轰击 / 损害形情	项目								
炮轰击	次数	二八七次	二〇九次	一九三次			九四次	一二六次	九〇九次
	弹数	三九六四发	三六四七发	一八九三发			三五七五发	一七八五发	一八六三发
	弹着地点	城关上河头荆家湾上村会兴镇山门史家滩侯家坡河底窑头赵口河万金滩南关广韩庄等处	城关涵关车站城南稠桑之铁桥	城关盘头及车站王家岭夫儿河及盘头之铁桥		临狂仓西南泉处	仓口头沃长等	南班凌村山村	村上青山村
损害形情	财产损失	房七二六七间窑四孔弹药车三辆花子车二辆空车皮十六辆木船十三只其他铁轨电杆用具等活动产不计	房一三二七间桥梁十九孔及铁轨食粮等财物其价无法计载	房三百余间火车头一个兴棉花五谷麦子等食物		房二间三孔损财无算	五七窑八并失物	房四间活财不数记五七及动产可	洛各袭次亦损卢虽空一但无失
	人畜伤亡	死伤一二七〇人牲畜四七头	伤亡二七九人牲畜十三头	死伤七九人牲畜十七头		伤亡一三人牲畜五头	死亡六人畜三	死一三牲六头伤人二名畜三头人九名畜三伤一六牲一	
	说明								

（三门峡市档案馆馆藏档案，民国渑池县政府全字124—8）

12．河南林县人口伤亡汇报表

民国 27 年　月　日起至民国 33 年　月　日止

类别 职业	受伤人数			死亡人数			费用（国币元）		
	合计	男	女	合计	男	女	合计	医院	埋葬
农业	1250人	951人	299人	7236人	5200人	2036人	72995000元	625000元	7236000元
矿业	30人	30人		80人	80人		815000元	15000元	800000元
工业	360人	360人		864人	864人		8820000元	180000元	8640000元
商业	682人	682人		2520人	2520人		25541000元	341000元	25200000元
交通运输业	21人	21人		35人	35人		360500元	10500元	350000元
公务	58人	55人	3人	762人	730人	32人	7649000元	29000元	7620000元
自由职业	35人	29人	6人	264人	210人	54人	2357500元	17500元	2640000元
人事服务	25人	22人	3人	40人	32人	8人	412500元	12500元	400000元
无业	10人	8人	2人	19人	15人	4人	195000元	5000元	190000元
总计	2471人	2158人	313人	11820人	9686人	2134人	119435500元	1255500元	118200000元

附报表　　张

报告者

（林州市档案馆馆藏档案，档案号 1—1—598）

203

13. 修武县历年遭受敌人屠杀伤亡人口数目表

民国三十五年五月

性别	年纪别	伤亡情形				备考
		轻伤	重伤	死亡	下落不明	
男	老年人	五○○名	三五○名	四五○名	一○○名	
男	中年人	六五○名	三五○名	一七五○名	三○○名	
男	幼童	一○五名	一八○名	二四五名	三五○名	
女	老年人	五○○名	三五○名	三八○名		
女	中年人	二四○名	二○○名	三○○名	一五○名	
女	幼童	三○○名	二五○名	三○五名	一○○名	
合计		二三九五名	一七三○名	三四三○名	一○○○名	
附注	本县位居太行山阳，黄河北岸，为我方抗敌政府、游击政府根据地，故敌人时出扫荡攻击，抓拉民夫，以致屠杀甚巨。					

（修武县档案馆馆藏档案，档案号 41—58）

14．日本战犯罪恶摘要表

字第　　号

姓名	年龄	部别职务	阶级	犯罪时间	犯罪地点	罪恶摘要
难波博	三三	五九师团五三旅团作战科长	大尉	一九四四年五月	河南	参与制定计旅团"消灭八路军游击队"的战役计划，这个计划是根据情报科获得我八路军游击队之驻地、人数装备等材料后进行的，每年有两次以师进行的扫荡华北的游击队。
远间公佐久	四四	一一七师团三八八大队长	少校	一九四四年	河南郑州	该犯抗御我游击队，逮捕我游击队员十四名，经其审讯后都送到师司令部蹂躏。
庄司巽	五九	一一七师团八七警备旅团长	少将	一九四五年四月	河南开封附近	该犯在对我军扫荡中，命令指挥部下烧毁我和平居民村庄，任意蹂躏强奸妇女，更残无人道的将被奸后的妇女用刀杀死，更指挥汉奸孙殿英匪军残杀居民。
铃木启久	六二	一一七师团代理师团长	中将	一九四四年	河南开封	该犯俘我军七十余人，并令士兵大批屠杀被俘我军和游击队队员，更残暴的屠杀我无辜居民，强奸刺杀我妇女无计其数。此外还夺取了三十余吨食粮，焚烧许多民房。
川原阳市	三六	一一七师团二〇三讨伐大队机枪中队分队长	曹级	一九四三年六月	河南开封一带	该犯执行扫荡任务，就在我武男天加河头新甘富国居等地，实行掠夺殴打百姓，强奸妇女等，更将我活人拖在井里吊在树上，以此毒手杀害我居民的罪行。
铃木青一	三六	一一七师团二〇六警备大队第三中队	中尉	一九四三年至一九四四年	河南省包头高山和健布一带（译音）	该犯向我八路军游击队进行猛烈袭击，俘我游击队员六十余名，最后该犯亲手刺死二十余名，余者则送当地警察厅处理。
北泽藤一郎	三〇	五九师团运输大队第一中队号兵	兵长	一九四九年三月	河南李罗河晓镇	该犯强奸了我十五岁的一名姑娘。

姓名	年龄	部别职务	阶级	犯罪时间	犯罪地点	罪恶摘要
久野昇	三三	五九师团工兵队兵长	兵长	一九四四年四月至一九四四年十月	河南南阳县	强奸我七名妇女，并殴打了我十二名居民，刺杀我三名爱国志士。
铃本史行	三二	五九师团工兵大队事务长兼兵站长	曹级	一九四四年 一九四五年初	河南台齐斡安县（译音）河南省	扫荡时抢夺我和平居民大批物资和牲口。抓捕了我一名居民严刑拷打后灌凉水，后又扣押抓捕一居民，该犯使用暴刑后枪毙了。
石田正一	三二	五九师团河南市城防守备队	军曹	一九四三年至一九四四年	河南开封附近地区	曾拷问我三名被俘八路军，被该犯与其士兵灌凉水灌死了。
上阪胜	五〇	步兵第一六三联队长（五九师团）	少将	一九四四年	河南洛阳	指挥其一六三联队向华北进行了十余次大规模扫荡及若干次包围骚扰，在战斗中俘我游击队员百余名，均经检查审讯后送交师团俘掳收，然后强制作劳工或送交伪政府判处，在战斗中又大肆捕我和平居民送交伪法庭科刑，驱使伪军伪警搜查和平居民，或以日本宣抚班宣传其反共亲日滥言，以奴化我人民，此外更联合日伪特务机关，搜集我方军政情况。
彩本千代吉	三三	五九师团第四五大队机枪中队长	大尉	一九四二年六月	河南开封地区	该犯领四中队之士兵，射死五名我军被俘人员，另一名被其进行拷问，灌凉水审问我八路军消息。
铃木信吾	四二	六三师团七八独立大队三中队小队长	少尉	一九三九年间	河南省（县不详）	该犯曾将我被俘战士四人用刀刺死，并对我居民六人进行严刑拷打，更焚烧了三个村庄将财产抢夺一空。

姓名	年龄	部别职务	阶级	犯罪时间	犯罪地点	罪恶摘要
吉田兴次	三〇	前日军第三五师团二〇二联队上等兵	士级	一九四四年后	河南省一带	该犯参加对我八路军及居民进行了二十多次扫荡,在扫荡中强奸妇女,劫掠粮食以及其他物资并枪杀了我军被俘战士。
关口藤治	三四	前日军第十五独混旅团七八独立大队中队长	中尉	一九四四年六月—一九四四年七月	河南省马州英郭(译音)	该犯领导进行扫荡,逮捕我居民四人,该犯亲自审讯后杀掉。

（湖北省档案馆馆藏档案，档案号 ZN6—1—29—1）

15．井上重平的笔供（节选）

1．1940年5月上旬第三五师团二二〇联队联队长栗栖猛夫大佐的指挥下，兵力约700名，进攻河南省濮阳县濮阳时，炮兵中队第二小队第一分队弹药手的我（二等兵）曾以强奸为目的侵入民家，用刺刀威胁强迫强奸了一名17岁左右的中国农女。就此放置。

2．1941年6月中旬，在第三五师团第二二〇联队联队长栗栖猛夫大佐的指挥下，兵力约800名，进攻河南省济源附近某村时，作为炮兵中队的连络兵的我（兵长）曾以强奸为目的侵入民家，以枪刺威胁强迫强奸了一名40岁左右的中国和平农妇。就此放置。

证人：724号 木村礽夫

3．1941年6月下旬，在第三五师团第二二〇联队联队长栗栖猛夫大佐的指挥下，兵力约800名进攻河南省济源东北方约10公里远的某村时，作为炮兵中队的连络兵兵长的我，曾以强奸为目的而侵入民家，以枪刺威胁强迫强奸了一名30岁左右的中国和平农妇。就此放置。

证人：724号 木村礽夫

4．1941年10月中旬，在第三五师团第二二〇联队联队长栗栖猛夫大佐的指挥下，兵力约700名进攻河南省郑州南方30公里远的附近某村时，作为炮兵中队第二小队第一分队队长伍长的我，曾以强奸为目的侵入民家，以手枪威胁强迫强奸了一名中国和平农妇（35岁左右）。就此放置。

证人：734号 济藤武义

5．1942年10月上旬，在第五九师团第三旅团独步第四四大队长国井英一大佐的指挥下，兵力约400名侵攻山东省范县附近某村时，作为机关枪中队连络员伍长的我，曾以强奸为目的侵入民家，用手枪威胁强迫强奸一名40岁左右的中国农妇。

证人：24号 金子安次

……

10．1940年5月上旬到1940年6月上旬，在河南省新乡县新乡盘踞中，第三五师团二二〇联队穴泽队一等兵的我，曾以强奸为目的侵入新乡街，强迫强奸盘踞司令官栗栖猛夫大佐诱拘监禁的朝鲜妇女，20 岁左右，达 3 次。

11．1940 年 6 月下旬至 1940 年 11 月上旬，在河南省开封城内盘踞中，我（第三五师团佐佐木队的受教育兵上等兵），以强奸的目的侵入到开封市内，对盘踞司令官（二二一联队联队长）所诱致的朝鲜人民妇女，22 岁上下的强奸了 5 回，对 20 岁上下的妇女强奸了 5 回。

……

1954 年 8 月 15 日

（中央档案馆馆藏档案，档案号 119—2—449—1—5）

16．长田政雄的笔供

一、自1942年8月至1944年2月上旬之间，在山西省太原市，由于日本帝国主义的压迫和劫掠，对被夺去一切生活道路的中国妇女及朝鲜妇女，我进行强奸了。

小结	中国妇女	20 岁左右	3 名	5 次
	朝鲜妇女	19 岁左右	1 名	5 次

当时我是山西省新民东街宫崎商店店员。

二、自1944年3月至1945年6月之间，在平原省新乡市，根据一一七师团长铃木启久的命令，对抑压监禁的朝鲜妇女3名，我进行了强奸12次。

小结：朝鲜妇女，20岁左右，3名，12次。

当时我是第一一七师团第八七旅团第二〇四大队本部通信系下士官、军曹。

三、1944年7月左右，在平原省新乡东方滑县西方地区附近进行旅团侵略作战行动中，在离滑县西南某镇（地名不详）4公里左右的村庄里，我命令分队员野地定一上等兵掠夺侵入附近的民房，而使野地定一进行强奸了一名40岁左右中国妇女。从分队员柴田正纯一等兵听来的，确有此事。强奸后的处置没听说，不详。

小结：中国妇女，40岁左右，1名。

当时我是独立步兵第四旅团第二〇四大队通信队无线分队队长、伍长。

总计：强奸3件		
中国妇女	4 名	6 次
朝鲜妇女	4 名	17 次

1954 年 8 月 18 日

（中央档案馆馆藏档案，档案号 119—2—269—1—5）

17. 石田松雄的笔供

1. 1944 年 6 月下旬，在河南侵犯作战中，我是配属在一二军野战医院的患者收容队一等兵，在河南省许昌城内，以强奸的目的侵入许昌大街一头的民宅内，对一名 30 岁左右的中国妇女用刺刀强迫："如不听我的话就杀掉你。"在该房间内叫她把裤子脱下，我将她强奸了，结果将妇女弃于原地，我离开民宅后回部队去了。

2. 1943 年 10 月，我是五九师团野战医院临清疗养所收容队一等兵，在山东省临清县临清，为了强奸，侵入民宅内，对一名中国妇女（25 岁左右），欺骗说"给米"而将其强奸，结果将妇女弃于原地，我离开民宅后回到部队去了。

3. 1942 年至 1943 年 3 月之间，我是五九师团野战医院莱芜疗养所一等兵，在山东省莱芜县莱芜，为了强奸侵入房屋内，对被日本帝国主义诱惑监禁中的中国妇女 2 名（20 岁至 22 岁）及朝鲜妇女 3 名（20 岁至 25 岁左右）进行了强奸。

4. 1943 年 6 月至 1944 年 2 月之间，我是五九师团野战医院患者收容队一等兵，在山东省临清县临清，为了强奸，侵入房屋内，对被日本帝国主义诱惑监禁中的中国妇女 2 名（20 岁至 25 岁）及朝鲜妇女 4 名（18 岁至 23 岁）进行了强奸。

5. 1944 年至 1945 年 2 月之间，我是五九师团泰安野战医院患者收容队的一等兵、上等兵，在山东省泰安县泰安，为了强奸，侵入房屋内，对被日本帝国主义诱惑监禁中的中国妇女 3 名（年龄 20 岁至 25 岁）及朝鲜妇女（年龄 22 岁至 25 岁）4 名进行了强奸。

6. 1944 年 6 月，我是五九师团野战医院收容队一等兵，配属在一二军兵站医院，在河南省许昌，为了强奸而侵入房屋内，对被日本帝国主义诱惑监禁中的朝鲜妇女 3 名（20 岁至 25 岁）及中国妇女 2 名（18 岁至 20 岁）进行了强奸。

7. 1944 年 8 月，我是五九师团野战医院患者收容队一等兵，配属在一二军，在河南省新乡，为了强奸，侵入房屋内，对被日本帝国主义诱惑监禁中的朝鲜妇女 3 名（20 岁至 23 岁）进行了强奸。

8. 1945 年 6 月中旬，我是五九师团野战医院患者收容队上等兵，配属在一二军，在河南省方城，为了强奸，侵入房屋内，对日本帝国主义诱惑监禁中的朝鲜妇女 2 名（20 岁至 23 岁）进行了强奸。

9．1945 年 6 月中旬，我是五九师团野战医院患者收容队上等兵，配属在一二军，在河南省许昌，为了强奸，侵入房屋内，对被日本帝国主义诱惑监禁中的中国妇女 2 名（20 岁至 25 岁）以及朝鲜妇女 3 名（年龄 18 岁至 25 岁）进行了强奸。

10．1945 年 7 月上旬，我是五九师团野战医院患者收容队上等兵，在河南省新乡，为了强奸，侵入房屋内，对被日本帝国主义诱惑监禁中的朝鲜妇女 3 名（18 岁至 23 岁）进行了强奸。

证人：片桐济三郎

1954 年 8 月 20 日

（中央档案馆馆藏档案，档案号 119—2—490—1—5）

18．中田卯三郎等检举铃木启久的材料

在铃木启久亲自首谋实施的各个侵略作战期间，纵容其部下强奸（轮奸）了中国妇女11名，其部分事实如下：

1．1944年7月独立步兵第二〇四大队通信队无线电分队上等兵野地定一，在对延津作战期间，于某村强奸了中国妇女一名。

证人：长田政雄

2．1945年4月上旬独立步兵第二〇四大队迫击炮中队驭兵一等兵吉田兴次，在老河口侵略作战期间，于河南省李官桥强奸了一名中国妇女。

证人：吉田兴次

3．1945年5月中旬，独立步兵第三九一大队下司中队的士兵在第一二军老河口侵略作战期间，于河南省阴期镇轮奸了一名中国妇女。

证人：中田卯三郎

4．1945年4月上旬至5月下旬，独立步兵第三八八大队的翻译戴某在一二军老河口侵略期间，于河南省南阳城内强奸了一名中国妇女。

证人：清水勇吉

侮辱妇女：

自1944年3月至1945年8月上旬，铃木启久在河南省新乡、阳武、开封、兰封、郑州、广武、新郑、焦作、汲县等地，指使一一七师团隶属各部队强迫约200名中国和朝鲜妇女卖淫，蹂躏了其贞操。

证人：中田卯三郎　野田实　贵船正雄　关根德二
1955年4月28日于抚顺

（中央档案馆馆藏档案，档案号119—2—1—2—8）

19. 侦讯贵船正雄的总结意见书

贵船正雄，39 岁，1916 年生于日本冈山县。1942 年 4 月上旬侵入我国。在日本第一一○师团第一一○连队本部通信班，历任上等兵、伍长、军曹、少尉等职。1945 年 8 月 20 日在东北吉林省被捕。

（中略）

三、轮奸及强奸妇女罪

1943 年 10 月至 1945 年 1 月间，该犯充当少尉小队长、兵器通信暗号系等职务时，曾在河北省定县，河南省临汝县、新郑县等地，强奸中国妇女 2 名、被诱拐的朝鲜妇女 3 名，下令 130 名兽兵轮奸被诱扣的朝鲜妇女 6 名。

1954 年 8 月 14 日于抚顺市

（中央档案馆馆藏档案，档案号 119—2—1096—1—3）

20．侦讯片桐济三郎的总结意见书

片桐济三郎，男，现年 40 岁，日本新泻县南鱼沼郡六日町人，寻常高小学校毕业，军人出身。1936 年 3 月参加前日本陆军第三师团第一八联队，充任上等兵受卫生教育，以后在第一二师团第四八联队，第五九师等野战医院，任卫生兵长、伍长、军曹等职，1945 年 8 月 20 日在朝鲜咸兴被苏军逮捕。

经侦讯结果，该犯参加侵略我国战争中，犯有如下罪行：

（中略）

二、强奸、放火、掠夺及奴役我和平居民罪

该犯自侵入我国至日本投降，在我国山西省大同、代县、河南省方城、内乡等地，用武器威胁强奸妇女 12 名，胁迫奸污我国及朝鲜妇女 14 名。

（下略）

1954 年 10 月 20 日

（中央档案馆馆藏档案，档案号 119—2—206—1—3）

21．金泽一江的口供

金泽一江，现年 35 岁，住日本北海道勇拂郡苫小牧町荣町 32 号，是原日本陆军一一七师团八八旅团独立步兵三八八大队四中队上等兵。于 1943 年 4 月侵入中国山东省冠县，编入原五九师团五三旅团二等兵。自 1943 年 4 月到 1945 年 8 月间，于五九师团五三旅团四二大队及一一七师团八八旅三八八大队曾充当二等兵、一等兵、上等兵、分队员、联络系、情报助手、教育助手，并于 1945 年 7 月在旅顺预备下士官教导队受训一个月，随后追升为兵长，于 1945 年 8 月 19 日在东北公主岭被捕。

问：你把轮奸中国妇女的罪行详细讲一讲吧。

答：我于 1944 年 11 月在河南省荥阳县须水镇充当情报助手时，叫须水镇伪公所由郑州带来 2 名中国妇女，年龄 20 岁左右，监禁在一个屋里，我们分屯队士兵 15 名互相轮奸一夜，第二天早上送回去了，我直接参加轮奸，自己应负轮奸妇女罪恶的责任。

（中央档案馆馆藏档案，档案号 119—2—256—1—4）

22．铃木启久的口供

问：你任第二七步兵团长时期的罪行还有什么补充？

答：1941年10月至1942年10月间在天津唐山地区实施了经济封锁，除在车站设立监视哨外，命令天津盐务局和各县顾问严禁食盐、粮食和炭流入外地，并命令铁路警察护队进行监督，对违反者即进行没收，掠夺了大批物资。另外在各县强抓了劳工900余名送往东北进行劳役，并在各驻扎地设立慰安所，抓了60名妇女为慰安妇进行奸淫。

（中略）

问：你在河南地区还犯有哪些罪行？

答：我为了实验以空气注射的杀人方法，于1945年春在怀庆的师团野战医院命令该院院附野田实将一名中国人进行实验而杀害了。……并协助了三井和在天津的森财阀掠夺焦作的煤矿和怀庆西方地区的石油。另外在日本驻扎的地区设立了慰安所，抓了60名妇女为慰安妇进行奸淫。

1955年5月6日于抚顺

（中央档案馆馆藏档案，档案号119—2—1—1—4）

23. 轮奸

1938 年 5 月初，北支那派遣第一〇八师团野炮兵第一〇八联队第三大队本部侵入河南省博爱县清化镇北方约 6 公里的有 100 余户人家的村庄，并驻屯于该地。大队长谷本源一侵吞了士兵的酒肴，召集将校们举行宴会，士兵们则闯进过着和平生活的农民家中强奸妇女，并随手掠夺财物。

当时我是一等兵，担任大队本部的事务员。5 月 8 日正午，我去喂马时，看见了不少中国农村妇女拾着散在地上的马料。其中有一名 17 岁左右的少女，和好像是她母亲似的一位老大娘，她们一起用心地收拾着高粱粒。我一见她们，就和同去的在本部管大行李的一等兵樋口、成田、阿部及齐藤等 4 人合计，企图要强奸这个少女。我们两人做一组向少女迫近。但少女察觉了我们的举动，马上站起来拉着母亲的手跑了。他们跑到我们所预料的马粮仓库的旁边，于是埋伏在这里的阿部和樋口捕捉了这娘儿俩。少女被我们 5 个鬼子围住，她害怕而发抖地捉住她的母亲。樋口踢开了她的母亲的筐子，我和成田、阿部将少女抱起，她母亲哭着不放樋口，放声哀求。但我把少女抱着到马粮仓库里去，又推倒在草袋上，马上把她那褐色而满是补丁的裤子剥下，压住她弱小的肢体。少女扭着身抵抗，发出尖锐的悲叫声，向在户外的母亲求救。我如此地把那和母亲过和平日子的少女，作了自己兽欲的牺牲品。被我强奸的少女，血红着眼，拿着被剥下去的裤子站了起来。但我马上又把她的裤子夺去，将她推倒，她睁开眼睛仇视着我。这样我就叫进正在仓库门口等待的阿部。少女又被压在草袋上，受到第二次奸污。我出屋外，斜视着抱这筐子惊慌等待女儿的老大娘，向成田等人走去。最后成田强奸的时候，我又到仓库里去，看见少女，她已经精疲力尽地躺在地上，把两腿半开，苍白的脸上流着眼泪。

被 5 个鬼子轮奸的少女受到忍无可忍的欺凌，慌乱地披着头发，蹒跚地出去。她发出像疯人似的叫唤，挨近了她的年老母亲，少女抱住母亲哽咽着。然而我呢，却嘻嘻哈哈地笑着。我真不是人，是个畜生。为了活下去，拾高粱粒的少女如此被污辱了纯洁的贞操，被蹂躏了尊贵的青春和喜悦，受到永久不能治愈的侮辱和悲哀。

这样的军队，这样的士兵就是所谓"皇军"的真面目。

前山西省临汾陆军特务机关报导主任

前山西省政府建设厅所属山西省辅助人民兴渠测导队副队长

高梨文雄

（《侦讯日本战犯纪实（太原）》，引自中央档案馆等编：《日本侵略华北罪行档案·9·性暴力》，河北人民出版社 2005 年版，第 171、172 页）

24．日本强征"慰安妇"

编者按：最近发现，在 1946 年 5 月天津地方法院填报的《敌人罪行调查表》中，有记录 1944 年 4、5 月间驻天津日本防卫司令部强征中国妓女 80 名，送往河南慰劳日军的史料一件，并附有见证人出具的切结及 80 名"慰安妇"的人名单。此件现存北京市档案馆藏河北高等法院档案全宗内，已收入。

敌人罪行调查表

<table>
<tr><td rowspan="3">罪行人</td><td>姓名</td><td>不知</td><td>官职或职业</td><td colspan="4"></td></tr>
<tr><td rowspan="2">所属部队或机关</td><td>名称</td><td colspan="5">天津日本防卫司令部</td></tr>
<tr><td>官长姓名</td><td>不知</td><td>官职或职业</td><td colspan="3"></td></tr>
<tr><td rowspan="3">被害人</td><td>姓名</td><td>天津妓女 80 名</td><td>性别</td><td></td><td>年龄</td><td></td><td>籍贯</td><td></td></tr>
<tr><td>被害时职业</td><td>妓女</td><td>现在职业</td><td colspan="5"></td></tr>
<tr><td>被害时住所</td><td></td><td>现在住所</td><td colspan="5"></td></tr>
<tr><td rowspan="2">罪行人</td><td>日期</td><td>民国三十三年五月间</td><td>地点</td><td colspan="5">天津日本防卫司令部</td></tr>
<tr><td>罪行种类</td><td colspan="7">勒索非法或过度之捐款与征发</td></tr>
<tr><td rowspan="2">事实</td><td>被害详情</td><td colspan="7">民国三十三年四五月间，乐户公会忽被天津特别市政府伪警局传令到局听命，时该会长在家养病，由该会文书周谦代往，到局后伪科长言及奉天津日本防卫司令部命，征集妓女 150 名，前往河南慰劳敌军，限次日交齐。该周谦即陈述妓女困苦情形，并家属无人维持生活，请体恤免征等语。该伪科长不允，周谦即请宽限而退。经通知各乐户代表计议后，周谦复到伪警局请求免征，伪科长严加申斥，并迫令次日集中警察医院出发。周谦回会宣告一切，因此妓女逃匿，乐户闭门，届时无妓女送往，伪科长及日人派警士多人至娼窑，强行抓捕妓女 80 名，由伪警局送至天津日本防卫司令部点名后上火车南下。该妓女等在敌军 2 月余始得放回。</td></tr>
<tr><td rowspan="2">证据</td><td>人证</td><td colspan="7">乙种结文一件</td></tr>
<tr><td>物证</td><td colspan="7"></td></tr>
<tr><td>备考</td><td colspan="8">因被害人系妓女，时有迁移、死亡及嫁人者，故该妓女等姓名、住址、年龄未能调查详确，并无法取具甲种结文，仅由乐户公会出具乙种结文作证。</td></tr>
</table>

调查者：天津地方法院检察官陈文泽　　调查日期：民国三十五年五月六日

结文（乙）

余谨将亲见敌人罪行之事实，据实陈述如下：

为具结事。奉钧处派员来会调查战时损害情形，谕令据实报告。等因奉此。谨将三十三年四五月间敌寇强征妓女至河南省慰劳前方敌军之经过，详述于下：

窃职会于三十三年四五月间，不记日期，忽奉伪警察局电传训话。缘会长在乡养病，由民代往。经科长（保安科）谕曰：天津日本防卫司令部着征集妓女150 名前往河南慰劳军士，限次日交齐，开具名单呈局。等因。民即向科长声述困难情形，妓女多数被家所累，生计所迫，一人营业，养活全家，一经被征，全家生活顿绝，且远去河南，接近战地，任何人不敢前往，请体恤免征。科长严词驳斥，于是民请求宽限而退。回会即通知各乐户代表人讨论，一致决议具呈请求免征，最好由局方出示招募，应募者之家属生活费由会方筹措之方法。为请将呈文面递，又经科长申斥，谓军令不能违抗，勒令速办，派员到会，召集各乐户，谕令于次日上午献纳妓女，送至警察医院集中点验。等因。妓女闻耗避匿，乐户只得闭门，全市乐户顿成罢业状态。届时无妓送往，科长及日人在警察医院，派警将民传去，严斥民报告妓女避匿、乐户闭门之语。防卫司令部日人又向科长严催，科长即派警员警察至乐户强征 52 人，因人数不到半数，又在私娼抓去 28 人。卒于下午即解至天津日本防卫司令部，点名完毕，经送至车站运走之时，妓女家属离别之情，痛哭之状，惨不忍睹。会方为维护妓女途中安全、茶水便利起见，所以雇佣妓女之家属 2 人为照料之员役，薪金由会出资。去后约两月之时期，由员役持该敌军之路单照料，妓女平安返津，仍在警察医院集中，通知家属领回，各该妓女因此回家不再营业。上述经过，皆系实在，职会非被害之人，谨陈述经过之事实，立于证明地位，合具切结是实。

以上所述，全系事实，并无虚伪。如上项敌人罪行，将来可受法庭审判时，余愿居于告发人或证人之地位。倘有虚伪，愿受诬告或伪证之处罚。此结。

具结人	姓名	周谦
	性别	男
	年龄	六十一
	籍贯	广东中山
	职业	天津乐户同业公会文书
	永久住址	天津南市丹桂后十七号

陈述前已告以具结之意义，及诬告伪证之处罚。陈述后，又令具结人阅览并向其朗读，经承认无异。

调查人	姓名	陈文泽
	性别	男
	年龄	五十五
	籍贯	河北霸县
	职衔	天津地方法院检察官
	住址	天津梁家嘴正德里五号

中华民国三十五年五月六日具结

民国三十三年五月敌强制征发赴阵前劳军天津妓女名单
天津市乐户联合会

李凤琴	赵艳芬	陈姝姬	王嫣娥	侯淑芬	何美容	虞娟娟
张凤楼	周俪俪	高姗姗	唐霞君	王素琪	安秀雯	冯苔芳
杜芷芸	赵淑娃	季凤仙	贺小兰	马凤兰	蒋艳茹	华翠花
郑贵花	李筱红	夏贵兰	尤爱霞	苗彩霞	蔺凤喜	庞红宝
朱素琴	葛翠娥	魏雅茹	吕贵卿	张金宝	刘芳茹	霍双喜
翟凤霞	崔爱卿	佟爱乔	林小兰	薛荷花	杨桂花	韩素兰
阎爱茹	白雅琴	左小青	毛秀琴	罗宝卿	曹红喜	刘淑芬
赵红霞	许小龄	姜雅乔	石俊卿	武秀贞	谢春兰	陆宝红
谭秀霞	宋淑卿	陈小茹	张贵仙	金翠乔	徐贵芬	贾兰花
冀翠莲	常小凤	张俊霞	米贵珍	冯艳红	秦少卿	史玉花
沈爱卿	孔红宝	魏秀云	孙美容	高艳霞	陶月仙	窦玉芳
乔友琴	陈月樵	于宝龄				

（录自《北京档案史料》编辑部编：《北京档案史料》1995 年第 2 期）

25．河南省公署五月下旬治安强化运动报告书

（民国三十一年五月）

主旨

治安强化运动已经过发端期而步入前进期，本省鉴于物理之惰性作用，惟恐此运动经时既久，逐渐失其热烈性，而有日趋衰微之势，于是督率全体官民，本自强不息之精神，再接再厉，从事于宣传与实践等工作，而况际兹青纱帐起，地方情势，益形严重，对于治安工作更须加以积极强化与整备，以为应付此项紧急问题之要施。

宣传工作

一、利用新河南日报实行后方扩大宣传，关于河南省北部之讨伐战况及政治班宣扶等工作，尽量刊载，实行后方扩大宣传，俾为本省治安强化工作之一助也。二、利用端节，所有宣传科各项例行之宣传工作，如画剧班，讲演班等，利用端节民众逍闲之时机，极力宣传，表现民众已得安居乐业之幸福。三、利用民众月刊，宣传科本月份所出版之第八期河南民众月刊，尽量刊载关于治安强化运动之文字。四、河南省立农林学校举行防共运动周，规定自 21 日至 27 日一周间为防共运动周，表现治安服务之精神，在治安强化运动委员会宣传本部指导协力之下，作种种防共宣传。

实践工作

甲、省会方面：（一）举行拨纱运动，由省公署各厅处及本市各机关之公务人员参加之，以表现勤劳奉仕之精神，而巩固开封市之城防。（二）举办欢迎陈省长赴日观光归国市民大会，由省公署及市公署主办于 21 日举行之。（三）举行全市小学生演讲比赛会，由市公署主办，于 24 日举行之，所有演说词之内容，尽量加入治安强化之材料。（四）组织豫北道县政视察团，由陈省长、赵民政厅长、郭财政厅长及其他人员组成之，于 23 日至 27 日五日间，赴豫北道区视察县政，及地方治安情况。（五）端午节防警备，由警务厅督同省会警察署于端午节

前后严行节防警备。（六）其他一切含有永久性之治安强化工作，均照例切实办理之。

乙、各县方面：各县公署均能根据地方实际情形，努力于治安工作，对于民政建设警务以及其他各项施政，莫不因时制宜，因势制宜，以治安强化为重心工作，联络各关系方面，尽心竭力以赴之。

工作效果

（一）河南省各县治安之恢复较晚，二年来各地方不断发生游匪扰乱治安之事件，自治安强化运动发动以来，维护治安之组织日臻紧密，治安实力日渐充足，以致匪徒敛迹，日趋消灭，而各县匪警次数遂立见减少，此为最显著之效果。（二）河南省区因地方治安不良，警备工作无时或疏，官民兢兢防护，惟恐有异。最近本省北部之大讨伐战，使地方警备力量不无移动之处，然各县镇仍安睹如常，民众各安生业，此亦治安强化工作之效果也。

（中国第二历史档案馆馆藏档案，档案号 2005—2—234）

26. 抗战中人口与财产所受损失统计（财产直接损失）

地域别	共计	各项主体财产直接损失						
		机关	学校	农业	矿业	工业	公用事业	商业
统计	1,838,304,123.66	52,009,826.14	18,073,990.33	2,362,923.19	16,793.97	53,674,117.82	407,791.01	5,026,477.30
江苏	1,843,837.90	10,199.96	1,121,917.00	293,233.59	—	103,654.35	—	—
浙江	290,526.05	406.05	—	—	—	—	—	—
安徽	7,102,095.82	102,270.64	45,331.90	341,675.20	—	104,887.00	3,750.60	957,689.68
江西	1,950,736.00	796,814.69	181.00	703,253.00	—	31,801.98	303.75	357,312.90
湖北	887,470.53	172,597.87	321,155.00	550.00	—	230,278.28	2,811.40	90,319.00
湖南	380,061.50	15,528.01	5,000.00	—	380.76	203,103.62	6,307.11	12,293.00
四川	5,309,023.19	96,573.17	54,600.00	58,722.50	—	36,831.00	11,489.32	1,675,953.10
河北	268,146.50	265,516.50	—	—	—	—	—	—
山东	227,656.28	217,026.28	—	—	—	—	—	—
山西	595,748.00	583,749.00	—	—	—	—	—	—
河南	151,108,749.06	471,505.91	75,735.70	254,389.95	—	125,834.70	—	651,278.80
陕西	139,294.71	55,417.69	5,254.00	685.00	683.00	—	215.52	—
甘肃	9,866.46	907.28	—	—	1,888.53	—	6,035.65	—
福建	7,956,338.97	233,054.90	2,016,234.36	291,431.00	—	417,214.00	4,766.50	671,089.84
广东	32,601,526.52	252,014.02	4,257,742.48	—	—	26,405,997.14	—	218,302.18
广西	3,587,149.39	335,994.52	673,649.77	608,982.95	—	299,683.73	25,496.77	348,920.80

续表

各项主体财产直接损失

地域别	共计	机关	学校	农业	矿业	工业	公用事业	商业
云南	32,210.00	—	—	—	—	—	—	31,000.00
贵州	38,919.50	34,455.47	2,642.44	—	—	690.93	4,550.66	—
察哈尔	114,614.10	114,664.10	—	—	—	—	—	—
绥远	77,215.90	77,215.90	—	—	—	—	—	—
宁夏	16.80	16.80	—	—	—	—	—	—
新疆	25.00	—	—	—	—	—	—	—
南京	13,308,690.2	12,702,597.66	592,130.79	—	—	13,961.57	—	—
上海	5,343,678.41	—	5,313,595.46	—	—	4,510.95	—	—
北平	1,176,654.60	9,668.00	1,162,531.60	—	—	—	—	—
天津	272,120.00	272,120.00	—	—	—	—	—	—
青岛	2,430,723.67	—	2,422,422.83	—	—	8,300.84	—	—
西安	211,740,141.00	6,354.00	—	—	—	20,388,243.00	—	212,318.00
重庆	837,232.88	80,162.82	—	—	—	401,005.73	342,064.33	—
不能分区	1,711,306,076.70	33,358,885.85	3,970.00	—	—	3,493,643.85	—	—
未详	2,666,427.90	1,748,112.07	—	—	1,3841.68	904,474.0	—	—

（湖北省档案馆馆藏档案，档案号 A1－2－185）

地域别	各项主要财产间接损失								
	共计	机关	学校	农业	矿业	工业	公用事业	商业	金融事业
统计									
江苏	90,292.58								
浙江									
安徽									
江西									269,53
湖北									
湖南									
四川									
西康									
河北									
山东									
山西									
河南	2,396,687.65								
陕西									
甘肃									
福建									
广东									
广西									550.00
云南									
贵州									
南京									
上海									
北平									
重庆									
不能分区									
未详									

续表

① 原因别

原因别	共计					重伤					轻伤					死亡				
	小计	男	女	童	不明	小计	男	女	童	不明	小计	男	女	童	不明	小计	男	女	童	不明
统计	16,687	9,866	4,569	1,706	546	3,260	1,800	1,024	302	134	3,810	2,202	1,077	487	44	9,617	5,864	2,468	917	368
被日军进攻	4,553	2,682	1,084	449	338	760	380	160	91	124	620	249	188	160	23	3,169	2,053	727	198	191
被日机轰炸	11,430	6,748	3,274	1,220	188	2,440	1,390	841	203	10	3,128	1,920	867	320	21	5,858	3,438	1,566	697	157
被日炮轰	105	49	26	30	—	31	15	8	8	—	27	14	7	6	—	47	20	11	16	—
其他原因	7	7	—	—	—	2	2	—	—	—	1	1	—	—	—	4	4	—	—	—
未详	592	380	185	7	20	19	13	6	—	—	34	18	15	6	—	539	349	164	6	20

② 地域别

地域别	共计					重伤					轻伤					死亡					查报县市数
	小计	男	女	童	不明	小计	男	女	童	不明	小计	男	女	童	不明	小计	男	女	童	不明	
统计	16,687	9,866	4,569	1,706	546	3,260	1,800	1,024	302	134	3,810	2,202	1,077	487	44	9,617	5,864	2,468	917	368	
浙江	4	4	—	—	—	—	—	—	—	—	2	2	—	—	—	2	2	—	—	—	1
安徽	3,045	2,001	682	170	192	498	304	121	44	29	358	180	118	39	21	2,189	1,517	443	87	142	13
江西	115	64	33	15	3	17	9	7	1	—	36	21	13	2	—	62	34	13	12	3	9
湖北	230	136	70	19	5	38	15	18	5	—	99	62	29	3	5	93	59	23	11	—	5
湖南	85	49	19	17	—	28	18	5	5	—	7	3	1	3	—	50	28	13	9	—	2
四川	4,204	2,461	1,317	361	65	1,026	564	390	67	5	1,245	699	406	137	3	1,933	1,198	521	157	57	11
河南	4,761	2,789	1,257	502	213	904	478	228	100	98	820	523	198	91	8	3,037	1,788	831	311	107	29
陕西	36	11	15	10	—	11	4	4	3	—	6	1	4	1	—	19	6	7	6	—	2
福建	1,526	683	503	284	56	362	170	138	52	2	346	156	112	71	7	818	357	253	161	47	17
广东	1,021	581	245	186	9	93	65	20	7	—	368	188	71	100	—	560	327	154	70	9	11
广西	799	556	190	52	1	128	85	39	4	—	314	226	73	15	—	357	245	78	33	1	18

地域别	共计					重伤					轻伤					死亡					查报县市数
	小计	男	女	童	不明	小计	男	女	童	不明	小计	男	女	童	不明	小计	男	女	童	不明	
云南	69	30	36	3	—	16	10	6	—	—	27	11	15	1	—	66	9	15	2	—	1
贵州	7	7	—	—	—	2	2	—	—	—	3	3	—	—	—	2	2	—	—	—	1
西京	785	494	202	87	2	137	75	48	14	2	179	127	37	15	—	469	292	117	58	2	1

材料来源：根据主计处截止民国二十九年十二月底收到到行政院调查报表汇编（湖北省省档案馆馆藏档案，档案号 A1—2—185）

27．河南省公私文物损失数量及估价目录

书籍	公	三五四〇〇册	另二二种	贰万陆仟贰佰玖拾元
	私	二八八六册	另二七种	贰仟贰佰贰拾伍元
字画	公	八八件		陆仟叁佰元
	私	一〇件		柒佰叁拾元
碑帖	公			
	私	一〇一件		壹仟零壹拾陆元
古物	公	六七四三件		肆万捌仟肆佰元
	私	一〇件		贰佰壹拾元
古迹	公	三一五处		伍拾捌万贰仟叁佰元
	私			
合计		四六一九六件	另三一五处	陆拾陆万柒仟捌佰柒拾壹元

物主	地址	文物类别	数量	损失情形	估计价值
中央研究院河南省政府合组河南古迹研究会		书籍 古物	三〇〇〇册 六五〇〇件	民国廿七年开封沦陷后损失	壹仟柒佰元 玖仟柒佰元
河南大学	开封	书籍	一九种	民国三十三年五月在嵩县潭头镇被敌毁损	壹仟柒佰元
河南省图书馆	开封	字画	一六幅	民国二十七年五月在南阳被敌机炸毁	肆仟元
河南省立博物馆	开封	古物	五三件	民国三十一年及卅二年经数次被敌迫献	壹万肆仟捌佰元
河南省通志馆	开封	书籍	八〇〇〇册	民国二十九年至三十四年间在开封南刘府胡同二十六号被劫	伍仟元
宛中图书馆	南阳	书籍	二三〇〇〇册	南阳沦陷时被毁	壹万贰仟元
南阳民教馆及汉书馆		书板 壁画 古物	一〇〇〇面 六四幅 一七〇件	民国三十四年五月南阳陷落时被焚	伍仟元 柒佰元 壹万元
南阳诸葛庐		书籍 字画 古物 古迹	四〇〇套 六幅 一六件 六座	民国三十四年二月在卧龙岗被毁损	柒佰肆拾元 陆拾元 壹仟玖佰元 陆仟三佰元

物主	地址	文物类别	数量	损失情形	估计价值
南阳玄妙观		书籍 字画 古物 古建物	三种 二件 四件 一〇三处	民国二十七年春及三十四年二月被毁	壹佰伍拾元 壹仟元 壹万贰仟元 拾肆万陆仟元
泌阳县		古迹	五所	民国三十年二月在本县被敌焚毁	陆万元
开封		古迹	一处	民国二十七年被敌炮毁损	柒万元
洛阳龙门		古迹	一处	民国三十三年被敌毁损	拾万元
巩县石窟寺		古迹	二〇〇尊	巩县陷落时被敌毁损失大半	贰拾万元
侯宗禹	开封省立博物馆	书籍 字画 碑帖	一五种 二件 一〇件	开封失陷时损失	贰佰柒拾伍元 肆拾元 壹拾陆元
段凌辰	开封龙虎街30号	书籍 碑帖	八八四册 一〇〇〇种	民国二十七年在开封被敌焚毁	共贰仟元
张清涟	开封塔棚庙街	书籍	一〇册	民国三十四年春在淅川县损失	伍佰元
张森祯	国立河南大学	书籍	一九九二册	民国二十七年六月及三十三年五月在开封、嵩县陷落时损失	伍佰叁拾元
冯翰飞	开封三眼井15号	书籍 字画 古物	六种 五件 七件	民国二十七年开封沦陷时被劫	贰佰元 贰佰伍拾元 壹佰玖拾元
熊伯乾	开封解放胡同二号	书籍 字画 古物	六种 三件 三件	民国二十七年七月在开封本寓被劫	壹佰贰拾元 捌拾元 贰拾元

（中国第二历史档案馆馆藏档案，全宗号 5，案卷号 11707）

28. 孟文卿财产损失报告单

1945 年 11 月 11 日

损失年月日	事件	地点	损失要目	购置年月	单位	数量	价值 国币元 购置时价值	损失时价值	证件
33.4.30	进攻	孟岭	骆	31.2.30	个	2	200,000	400,000	
			皮箱	32.8	个	2	20,000	40,000	
			红缎被	31.9	条	2	9,000	36,000	
			绸衫	31.8.20	件	3	7,000	35,000	
			小麦	32.3	石	100	90,000	180,000	
			狐皮大衣	30.5	件	1	19,500	25,000	
			羊皮大衣	30.6	件	1	7,000	15,000	
			俄国毡	32.1	条	1	20,000	30,000	
			虎皮褥	30.7	件	1	3,000	8,000	
			布被	29.6	条	5	17,000	20,000	
			大氅毛织物	31.1	件	1	39,000	50,000	
			眼镜	32.8	付	3	37,000	50,000	
			制服	31.7	身	3	19,000	21,000	
			暖壶	32.2	把	2	10,000	18,000	
			座钟	31.1	架	1	9,000	10,000	
			线麻	32.4	斤	200	50,000	70,000	
			棉花	32.6	斤	100	50,000	50,000	
			麦	32.4	斤	4,000	100,000	120,000	
			马	32.9	头	1	100,000	130,000	
			条琴	30.7	张	1	110,000	150,000	
			柜桌	33.1	张	1	8,000	10,000	
			方桌	33.2	张	3	15,000	30,000	
			斗桌	30.7	张	4	19,000	28,000	
			大柜	32.2	个	1	10,000	15,000	
			柜箱	34.3	个	1	10,000	10,000	
			学师桌	30.6	对	2	15,000	16,000	
			板凳	31.7	条	10	3,000	3,000	
			橡板	31.1	方丈	2	40,000	40,000	
			大门	32.2	全	2	9,000	10,000	

损失 年月日	事件	地点	损失 要目	购置 年月	单位	数量	价值 购置时 价值	国币元 损失时 价值	证件
			单桌	32.3	张	3	14,000	15,000	
			马兀	30.9	对	1	9,000	10,000	
			衣架	30.8	条	1	700	800	
			毛布袋	32.1	条	4	3,000	4,000	
			蔴包	30.9	个	20	7,000	10,000	
			板锄	32.2	张	2	15,000	20,000	
			鲁琪光书对	30.6	付	1	7,000	8,000	
			王廷式书对	30.6	付	1	6,000	8,000	
			王严书对	30.6	付	1	4,000	5,000	
			林东郊书对	30.6	付	1	3,000	4,000	
			于右任书对	30.6	付	1			
			袁丹鼎书对	30.7	付	1	4,000	4,000	
			秦树声书对	30.6	付	1	4,000	5,000	
			马远画山水中堂	30.9	轴	1	70,000	80,000	
			蓝瑛画梅挂中堂	29.7	轴	1	60,000	80,000	
			王铎画丁甲条山	29.7	轴	1	60,000	60,000	
			王铎草字条山	28.6	轴	1	30,000	50,000	
			高其佩英雄独立中堂	25.7	轴	1	50,000	60,000	
			董其昌画山水条山	29.7	轴	1	40,000	60,000	
			秦桂一画手卷	29.5	个	1	40,000	50,000	

损失年月日	事件	地点	损失要目	购置年月	单位	数量	价值 国币元		证件
							购置时价值	损失时价值	
			曹鸿勋写屏	28.8	条	4	15,000	20,000	
			毛树棠写屏	30.6	条	6	20,000	30,000	
			曾国荃书对	31.7	付	1	7,000	8,000	
			张抱初书	32.4	部	1	9,000	10,000	
			唐史大观	33.1	部	1	15,000	18,000	
			偃师县志	33.1	部	1	30,000	50,000	
			新安县志	32.1	部	1	39,000	50,000	
			闵乡县志	33.1	部	1	40,000	50,000	
			渑池县志	33.1	部	1	37,000	50,000	
			渑池旧县志	30.9	部	1	39,000	50,000	
			淳化帖	30.7	部	1	18,000	20,000	
			汝贴	30.7	部	1	9,000	12,000	
			幽兰赋	30.7	部	1	7,000	10,000	
			三体石经	31.6	张	六	1,000	10,000	
			朱子三全	32.1	部	1	10,000	15,000	
			司马温公全集一部	32.1	部	1	9,000	12,000	
			御批通鉴辑览一部	32.1	部	1	10,000	15,000	
			王凤洲纲鉴一部	31.7	部	1	9,000	10,000	
			仪礼仪疏一部	31.7	部	1	3,000	8,000	
			春秋大事年表一部	30.9	部	1	9,000	10,000	
			水经注一部	30.9	部	1	7,000	10,000	
			曹月川遗书一部	30.6	部	1	10,000	12,000	
			工程全书一部	30.7	部	1	13,000	15,000	
			新世纪英文读本三册	29.6	册	3	10,000	15,000	
			环瀛志一部	30.8	巨册	1	1,000	2,000	

受损失者　孟文卿

（三门峡市档案馆馆藏档案，全宗号125，案卷号101）

29．新乡县抗战期间文献损失调查表

1947 年 4 月

类别	册类	原价	现价	备考
辞源	上下二册	叁仟陆百元	拾陆万伍仟元	全失
各科教育挂图	二十四幅	共贰仟捌百元	拾伍万陆仟元	现存三幅
国父遗像	四幅	共壹仟贰百元	贰万陆仟元	现存一幅
中国地图	一幅	肆百元	壹万肆仟元	遗失
世界地图	一幅	伍百元	壹万陆仟元	遗失
中国分省地图详解	一本	陆百元	壹万柒仟元	遗失
历史教材	六册	共陆百元	壹万贰仟元	遗失

（河南省档案馆馆藏档案，档案号 M8—30—0856）

30．安阳县古物保存委员会抗战期间文献损失调查表

1946 年 12 月 21 日

类别	册类	原价	现价	备考
西藏溜金镶宝石古佛像		五万元	五亿元	连座带光高计五尺
西藏溜金镶宝石古佛像	药师佛像三尊			连座带光高计五尺
				民国廿七年三月日酉土肥原部之副官长兼彰德特务机关长名中申者将此古佛像三尊用汽车拉去

（河南省档案馆馆藏档案，档案号 M8—53—1637）

31. 焦作市文化教育事业损失统计表

1946年6月11日

项目 学种 校类 数目	战前存		战争中被敌摧毁		现需恢复	
	座数	学生数	座数	损失总值	座数	需救济费
大　　　学	1	230	1			
中　　　学	2	760	2			
乡师或职业学校	—	—	—			
高　　　小	4	2,700	4			
初　　　小	2	420	2			
民教馆和图书馆	—	—	—			
合　　　计	9	4,110	9			
说明						

（新乡市档案馆馆藏档案，档案号4—92）

32．济源县文化教育事业损失统计表

1946 年 7 月 10 日

项目数目\学校种类	战前有		战争中被敌摧毁		现需恢复	
	座数	学生数	座数	损失总值	座数	需救济费
大　　　　学						
中　　　　学	1	60	1	约 40 万元	1	2,618,610 元
乡师或职业学校	2	300	2	约 280 万元	1	2,695,580 元
高　　　　小	19	5,700	19	约 2850 万元	17	187,976,5
初　　　　小	380	60,000	380	约一万元	155	60 元
民教馆或图书馆	2		2	无可稽考		
备考	1. 原有乡师一处在庙道镇内，附设初中一班，今豫北中学拟用该处地址，故乡师暂不筹设。 2. 职业学校仅工读中学一处。 3. 原有民教馆，图书馆（均在城内）地址，现成一片瓦砾，无法统计。					

（河南省档案馆馆藏档案，档案号 118—01—009—4）

（二）文献资料①

1. 河南省各县城市破坏程度一览表
善后救济总署河南分署秘书室

1946 年 4 月 15 日

县镇名称	破坏程度	灾害种类	备考	县镇名称	破坏程度	灾害种类	备考
西峡口	90%	战灾破坏	内乡属	太康	40%	水灾	
驻马店	80%	空袭破坏	确山属	汲县	40%	匪灾	
郑州	70%	空袭与战灾		卢氏	40%	战灾	
罗山	70%			嵩县	40%	战灾	
洛阳	60%	空袭与战灾		朱仙镇	40%	水灾与战灾	开封属
西华	60%	水灾		武陟	40%	水灾匪灾	
南阳	50%	战灾		洛宁	40%	战灾	
信阳	60%	战灾		固始	40%		
中牟	50%	水灾		商城	40%	战灾	
扶沟	50%	水灾		开封	30%	盟军炸敌人时波及	
鄢陵	50%	水灾		安阳	30%	战匪灾	
周口镇	50%	战灾与水灾	商淮共管	济源	30%	战匪灾	
镇平	50%	战灾		修武	30%	战灾水灾	
内乡	50%	战灾		温县	30%	战匪灾	
淅川	50%	战灾		临漳	30%	战匪灾	
新野	50%	战灾		林县	30%	战匪灾	
邓县	50%	战灾		道口	80%	战匪灾	
沁阳	50%	战灾水灾		博爱	30%	战匪灾	
焦作镇	50%	匪灾	修武属	叶县	30%	战灾	
灵宝	50%	战灾		确山	30%	战匪灾	
孟县	70%	战灾水灾		新乡	30%	战匪灾	
舞阳	50%	战匪灾		南召	30%	战灾	
许昌	40%	战灾		鲁山	30%	战灾	
陕县	40%	战灾		泌阳	30%	战灾	
潢川	40%	战灾		桐柏	30%	战匪灾	
淮阳	40%	水灾与战灾		漯河	30%	战灾	郾城属
通许	40%	水灾与匪灾		郾城	30%	战灾	
尉氏	40%	水灾					
说明	一、本表所列各县镇破坏系百分之三十以上者。 二、氾区各县亦因战灾而波及故亦列入。 三、其破坏程度较轻及不详者未予填列。						

（《善后救济总署河南分署周报》第一四期，河南省图书馆馆藏，F717）

---

① 以下文献资料中，涉及财产损失的货币统计数据，凡未标明币种者均为法币（亦称为国币）。特此说明。

2．河南省抗日战争期间公私财产直接间接损失

单位：元

项目			总计	直接损失	间接损失
总计			14,070,715,913,184	13,839,057,361,782	234,658,596,402
省县政府及所属			736,178,807,497	504,817,432,082	231,361,375,415
学校		公	45,233,124,677	44,141,974,731	1,091,149,946
		私	1,909,023,540	1,863,884,555	45,138,985
公营事业	农业	公	627,490,746	627,208,749	282,000
		私	1,419,605,924	—	1,419,605,924
	矿业	公	419,614,360	419,614,360	—
		私	648,708,267	534,148,267	114,560,000
	工业	公	5,643,897,329	5,643,897,329	—
		私	197,093,870	195,416,870	1,677,000
	公用事业	公	443,378,826	443,378,826	—
		私	50,685,000	50,685,000	—
	商业	公	337,552,324	337,552,324	—
		私	4,519,453,354	4,501,669,354	17,784,000
	金融	公	10,918,201	10,918,201	—
		私	—	—	—
	银行	公	413,041,539	404,184,194	8,857,345
		私	—	—	—
	电讯		1,505,302,496	966,201,305	539,101,191
	公路		2,315,748,009	2,294,231,012	21,516,997
人民团体			917,594,094	917,054,094	540,000
人民			13,266,395,426,486	13,266,395,426,486	—
不属省县府机关	党部		344,720,721	342,297,245	2,423,476
	青年团		148,863,780	123,699,380	25,164,400
	参议会		12,316,320	12,316,320	
	干训团所		21,984,838	20,694,838	1,290,000
	田粮处		270,365,416	270,173,416	192,000
	国民兵团		128,518,450	121,265,427	7,253,023
	保安部团		588,221,301	587,719,601	501,700
	其他		14,455,816	14,272,810	183,000

（河南省政府统计处编：《河南省统计年鉴》，民国三十五年，河南省图书馆馆藏，Z101）

3．抗战期间河南省各县牲畜损失情况

抗战期间河南省各县牲畜损失情况（一）

民国二十六年（1937）至三十四年（1945）　　　单位：头

县别	牛	驴	骡	马	县别	牛	驴	骡	马
总计	567,508	325,586	151,558	121,501	原武	1,744	1,329	871	568
郑县	8,236	3,839	2,144	2,364	延津	526	418	305	272
广武	2,059	1,455	741	331	封丘	3,800	4,590	1,569	1,122
禹县	13,838	4,777	4,363	3,288	辉县	10,794	2,015	2,622	419
洧川	1,757	1,463	675	1,244	许昌	2,072	1,912	1,137	1,041
密县	3,999	4,137	2,683	1,641	郾城	7,000	1,930	191	170
汜水	2,852	2,519	1,484	1,437	宝丰	3,830	1,585	68	90
中牟	8,638	4,601	1,869	1,814	鄢陵	1,529	279	457	1,304
新郑	9,423	2,881	2,326	1,827	鲁山	1.817	652	316	210
尉氏	27,502	4,427	1,028	2,279	襄城	5,258	2,971	1,448	886
荥阳	12,257	7,216	178	115	临汝	7,817	1,659	467	783
长葛	7,381	4,212	1,191	4,939	临颍	6,727	2,140	2,541	1,761
开封	7,500	2,500	1,440	1,500	郏县	481	811	325	220
商丘	2,287	1,343	539	530	南阳	6,512	1,953	352	901
夏邑	3,205	4,450	111	398	泌阳	1,908	949	340	627
宁陵	2,569	2,689	410	1,246	镇平	9,580	1,912	2,199	1,991
鹿邑	1,600	1,000	1,626	1,650	叶县	5,579	2,083	1,175	881
柘城	1,428	1,111	785	790	唐河	9,853	9,520	1,790	580
永城	28,290	27,403	1,566	2,012	邓县	8,110	4,537	1,851	1,340
虞城	2,002	4,129	125	219	舞阳	9,242	4,671	4,361	1,808
安阳	1,062	871	1,156	356	新野	1,198	956	134	306
武安	12,447	11,136	2,377	988	淅川	4,419	1,269	1,870	894
淇县	1,865	915	400	138	南召	150	60	20	100
林县	197	426	192	132	方城	5,355	1,491	1,893	388
涉县	1,982	796	1,944	683	内乡	4,646	563	1,135	1,933
临漳	7,465	6,714	463	209	桐柏	3,342	1,964	150	182
汤阴	1,959	1,148	1,626	739	淮阳	1,463	1,359	1,335	1,335
滑县	14,973	13,472	3,111	1,045	西华	9,326	7,735	12,278	2,602

抗战期间河南省各县牲畜损失情况（二）

民国二十六年（1937）至三十四年（1945）　　　　单位：头

县别	牛	驴	骡	马	县别	牛	驴	骡	马
浚县	7,485	6,326	1,477	570	沈丘	4,709	3,779	2,514	1,562
汲县	8,050	377	702	310	扶沟	3,468	3,327	1,982	2,153
内黄	5,416	4,870	1,060	376	项城	1,000	1,390	1,120	1,200
新乡	2,640	2,619	1,243	1,207	太康	4,223	3,315	1,312	2,798
武陟	9,360	8,540	3,880	430	商水	2,648	2,050	1,025	1,075
修武	6,995	4,040	3,400	1,558	汝南	18,943	8,745	3,603	5,752
济源	7,014	3,505	3,505	914	确山	9,575	6,108	6,650	5,070
沁阳	7,925	4,555	3,435	489	上蔡	8,194	6,566	955	5,480
温县	4,290	2,571	1,287	727	正阳	2,600	1,400	600	920
获嘉	3,182	488	1,342	1,048	西平	3,210	1,170	480	810
博爱	3,880	2,356	2,996	752	新蔡	3,541	1,790	1,138	3,012
孟县	9,246	1,201	1,882	1,011	遂平	8,167	4,206	1,938	3,624
阳武	1,728	862	1,553	415	潢川	6,345	515	34	145
息县	8,652	8,481	337	683	伊川	576	105	91	36
光山	9,247	154	—	115	陕县	5,546	3,275	1,559	1,820
信阳	4,293	1,740	485	2,902	渑池	2,002	2,240	1,361	500
固始	461	853	13	119	灵宝	3,866	2,053	1,647	785
罗山	8,362	896	114	213	洛宁	2,366	1,581	1,571	1,279
商城	2,050	570	—	—	阌乡	314	421	471	203
经扶	1,060	62	—	—	新安	3,498	630	292	210
洛阳	3,427	1,053	182	369	卢氏	733	219	275	86
孟津	2,258	933	936	493	陈留	2,336	2,821	1,389	924
伊阳	1,848	659	853	703	民权	1,173	760	391	407
登封	3,024	2,247	757	855	杞县	2,264	2,089	554	598
嵩县	5,943	3,683	1,647	1,112	通许	7,229	8,353	1,642	1,444
偃师	2,936	1,440	1,610	1,180	考城	1,811	1,930	1,340	1,300
宜阳	140	90	88	67	兰封	1,701	1,331	304	466
巩县	321	939	632	231	睢县	1,386	2,364	157	378

资料来源：根据建设厅资料编制

（河南省政府统计处编：《河南省统计年鉴》，民国三十五年，河南省图
书馆馆藏，Z101）

4．历年配拨兵额

二十六年至三十五年

年度	配赋数	实拨数
总计	2,504,013	1,983,285
二十六年	171,036	138,081
二十七年	373,499	312,462
二十八年	369,463	355,544
二十九年	362,195	308,382
三十年	289,215	220,359
三十一年	344,077	228,114
三十二年	178,827	211,149
三十三年	274,509	103,534
三十四年	61,192	25,660
三十五年	80,000	80,000

资料来源：根据军管区司令部资料编制

（河南省政府统计处编：《河南省统计年鉴》，民国三十五年，河南省图书馆馆藏，Z101）

5. 历年负担各项军事征用赔累数

二十七年至三十五年

单位：元

年份	总计	国防工事民工	国防工事材料	征雇输力车伕驮兽	修筑陇海护路工事	征购副食马秣	征购牲畜	临时供应各项杂派
总计	686,831,740,351	5,214,938,513	2,873,808,151	303,424,042	17,168,550,000	12,011,117,489	52,486,080	589,207,416,076
二十七年	7,941,912	1,882,454	631,550	12,250	—	85,582	346,200	4,983,876
二十八年	3,717,035	2,379,791	617,889	38,489	—	226,026	454,840	—
二十九年	9,732,077	2,967,929	3,517,632	449,308	—	464,768	2,332,440	—
三十年	36,560,193	6,120,326	10,477,433	602,875	—	676,159	18,683,400	—
三十一年	262,588,749	8,390,723	21,902,265	387,010	—	228,841,151	3,067,600	—
三十二年	1,348,847,137	280,946,680	92,425,280	227,957,695	—	736,315,882	11,201,600	—
三十三年	1,417,501,487	364,121,760	175,280,840	15,657,524	—	843,373,363	8,600,000	40,468,000
三十四年	17,131,442,403	12,000,000	159,916,700	574,435	—	10,155,134,068	7,800,000	6,796,017,200
三十五年	666,613,409,358	4,536,128,850	2,409,038,562	57,744,456	17,168,550,000	60,046,000,490	—	582,395,947,000

资料来源：根据民政厅资料编制

说　明：1. 各游杂部队过往驻军地方武力等一切负担无案可查无案可查未能编入人民实在负担尚不止此。

　　　　2. 表列赔累数目均系当时市价折合。

　　　　3. 各项征用数量详细数目详以后表。

附表一　历年征交国防工事民工及赔价

二十七年至三十五年

年份	民工种类		按当时工资赔累数
	民伕（名）	工匠（名）	（元）
总计	23,572,800	63,076	5,214,938,513
二十七年	2,891,440	—	1,882,454
二十八年	2,794,829	200	2,379,791
二十九年	7,824,099	425	2,967,929
三十年	6,502,876	20,797	6,120,326
三十一年	290,960	212	8,390,723
三十二年	1,374,000	1,500	280,946,680
三十三年	1,808,596	63	346,121,760
三十四年	40,000	—	12,000,000
三十五年	46,000	39,879	4,536,128,850

附表二　历年征交国防工事材料及赔价

二十七年至三十五年

年份	材料种类数量			按当时市价赔累数（元）
	木料（件）	铁料（斤）	其他材料（个）	
总计	5,403,371	3,023,130	9,080,097	2,873,808,151
二十七年	60,002	55,696	23,942	631,550
二十八年	103,621	3,163	31,540	617,889
二十九年	865,907	54,200	4,468	3,517,632
三十年	3,348,463	44,349	1,329,537	10,477,433
三十一年	397,530	2,847,052	130,865	21,902,265
三十二年	182,311	—	1,343,580	92,425,280
三十三年	250,747	—	261,222	175,280,840
三十四年	6,958	3,511	92,752	159,916,700
三十五年	187,852	15,159	5,862,191	2,409,038,562

二十七年至三十五年

年份	征雇种类数量					按当时市价赔累数（元）
	牛车（辆）	人力车（辆）	其他车辆（辆）	驮兽（头）	伕民（名）	
总计	1,137,689	56,653	9,304	78,461	50,572	303,424,042
二十七年	25,522	533	—	577	—	12,250
二十八年	49,709	497	—	765	—	38,489
二十九年	271,031	4,786	3,741	3,509	—	449,308
三十年	198,354	15,183	4,821	29,279	—	602,875
三十一年	209,760	11,616	47	27,762	8,700	387,010
三十二年	288,287	20,358	85	5,360	34,764	227,957,695
三十三年	50,095	923	—	6,165	324	15,657,524
三十四年	3,773	68	—	145	2,796	574,435
三十五年	3,157	2,689	610	3,594	3,988	57,744,456

附表四 各县修筑陇海护路工事及赔价

三十五年

工事项别	工事数量	按当时市价折合赔累数（元）
总计	—	17,168,550,000
护路壕掘土	9,988,000 立方	13,733,500,000
护路壕占地	8,136 市亩	1,627,200,000
构筑碉堡	79 座	395,000,000
监督管理费		1,412,850,000

附表五 历年征购副食马秣及赔价

二十七年至三十五年

年份	副食马秣种类数量（斤）				按当时市价赔累数（元）
	麸皮	料豆	马草	烧柴	
总计	112,061,815	37,591,096	544,242,123	1,022,298,525	72,011,117,489
二十七年	518,630	875,000	6,245,515	—	85,582
二十八年	144,785	1,455,220	15,589,221	—	226,026
二十九年	3,564,503	5,621,440	29,689,287	—	464,768
三十年	8,710,173	5,704,680	44,176,350	—	676,159
三十一年	26,911,874	32,545,979	155,737,005	267,948,502	228,841,151
三十二年	27,812,039	28,859,212	136,118,986	387,825,508	736,315,882
三十三年	16,759,110	16,759,110	59,035,600	165,272,400	843,373,363
三十四年	11,053,347	11,761,614	40,594,910	110,601,756	10,155,134,068
三十五年	16,587,084	24,008,841	57,025,249	99,650,359	60,046,000,490

附表六 历年征购牲畜及赔价

二十七年至三十四年

年份	牲畜数量（匹）			按当时市价赔累数（元）
	骡	马	驴	
总计	19,334	866	12,594	52,486,080
二十七年	562	15	—	346,200
二十八年	752	—	13	454,840
二十九年	3,781	—	228	2,332,440
三十年	10,960	40	12,303	18,683,400
三十一年	2,542	—	—	3,067,600
三十二年	176	700	50	11,201,600
三十三年	500	80	—	8,600,000
三十四年	61	31	—	7,800,000

附表七 历年供应各项杂派负担及赔价

二十七年至三十五年

年份	杂派项别	按当时市价赔累数（元）
二十七年至三十五年	征购军用鞋袜	589,207,416,076
三十三年	征购战备马粮	4,983,876
三十四年至三十五年	部队借用家具什物损失	10,468,000
三十五年	黄河及黄氾区堵口复堤工	6,796,017,200
	料乡镇保甲临时摊派	582,395,947,000

资料来源：根据民政厅资料编制

（河南省政府统计处编：《河南省统计年鉴》，民国三十五年，河南省图书馆馆藏，Z101）

6. 各县冬令救济委员会施振概况

卅四年十月一日至卅五年三月卅一日

县别	救济款物数	受救济人数	县别	救济款物数	受救济人数
总计	421,981,555	156,892	桐柏	11,116,400	905
开封	22,270,305	25,993	舞阳	2,615,000	3,323
郑县	11,180,000	5,778	民权	18,422,900	5,847
中牟	12,200,000	2,810	鄢陵	47,019,800	3,747
许昌	2,940,000	12,535	淮阳	876,000	121
尉氏	12,425,000	485	陕县	1,100,000	1,000
西华	5,300,000	3,740	淅川	13,439,200	4,200
杞县	2,713,600	88	长葛	1,524,000	407
武涉	957,000	437	襄城	3,732,200	720
虞城	4,500,000	1,350	登封	2,162,000	2,162
原武	11,490,000	2,580	卢氏	96,640,000	3,277
嵩县	2,973,000	643	获嘉	2,548,800	2,880
项城	5,012,000	1,020	南召	400,000	80
方城	3,300,000	560	新郑	1,022,500	648
商城	71,500	97	叶县	23,980,000	5,240
孟津	4,790,000	1,087	宝丰	898,000	350
郏县	4,320,600	1,772	太康	135,000	850
安阳	5,124,280	1,302	荥阳	18,190,000	20,943
广武	5,320,000	827	密县	14,276,400	3,480
内乡	1,050,000	220	邓县	11,883,730	2,098
洧川	6,510,000	840	宜阳	20,900,000	21,169
禹县	711,000	711	鲁山	235,000	145
新蔡	1,088,940	235	灵宝	660,000	5,000
汤阴	40,000	4	泌阳	1,815,000	2,331
扶沟	102,400	59			

资料来源：根据社会处资料编制

说　　明：郑县结存 283,455 元　　卢氏结存 63,555,000 元

（河南省政府统计处编：《河南省统计年鉴》，民国三十五年，河南省图书馆馆藏，Z101）

7. 行总河南分署发放救济物资及现金

三十五年

项别	物资（吨）					现金（元）	救济人数
	粮食	营养品	衣着	篷布	其他		
总计	40,236.939	1,630.742	1,413.960	70.102	337.153	1,231,113,500	10,751,249
急赈	8,379.487	133.643	581.634	70.102	—	297,000,000	—
工赈	29,068.490	—	—	—	17.930	560,053,500	7,383,557
特赈	2,788.962	1,517.099	832.326	—	319.223	374,060,000	3,367,692

资料来源：根据行总河南分署资料编制

说　明：1. 急赈包括"急赈"及"粥厂"赈济人数未详。

2. 工赈包括修堤筑路、浚塘、凿井、开渠、修建等项，赈济人数，指每日参加工作人数。

3. 特赈指配拨各育幼救济机关物资及现金。

（河南省政府统计处编：《河南省统计年鉴》，民国三十五年，河南省图书馆馆藏，Z101）

8. 黄河氾区善后建设会议记录（附录）

行总河南分署、河南省政府、联总驻豫办事处 编印

——民国三十六年元月

1. 前言

民国二十七年夏，当中原战事正烈，敌骑自豫东迫近平汉线的时候，花园口黄河大堤在炮火下溃决了。这条以"中国之忧患"见称于世的大河，挟其滚滚黄流，经中牟，尉氏，直泻而下；夺贾鲁篡涡河分流入淮。氾滥所及，豫东皖北尽成泽国。千万人民，方罹兵灾又遭水患，其苦难真旷世所未闻，古今所仅见。其后数年中，黄流又迭向西滚，灾区扩大，总计前后仅河南境内即有二十县被波及。兵连祸结，苦难日深。

河南东部，这块一望无际的沃野，曾经是中原的谷仓，著名的棉产地。杞县太康淮阳睢县是河南最富庶的县份。可是水火无情，在战火的摧残和洪水横扫下，人民的生命财产尽付东流。昔日繁华，今朝尘土。

从九死中侥幸逃生的灾民被迫西迁，开始流亡的恶运。他们穿过被战火洗劫的千里赤地，躲避抢掠和饥饿，血和泪洒遍了半壁山河，写尽了抗战史上最惨痛的记载。

当时身在后方的人们一定都还记得：在城市里的街头巷尾，在荒凉的村落里，在无遮蔽的公路上，到处是乞丐似的委缩踟蹰的人群，扶老偕幼提箱背笼的流亡队带给多少不幸的消息。至于曾经亲历那些危难尝尽人世辛酸的人们，更不会忘怀那可怕的记忆：敌人的铁蹄，疯狂的屠杀，汹涌的黄流，再加上劫掠和瘟疫。多少家田园为墟，多少人妻离子散，或幸而逃到后方，仍旧是饥寒交迫，过苟延残喘的日子，水坑火穴，莫此为甚。

这些都是黄河溃决给中原人民带来的苦难，侵略者的魔手造成的巨劫。

抗战胜利了，然而胜利并不会使灾难终止。流落异乡的难民，怀着希望的憧憬，从陕，甘，从川，鄂，重历一次胜利的逃难，遄返故土。但迎接他们的不是久别的亲友，看见的不是田地和村庄。在黄水的沙岸上，对着澎湃的浊流，怎禁

哀惨的酸泪。垠垠黄沙，绵绵赤土，下面掩埋着曾经赖以为生的田地，温暖的家园；还有亲友的尸骨，祖先的坟茔，和一切希望。

已回来的和未回来的以及留下来的难民，都正徘徊在生死线上期待援手。他们祈祷堵口工程能早日完成，希望政府能帮助他们重建破灭了的家园。

中外人士，政府和私人虽然已在给他们援助，急赈善后也都次第展开，可是泛区太大了，破坏得太彻底；试想在一无所有的荒地上，在柳丛苇堆里为千万人寻求安身之处，是何等艰巨的事。年余来行总联总以及省政府联合努力的成果，不过是一点一滴、受惠者也只是极有限的数目。所谓救济只是泛区善后工作的开始而已，仅能使数千难民暂得一饱开垦几块荒田，清除几片芦苇和柳丛，安置数百老弱残废收容一部分无依无靠的孤儿。可是怎样使千百倍于此的荒地重变良田，怎样在瓦砾中建起千万人的住屋，怎样遏止疾病的蔓延，使此惨遭蹂躏的地区重现昔日的繁荣，却不可同日而语了。泛区的工作人员没有一个不感觉到目前这点成果，假如没有更完善的计划来继续，或空有计划而缺少强有力的机构去推行，一切都将如昙花一现。即使黄河复归旧道，它所留下的荒地将仍是中原的沙漠。

泛区正面临万劫不复的危机。千万人民在忍受了十年颠沛流离之苦后，正由希望而失望，由失望后堕入绝望的深渊。黄河泛滥所造成的灾害不只是物质方面的破坏无遗，甚至会引起更严重的恶果。假如千万人无衣无食，求生无路，则社会的安定将不可能，其影响所及实难想像。到现在为止，中国的经济基础依旧建筑在农村的繁荣上，脆弱的工业能否维持也以社会安定为前提。黄水的凶潮恶浪将冲毁所有的都市，人民的绝望可能使国本动摇。

中原父老在抗战时期对国家的供献是无法衡量的，数百万冲锋陷阵的壮士都是他们的子弟，为了民族的生存多少人捐弃了生命。可是他们的父母妻子，却在水火中度日，在饥寒交迫下受尽熬煎，今天千万孤儿寡妇在讨还这笔债务了。他们把血和泪献在民族的祭坛上换来了胜利，难道胜利的代价只是更多的血和泪吗？

曾经到过泛区的中外人士，没有一个不为它的惨景触目惊心。所有工作人员都感到责任之大，但心余力亏。联总美籍人员内衷之热忱和对工作之积极尤令人叹服。恻隐之心人皆有之。在他们心目中，泛区难民之处境是悲惨的，灾情是可怕的。他们不忍见千万人辗转沟壑，不忍见老弱残废孤儿寡妇无依无靠。而这些受难者是我们的同胞，他们的灾难也是我们的灾难。

善后重建工作必须迅速展开，新的有力机构应该早日成立来从事这一个伟大的善后救济。这是一个史无前例的试验，它不仅关系千万人的命运，也将证明中华民族的智慧和决心。善后工作不仅使千万人免于冻馁，还该有一个远大的鹄的。我们愿提出两点意见，供有志于此一工作之人士作参考。

一、氾区受灾至深，荒野千里，旧有农村机构已破坏无遗。在善后重建计划中，应该完成新社会的雏形。

二、氾区年来之农业救济设施已证明机器耕种之可能性，新的农村机构将有利于大规模机器耕种之实现，氾区将成为全国农业近代化的发祥地。

这绝非幻想。假如八年艰苦不曾使中华民族对胜利有一刻失去信心，则此重建工作也不足以令有志者却步。试看密西西比河的水灾给美国带来决心，终于完成南部伟大的水利计划，中亚细亚的沙漠也曾点燃十五万苏联工程师的热忱，五年中沙漠变成乐土；灾难可以使此两大民族有如此伟大的成就。而今黄害笼罩中原，我们也该有勇气接受自然的挑衅，献出所有的热忱和力量担起时代的使命，为子孙寻求生路，为民族创造前途。

2. 氾前的豫东

河南东部，和皖西接壤，是中原富饶之区，在陇海平汉和津浦三条铁路线圈成的四方形地带里，地势平坦，土质肥沃。

靠北边，因为接近黄河所以是比较多砂的地带，中牟，郑州，和开封都是花生的良好产地。除城市之外，人口密度不高，因之即使遇到干旱收成不佳，也不会引起严重的食粮问题。砂质较轻的地方，果园很多，梨，枣，石榴和葡萄，产量甚富。

稍南，洧川，通许，杞县，睢县，太康，陈留，人口较密，土质极宜棉麦种植，每年剩余食粮大部外运，其中仅睢县一地，在二十九年，虽属水灾之后，每年尚可收获小麦三十万担，棉花百余万斤。

再南，西华，淮阳，商水，鄢陵，项城，沈邱是真正的谷仓。依不完全的统计，仅淮阳一地，二十九年尚可产食粮四百余万担。

由于农产的丰富，农家得有余裕从事牲畜的饲养和繁殖。在战前的豫西，秦中的耕畜有百分之八十便是从这里运去。

当然，在这里和任何别的地方一样，随处可以发现农村凋敝的暗影，中农之家，由于干旱和虫灾的袭击，也常是过着困苦的日子，田地分配不均。如在淮阳境内即有百分之五十以上的农家耕地均在十亩以下。加以兵祸连年，匪患时扰，苛征暴敛，在在均使农村不能达其应有之繁荣。

可是比起河南其他地区，称这里是中原乐土，毫不为过，再和劫后的灾情相较则过去虽非天堂，而今日真是地狱了。

3. 氾区灾况

民国二十七年六月，因受战事影响，黄河在郑州北首之花园口溃决。水势东南直下，注贾鲁河涡河，分流入淮。泛滥于河南，安徽及江苏三省。河南境内被波及者有郑县，中牟，开封，尉氏，通许，扶沟，太康，西华，商水，淮阳，沈邱，项城，鹿邑，鄢陵，陈留，杞县，广武，睢县，柘城，洧川等二十县。

改道之后，虽曾修筑防氾新堤数百里，然而决口抢险每年数惊，总计八年以来，官堤民埝，大小决口，凡三十二次，有九十一处。

综合各方调查报告，氾区之内，人口死亡已四十三万人，约占全人口百分之十二，逃亡者九十余万人，占百分之三十。前后土地被淹者九百余万亩，已涸出者四百八十余万亩。在涸出之土地上，小部为砂地，垦殖或较容易，尉氏之樊家迤南至扶沟之白潭，太康之崔桥扶沟之练寺至西华境内等地则遍生芦苇和杂草。又樊家附近及鄢陵北部芦苇中杂生柳丛。太康境内岗子山以南柳树已密茂成林。此类地面均须清除，方可种植，为善后计划中一艰巨工作。兹将各县受灾情形略述如后：

西华—西华县境内黄氾分新旧两氾区。旧氾区为二十七年花园口决口所淹，有东夏，聂堆，红花，长平四乡镇；新氾区自三十四年九月二十六日颍河堤决口，被淹有冯桥，西夏，义途三乡镇全部及逍遥，奉母两乡镇之半。人口损失一万四千余，土地波及八十余万亩。

太康—黄氾几占全境三分之二，涡河以北较轻，现已涸出，涡河以南较重。最重者，为清香集以西地带，人口损失竟达十二万，被淹田地一百五十万亩。

鹿邑—民二十八年夏，黄氾由中牟直泻，东南经太康，淮阳，漫溢全境。三十三，三十四两年黄氾北洩，致里河南北尽被淹没。现氾水已退，人民死亡三千余，土地被淹九十万亩。

柘城—民二十八年七月黄氾由涡河经太康流入，县属东南泊岗及官庄集，会黑里寺沟流入鹿邑。复由鹿邑东氾，波及牛门集。同年十月后水势渐退，三十二年十月又行泛滥，损失甚重。人民死亡尚少，田地被波及达一万六千亩。

中牟—二十七年黄河决口被淹村庄三四四处，虽经敌伪于北岸修筑新堤，但每年伏汛，均溢出漕外。

淮阳—二十七年六月水入县境，县西大部陆沈，三十三年主流西移，氾区扩大，灾情甚重。总计人口死亡三万六千人，田地被淹一百四十余万亩。

开封—二十七年六月黄氾波及县境，被淹者有仇店朱仙镇等十八乡镇。

商水—三十三年八月间沙河决口及三十四年九月颍河决口本县均被波及。总计人口损失二千余，田地被淹三万七千亩。

洧川—二十九年七月尉氏县境内里木张决口，氾滥波及县属东北。其后双洎河下游为黄河所夺，水涨时不易宣洩，致二十七至三十二年间，双洎河年有溃决，总计田地被淹二万亩，人口死亡尚轻。

尉氏—二十七年黄氾主流所经，受灾甚烈。三十年西岸曾再度溃决。前后被淹田地四十二万亩，人民死亡七万七千余人。

郑县—二十七年黄河决口，该县首当其冲，其后沿河各地时有塌落。

扶沟—二十七年至三十一年曾两度被淹，受灾面积占全县百分之九十五，仅县城所在一半岛形狭长地带未被淹没，为氾区受灾之最重县份。总计人口死亡七万八千人，田地被淹一百二十余万亩。

通许—二十七年至三十二年间曾二度被淹，前后被淹土地三十万亩，人民死亡五万八千余。

鄢陵—三十二年元月尉氏荣村决口，大水南下，该县彭店张桥二乡被淹。同年六月氾区扩大，续淹东平等五乡镇。河床无边漫流，东冲西刷，每年涨落不定。总计人民死亡数约八千，田地被淹十五万亩。

广武—二十七年七月二十日黄水倒灌，致该县索须河骤遭漫溢，泛滥成灾。

项城—二十七年七月黄水越沙河入县境。被灾六乡，人民死亡二千八百，田地被淹四十三万亩。

陈留—二十七年七月被淹六乡镇，同年十一月全部涸出，人民死亡三千余，田地被淹六万亩。

睢县—三十二年七月被淹，十月涸出，田地被淹二万七千亩，人口死亡尚轻。

杞县—二十七年七月，二十八年七月，三十年六月，三十二年九月被淹四次，尚未完全涸出，人口死亡七百余，田地被淹五十五万亩。

沈邱—该县自黄河溃决后波及四乡镇，其后时淹时涸，北部尽成泽国，人民死亡一万二千，田地被淹四十八万亩。

以上被灾各县之损失数字均见附表。留居氾区之灾民及闻黄河堵口将成返里者，因下列各问题无法解决，故仍无法从事生产。

一、难民生计无法维持，大多樵割茅草为生，无余力从事耕种。

二、氾区治安极坏，稍具资财者，不敢安居。

三、房屋荡然。

四、缺乏牲畜农具及种子。

五、土地界限完全漫灭，地权难以确定。

六、卫生状况极坏，疾病流行。

4．一年来工作概述

行总河南分署，联总驻豫办事处及河南省政府正竭尽一切人力物力从事此项工作之策动，希望在未有更完善详尽之重建计划以前，先开始最急切之救济与善后，一方面为重建工作立基础，一方面应氾区之急需，务使水深火热中待济若渴之难民，得一喘息机会。兹将年来在氾区之工作分述如下：

灾情调查　行总河南分署为明了氾区实况，俾能在该区展开救济工作，且为善后重建计划之依据，自三十五年元月起，一方面搜集省政府各厅处，专员公署，县政府以及其他公私机关已有之资料，一方面并派员会同河南省黄氾区复建协会及社会处人员至氾区实地调查，该项工作至同年三月，方大致完成。

联总方面亦曾迭派专家至氾区视察，并制就调查表，分寄各县政府及各工作队据实填报，现扶沟，淮阳，西华等七县调查表已收到。氾区现状及有关衣食住之需要，社会福利，疾病，教育，农情等项均可得一概念。

三十五年九月十日，行总河南省政府及联总驻豫办事处之高级人员与氾区各县政府人员曾组织联合视察团，视察尉氏，扶沟，鄢陵等地，视察人员对氾区之悲惨情景印象极深，对氾区工作人员之热忱服务尤觉感奋。归来之后，曾就视察所得作详尽报告。十月六日联总高级人员曾单独视察扶沟，淮阳，太康等地，对氾区土地复耕问题作进一步之探讨。

尚有其他集体私人为明了氾区情形而前往者，兹不赘述。综各次视察所得之结论，可知入氾区愈深，考察愈详，则愈令人触目惊心于黄灾为害之烈，"田园荒芜，庐舍为墟"，亦仅能道其十一耳。

救济设施　目前氾区难民全部处于绝境，非赈不活，故急赈最为迫切。三十五年三月为救济春荒，曾在尉氏，中牟等十七县各发急赈面粉一千袋；四月间二次发放，每县并加发赈衣十包；九月起每县又各配发面粉一千袋。

抗战期间，氾区难民流亡陕境各县数达百七十余万人，胜利之后，少数回返氾区，预期堵口即可成功。而彼等可重整家园，安居乐业。但大多数则以交通困难无力移动，甚且异乡流离，无可为生。分署为谋普遍救济，曾于三十五年三月派员携款六千万元前往发放，计在西安，宝鸡，凤翔，麟游，整屋，郿县，咸阳，渭南，邰阳，蓝田等县，共发赈粉六千五百袋，小麦七千六百六十市斤，赈款三千五百八十万元，受惠难民达两万人。

七月黄水暴涨，周口以北，西华，淮阳等六县，泛滥成灾，分署特发放临时急赈，计西华，淮阳，扶沟，沈邱四县各发面粉二千袋；项城，商水各一千袋。此外临时急赈，发放面粉，牛奶，奶粉，牛油，罐头，旧衣等尚有多次。自三十五年元月起，并先后在开封，郑州，洛阳，许昌，信阳，陕州等地设置难民处，救济辗转途中之难民。

福利工作 设立粥厂为氾区主要救济工作之一，其目的在使老弱妇孺咸有所养，减少农村中少壮者内顾之忧，奠定恢复农村经济之基础，期能寓善后于救济，自四月至十一月氾区重灾县份及交通便利地点，粥厂均先后成立。周口，西华，沈邱，扶沟，鄢陵，尉氏，中牟等地共设十一处。此外为顾及儿童健康，并在尉氏，周口，漯河设立牛奶供应站，收效至宏。

氾区学校几已全毁，且难民救死不暇，焉有余力念及儿童之教育，分署为训练失学难童学习手艺，特于省立救济院内附设白铁工作训练班，利用空罐头盒，改制各式器皿，自九月至十一月底止，共改制器皿一，一六七件。又缝纫机五十二架，修鞋工具七十九箱，分配于氾区救济机关，施以缝纫修鞋等手艺训练，并由联总卜灵香小姐在扶沟，尉氏组织难民，分别教以制袜制鞋编席木工等技艺，俾彼等得一技之长，以谋自力自救。

工振工作 氾区复兴，必须以堵口复堤为前提，否则水患不除，泛滥堪滥，纵有建设，亦归泡影。故本署对于黄河堵复工程曾先后派遣五个工作队出发工作。办理工振，工作地点遍布氾区二十县，小工地在五十以上，飞刍挽粟，四出运粮，道路之安危，工地之崎岖，交通之阻塞，战争之危险，莫不躬历百险，艰阻备尝。计自三月间开工起至十一月底止，已完成之工程有（1）修筑广武至花园口铁路基工程，（2）整修氾区沙河堤工程，（3）堵修郭当大吴二口工程。其他部分竣工及正在进行中之工程尚多，前后共计发出四十八磅半装面粉九五六，三七七袋。

民工待遇方面除由黄河水利委员会按取土远近，做方多寡照发工资外，本署每人每天发给面粉二市斤半，阴雨及病工不能工作者仍照发面粉，并于工人初到时，每人一次发给旅费面粉三市斤。惟工人工地多在荒郊僻野，常数十里不见村庄，故又为搭盖帐篷百余座以资住宿。并经常派遣卫生巡回医疗队在各工地为工人免费施诊及办理治疗灭虱工作，派遣凿井队为凿井，解决工人饮水问题。

其他工振工作在氾区亦有举办，如孟津之黄河堤，经水冲激，一日坍塌数丈，经以面粉六千袋补助兴修。开封护城堤因年久失修，深恐堵口后旧河床水高，有倒灌之虞，经总署饬遵，以面粉一，六三二，五六五，九九斤兴修。周口南寨堤因黄水倒灌沙河大溜冲刷，护岸倒塌日甚，经以面粉二九三袋抢修，幸免陆沉。尉氏整修七里头至黄河南岸公路，亦经以面粉一千袋准予补修竣工。他若修建氾区国民学校及卫生院房舍，整修氾区各县公路桥梁，均另有专案办理。

老弱残疾之收容　工赈对一部分无力工作无依无靠之难民无法救助，但彼等处境实最为悲惨，现已在扶沟设立慈幼院，养育孤苦无依之难童，并设孤老残废院，收容老弱盲聋无法自活者。截至目前为止，已收容难童百人，老弱残疾百七十人。

吾人愿特别指出此项设施之社会意义：八年艰苦抗战，壮者为国捐躯，效命疆场，致老失所养，幼失所恃，彼等之父母妻子八年来含辛茹苦，颠沛流离，今且沦为乞丐，民间凄惨，孰有更过于此者。国家念胜利得之匪易，对戮力舍身为国毁家之壮士理应有所酬报，庶能使死者瞑目，生者感德，至少亦不能坐视彼等之父母妻子辗转沟壑而不顾，啼饥号寒而不闻。分署此项设施，所活者虽仅以百数，但亦已发其端倪，并为千万陷于同一命运之难民请命，俾来日善后工作展开后彼等均得照顾。

农业善后　欲使氾区复苏，千万同胞免于冻馁，免于死亡，端视农业善后工作之能否顺利推进。氾区被水之地，黄流漫溢，农业善后须俟堵口工程之完成。而涸出之土地，或则沙砾掩覆不宜农作，或则杂草丛生，急须刈除。扶沟，淮阳，西华等县境内常见芦苇高与人齐，杞柳密长成林。凡此种种，均使农业受阻。且归来之难民均一贫如洗，既无力购买种子，又缺乏耕作器具，更无论耕畜。分署为代难民解决此类困难，协助彼等复耕，以免涸出之土地长此荒芜，除向中国农民银行郑州办事处洽办耕牛贷款一万万元外，复呈准总署拨发春耕种子贷金。自三月二十八日起发放人员开始出发至五月完毕。此外尚发放大批菜种。

农业善后工作中最具永久意义且为全国所瞩目者为曳引机驾驶训练及代耕。分署于五月二十三日及七月二十五日先后奉配到豫曳引机两批，共五十四部，即择黄氾区尉氏县樊家村试行训练并垦荒。第一期训练大学生二十七名，于七月底结业，代耕及犁耙完竣之地，约九千五百余亩，均已随时播种，难民闻风归来者三四千人。第二期招高中学生三十名，于八月一日派往樊家场继续训练。嗣以豫东战起，经派员随带曳引机十五部，前往方城筹备代耕。惟以附件未到，延至十月下旬始开始工作，共耕地一千二百余亩。后调至扶沟练寺镇推行训练及代耕工作，十一月九日续到大型曳引机三部，亦运往扶沟参加工作。总计运豫曳引机，现余一部损坏存开封外，余三十八部置尉氏，十八部置扶沟，共计耕地二六，七〇〇亩，现仍在代耕中。第三期招初中学生三十名，分发尉氏扶沟两农场分别训练，计每犁一日可耕地四十余亩，圆耙一二〇亩，齿耙二〇〇亩。学员训练除实地工作外，并加授曳引机农具作物通论，土壤肥料，农场管理及农村合作等学科。

汜区各县小型工振　分署为善后救济并筹兼顾起见，于五月间配发面粉，以工代振兴办小型工程。并订定办法，规定工程范围，为小型农田水利，修铺道路桥梁，修建卫生院，小学校房舍，以及其他必要之小型工程，由县政府，县参议会，县党部，三民主义青年团，社会团体及地方公正士绅等，会同组织小型工振委员会负责办理。所需材料及作工难民副食费由地方自筹，本署各工作队派员巡回督导。计汜区中牟等十七县共发面粉三万袋，参加工作难民约七万六千余人，于六月相继动工后，在八九月间大部完成。所做工程计公路十六条，长五百余里。疏浚河渠三道，长约二百里。修建堤埝九处，长约一百四十余里。修建学校五十六所，计房舍一千一百余间，墙约四百丈、校具六百余件，修桥梁二十座。并修建民教馆救济院等。

又本署第四工作队为便利日后运输救济物资，难民还乡及救济汜区灾民计，自十二月份起派员至汜区展开工振修路，至十二月底完成扶沟至西华一线，并该线经红花镇及长平镇之桥梁两座，业已通车直建西华旧城。西华至周口之公路，已开始修筑，西华至逍遥镇之公路，已派员测量设计中。

该队为解决汜区灾民饮水问题，拟普遍掘修汜区旧井，已在李方口试掘十眼，进行尚称顺利。

本署以汜区灾重，复于十二月十四日，令第四工作队就该队存粉内拨贰万袋，计分配西华县（3000）袋，太康（3000）袋，商水沈邱淮阳鹿邑各（2500）袋，项城柘城各（2000）袋，举办各该县小型工振，并饬先拟具计划呈核。办理情形，尚未据报。

曳引机代耕之外，并组织耕牛代耕队，惟限于人力财力，拟分期举办。第一期耕牛农具及房屋建筑等项，仅扶沟一地约需二亿五千万元，现已派工作队前往从事荒地之复耕。十月初在扶沟成立七队，购置耕牛一一六头，由第十六工作队主持代耕，自开始至十月底止共代耕田地三五〇〇亩，目前正积极代耕中，该队预计于十一月底可能代耕一万亩。

现正筹设尉氏樊家苗圃，为供应氾区造林及开封，兰封防风林苗木之需要。

小型工业 分署为计划复兴氾区及救济后方来豫失业技工，奠立河南小型工业基础起见，于本年六月上旬择尉氏县樊家村及扶沟县城，举办小型工业合作社，贷放大批物资，计尉氏扶沟贷给资金五七七八二〇〇元，棉花五六九一斤，煤二五〇〇斤，铁一四一斤，赈衣一五〇包，缝纫机两部。其工作区域在尉氏者为郑岗铁工生产合作社，编席所，及崔家乡民营铁工生产合作社。在扶沟者为县城西大街木工，制鞋，缝纫三生产合作社，孤儿院，残废院，习艺所，纺织业合作社及练寺镇榨油生产合作社各一处。截在本年十一月底止，计木工社出产纺花车织布机及普通用具等八二九件，铁工社出产镢头等农具五九八件，缝纫社制成服装三七一七件，制鞋社制成男女鞋四五四对，扶沟习艺所制鞋六〇对，服装三〇件，袜子三五打，编席所制席一五七条，扶沟纺织业社生产土布一二〇〇尺，尉氏残废院孤儿院生产土线五五五斤。尉氏樊家铁工厂，因七月末旬黄河瀑涨，由樊家迁郑岗，继续生产。八月中旬豫东战起，十六工作队停发扶沟工人面粉，遂将存铁及用具折合现金一一二三六〇〇元，贷给该铁工厂组成铁工生产合作社自行经营。

医药卫生 长期战乱，蝗旱交侵，黄水泛滥之结果，整个河南之农村经济已陷入绝境。氾区灾难特重，经济情形尤为恶劣，以至疫疠流行，百病猖獗。难民营养不良，赤露无衣，更易感染。黄氾区内千万灾民上者卷伏茅舍，下者委缩堤岸，甚或露宿于全无遮蔽之旷野，贫病相连，卫生状况可以想见。分署曾派往扶沟一卫生工作队，另一队派往周口，在各该地为难民治病。联总亦曾派卫生专员随带医药用品救护车在乡村中作巡回视察，行经各地途中，分设医药供应站，俾能对疮疥及砂眼患者与以长期有效之治疗。同时增设牛奶站，与医务相辅而行。

黑热病之蔓延在豫东一带最为严重，分署对此项恶疾之防治，亦早着手进行。

关于卫生工作人员之训练亦已开始，短期护士训练班之开设，即在使氾区中之卫生工作得以次第展开，俾难民于饥寒之外，少受疾病之摧残。

5. 结论

氾区之善后救济工作推行已逾一载，在工作期内诸如卫生设施，机械代耕，福利机构等等，或已粗具规模，更待继续发展。以上所述，均为多数人血汗之结晶，亦氾区重建之初步基础，如将来持续无方，则一切努力将付诸流水。良可叹惜！吾人念及水深火热中之同胞，因一再呼吁，期引起各方之注视，进而商定一缜密完善之重建计划，则中原幸甚，人民幸甚。

（河南省图书馆馆藏，F791）

9．黄河泛区善后建设会议记录·附表

行总河南分署河南省政府联总驻豫办事处　编印

1947 年 1 月

表一　河南省黄泛区村庄人口损失统计表

县　别	村　庄		人　口			
	战前村庄数	现有村庄	战前人口	死亡人数	逃亡人数	现有人数
总　计	13,439	7,848	3,156,768	433,530	887,564	1766,546
中　牟	603	297	116,536	9,612	33,155	75,769
尉　氏	560	182	214,832	77,832	82,203	55,075
杞　县	856	563	273,120	752	38,644	233,724
通　许	368	193	179,191	58,059	28,334	91,901
鹿　邑	820	460	226,240	3,528	46,265	141,676
陈　留	258	182	125,554	3,600	34,000	87,954
睢　县	436	165	13,986	82	5,166	8,713
柘　城	158	87	5,015	6	471	4,574
鄢　陵	647	495	84,426	7,938	26,242	50,246
洧　川	160	110	63,029	79	35	62,915
扶　沟	987	91	315,500	78,600	169,800	67,100
淮　阳	1,112	662	298,046	36,180	64,920	213,184
西　华	1,031	417	258,549	14,808	126,575	116,960
商　水	902	845	96,120	2,107	61,782	42,243
沈　邱	1,020	566	120,819	12,860	48,315	41,651
太　康	1,870	963	595,643	124,570	84,578	392,692
项　城	1,651	1,570	120,126	2,897	37,060	80,169

注：

1．战前村庄数资料之来源：（一）自各该县地图上数得；（二）与邻县相同面积比较之累计平均数。

2．现有村数之计算法同上。

3．逃亡人数系专指战时而言。

表二　河南省黄泛区财产损失统计表

县别	房屋			挽力			农具损失价值	其他损失价值
	原有间数	被淹间数	现有间数	原有数	死亡数	现有数	单位元	单位元
总计	3,046,733	1,967,910	1,169,579	790,161	499,505	260,662	6,454,146,620	112,057,601,336
中牟	93,701	59,367	34,334	33,546	16,787	16,759	2,187,286,600	44,826,628,000
尉氏	190,650	188,680	20,455	199,400	163,475	15,229	34,782,500	2,458,485,900
杞县	176,194	17,680	158,514	29,000	1,123	13,506	731,430,000	1,009,710,000
通许	200,242	149,243	50,774	26,964	21,959	5,142	793,430,140	1,277,904,358
鹿邑	395,747	112,671	283,065	38,201	5,437	32,764	48,579,380	328,700,000
陈留	2,026	1,013	1,013	2,076	1,038	1,038		462,860
睢县	25,105	11,757	13,348	1,463	455	1,008	162,057	134,165
柘城	19,782	11,869	7,913	1,317	79	1,238	2,750,000	9,760,000
鄢陵	82,368	75,447	6,921	24,125	13,342	10,783	93,600,000	877,500,000
洧川	7,082	574	5,868	3,511	56	2,485	59,977,400	91,015,500
扶沟	211,201	198,530	12,670	50,450	45,800	4,650	227,480,000	30,236,440,000
睢阳	196,499	127,726	75,001	28,496	18,579	9,185	1,191,680,135	1,768,905,608
西华	372,836	306,576	66,260	63,290	50,507	12,783	453,579,405	21,665,649,500
商水	84,000	67,200	33,600	18,120	7,248	10,872	10,500,000	82,950,000
沈邱	203,359	61,990	141,369	117,820	54,056	63,764		1,715,057,525
太康	750,992	564,714	236,398	117,926	99,390	25,174	618,909,003	5,708,297,920
项城	34,949	12,873	22,076	34,456	174	34,282		

表三　河南省黄氾区耕地损失及现状统计表

县　别	受影响亩数	现存荒地	被淹涸出待耕数	适于曳引机耕地	流动性耕地	流动性水淹地
总　计	9,232,600（亩）	960,000（亩）	4,890,800（亩）	4,481,800（亩）	5,090,800（亩）	3,421,800（亩）
中　牟	745,000		640,000	105,000	640,000	105,000
尉　氏	427,100	150,000	223,000	204,100	260,500	54,100
杞　县	562,000		552,000		552,000	
通　许	309,300	15,000	294,300	15,000	298,050	
鹿　邑	901,000			901,000		901,000
陈　留	60,000		60,000		60,000	
睢　县	27,400		27,400		27,400	
柘　城	16,500		16,500		16,500	
鄢　陵	154,600		93,000	61,600	93,000	61,600
洧　川	20,700		20,700		20,700	
扶　沟	1,240,500	30,000	660,000	580,500	667,500	550,500
淮　阳	1,431,000	225,000	178,000	1,253,000	234,250	1,028,000
西　华	838,000	45,000	144,000	694,000	155,250	649,000
商　水	37,500		22,500	15,000	22,500	15,000
沈　邱	488,000		450,400	37,600	450,400	37,600
太　康	1,544,000	495,000	1,079,000	515,000	1,162,750	20,000
项　城	430,000		430,000		430,000	

注：

1. 受影响亩数包括新汛区与旧汛区荒地亦然包括二者。
2. 适于曳引机耕地系最近水淹地加上荒地合计数。
3. 流动性耕地系被淹地加上荒地四分之一的合计数。

表四　行总河南分署补助黄汛区各县卫生机构医药器械统计表

县别	卫生机构数（所）	药品箱数（箱）	每箱重量（磅）	疟涤平片数（粒）	奎宁针剂数（支）	修建费（元）
总计	24	320	1,690	395,000	960	50,000,000
中牟	1	4	75			
尉氏	1	3	75			
柘城	1	3	80	30,000		
鹿邑	1	3	75	40,000		
太康	1	4	75			
商水	1	3	80	30,000	120	
西华	1	4	80	30,000	120	
扶沟	1	4	75	30,000	120	
淮阳	3	25	75	40,000		50,000,000

县别	卫生机构数（所）	药品箱数（箱）	每箱重量（磅）	疟涤平片数（粒）	奎宁针剂数（支）	修建费（元）
项城	1	3	75	40,000		
杞县	1	4	80			
陈留	1	3	80			
沈邱	1	3	80	40,000		
鄢陵	1	6	75			
洧川	1	3	75			
通许	1	3	75			
睢县	1	4	75			
甲种第一卫生工作队	1	61	80	40,000	240	
甲种第二卫生工作队	1	62	75	25,000	120	
乙种第一卫生工作队	1	53	75			
乙种第二卫生工作队	1	37	80	25,000	120	
乙种第三卫生工作队	1	25	75	25,000	120	

表五 行总河南分署补助黄汛区各县卫生机构病人营养品统计表

县别	领用卫生机构数	奶粉（磅）	蒸浓牛奶（磅）	脱脂奶粉（磅）	奶油（箱）	肉类罐头（箱）	鱼肝油精（加仑）
总计	5	432	7,200	3,800	8	70	26,0
柘城	1			800			53,2
淮阳	1			1,800			53,2
项城	1			800			53,2
杞县	1						53,2
鄢陵	1		3,840		8	70	53,2
本署甲种第一工作队		192	2,400	400			
本署乙种第二工作队		240	960				

表六 行总河南分署发放黄汛区急振面粉旧衣及受惠人数统计表

县别	发放面粉袋数（48$\frac{1}{2}$Lbs 袋）	旧衣包数	受惠人数
总计	67,000	900	260,036
中牟	6,000	50	18,286
尉氏	3,000	50	18,007
杞县	6,000	70	21,634
通许	4,000	70	15,814
鹿邑	4,000	50	14,198
陈留	3,000	60	12,636
睢县	4,000	60	14,330
柘城	3,000	60	11,232
鄢陵	6,000	50	18,961
洧川	2,000	30	8,425
扶沟	5,000	50	27,421
淮阳	3,000	70	12,809
西华	5,000	50	18,205
商水	3,000	40	10,392
沈邱	3,000	40	12,012
太康	5,000	70	18,192
项城	2,000	30	7,482

表七 行总河南分署在黄汛区设立粥厂发放物资及受惠人数统计表

粥厂所在地	厂数	面粉（袋）	罐头（磅）	豆粉（袋）	牛奶（磅）	奶粉（磅）	牛油（箱）	乾豆（袋）	包谷（包）	旧衣（包）	受惠人数（口）
总计	11	10,376	44,502	6,732	18,478	10,000	140	2,465	394	320	2,757,767
西华	2	1,343	5,580	3,000	3,696		10	188	94	40	390,463
扶沟	2	2,834	14,592	780	5,544	10,000	30	752	80	80	672,338
尉氏	1	1,027	5,580	450			10	188			363,000
鄢陵	2	1,042	5,580	450	5,544		10	236		40	422,640
淮阳	1	1,386	7,236	776	3,694		10	349		40	403,300
沈邱	1	1,208	5,106	376			10	376	40	40	274,180
中牟	2	1,536	828	900			60	376	89	80	231,846

表八 行总河南分署发放黄汜区各县春耕种籽肥料代金统计表

县别	配分数	实发数	受益户数	受益亩数
总计	66,000,000,00	65,632,800,00	17,240	138,895,10
洧川	3,000,000,00	3,000,000,00	1,511	13,499,00
中牟	5,000,000,00	5,000,000,00	1,671	4,920,00
尉氏	5,000,000,00	5,000,000,00	2,892	21,172,00
柘城	3,000,000,00	2,546,100,00	1,808	12,730,50
鹿邑	4,000,000,00	3,086,700,00	1,987	15,918,00
鄢陵	4,000,000,00	3,000,000,00	1,344	4,595,50
淮阳	4,000,000,00	4,000,000,00	808	2,738,00
西华	5,000,000,00	5,000,000,00	1,431	13,343,00
沈邱	3,000,000,00	3,000,000,00	877	2,138,00
扶沟	5,000,000,00	5,000,000,00	1,200	1,926,00
项城	3,000,000,00	3,000,000,00	733	9,673,40
太康	4,000,000,00	4,000,000,00	1,120	10,800,00
商水	3,000,000,00	3,000,000,00	664	2,895,70
通许	3,000,000,00	3,000,000,00	548	3,634,00
陈留	3,000,000,00	3,000,000,00	812	5,190,00
杞县	5,000,000,00	5,000,000,00	917	6,881,00
睢县	4,000,000,00	4,000,000,00	917	6,881,00

表九 行总河南分署黄河堵口复堤工作队统计表
（35 年 11 月底止）

工作队别	县数	应出民工数	拨发面粉（48$\frac{1}{2}$ Lbs 袋）	估计工数
总计	20 县	576,000	956,377	19,127,540
第一工作队	广武、郑县、中牟	45,000	5,359,500	5,359,540
第二工作队	开封、兰封、陈留、考城	12,500	108,504	2,170,080
第三工作队	武陟、原武、阳武、封邱、温县、沁阳	34,500	121,577	2,431,540
第四工作队	西华、淮阳、商水、沈邱	25,000	147,501	2,950,020
第五工作队	尉氏、鄢陵、扶沟	9,000	78,800	1,576,000
第六工作队	自河北长垣至山东齐河	450,000	232,018	4,640,360

（《黄河汜区善后建设会议记录·附表》表一至表九，河南省图书馆馆藏，F791）

表十 行总河南分署举办汜区各县小型工振概况表

县别	合计	睢县	陈留	通许	杞县	扶沟	大康	项城	沈邱	商水	西华	淮阳	鄢陵	柘城	鹿邑	淮川	尉氏	中牟
袋面配粉发数	30000	2000	2000	2000	2000	2000	1000	1000	1000	2000	2000	2000	2000	2000	2000	1000	2000	2000
工程摘要 类别		疏渠	公路	公路	公路 桥	民埝 堤 公路 学校 河	公路 学校 桥	学校 民教馆 桥	学校 民教馆 救济院	学校 城门讲演 桥 仓库	民埝 浚河	民埝	学校 河堤 桥 凿井	公路	公路	修河堤	学校	浚河
工程摘要 量数		1.	3.	2.	2.5.	1.1.1.1	4.2.4.1.	1.1.27.	1.1.13.	1.1.1.1.1.	1.2.	1	9.4.3.4.	2	2	1	2	1
工程摘要 工程细数		长十五四里	长九〇里	长五五丈	长一七五里		长一—七里 房三间墙九五丈	房五〇七间 墙二七丈 校具一九件 房一七间	房四一〇间 房一〇间	房一—四间	长三三里 长五五里	长五〇里	房五三间 长一三六〇公尺 长一二七公尺	长八五里	长九五里	长五六里	房一二间 墙壁一八丈 校具二件 八二件	长四〇里
日开期工		6.28.	7.1.	7.2.	6.18.	8.16.	7.22.		6.15.	6.19.	6.24.	6.14.	8.12.	7.1.	7.4	7.30.	9.1.	8.13.
日完期工		7.27.	7.19.	7.12.	7.8.	12.20.	8.17.		8.30.	9.8.	7.20.	7.21.	9.21.	7.10.	8.10.	8.10.	11.1.	8.28.
人作数工		3514	3312	4005	8840		35200	1820	910	141	2666	2200	3774	3520	2120	1467		2045
工共数		352000	35200	35200	42200	34800	35200	17600	179000	35200	35200	17600	35068	35200	10600	17600	35200	83845
副食费地方数需								5280000	5280000	26395900	1189550	2640000	6739100	3520000				
材料费供应								30773000	39784000	44145000	11160650							
备考														粉六〇三袋 已饬续办	系完成一部因战 暂停用			原拟疏浚两河已完成一道另一河因水大缓办

（《黄河汜区善后建设会议记录·附表》表十、河南省图书馆藏，F751）

10．河南省黄汜区二十县份人口土地房屋损失数量统计表

县别	人口			土 地			房 屋	
	原有人口	死亡人口	逃亡人口	原有亩数	被淹亩数	现在可耕亩数	原有间数	被淹间数
西华	418,543	14,808	285,575	1,417,142	991,998	425,144	372,836	286,537
鄢陵	84,426	7,938	26,242	347,950	345,800	2,150	82,368	75,447
扶沟	315,500	78,600	169,800	1,445,000	1,420,100	24,900	211,200	198,530
淮阳	339,117	48,101	66,798	432,246	344,971	87,275	183,950	127,726
太康	466,191	31,737	175,388	409,502	263,934	145,568	710,813	314,315
睢县	13,961	82	5,166	69,342	27,446	41,896	25,105	11,757
杞县	56,022	953	25,100	157,000	116,214	40,786	176,194	15,257
尉氏	315,230	77,852	151,786	940,000	500,900	439,100	190,650	144,633
广武	7,069	48	451	15,072	9,735	5,337	6,235	4,520
郑县	15,569	1,191	5,176	72,708	48,711	23,997	21,078	13,134
柘城	5,051	6	471	27,707	16,468	11,239	19,782	10,548
项城	120,126	2,897	37,060	689,128	486,000	203,128	34,949	14,557
商水	96,130	2,107	51,780	480,000	480,000	—	84,000	67,200
开封	9,199	150	2,134	12,312	5,335	6,977	89,185	24,756
鹿邑	173,189	2,013	28,961	653,090	308,040	345,050	247,342	53,760
通许	269,512	30,902	25,297	719,138	396,591	322,547	201,782	28,219
中牟	125,536	9,612	33,155	253,635	182,178	71,457	93,101	59,367
洧川	63,027	79	35	96,725	20,726	75,999	7,082	574
沈邱	102,825	12,913	48,312	421,252	371,030	50,222	203,359	12,186
陈留	—	—	—	438,697	168,936	269,761	1,013	1,013
总计	2,996,223	321,989	1,138,687	9,097,646	6,505,113	2,592,533	2,962,024	1,464,036
百分比	100.00%	10.7%	38.0%	100.0%	71.5%	28.5%	100%	40.5%

说明：

一、本表各项数字，系各县就所辖境内黄河淹没之乡镇村庄被灾实况调查所得，并不包括全县人口土地房屋总数。

二、本表所列黄汜区共二十县，包括自二十七年起至三十五年二月止之新旧汜区。

（《善后救济总署河南分署周报》第一七期，中华民国三十五年五月五日，河南省图书馆馆藏，F717）

11. 河南氾区主要损失与复建成效比较表

项目	损失数量	复建成效		
			数量	百分比
逃亡人数	一、一七二、六八七人	归耕人数	四六三、三六九人	三九•五一%
涸出待耕亩数	二、六六七、一七八亩	复垦亩数	一、六一八、二七六亩	六〇•六七%
毁损房舍	一、四六四、〇六六间	修建房屋	一、八一三间	〇•一二%
毁损农具	一、七九四、九五八件	发放农具	二〇二、七四四件	一一•八五%
牲畜损失	五二六、四五五头	补充牲畜	一三一头	〇•〇二%
衣服损失	三、八〇一、二二一件	发放衣着	二、五六六•五八四长吨	
食粮损失	一、七七一、九一〇•四九八七长吨	发放食粮	三一、一〇五•四七六一长吨	一•一九%

附注　损失数作百分之百

说明：（一）本表（1）至（6）各项损失数字均根据河南省社会处所编"河南灾情实况"所载计算而得此书民国三五年出版。

（二）第（7）项食粮损失系根据第（2）项"涸出待耕亩数"乘以每亩平均产量一•五担即得该地亩一年之产量再乘以九即得九年之产量损失共得三六、〇〇六、九〇三担折合一、七七一、九一〇•四九八七长吨按此项数字实为最保守之估计因据总署编制之"黄氾区复兴计划纲要"附表所列涸出待耕面积为四、八九〇、〇〇〇亩及清除障碍物后即可耕作者又有九六〇、〇〇〇亩而每亩每年一•五担产量亦为最保守之估计。

（三）复建成效各项数字截至三十六年十一月底止。

（《善后救济总署河南分署周报》第一〇〇期，河南省图书馆馆藏，F751）

12. 花园口堵口及豫境复堤工程所用材料

民国三十五年度（1946）

材料			总计	堤口工程	复堤工程
名称		单位			
石		料	公方	88,923.15	10,684.15	78,239.00
秸		料	市斤	12,695,215.00	12,495,215.00	200,000.00
柳		枝	市斤	57,329,101.00	54,613,555.00	2,715,546.00
木		桩	根	92,095	90,452	1,663
麻		绳	市斤	663,865.50	653,736.50	10,129.00
麻		袋	条	377,970	377,970	—
铅		丝	市斤	84,582.00	83,654.00	928
铅	丝	绳	条	1,281	1,281	—
柳		杆	根	3,332	3,332	—
麦		秸	市斤	11,500.00	11,500.00	—
钢	丝	纲	个	472	472	—
黄		料	市斤	20,500.00	20,050.00	—
青		砖	个	2,090	2,030	60
铁		锚	个	111	111	—
纵	横	梁	根	78	78	—
木		板	块	151	151	—
木		料	市斤	12.00	12.00	—
螺	丝	钉	个	14	14	—
扒		据	根	291	291	—
铁		钉	市斤	256.00	226.00	30.00
镥		头	个	4	4	—
洋		灰	市斤	300.00	300.00	—
钢	丝	笼	个	9,822	9,822	—
柳		辊	个	6,000	6,003	—
大		缆	条	467	—	467
铜		丝	市斤	793.00	—	793
大	草	绳	条	11	—	11
芦		席	条	180	—	180

（河南省政府统计处编：《河南省统计年鉴》，民国三十五年，河南省图书馆馆藏，Z101）

13. 豫境黄河新堤培修御防抢险工程

民国三十五年度（1946）

工程种类	施工地点	工程名称	估计数量	单位	工程完成数	总计
培堤工程	来同寨至小金店等地	加培东堤	113,852	公方	113,852	2,689,544
	荣村至大马庄等地	加培西堤	1,627,315	公方	1,198,552	
	双洎河南北堤	双洎河南北堤	424,748	公方	306,800	
	扶沟城等地	扶沟护城堤	11,375	公方	6,054	
	周口北寨	周口北寨护寨堤	96,825	公方	59,516	
	沙河南北堤	沙河南北堤	1,128,583	公方	1,004,770	
防御工程	里穆张等地	修筑护岸	48,182	公尺	26,025.50	30,893.50
	高庙等地	厢修柳坝	2,114	公尺	1,745	
	高庙至余家	加厢秸料坝	56	公尺	30	
	里穆张	整修坝齿	600	公尺	42	
	新站上等地	挂柳	100	公尺	1,081	
	扶沟城等地	厢修扫段	415	公尺	1,619	
	桃村李等地	补修砖坝	8	公尺	106	
	毕虎西48公里内	堵截串沟	200	公尺	10	
	黄庄口门	堵塞黄庄口门	300	公尺	235	
	桃村李等地	抛砖柳枕	180	个	3,230	3,230
抢修工程	苑寨等地	平整坝身	—	公方	875	170,334
	里穆张等地	抢修退堤	—	公方	46,375	
	河状至董庄等地	抢修戗堤	—	公方	31,744	
	王光楼	抢修平埝	—	公方	98	
	李埠口	抢修圈堤	—	公方	22,117	
		堆积土牛		公方	1,606	
	童湾至周口南寨	培垫堤身	—	公方	67,519	
	扶沟城等地	抢修坝头桃水坝 三角坝人字坝等	—	公尺	336	336
	老鬼窝	捆柳把	—	个	877	877

（河南省政府统计处编：《河南省统计年鉴》，民国三十五年，河南省图书馆馆藏，Z101）

14. 郑州花园口堵口工程

郑州花园口堵口　1938 年 6 月，为阻止日军进犯，国民党军扒决黄河花园口大堤。河水直泄东南，自贾鲁河、涡河入淮，泛滥豫、皖、苏 3 省 44 县市。1942 年国民政府黄河水利委员会曾拟具堵口复堤计划上报行政院，以备战后实施。1946 年成立黄河堵口复堤工程局，操办堵口事宜。此时，黄河故道已建立冀鲁豫解放区和渤海解放区，有数十万人民在此垦居。中国共产党提出先复堤、迁移河床居民而后堵口的主张，并与国民政府代表多次谈判，达成开封、菏泽、南京、上海等协议。

1946 年 3 月 1 日堵口工程开工。口门宽 1460 米，过水部分水面宽 1030 米，西部浅滩部分宽 430 米，水最深 9 米。施工以抛石平堵为主，浅滩部分采用捆厢进占法单坝进堵，深水部分打桩架桥，上铺钢轨，用小火车和手推斗车运石抛堵。4 月中旬，西坝新堤与口门浅水埽占已完成 1000 米。5 月，临河一面复建丁坝 10 道；铁路铺至西坝头；西坝及东坝分别打桩架桥。6 月 21 日桥工架设完竣，全长 450 米，共打桩 119 排，桥面宽 9 米。26 日河水上涨，7 月初，东半段 45 排桩全被冲走；西半段 70 余排，抛石保护，石积桩根，状如半截潜水石坝，逼溜向东，东坝因顶冲崩陷，遂加料抢护。10 月补打东半部桥桩，同时择故道低洼处挑挖引河两道，长各 16 公里。在补打桥桩时，因水深流速，工作极为困难。故在 11 月底改抛柳石枕固底，再行打桩架桥。12 月 15 日，桥面铺轨完竣，始以 3 列小火车和 60 辆手推斗车抛石堵口。27 日开放引河，因过水不畅，平抛拦河石坝壅水严重。1947 年 1 月，口门上下游水位差达 2 米，过流达 1200 立方米/秒，拦河坝出险下蛰，桥桩冲毁 8 排，改用捆厢埽立堵法继续堵筑。在正坝上首新建挑水坝一道，并将原第六坝加长。东西两正坝下游 30 米处，各添修边坝一道，另增开引河 4 道。3 月 8 日开放引河，时大河流量 800 立方米/秒，两坝各分三组推抛柳石枕。12 日金门缩至 4 米时，西坝金门占滑动生险，所推柳石枕陡蛰入水，当即改抛铅丝石笼，并推 25 米长大柳石枕。15 日，正坝先行合龙。17 日边坝合龙，遂赶填土柜。由于平堵时，龙口下部抛石甚多，致使立堵合龙后，"埽底不清"，渗漏严重，乃紧贴金门上口添厢长 17—18 米的门帘埽 4 段，并随之加高坝身。5 月底花园口堵口工程全部告竣，历时 1 年零 2 个月，主要工程量如下表。

表4-5-3　花园口堵口完成主要工程量

工程名称	单位	数量
土方	米^3	2440535
护埽	米^3	58561
占土	米^3	250232
柳石坡	米^3	29853
柳石坝	米^3	104979
抛石	米^3	86505
抛辊	个	12349
抛枕	个	8596
打桩	根	761
造船	只	18
房屋建造	间	305
桥涵	座	12

（河南省地方史志编纂委员会:《河南省志·黄河志》，河南人民出版社1991年版，第174—176页）

15．长垣县城大屠杀

1938 年 3 月 25 日（农历二月二十四）清晨，长垣县城被日军攻破，城内守军撤退，居民亦多扶老携幼迁回出城逃避。日军进城，大施淫威，疯狂奔向四街搜索。路上见人就杀，近的刀刺，远的枪击。马蹄声、皮鞋声和哭喊声、叫骂声响遍全城。居民们除逃走者外，都封门闭户，隐蔽躲藏。强盗们三五成群到处砸门，破门进院后便四下寻找，发现有人就用刺刀挑，见有人跑，就开枪射击，见到小孩，有的提腿劈作两半，有的活活摔死。东街一个不满百天的婴儿，竟被倒插水缸活活淹死。全家被杀的大有户在，南街杨连喜一家 11 口全被杀光，韩德润家被杀死 9 口。大街上，一片片尸体，一股股血腥，手段之残忍举世罕见。禽兽们见到妇女，便强拉硬拽进行奸污，甚至当着全家人的面，对其进行轮奸，稍有反抗便遭毒打。西街一位 60 多岁的老太婆，因不甘受辱，被刺刀穿腹而死。有人以为教堂里保险，就躲进北街福音堂，但到中午，侵略者歇斯底里冲进福音堂，将躲在那里的群众，连同在街上抓到的青壮年赶到黉学后院的崇圣祠内，在门口架上机枪，向屋里扫射。一阵枪声，屋内的人一层层应声倒下。枪声过后，敌人又用刺刀在尸堆上检查，发现稍有喘息，就再次戳死。屋内 200 多个群众，同时惨死在日军机枪之下。只有周升山、甄五、道士侯嘉修 3 人屏息佯死于众尸之中，方得幸免。这一惨绝人寰的县城大屠杀，共杀害无辜群众 1700 余人，是日本侵略军所犯滔天罪行的铁证。

（长垣县地方史志编纂委员会：《长垣县志》，中州古籍出版社 1991 年版，第 405 页）

16. 浚县惨案

　　1938 年 3 月 28 日夜，县城失守。城内逃难群众涌向西门出城，死伤众多。29 日拂晓，日军在县城东、南、北三面布哨，封锁道路，开始了惨绝人寰的大屠杀。所到之处，见人就杀，见房就烧，见女人就抓，整个县城烟火弥漫，惨叫声震天，陷入了骇人听闻的恐怖世界。

　　日军屠杀先从东街开始。在东门里路北一家煤场里，100 余人被赶进一座屋内，洒上汽油焚烧，除一人从房顶逃生外，余则全被烧死。在文治阁周围，日军纵火焚烧房屋，熊熊大火烧了一夜，数百间房屋化为灰烬。

　　在北街，数十名群众被捆绑着跪在城垛上，一齐遭枪杀，尸坠城墙下。在鸡市胡同，一次烧死男女百余人。在南街，日军挨户搜捕，枪杀无辜百余名。在南关后城沟街，躲藏在王保善家后院的 40 余名群众被集体枪杀。在南关，张柱、刘长德两家 10 余口全被杀绝。70 多岁的王老清头被砍下，让狼狗衔着跑。两岁小孩，被刺刀挑死，扔在大街上。在南关一小庙里，8 名妇女遭轮奸后被烧死。在南山街，躲藏在土洞里的 300 余人被机枪扫射，仅有一人幸免于难。在菜园街，500 余人被集体枪杀。

　　在大伾山刘公泉洞，500 多人被机枪扫射，无一幸免。在大伾山上，日军炮击八卦楼，枪击大佛，毁坏了文昌帝君像、魁星像，烧毁了阳明书院。在大伾山禹王庙，日军强迫僧人慈海烧开水。之后将其捆绑，刺死在庙东侧。在禅堂僧舍翻箱倒柜，将经卷抛撒满地，随意践踏，将袈裟撕破擦战刀。在天齐庙"有僧东渡留禅杖"崖下，本良和尚被乱刀扎死，海灯法师被挖去双眼，耳朵、鼻子被狼狗咬掉，刺刀穿透胸膛。15 岁的道济和尚被惨杀庙外，让狼狗撕吃其肉。

　　在浮丘山上，日军将道人张殿、孔祥怀、李宗杰、王太仲、宋太贵 5 人刺死。藏在庙院里的王生吾老母及李王氏被日军用刺刀撬开嘴，用凉水活活灌死。日军炸塌三仙殿，文物遭破坏。

　　日军所到之处，肆意奸污妇女，如同禽兽，连 60 多岁老妇和幼女也难幸免。许多妇女遭奸后被惨杀，有的被剖腹。在南关，日军奸污一孕妇后，剖腹取出婴儿，挑在刺刀上戏耍。

　　29 日傍晚，日军撤走时，抓数十名男女背东西。行至下高村、黄辛庄一带，将男夫枪杀。10 余名妇女除 1 名逃回外，其余未见踪影。

日军撤走后，县城内外，大街小巷，尸体横陈，血流成河。城东南角 3 口井填满尸体。西门里遏云楼前 10 余个马棚下，尸体成垛。大王庙门前，尸体堆积丈余高。南关几个水坑，水被血染红。整个县城成了"户户皆戴孝，处处闻哭声"的悲惨世界。

日军在这次屠杀中，杀害我同胞 4500 余人，占当时县城人口的四分之一。未逃出的男女老少几乎全被杀光，500 多名妇女被奸杀，1000 余间房屋被烧毁，财物损失不计其数。

（浚县地方史志编纂委员会：《浚县志》，中州古籍出版社 1990 年版，第 729 页）

17．日军在中牟暴行录

中牟沦陷长达七年零两个月，日军残暴，毫无人性，记录以下若干事例，管窥一斑。

狂轰滥炸　1938年3月9日，两架日军飞机轰炸白沙车站的货车和难民车，时间长达一小时之久。铁轨炸成段，粮食遍沟壑，炸死难民200多口。为时不久，六架敌机再次轰炸白沙村，死伤多人。张成选的6岁小孙女，头和双腿被炸飞，仅剩躯干。

5月，敌机在中牟火车站追袭去开封的客车，车被炸毁，死百余人。

5月19日上午10时，六架敌机侵入城关上空，牲畜、财物炸毁不可胜数。吴立元老母等十多口被炸死，南街刘家的孕妇，被炸得五脏横飞，无辜胎儿炸死坠地。

1939年3月21日，八架敌机侵入城关上空，分南北两行，从西到东，轮番轰炸，倒房几十间，死人十多口。7月22日，六架敌机再次飞临城关上空，炸塌房屋30多间，王老留之父头被炸飞，吴小元80岁的老母双足被炸掉。

1941年10月12日黎明，12架敌机轮番轰炸张庄街，死伤牲畜数十头，毁房50多间。李合同、周德印夫妇及袁姓妇女炸得不见片尸。

（中牟县地方志编纂委员会：《中牟县志》，中州古籍出版社2006年版，第275—276页）

18. 日军在通许的部分罪行

民国 27 年（1938）6 月 3 日，日军侵占通许县城以后，奉行烧光、杀光、抢光的"三光"政策，到处烧、杀、淫、掳，无恶不作，曾用枪杀、刀劈、活埋、焚烧、剥皮、灌辣椒水和唆使狼狗撕咬等残酷手段，镇压人民的反抗，在通许犯下了滔天罪行。据不完全统计：全县被杀害 3365 人，其中被枪杀、刀劈、烧死的 2290 人，被活埋的 335 人。被狼狗撕吃的 362 人，其他致死的 378 人；被强奸妇女 1288 人；被烧毁房屋 8390 余间、粮食 1105 万公斤；被抢去粮食 1145 万公斤、牲畜 4529 头；被抓夫 172265 人次，被关押 5524 人次。下面记述的仅为部分典型事例。

民国 27 年 6 月 3 日，日军侵占县城后的 10 日内，仅在县城即活埋 200 多人，唆使狼狗咬死 20 多人。

是日，日军一部进入县东北部的斗厢村，抢劫杀人，污辱妇女。全村男女老幼四散逃命。日军尾随追杀中，枪杀谷祥峰和夏喜之妻，用刺刀挑死朱润泽，抓钩搂死尚小可。狼狗咬死李学仁、李得郎、李小可、张石玉，胁迫恐吓，迫使夏步来之妻上吊而亡。更残忍的是，农民王仁被拴在牲口桩上活活剥皮而死。日军还抓住两名妇女，拉到村西麦场上，在光天化日之下，20 多人轮流进行奸污。至于财物被抢，家畜家禽被杀，难以算计。

（通许县地方志编纂委员会：《通许县志》，中州古籍出版社 1995 年版，第 272 页）

19. 日军在嵩县奸污妇女，无恶不作

驻嵩日酋梅津一太郎，被伪军恭维为司令，他认桃园村刘秋花为干娘，令其当女保长。梅津多次命她胁迫一些妇女，供日军任意蹂躏。同时，日军每到一地，无不奸淫凌辱妇女。日伪联络处顾问佐佐木，将西关一农民之妻胁持到联络处，强迫与其鬼混。田湖镇毛庄有个姑娘，因遭日军强奸时抗拒不从被活埋。民国33 年（1944）5 月某日，日军到饭坡一带扫荡，被日军奸污的妇女达 10 余人。

5 月 16 日，日军数人到东关关帝庙后坡根，发现有几个 60 多岁的妇女在麦地藏着，将一老婆衣服剥光，强逼一中国青年奸污。青年人不从，日军用刺刀将其面部刺破。又让另一青年奸污老人，仍拒不从，又被日军将脸刺破。类似罪行，不胜枚举。

（嵩县志编纂委员会:《嵩县志》，三联书店 1990 年版，第 1079—1080 页）

20．日军残害郏县群众大事记

民国 33 年 5 月 2 日，日军在天地庙村抓住村民耿群力，用大杆秤秤锤将其活活打死。同日晚，日军在高庄村，强奸妇女 5 人，刺杀村民石结实，抓走 20 多人。

5 月 3 日，2 名日军进宋堡寨，打伤宋法等 3 名村民。日军在赵寨村刺死村民陈书碑、丁二志等，枪杀王仙等 2 名妇女。同日，在许洼村，刺死许老黑等 5 名村民，轮奸妇女 10 人，杀耕牛 1 头、猪 20 头、鸡无数。用桌椅箱柜烧火做饭，在磨眼里、饭锅里、面缸里拉屎。在湾李村，抢李狗丢的牛，李妻阻拦被刺死。在县城天平街将居民张金华戳 70 多刺刀，又打 3 枪，张惨死。

5 月 4 日上午，日军骑兵在士庄村抓村民 200 余人，对妇女进行奸淫，男的关在 5 间大屋里，纵火烧房，欲全部烧死，幸亏村民冯保及时砸开屋门，这些人才幸免于难。日军还烧了姜海银的 3 间房，抓住姜凌忠带到苇园刺死。在吴楼村，刺死王志争，奸淫妇女 30 多人，杀耕牛 20 多头和全部鸡、鸭、猪、羊。

5 月 6 日，在苏坟村，杀死查保庆、王亭娃、王聚朝、王书堂等人。10 月 28 日，又在该村杀死王付山、王老定等人，奸污妇女多人。在大沟湾村，烧房 15 间，烧死村民 1 人，同日，攻占黄道的日军，在北寨墙上用机枪向村外的人群扫射，五道庙附近死 28 人。石黑娃他娘被抓住，日兵用刺刀在乳房上搅动，向胸部刺 6 刀，又从 17 米高的悬崖上扔下去。傍晚在西寨门内乱刀刺死 2 个青年，将一妇女绑到椅子上轮奸。一昼夜刺死村民 61 人，刺伤 107 人，奸污妇女 30 多人，烧房 40 多间。

5 月 7 日，日军在后姚村，枪杀村民 2 人，抓走 2 人，强奸轮奸妇女数十人。日军一股在紫云山南开枪打死孟松山、孟书祥，打伤韩全；在王大郭庄村刺死周金聚；在椅子圈奸污、刺杀妇女 5 人；在昝家村，刺杀村民 7 人，刺伤 2 人；在李口村奸淫妇女 5 人。

5 月 10 日 5 时，日军一股在尖山，打死村民 4 人，打伤 6 人。在山店烧房 10 多间。11 日，日军在马沟打死刘全成，抓走刘双月。

5 月 24 日，驻薛店的 1 名日兵，逼迫村民曹柱子帮他追赶一名妇女，遭拒绝，被打死。

6月3日上午，日军100多人到朱洼村。在寨墙上向躲在苇园里的村民射击，2人被打死，2人负伤。到李世和庄，把一名少女绑在椅子上在大街上轮奸，奸后用刺刀戳入阴道致死。

7月4日，日军在吴洞村奸污王广志妻，奸后又将她剖腹致死。

7月7日3时，日军100多人围攻王集寨，村民抵抗，击毙日军4人，击伤3人。5时，寨破，村民四逃。日军用机枪扫射，打死村民11人，打伤38人。抓住来王集探亲的孔庆锁，带进城内绑在高寺操场木桩上，让狼狗先咬庆锁的双耳，再咬其鼻子，又咬他的前胸，一口一口的把庆锁咬死。

（郏县地方史志编纂委员会：《郏县志》，中州古籍出版社1996年版，第225、226页）

21．日军在汝州的罪行

1945 年农历 2 月 6 日，县城吴凤鸣和另外两人一起被日兵押往北门里东边空地处死。吴身被戳 6 刀，昏倒在血泊之中，其余 2 人被日兵戳死。3 月 16 日，日军再次包围焦村，把抓到的群众一个个当场处死。焦永福被日兵用刺刀从胫部、腹部刺过胸膛倒下，焦志娃被捆在树上用木柴活活烧死。张继等人被辣椒水灌得死去活来，又拉到寨边刺死。日军把抓到的妇女不分老少进行强奸。张××之妻被 10 几个日兵轮奸，有的妇女被奸污时日兵还强迫丈夫在旁边观看。被强奸、轮奸的妇女有王××、杜××、肖某之妻、雷某之妻等 40 多人。

1945 年 8 月上旬，驻县城文庙后院的日军突然向南关打炮数发，魏圪垯、魏章河等 3 人当场被炸死，张光有、史二保等被炸伤。

日军在临汝 1 年 4 个月，共枪杀群众 103 人，打死群众 514 人，活埋 237 人，剥皮 4 人，被打群众 3476 人，烧死群众 415 人，强奸妇女 1135 人，强奸后致死的 32 人，抓走民伕 1227 人。

（汝州地方史志编纂委员会编：《汝州市志》，中州古籍出版社 1994 年版，第 239 页）

22. 宝丰县观音堂惨案

民国 33 年（1944 年）5 月 9 日，日军步兵二二六联队第二大队由泽野带领，从鲁山出发，向北扫荡。同时，日军第二飞行团出动飞机，在临汝大及境区庵上村附近进行轰炸。泽野大队进至观音堂西南的红玉岭时，与西逃的国民党第三十一集团军的十二军八十一师某团相遇，经短时战斗，日军俘虏国民党军和逃难群众 200 多人。日军进至庵上村，又将国民党军留守处官兵和随军医院多人一同掳去，囚禁在日军住地观音堂南杨庄村。夜间，10 多个日本兵到观音堂寨门前寻衅，守寨武装人员扔出六七颗手榴弹，炸死日军 1 人，日军弃枪 3 支。

5 月 10 日早晨，日军包围攻击观音堂村，经短时枪战，冲入寨内。日军进寨后将寨内 1000 多人全部赶到南寨门外，跪在一个空场内，周围架上机枪。同时，日军把寨内枪支和劫掠到的珍贵财物集中到一起；放火把寨内房子、粮食全部点燃。日军逼问群众谁是寨首?谁炸死了他们的人?问不出来，就将无辜群众一个一拉出场外，有的用枪打死，有的用刺刀戳死，有的用石头砸死；还挑出 10 多个青年妇女，在光天化日之下，扒光衣服，进行污辱、强奸。这天上午，日军在这块场地里残杀 40 多人，在观音堂寨下的石河边枪杀 30 多人，在村民胡天喜家杀死 9 人，用大火焚烧。用碓杵把双腿残废的崔遂德老人的头砸烂；用刺刀把李老十瘫痪的儿媳妇戳死；日军还把头天晚上抓去的国民党军及群众共 200 余人押到杨庄村南河边，用刀砍死或用枪打死，河滩里死尸成堆。日军奸淫烧杀直到午后才停止，共残杀 300 多人，烧毁房屋近百间，抓夫 100 余人，造成惨绝人寰的观音堂大惨案。

5 月初，一股日军路过任寨时，肆意强拉牛马猪羊，抢掠财物，在村民供奉祖先的桌子上屙屎拉尿，并轮奸一个十三四岁的少女。

5 月 16 日，日军一小分队袭击大营镇何庄村，国民党十二军某部在一营长带领奋力阻击激战 3 小时。下午 5 时许，日军侵占大营后，把机枪架在寨垛上，不断向逃难群众射击，死伤无数。又在寨内枪杀村民何小娃、孙老水等。同时，他们还烧毁无数家具，宰杀无数牲畜，把屎拉在面缸、水缸里，并奸污妇女 20 多人。

5 月 19 日，有数十名日军由大营窜到西古庄村，枪杀村民李锡娃，并轮奸妇女多人。

（宝丰县史志编纂委员会编：《宝丰县志》，方志出版社 1996 年版，第 340、341 页）

23. 日军在淇县奸淫烧杀 无恶不作

1938年2月13日，日军侵占淇县第一天，就在下曹、大潭沱等村枪杀农民4人，在南五里桥枪杀农民2人。第二天，在城关搜抓青年妇女，奸淫蹂躏。有多少女同胞羞愤自杀，实难统计。同年3月，日本兵曾5次到张近村捉鸡、强奸妇女。农民李华堂、何鸿范等青年当场将两个日本兵打死，扔入淇河。事后有人告发，日伪军出动200多人，包围了张近村，枪杀黄阿妞等4人，抓走了何鸿晏等5人，烧房200余间。1940年春，日军实行惨无人道的杀光、烧光、抢光政策，先后到西袁庄、四井、小潭沱、庙口田庄、二分庄、石桥、黄洞、吕庄等村庄疯狂扫荡，致使沿山一带许多村庄十室九空。据上述9村统计，从1938年至1942年5月，淇县被日本侵略军烧掉民房1016间，杀死群众67人，抢掠牲口60余头，仅小潭沱村被烧掉民房500余间，枪杀群众10余人，抢走牲口30余头。

（淇县志编纂委员会:《淇县志》，中州古籍出版社1996年版，第567页）

24．日军侵温暴行录

1938 年 2 月 28 日，日军安田部千余人入侵招贤，枪杀、刀戳死数十人，此后，每日街头暴陈裸体女尸多具，3 月 5 日，日寇侵占温县城。此后，在境内遍设据点驻军，虽数次撤回沁阳，但频繁扫荡，常行杀人、烧房、掠物、摧残民众之暴行，尤以南张羌大屠杀和黄河滩大屠杀最惨（见后）。1938 年—1945 年八年间，日军在温县共杀死和平居民 5566 人，屠杀绝户的 481 户，烧毁房屋 15322 间，抢掠和杀戮牲畜 7752 头，强奸妇女 3363 人。

（温县志编纂委员会:《温县志》，光明日报出版社 1990 年版，第 234、235 页）

25．日军在台前县暴行录

1939年3月22日，日军进犯寿张，路经县城东北许堤村，烧杀抢掠，闯进许某宅院，将许家大儿媳、三儿媳及孙女（少女）轮奸后用刺刀剖腹，惨不忍睹。是日又窜到北台村枪杀67岁的老汉岳修林。在东关杀死体弱多病的老实农民陈二。于城内吴家街杀死镇房主人吴景福。北街居民孟召之被抓去为其挑水一夜，天明日军撤离时又将孟杀死。

1939年5月13日，日军二次进犯寿张城，在城内杀人放火，浓烟迷漫整个城区，居民大部外逃，没有逃脱的妇女不少被强奸，有的奸后又杀死。日军摧残一日，向梁山进犯，途中抓住东官路村民岳存新带路，后扔下汽车开枪打死。

1940年9月，日军由寿张城去马楼、清水河一带"扫荡"，回时闯进玉皇岭村，将群众赶到晒场里逼审"谁是共产党员？"后抓走村民孙学周、王安吉、杜寅凤等7人，带到米那里村，令其趴在地上任意踏来踏去，后剥光衣服，四肢绑起仰面倒悬吊在树上，下面燃起大火，烧得浑身流油，惨叫不止。是日傍晚，日军返城时行至张庄村，将在根据地抓来的7名八路军嫌疑人砍头。

（台前县地方史志编纂委员会：《台前县志》，中州古籍出版社 2007年版，第302页）

26．日本侵略军暴行

民国 27 年（1938 年）6 月 24 日上午，日本侵略军出动飞机 15 架次，三次对南席镇进行野蛮轰炸和扫射，炸死群众 13 人、伤 10 余人，炸毁房屋 9 间。当天上午，马武村也遭到了 8 架日军飞机的轰炸和扫射，炸死群众 11 人，炸毁房屋 18 间。

民国 33 年（1944 年）4 月，日军侵占长葛，在县内各地奸淫掳掠，无恶不作，犯下了不可饶恕的罪行。4 月 20 日黄昏，日军一部突然包围了南席镇，在遭到游击队的短时抵抗后进入村庄，奸淫烧杀，劫掠财物。崔新田家的长工被挑破肚子，杜金玉和一名游击队员被活活打死。奸污妇女 10 多人，其中一名 50 多岁的老太婆，被奸污后又用刺刀挑死。日军在南席住了 5 天，杀吃猪羊上百头、鸡鸭上千只，烧毁房屋 42 间。翻箱倒柜，抢劫财物，并在饭锅、水缸、面柜、脸盆里拉屎拉尿，家家被糟蹋得不成样子。离开时，抓走夫役 6 人，其中 1 人被日军用马刀砍死在路上，下余 5 人，数月后逃回。

4 月 22 日，日军侵占和尚桥，进行惨绝人寰的大屠杀。当时，和尚桥周围十几个村庄的群众，为了不让仓库的粮食留给日军，纷纷到和尚桥粮库背粮，扫粮。当行至和尚桥清潩河南岸时，日军突然出动，将群众驱赶到一块场地上，群众奋力突围，部分突出包围圈，有 30 多名老人、妇女、小孩则被日军赶到桥南一个枯井旁（今化肥厂院内），杀害后投入井中。仅有辛庄村的周棉妮等两名妇女，深夜从枯井里爬出，死里逃生。

和尚桥商人李自述的妻子和两个女儿被日军轮奸后杀害，李和他的店员起来反抗也被杀害，李自述的儿子和孙子被日军抓去。和尚桥铁路东侧的吹鼓手老王（外地人），被割去生殖器，全身剥皮后挂在一棵杏树上。身染重病的李江水，被日军刺死后扔到红薯窖里。从和尚桥到英刘村的路旁摆满被杀害者的尸体，惨死在日军屠刀下的群众有 200 多人，造成了血腥的和尚桥惨案。和尚桥村 84 户居民无不受害，衣物被抢光，牲畜被杀吃，整个和尚桥尸骸遍地，惨不忍睹。

（长葛县志编纂委员会：《长葛县志》，生活·读书·新知三联书店 1992 年版，第 246、247 页）

27. 血洗六王冢

民国 33 年（1944 年）5 月 3 日凌晨，日军混成第 7 旅团进犯襄西山区。37 师团一部与之配合，从郏县境迂回合围，企图切断汤恩伯部 20 师退路，聚歼该师。9 时许，在令武山麓的钱家沟、黄柳一带遭到 20 师掩护部队的阻击，伤亡惨重。侵入郏县日军越紫云山豆角寨折向东北，占领了令武山西北部的孟沟、杨沟，继续向钱家沟、黄柳侵袭。此时，20 师主力及掩护部队早已撤尽。日军遂肆意焚烧民房，惨杀群众泄愤。

在谢寨村，日军把抓到的姜朝凡等 32 人全部杀害。另队日军从刘楼、盛庄抓的农民七十人，驱至林洞打麦场上的水井前用机枪射死，填尸井中。在孟沟村，日军发现林家的红薯窖内藏有不少妇女儿童，就点燃柴草投入窖中，致使其全部窒息而死。

六王冢坐落于令武山西北部半山腰间，附近小村星布，洞穴尤多。城乡居民闻日本侵略者犯境，多逃此避难。5 月 3 日下午，日军将抓到的平民驱赶至六王冢及附近村里。傍晚，日军架起机枪，端着刺刀，强令难民面北而跪以示屈服。此刻，忽有一农民挣脱绳索，向一个日兵的头部猛击数拳。日军猝遭反抗，一齐枪刺刀砍，将这批反绑双手的难胞残杀殆尽。余 20 多人，逼令跳入井中，日军对准井口施放排枪射杀，午后，大庙李村、七里店、五里堡村民 70 余人，在杨沟村的打麦场上全部罹难。

次日拂晓，另队日军又从侯庄一间暗室中拉出来此逃难的城关青年、商人宋学礼、[ ]堂等 24 人，在村外逐一枪杀。宋学礼被刺 5 刀，因未着要害，瘫软在地，用力咬破舌尖，口冒鲜血佯死，始免丧生。

除血腥屠杀外，日军还在光天化日之下，把妇女反绑条凳上进行轮奸，或集中玩弄，高声狞笑，尽情发泄兽欲之后再予剖腹杀害。

（襄城县地方史志编纂委员会编：《襄城县志》，中州古籍出版社 1993 年版，第 229 页）

28．日军在卢氏县的罪行

1944年5月13日，日本侵略军为了截击由洛阳溃退之国民党军队，由第三十七师团长长野中将任指挥官，组成了以岗村大佐为首千余人的卢氏挺进队。15日，挺进队由嵩县出发向卢氏逼进，经白土、狮子庙、三川、大石河进犯卢氏。

5月19日晨，日本侵略军到达大石河，当晚驻洛河南岸一带高地上，并出动飞机7架轰炸城西飞机场。20日晨，日军涉渡洛河，由南城门侵入卢氏县城，城内国民党军队千余人仓惶逃走。日本侵略军进城后，烧杀奸淫，城内火光冲天，屠杀我无辜同胞300余人，烧毁民房340间，到处瓦砾狼藉，惨状目不忍睹，给卢氏人民造成一场劫难。

在南河滩一带，日本侵略军用刺刀对手无寸铁的逃难学生和难民进行血腥屠杀，对抓住的女学生和妇女们，剥光衣服，光天化日之下强奸后又全部杀死；有的妇女被杀戮后，身上还爬着吃奶的孩子；在县城东街，日军将未及逃跑的群众赶到城东门外蛮子庙内，纵火焚烧；在北城根，日军集中30多名妇女，强奸后全部杀死。日军破坏了县城全部军事设施，并将文峪磨上弹药库炸毁后，于当日下午撤至范里，后返回洛阳。日军此次犯卢，总计屠杀我无辜同胞500余人，血染山城，一片血腥，其暴行惨绝人寰，罄竹难书。

（卢氏县志编纂委员会：《卢氏县志》，中州古籍出版社1998年版，第594页）

29．日军在太康县奸淫妇女的罪行

民国27年（1938年）6月至34年8月太康沦陷达7年之久。日本侵略军在太康建立伪政权，组织伪军队，据点林立，"扫荡"频繁，实行"三光"政策（杀光、烧光、抢光），推行"强化治安"，到处杀人放火，奸淫掳掠，无恶不作。据不完全统计，日伪军在太康杀害共产党干部和群众3985人，强奸妇女3584人，烧房15356间，抢粮266.95万公斤，抢夺牲畜12780头，掠夺其它财产难以计数。

民国27年7月，日军到县北牌坊杨、李寨、王庄、可杨一带"扫荡"，一路大肆烧杀淫掠，在可杨村西铁底河桥上杀我同胞20余人，鲜血染红河水，尸体顺水漂流；并烧房30余间，数十名妇女横遭强奸。日军问牌坊杨村杨伦老汉："有没有胡子（指新四军）？"老汉不懂，随口答曰："我就是胡子。"一个日军士兵凶恶地向他连刺数刀，当即惨死。

1939年5月，日军进入常营，制造常营惨案。为了发泄兽欲，日军竟不分昼夜，不择地点，无耻地强奸、轮奸妇女，上至六七十岁的老妇，下至10多岁的少女，只要碰上日军就难以幸免。不少妇女被强奸后，又惨遭杀害。××的母亲被强奸后，刀砍三截；××之妻身怀有孕，被轮奸后又剖其腹，母子双亡；一个年轻妇女，被20多个日军轮奸后，又剖腹挖心，扔到河里；一群日军把27名姑娘（最小的只有十一二岁）驱赶到一个大院，把衣服扒光，戏弄强奸后，逐个用刺刀捅死。除杀人、奸淫外，还大肆抢掠、放火。日军进入住宅、商店和仓库，便把他们需要的物资抢掠一空，其余付之一炬。全镇民房、商店、学校和庙宇焚烧3昼夜，火光触天，浓烟滚滚。

据不完全统计，这次惨案，常营群众被日军杀害1120人，死绝74户；强奸妇女300多人；烧房3600多间。一个古老繁荣的常营镇，被糟蹋成人间地狱，到处是腐尸黑血断壁颓垣，荒如废墟。

（太康县地方史志编纂委员会：《太康县志》，中州古籍出版社1991年版，第240、241页）

30. 侵华日军在周口凌辱妇女的罪行

1941年2月，日军对扶沟县江村发动进攻，6日凌晨占领江村。日军进村后对无辜群众开枪射击，当场打死200多人。该村刘金坡一家8口人全部被杀。刘凤中两个叔叔被日军用棍棒活活打死。当时江村四周黄水汹涌，无舟可渡，部分青年游水外逃，大部分被日军枪杀水中。日军在江村驻扎8个多月。杀人700多口，杀绝10户，强奸妇女200多人，鸡鸭牛羊被吃光，财物抢劫一空。1941年3月，淮阳城东门贫民张传保、王守义等8人，被日军抓去做劳役，因不堪其苦乘机逃跑，被抓回后活埋。

1944年6月10日，日军进入商水县谭庄寨内，见人就杀，刺死无辜百姓68人。在康庄、十字井等村扎死43人。在康庄梨园里，日军将一农民吊在树上，让狼狗活活吃光。又把男女集合在一起，强迫脱光衣服，日军如禽兽一样对妇女肆意奸污。

……

1942年，日军将淮阳北关理发店妇女拉至北门，赤身火燎，冷水激身，糟蹋得死去活来。同年冬，淮阳县张京庄据点日军，将大何庄一青年妇女裸体绑在树上，吊起右腿，以此狂笑嬉戏，该女被活活冻死。1943年7月20日，日军在淮阳城西大李庄扫荡，抓来10多名妇女，用刺刀威逼跳裸体舞。孕妇李某被奸污后绑在树上，割掉发髻，削去乳房，剖腹取婴喂狗。1944年11月24日，日军追击国民党上蔡县中队，行至商水县蔡庄，村中青年外逃，剩下年迈老人，日军找不到青年妇女，连五六十岁的老太婆也遭奸污。日军强奸和杀害妇女时，还强迫亲属站在一旁，如有反抗，就一同被杀。日军把女青年集中起来，分给军官，每人三四人，供其玩弄，稍不如意，就加杀害。

（周口地区地方史志编纂办公室编：《周口地区志》，中州古籍出版社1993年版，第294、295页）

31．日军在遂平县奸淫妇女的罪行

1941年1月28日，日军攻陷遂平县城。28日，中路军犯遂平县境，包围豫南挺进军阮勋团，600余官兵奋起抗击，大部牺牲。下午5时许陷遂平县城，盘踞8天，烧房无数，杀死烧死271人，强奸妇女144人。

1月28日至2月4日，日军在遂平疯狂进行大屠杀，大火整整烧了8昼夜，屠杀居民271人，奸污妇女144人，其中130人被轮奸。日军在八里杨村抓获7个老太婆，关在一间草房里，放火活活烧死。车站乡施庄村张××的外祖母被日军污辱后，头被劈成两半。日军从上蔡掳掠70名妇女，关在清泉池澡塘里，日夜轮奸。后来，把她们驱赶到县政府大院防空洞里，用大锅盖住洞口，统统烧死。县城居民胡某之妻被10名日军轮奸后烧死。北街邓某之妻、东关殷某之妻、杜赵村魏某之儿媳、沈某之女均被日军轮奸后致死。北街一位69岁的老太婆被日军轮奸后，又用红萝卜塞进阴道致死。玉山镇一位13岁幼女，遭12名日军轮奸。干石桥村1名妇女被日军轮奸后，日军又用刺刀穿入阴户剖开腹部。

1944年5月9日，遂平再次沦陷。6月，以汉奸董南平为头子的遂平日伪政权建立。日寇奸掳烧杀、汉奸为虎作伥，遂平人民再遭蹂躏。日军村赖部闯入殷庄卞某家，将其表侄女、表侄媳妇强奸，奸后刺死。又将其不满两个月的小孙女一脚踢到河里淹死。27日，县城义务学校81间校舍被一火焚烧。6月，日军强迫吴阁村吴杨枝、刘庄村刘根源收缴民间枪支，因未能使日军满意，被捆在恒兴院内，让军犬活活咬死。7月，县城居民志齐在东大街活活被上田部的大马踏死。8月，冈村部抓八里杨民夫修铁路，两民夫到地里大便，被认为要逃跑，将其捆绑后指挥恶犬活活咬死。9月，冈村部在7区李庄令陈某的嫂子做饭，借口没放油将其小侄女丢进饭锅活活烫死，临走时又烧民房30间，打死一名叫孙林的农民。10月12日，米唐部在诸市小石庄，将农民李秀章和王岗村卖柿子的一起用刺刀由口中扎死。李秀章之母去搬儿子尸体时又被刺死。高野部在城外相林用铡刀铡死抗日战士17人，同时将一女子轮奸后杀害。12月，冈村部在诸市镇将刑恩宽、杜西林、许满昌3人，绑在椅子上，抬到大街，先用菜刀砍，后将其面部划许多方块直到鲜血流尽。

（遂平县志编纂委员会编：《遂平县志》，中州古籍出版社1994年版，第105、666、201页）

32．侵华日军在西平县的奸淫罪行

奸淫 奸淫县境妇女 1195 人。如民国 30 年元月 30 日，百余名日本兵入仪封镇抢劫，奸污妇女 10 多名。王某之妻 24 岁，日本兵轮奸后又把线穗子捣入阴道，王妻含恨而死。王某之母 52 岁，日本兵奸污后又向她阴部插入镰把致死。民国 33 年 6 月上旬某晚，日本兵在岗王村将王某之妻奸污后裸体抬到马背上玩弄。另一妇女抗拒，日本兵强行将其衣服撕掉裸体捆绑在门板上，以开水浇阴道摧残致死。是日，日本兵先后在牛集、岗王、于庄 3 村奸污妇女计 97 名，并在 78 户村民的面缸、饭锅里和奉神桌上大便。

（西平县史志编纂委员会:《西平县志》，中国财政经济出版社 1990 年版，第 399 页）

33. "四·一二"阵亡将士暨殉难同胞之公墓碑碑文①

日寇撼扰以来，遭我抗日军政民百数十次之痛击，与深受我边区抗日根据地工作日益发展之威胁，乃于中华民国三十年四月十二日，集结兵力万余，向我冀豫边区沙林地带，进行绝望扫荡，内黄、顿邱、高陵三县交界地区，被焚一百四十二村，毁房五万余间，殉难民众四千余人，炸毁水井百数十眼，砍伐树木数十万株，民间财物被掠一空。其杀人之惨，实开人类史上所未有。如在千口，以机枪集体扫射，死近千人；在杨固，填满水井五眼，死千余人；薛村沙窝，搜杀避难民众，亦约千人。至婴儿活被撕裂，妇女奸后剖腹，以及逼驱男女于一室，辱打之后，放火焚毙者，比比皆是。劫后尸体纵横，血流遍野，断井颓垣，瓦砾焦土，完物为之无存，极目一片荒凉！继之因外受疠气，内感忧惧，致疾而死者，桑村一村，即六十二人。然日寇逞此残暴，其目的企图彻底摧毁我抗日力量与消灭我生存条件。但在我军政民坚决对敌展开反扫荡下，经九日夜之苦战，暴敌始行退去，由此边区各界，恨敌益深，倍加淬砺奋发，并在晋冀鲁豫边区政府领导下，努力恢复工作，滋长抗日力量。一年以来，创痕虽未平复，而事实昭示，抗日根据地，依然屹立！今值周年，军政民各界，特联合为死者建立公墓，权为游魂依栖之乡，树立碑碣，用资永留纪念；并策励我中华民族之优秀儿女，踵继死者殷红血迹，誓死坚持边区斗争，驱逐日寇出我国境，必报奇仇，必清血债，务使死者血光，与行将实现永远独立自由幸福之新中国，同一辉煌万载！

中华民国三十一年五月三日

---

① "四·一二"阵亡将士暨殉难同胞之公墓碑，位于内黄县城西南20公里的白条河园林场东侧。1942年原立于后河镇李候村南密林中，1956年移置白条河园林场东侧。碑全高2.87米，身长2.32米，宽0.8米，厚0.3米。碑阳正中隶书碑名，落款为"晋冀鲁豫边区第二十、第二十一两专区各界公立"，阴刻碑文，左右两侧为边区党委、行署和军区领导苏振华、晁哲甫、杨得志、唐亮、崔田民、朱程、李静宜、杨锐等的题词。碑有六角攒尖顶护碑亭保护，碑亭周围是枝叶繁茂的松柏。1986年公布为河南省省级重点文物保护单位、爱国主义教育基地。

34．"四·一二"日军对沙区的"绝望扫荡"[①]（摘选）

......

三、敌寇的三光政策

1．周围五十里的灾区

敌人六天来的疯狂"扫荡"，其残酷狠毒无所不用其极，在它的毒手下，我周围五十里的沙窝基本区，遭到空前的浩劫，内黄、高陵、顿邱、卫河等四县，被灾村庄竟达一百四十一个。

在内黄有南丈保、东丈保、大堤口、余庄、西丈保、马张固、崔张固、杨固、土镇、桑村、丁村、东西路洲、赵庄、李候、七丈固、夹河、城布、马集、马次范、岳次范、破车口、千口、袁六村、温邢固、化村、王尉、河道等八十三个村；在高陵有邵村、薛村、齐村、东西留固、里固、郭桑村、杨桑村、河东李庄、东盘邱、孙小寨、辛寨、小吴、二杨庄、双村、堤上等四十个村；在顿邱县有胡士文、张咀、田阴、班家、东西王寺、前后坟台、柳门、小豆村、后孔村、辛庄等十五村；在卫河有大小王旦、张六村。

敌人在这块狭小的地区，以万余兵力，实施了大烧大杀大抢的三光政策，而这三光政策的实施是以薛村、南丈保、杨固三村为中心进行的。因此，薛村、南丈保、杨固三村，及其附近的村庄损失最重。薛村死一百八十人，伤三十八人，烧毁房屋九百三十一间，烧毁粮食三百四十七担，牲口被杀及失踪三十七头；千口死一百一十六人，伤九人，烧毁房屋一千三百五十间，烧毁粮食二百九十六担九斗，牲口被杀及失踪四十二头；南丈保死一百二十人，伤七人，烧毁房屋一千四百三十二间，烧毁粮食二百余担，牲口被杀及失踪二十六头；杨固死一百七十五人，失踪一百九十二人，烧毁房屋七百八十七间，牲口被杀害二十八头；土镇死二百九十六人，失踪四十一人，房屋烧毁九百七十三间，粮食大部烧光，牲口除八头小驴全部被杀害，敌人的残暴于此可见。

经过这次大劫之后，沙区只留下罪恶的痕迹和怕人的凄凉，人们不再有什么笑脸，代替的是伤痛和愤怒，被劫的村庄，再说不上是什么"村庄"了，只能说

[①] 这是 1941 年 4 月下旬随军记者团战地调查材料。该材料由原冀鲁豫军区政委崔田民提供，原文无署名。因原件第一页字迹不清，标题是中共内黄县委党史办 1984 年调研时加的，此次编者又作了修改。

是一百四十一个瓦砾场。

2. 兽性的残害和侮辱

敌人的大烧大杀大抢，自十六日开始，一直延续到十八日。几日间，全沙区被杀害二千三百零七名，失踪二百六十三名，伤一百八十六名。到处是惨死的尸体，到处是被害人民的嚎哭。敌人此次"绝望扫荡"，使沙区出现了五十三家绝户，在世界上创造了最野蛮，最无人性的暴行记录。

在杨固，敌人把桑村、城布和在沙窝搜捕来的老百姓，以及土镇欢迎日本"皇军"的部分"良民"，全部集中在一起，起初说是开会讲道，谁知这九百多活生生的老百姓，除一部分在村东路沟里活埋外，大部分被填入了杨固的水井。不仅要往井里推，而且要刺杀，不仅要刺杀，而且待将水井填满之时，还要压石碌，浇开水，用炸弹炸，及至井口的石头被炸得稀烂，这才用土把井口封住。杨固有七口井，其中有六口井就这样填满了我无辜的良善百姓。另外一个也撒了毒药，井里的水，直到现在还没有人敢吃。

敌人的骑兵到夹河的时候，一部分老百姓刚跑到枣林里，有一些没有逃出来，结果六十多个男女老少都在敌人的刺刀下断送了性命。安三的七八十岁的老母亲，竟被敌人砍成了八块。

在南丈保，敌人把二十多个老百姓都塞进一个屋子，他们就这样活活地被烧死在里面。还有一个卖豆腐的小贩，同日在南丈保大街上，被割去了耳朵，被挖了眼睛，五脏六腑也都被挖出，乱丢在大街上。

在余庄，敌人把七个老百姓套在大车上，牛马一样的驱使作乐，让他们在余庄的街上往返奔驰，直到敌人厌倦的时候，这才用刺刀刺死。

在千口，敌人让老百姓躺下，一层层地垒起来，他们在上面来回践踏，屙屎撒尿，还用滚水在上面乱泼，谁动就给谁一刺刀。

土镇有两个小孩，被投进火里烧死了，敌人却在一旁哈哈大笑。尚有志八十五岁的母亲和牛连喜、牛春忙的女人，都被敌人刺瞎了眼睛，尚有志的母亲还被砍了头。

东丈保有一个四岁的小女孩，被敌人活剥了皮，挂在村东水坑边的大树上；在桑村，一个幼子被撕成两片；在夹河，一个半百的老太太被开膛破腹。

城布躲在沙窝里的老百姓被敌人活捉回来四十多个，一个个用绳子捆起来，扔进大坑里，再用炸弹炸死。同时捉回来的还有二十多个青年妇女，被脱光了衣服，在街上让敌人作乐。这还不算，还叫老百姓一男一女互相戏弄，他不管你是父母兄妹，远亲近戚，最后收场的是一阵机枪和咆哮。

张六村十多个未逃出的妇女，敌人在街上轮奸之后，又用刺刀自其下部挑死；夹河一个少妇，被敌人轮奸数日，退走时竟在她的下部塞满了鸡蛋。

这就是此次"扫荡"，暴敌兽行的一斑，但并未写出其全部兽行于万一。这伤痕是深重的，这仇恨是永远不能忘记的。

3. 大抢大烧的毁灭政策

敌人为了彻底摧毁我沙窝基本区，大杀之外便是大抢大烧了。卫河西的敌人用"到沙东发八路军的洋财去"的口号，诱骗敌占区同胞，再以种种的方法相威胁，于是五六千敌占区同胞到了沙区，敌人就利用这些愚昧的老百姓，把沙区抢掠一空。抢过之后，紧接着就是一场大烧。

经过十六、十七日两天大烧大抢，沙区马上改变了外貌。内黄烧毁房屋二万一千一百五十九间，高陵烧毁二千八百四十四间。顿邱虽无详细统计，灾区之房屋烧毁亦在四分之三以上。粮食，内黄被抢走和烧毁的有六万六千二百二十八担七斗六升；高陵则有六万六千一百六十八担（军队损失尚不在内）。

王张固是仅有三十八户的小村，除了一家幸免于难，其余全部被烧光，连草棚茅庵都烧毁净尽；土镇只有九百八十七间房屋，烧毁的就有九百七十三间；城布甚至连鸡窝、猪棚都烧得净光。

牲口没有了，在内黄被杀害和抢走的有四百四十六头，高陵有五十头。大车被烧毁共一百九十五辆。种子没有了，特别是花生种子，全被烧尽。农具烧的烧毁了，抢的抢走了。劫后沙区的田野少了耕牛、少了耕田的人，农业生产受到极大的破坏。

敌人深知花生、枣，是沙区的两大特产，沙区人民靠了这两种特产，活跃了他们的经济生活。于是花生种子，被全部烧毁了。破坏沙区的枣林，自然更是敌人势在必行的"急务"，而且同样是有着充分计划的。敌人带来很多钢锯，随来的沙西敌占区同胞被威胁欺骗的一部分，便是枣林的砍伐者。敌人还把锯树看作是一种劳役，被捉住的老百姓，往往是锯过几天枣树之后被打死的。

只可惜沙区枣树的损失，还没有详细统计，仅知千口有三千三百四十九株；破车口的枣树，全被砍伐；从丁村往西，直到桑村，绵延十里的枣林残留无几；仅城布街十七户中，被砍枣树即达四十六亩。土镇有十五亩，阎（杨）固、桑村损失也超过了全部枣树的十分之八，总计在五万株以上。锯倒的枣树大部分被敌人用汽车载走了，剩下的，横七竖八地乱倒在垂死的沙野上，使劫后的沙区格外显得死寂，凄凉。

（三）报刊资料

1. 日军在孟沁济三县屠杀焚劫

中央社洛阳廿九日电　孟县、沁阳、济源三县代表抵此谒当局，报告日军残暴行为。该代表等谓：敌军日前侵据沁阳、济源后，到处烧杀奸掳，计在济源之某村屠杀民众百余人，亚桥村杀五十余人，东西留村杀二百余人，高庄、承留、孔庄、大社、碑子、西许等村，共杀民众千余人。孟县城内，东西关杀五百余人，东西马莲、许庄、尚庄、封门口、虎岭、中王村、王屋、邵原、西阳、蒲堂、白鹅杨村等地，共杀约千余人。并将济源至邵原镇公路沿途二十里内居民房屋及所产粮食，尽付之一炬，共烧房屋两万余间，粮食八万余石，火光连天，数日未息，牛羊牲畜，亦被宰杀数万头。敌退走后，民众无衣无食，露宿野外，为状至惨。敌临退时，将封门口、王屋、邵原等处民众数千人投入井内，仅邵原一带，由井中掘出之死尸即达五百余具。并令汉奸沿井投毒，故虎岭、王屋、邵原等百余村井水尽变黄色，民众既无衣食，更无滴水可食，致十室十空，情况之惨，亘古未有。现敌仍据沁阳县城，因我军民不时袭击，乃将县城附近十数里以内民房树木，悉数焚伐。敌在沁阳盘踞数月，先后屠杀民众不下万人，房屋、牲畜、食粮及财物之损失，更不可以数计。敌为防我军袭击，近将沁阳北部之沁河、济源南部之□河决口数处，平地水深数尺，民众已割未收之麦，被水冲去，待耕耘之秋禾复难播种。沁济两县七十万民众，咸处水深火热之中，急待赈济。敌于二月间侵入孟县后，奸淫掳掠，无所不为，铁路所在，一片荒凉，故春收毫无，居民现以树皮草根为食，多半三五日未曾举火。不甘屈服之热血青年，乃群起抗战。上月十五日乾井桥之役，即系军民合攻，杀敌三四百人。敌恼羞成怒，乃向民众泄愤，大事（肆）屠杀，县城附近村庄及沿公路之乾井桥镇等处数十村庄，房屋被焚十分之八，人民死伤十分之六七，经军民奋斗之结果，卒于四月二十一日将敌逐去。至五月二十二日敌复卷土重来，不七日间，又被我击退。孟县屡被敌侵，人民损失不堪言状，近更将沁河、□河同时决口，现已淹没数十村，二十五万灾黎，流离失所，待赈孔亟。

（《新华日报》1938 年 7 月 1 日）

2．孟县沦陷两月记

我是豫北孟县人，县南紧靠黄河。

二月二十一日天明了，日军并未入城，城内秩序乱了起来。二十二日，日军坦克车七八×辆，浩浩荡荡赶到城下，维持会率领残留城内的民众跪迎道旁，恭恭敬敬地把他们接进去。

敌人不费一矢，不折一兵，扬扬自得进了城。……

敌人的残暴，真使人无从说起，所到之处，翻箱倒柜，剖墙掘地，椅桌板凳，概付一炬，越是油漆得好的，他越烧得起劲。……盆瓮缸坛，摔为碎屑，锅碗击破，骡马牵走，牛驴置之火上，连生带熟，剥而食之。嗜鸡如命，熟不过二分，即剖而食之，鸡头鸡脚，院内街头到处皆是。粮无论多少，尽倾倒于地以喂马，钞洋不必说了，当然拿去。其他细软搜掠一空。

他们的大便，恒泻在柜台上，椅子上，锅里；若在屋子院中，门坎里外，就算高待你了。小便则溺在面缸、米瓮、水缸、菜罐里，在澡塘里洗了澡，赤着身体向大街跑，在大街马路上便溺，丝毫也不背。到城到乡，人民当然是跑了，但横不能跑净，或者年老的女子以为不要紧，这个估计算错了，七八十岁的仍不免，年轻未走掉的妇女，更不用说，不解衣带则用刺刀，不服从则用刺刀。奸淫妇女还逼令家中男人在旁观看，为此一家死的一口、两口、三口、五口都有。不到两天，就勒要女子五百人，维持会的先生们大感棘手，今天交涉，明天哀恳，勉强凑了四五十名，虽多是勾栏中人，然情愿应这份差事的恐怕不多，大概均是强拉来的。某学院一变而为妓院，门首尚有警察站岗，呜呼文化重地！

他们……将一般人视为奴隶、牛马，不视为同类，也不视为人类。搜刮财物装载而去。汽车，粮食则叫人领导挨户搜寻，领到有粮的家时则大喜，到无粮之家，则吃刺刀。到□□□的粮坊内，□了五十石小麦，给三十块纸币，说是公买公卖，这粮食又不知载去若干汽车。古董字画、雕刻物、艺术品，又不知载去若干件，城内商家住满了兵……

大概是三月六日吧，他们的坦克车数十辆，向东边温县开，不知和谁打了半天，匆匆回来，开到西河口，向黄河南岸孟津城铁谢镇一带发了二百炮，又匆匆的向东开了。三月中旬，他们听说国军的便衣队过来许多，都在西山丛岭间，要偷袭他们，他们乃将济孟两县的兽兵，彼此交换对开，向乡村绕了个大圈子，于是乡间大倒了霉，所过之处，不是灰烬，便是瓦砾，就是麦苗也被马吃光了。见谁家有枪械军衣，如捉得人，则用布绸绑，置之火上。他们过去……不见炊烟……

……（三月）二十二日，敌人大队七百人出城，在西乡乾沟桥镇（距城二十里）附近，耀武扬威，恐吓群众，晚间就住宿乾沟桥寨。我们的人侦（探）知了，半夜之际，四面出动，勇向寨内敌人偷袭……杀到天明，死敌二百多人……（敌人）一面将大炮搬至北门外，向西北丛岭上袭射了一天，大概有六七百发，除房屋略有倒塌外，人民死伤也不过二三人；一面在寨内对群众泄愤，有的从屋内拉出来，有的从地窖内寻出来。害死的方法不一，或枪毙，或以刺刀刺死，或用刀将皮肉割去致死，或数人悬一树上，以火烧死，或将脸刮去。有七八人活埋于一坑内，二三日尚有未死的，由坑中爬出。或用木质家具燃起，将人抬架于其上焚死，或令七八人齐跪沟崖头，面向崖下，一一枪杀，滚尸于崖下。妇女们多避地窖内，为防小孩哭声，多将小孩勒死。嗣后调查该镇死亡三百三十余人，西北角一处二十家，只剩六人，灭门绝户的不在少数。其惨象，闻之令人酸鼻，此为本县沦陷一月时之大纪念。

（《河南民国日报》1938 年 5 月 16 日、17 日）

3. 日伪军惨杀濮阳滑县同胞七百

新华社冀鲁豫十四日电　上月中旬，日军在我九分区的"扫荡"中，制造了惨绝人性的血腥惨案。十月十一日，敌三百余，伪千余，对我九分区开始"扫荡"。是日，敌骑兵到达上堤沙区（旧黄河堤）高内县之梁庄、赵十里、井店（濮阳西北九十里）一带大肆烧抢。十四日拂晓，又有敌千余由滑县、道口（滑县西北八里，为道清路之起点）进到我下堤滑县中心区之苑村，经我民兵阻击后，敌又进驻八里营（滑县东南五十里），企图打通到两门（滑县、濮阳交界处）的联系。十五日敌在八里营修筑临时据点。同时扫荡上堤沙区之敌骑兵四百余返回下堤两门伪据点。十六日，与八里营之敌伪配合，分路向我滑县中心区万古、幸庄进犯。另外，敌伪又分为三路向高平集（濮阳属）合围，在高平集惨杀我同胞五十余人。十七日拂晓，敌骑兵两路向我滨河中心区合围，一路经岸下李庄进到小渠，一路由高平经老畈、辛店而向东南，进到东西赵堤；一部敌骑兵则在大堤上封锁。九时许，敌于北到小渠南至赵堤的五里地合围圈内慢慢向里压缩，我被围的民兵约二百余人，均奋勇突围而出。一小时后，敌将被围群众压缩在前后小渠。下午，敌强迫集合群众讲话，六百多老百姓一齐跪在场里，敌人先三个、两个的把老百姓绑在一起，即开始用刺刀、砍刀屠杀一部分，并将尸首扔在村北水井中。最后即把未死者用柴火围起，纵火焚烧，一时火光冲天，数百群众均遭毒手。其状之惨，实为沙区"四·一二"大屠杀的再现。敌小渠大屠杀后，即向北进到外路寨，遭我滑县五区联防队及民兵一部打击，敌将村庄包围，我英勇联防队和民兵在庄内和敌人顽强对抗，最后因子弹消耗将近，乃退守高楼，经五小时激战，子弹、手榴弹均已用光，遂与敌人肉搏，杀伤敌十五六名。我联防队和民兵三十余名，因众寡悬殊，在敌强大火力下，全部壮烈战死。敌进村庄后，放火烧房，又将未逃出之群众百余人屠杀。二十日，敌骑兵又一度返回上堤沙区，进行"扫荡"，在井店、千口、聂固一带，见人就杀，见房就烧。至二十五日，扫荡下堤之敌已有千余退回滑县，留下敌军百余、伪军三百余盘踞八里营，积极修筑据点。我九分区滨、滑、高内同胞，经敌寇如此残酷屠杀，更是结下了血海深仇，复仇的火焰正燃烧在每个人的心头……

（《解放日报》1944 年 11 月 25 日）

4．沦陷后的开封惨状

现在河南豫北、豫东，大部沦落敌手，古老的开封也随之失陷。开封是五日沦陷的，防空司令部的伙夫殷光来是十日逃出、十六日到了南阳……

据他说，本月五日午后二时，敌人由宋门、北门进入开封，约有二千余人，均着有仁丹胡子，卷曲着有点发红，头上是多包着头巾，言语一点也不懂。盘踞在省政府、老绥靖公署、河南大学以及各城门的盘查所等处，遂即分赴各街巷，任意破坏，肆意抢劫。当时自谓为地方上的绅商等，更集体的摆着香案欢迎过一次，敌军置之不理。所有马道街、鼓楼街、相国寺后街等等的商店，完全洗劫，凡是绸缎布匹鞋袜帽子，都搬运到河大操场，付之一炬，各家各户的桌凳箱柜、门窗杂物，都搬到敌人住的地方，专供烧饭用。殷光来说，他还替敌人背了三天门窗绸缎，也给敌人烧过饭，但是没有吃到他们的一粒米，整整的饿了三天。至于青年妇女，固无幸免，即是老妪幼女，亦难逃脱奸淫，因为奸淫不随致死的，不知有若干。敌人并将四城门关闭，不准出城。他说，那一天上河南大学送绸缎门窗，在书店街看到敌正在焚烧书籍，文具，由绥靖公署至河大，经过各街都是门窗毕露，随意出入。敌人用三十余辆汽车，由尉氏、朱仙镇等处，向开封运送粮食，他跟着上尉氏运东西，在朱仙镇南的七里地方有个"红地"村，敌人令保长送三十个女人，保长没有办法，被敌人枪毙了。嗣后敌人自己在"红地"找，有一个生产未满月的女人，被奸死了，他丈夫被枪毙了，小孩子用刺刀戳杀了。鸡子捕食一空，杀牛仅吃四腿。回到开封，走到大南门，见到一位五十多岁的同胞，分发头，被敌兵枪毙了。所有各家各人的现钞、纸币，都被敌人搜刮去了。他是上车站去运东西，乘隙逃了出来，身边只带了两元六角钱，经过敌人的警戒线，又被拽去……

（《河南民国日报》1938 年 6 月 17 日）

5．铁蹄下的安阳

顾　秋

大后方的民众，还不会忘记豫北的重镇彰德、安阳吧。安阳沦陷两年了，在两年中，被日本侵略者糟蹋个天昏地黑，漫无天日，笔者略举一些铁的事实吧。

敌人总在喊"安阳城里繁华了"，好似"东亚新秩序"的一个有力说明。但是，安阳是怎样"繁华"呢？饭馆、澡堂、妓院增多了，白面①公司增多了，敌人美其名曰"洋行"的赌博场增多了。譬如在高阁寺内外附近，赌声不绝，昼以继夜，输赢每在千元以上，伪警局抽赌捐，每月抽到六百元，新市场也变成了大赌博场。同时，敌人不准商人停业，不许迁移，在这样情形之下，安阳"繁华"了。

六河沟的煤矿、广益纱厂、大和恒面粉公司、打包场，都被敌人无代价地强行侵占，大和恒的经理张某媚敌以求保守，但是敌人是不可怜他们的！现在煤矿里工人与纱厂里工人，暴敌压迫他们，工作时间尽量延长，工资尚不足维持最低限度的生活，而受到更残酷的剥削。

商人同样难以维持，敌有贸易统制局调查各家商品，赔钱时不许呈报歇业，如果歇业只许空身走，不许运走资本、商品。有很少赚钱的商店，敌人一套把戏，就玩得商店赔个落花流水。譬如去年敌人以高价收买棉花，将钱交与棉花店代买，结果各花店皆赚了一点钱。今春敌又以更高价买棉花，先付钱让花店代买，花店见有利可图，联合使棉花跌价，于是市上棉花遁迹，敌人暗中收买，后忽下一命令，限商家数日内交齐订棉，于是商家争买，棉价猛涨，敌人又将其作低价买者用高价卖出，花店倒闭十之七八，其余亦皆赔累不堪。现敌设"棉业工会"统制棉花，全部棉花，用很低价格由敌收买。

农民生活更不堪设想，现每亩地纳赋税在七八元以上。在虫灾水灾交织的今年，每亩地秋收全部价值只三元左右，敌更散发烟种，诱种大烟。敌人所设的捐税更是惊人，有牲畜捐、屠宰捐、粮捐、斗捐、棉捐、木石捐、煤捐、牙贴、苦力捐、津汁捐、报捐、资本捐、营业税、盐税、统税。除去一些可以想明白的外，

---

① 即海洛因毒品。

笔者须加以解释："斗捐"是买卖粮食过斗须纳捐；"牙贴"是牙税；"苦力捐"是专让劳动者纳的，挑运水、土、青菜、煤，须纳苦力捐；"津汁捐"是"粪"捐；"报捐"也更普遍强迫每家订报四份，计在十元以上，并强迫买汉奸书籍杂志，每月须在二十元以上。

敌在侵占区强迫每保出壮丁，并捕捉儿童。在城内造"户口册"、"良民证"，强迫照像。现在姑娘走娘家，须呈请伪公安局批准。在一区实行农村登记，调查每户收入、支出、赢余、柴草等物，想进一步剥削。

今春开运动会，强迫人民参加，到场男女皆裸体，仅腰中围布一块。去年在天宁寺放炮，到群众甚多，未放成时，即打死三人。同时借放粮调戏良家妇女，至于暴行更难统计。北头道街路东某姓妇女，被敌五人轮奸，其婆母遭敌杀死。二道街某富户五十余老妇亦被敌轮奸，其他拿活人将下半身埋在地下来打靶，将活人从飞机上掷下用机枪扫射以练习。在城周围，被狗挖出来被敌活埋的同胞更不胜枚举。

在城里假名成立小学并恢复师范，实则将日语列为必修科，进行奴化教育。在某小学里曾经发生这样一件事，教员问一汉奸儿童（原籍是东北人）"是何国人？"儿童答云："是满洲国人"，教员告诉说"你是中国人"。儿童不知，回家告诉他的汉奸父亲，这个汉奸即报告伪警，教员逃去，严究数日。这是多么令人伤心的事！

安阳的民众，并不愿死心的做奴隶，在西城上曾有人掷下手榴弹，炸死敌官一、士兵三，南门的卫兵两个曾经被人用小刀杀死，他们总希望国军到来，替他们解除痛苦。安阳民谣有："日本话，不用学，过了几月用不着"。

我以上举的事实却说明了一个简单的真理，就是"抗日则生，不抗日则死"，谁还能愤懑在胜利与灭亡的两条路上去走灭亡的那一条？这铁的事还说明了汉奸汪逆精卫所喊的"和平"政策的真面目。

处在敌后方的我们，看到和尝到了敌人的暴行，明白了汉奸汪逆精卫所喊的是为敌寇诱降中国的鱼饵，更清楚地认识了汪派汉奸妥协投降的阴谋，欲使中华民族陷于万劫不复的地位。敌人的力量逐渐削弱，群众都掀起了清除汉奸的斗争，用伟大的进步力量，坚持抗战到底！一定要把日本帝国主义逐出中国国境去！

（《新华日报》1940 年 1 月 26 日）

6. 商丘

廿七日午十二点十五分敌机三架、在商丘上空盘旋、继又来一架、用机枪向下扫射、四十余发，并未投弹，当时站内亦未停车辆、故我方无损失。

（《新华日报》1938 年 1 月 28 日）

7．洛阳昨遭空袭

　　（中央社洛阳三十日电）敌机二十一架、三十日下午二时经博爱孟县孝义等处分三路侵入洛空、当由我机起飞迎击、激战达半小时、在朱龙嘴白马寺邙山北等处击落敌机三架、余机不支投弹四十余枚而去、据调查敌机所投之弹、均落空野、我无损失、仅西关外落四弹、毁房数间。

（《新华日报》1938 年 1 月 31 日）

8．敌机扰豫

（中央社郑州十一日电）　十一日晨八时、郑埠防空机关据报、有敌机来袭、即发出空袭警报、约一小时解除、午前十一时、复发出警报至十二时许解除、事后经向关系方面调查、得悉第一次警报、系有敌机七架由安阳起飞经延津在开封以北之柳园口（黄河南岸渡口）肆扰、投弹约四十余枚、第二次警报、系敌机十七架、由安阳南飞除四架经新乡西南飞去袭入孝义上空外、其余十三架、分三批飞至黄河铁桥投弹轰炸、共掷二十余枚、闻桥上守卫兵有二名受伤。

（《新华日报》1938 年 2 月 12 日）

9．黄河铁桥损失甚重短期不易修复

（中央社郑州十一日电）汲县来人谈、目前该县有难民六十余人结队而行、敌机发觉后、即投弹轰炸、并以机枪扫射、结果死伤难民廿余人、敌残暴情形由此可见一斑。

（中央社郑州十二日电）平汉线黄河铁桥于十、十一两日、被敌机轰炸、损害情形甚重、恐非短期间内所能修复、故大河南北各次车、现均不通云。

（中央社开封十日电）（迟到）敌机六架、由汤阴经浚县飞抵黄河岸柳园陈桥兰封曹岗四波口轰炸、投弹百余枚、死平民八人、伤十六人、内有美国女教士一名炸伤。

（《新华日报》1938 年 2 月 13 日）

10．敌机昨狂炸郑州　毁屋数百间死亡五百余

（本报郑州十四日专电）敌机十余架、于今日飞至郑州投弹三十余枚、结果被炸毁民房数百间、各大旅馆及大同路各商店、均被炸塌、计死伤约五百余人、当时我高射炮齐发、但因敌机高飞至三千公尺以上、致目标不准、未能防止其飞入市空。

（中央社郑州十四日电）敌机十五架、十四日晨十时零五分、由安阳起飞、迄十一时许、有重轰炸机九架、分三批侵入郑州上空、滥施轰炸、投弹达六十余枚、平汉陇海两路铁轨及站台附近、炸毁多处、至郑埠商业区域之大同路、落弹尤多、华安饭店五洲旅馆等处、悉成灰烬、无辜居民、伤亡者达二百余人、美人开办之华美医院、亦落三炸、幸而未炸、查郑埠自抗战以来、虽不时有敌机扰袭、但均未投弹、此次系敌机首次轰炸、漫无标的、除铁路附近外、竟施于商业住民区域而毫无抗战能力之平民、亦惨遭轰炸、敌人此种残酷行为、益增吾人之抗敌决心也。

（《新华日报》1938 年 2 月 15 日）

11. 敌机昨袭郑州　被我击落五架

（本报郑州五日专电）五日晨七时、郑州防空司令部发出警报后、旋由东、北两方发现敌飞机十八架、向郑进袭、因天阴飞度不高、经我高射机炮密集射击、敌机匆匆难寻目的盘旋数周即行飞去、被我射中者计五架、均急折回黄河北岸、其余十三架分两批向南、一批六架至[　]李车站（距郑廿里）投数十弹、线路无大损失、附近之九省长途电话线亦被炸坏、当经该局于二小时内赶行修复、另一批七架、飞禹县投弹十余枚、轰炸稍事、九时复返、在距郑州城西十余里之黄区寺三官庙等处投数弹、又向龙上路（郑州西）铁路站、投数弹、车站被炸毁、某站长受伤、该估计死四人、伤五人、下午又有敌机三架飞禹县、我空飞机场投弹、我无损失、计本日郑州自早至晚共发警报五次、又电、敌机飞禹县时、被我高射炮击中一架、获驾驶员一人、明（六日）……

（《新华日报》1938 年 3 月 6 日）

12. 我空军关中显威　击落敌机三架

（本报郑州八日专电）今日上午六时起、敌机分批轮流飞来、每次数架至十余架不等、共投廿余弹、意天主堂被炸毁、死意籍神父两名、我民房亦有被炸毁者、民众死廿余人、至下午四时始解除警报。

（中央社郑州八日电）郑州七日夜春雪、八日晨始霁、天方破晓、即有大队敌机侵入上空、乱[ ]轰炸、轧轧之声、竟日未断、豫境各县及平汉陇海沿线、亦多发现敌机、并有数处被投弹轰炸、八日晨敌机十二架在郑投弹四十余枚、向北逃去、事后调查、平汉陇海两站附近、落弹三十余枚、死三人、伤数人、正心街教堂落二弹、福爱街一带落弹数枚、东门内百塔附近落一枚、除民房震塌外、无伤亡、此外南阳荥阳及平汉线薛店、黄河南岸小李庄苏桥、新郑等站、陇海线铁炉古城百沙汜水等站、及交水镇密县临颍商水潢川、亦均发现敌机轰炸、或过境窥察。

（《新华日报》1938年3月9日）

13. 郑州复遭轰炸

（中央社郑州三日电）敌机三架、于三日晨九时五十八分、侵入郑空、我高射炮队当即猛烈射击、敌机仓惶间投弹十一枚、计材料厂西墙外落一枚、毁墙十余公尺、空地上落重弹二枚、炸一大阱、深一丈六尺、宽约三丈、陇海北站货仓附近落二枚、均未爆炸、文华里刘家大院落一枚、慕陵路落一枚、伤老妇一名、毁房数间、郑市西北郊沙土岗落二枚、无损伤、余落空地、当敌机飞经河北沿小市场时、以机枪向下扫射、死老翁一人、又敌机曾掷下大石头一枚、落于刘家大院。

（《新华日报》1938 年 4 月 4 日）

14. 郑州六安遭轰炸　平民死伤甚众惨不忍睹

（中央社郑州十三日电）敌机十八架、于十三日晨五时零五分、相继袭入郑空、我高射部队当集中炮火猛烈射击、敌机往返投弹百余枚、于七时许始飞去、十时廿九分、又有六架、由开封经郑北飞、未投弹、敌机此次轰炸、完全以大同路德华街等商业区及平民住宅为目标、计被炸街巷共有三十四条、美国之设立之华美医院及美国天主教堂被炸尤惨、该院堂两当局以敌机竟不顾国际公法、有意挑衅、已分电各该国驻华大使馆报告一切、扶轮中学落三弹、毁房四间、伤三人、明功桥上亦落一弹、桥下避难平民十五人全被炸毙、总计敌机此次暴举大作、全城人士在睡梦中为之惊醒、敌机十二架于上空盘旋一周后、即在北空频频投弹二三十枚、轰然巨声、全城震动、继而机枪声、由上而下、先后达三次、十分钟后、机声稍远、不意敌机旋复飞回、于是炸弹爆裂声、房屋震倒声又起……

（《新华日报》1938 年 5 月 14 日）

15．开封昨日遭空袭　敌机冒涂我国徽飞柳林投弹

（中央社开封十六日电）十六日汴竟日在警报中、晨八时许、十一时、敌机十余架、先后投弹四十余枚、均落荒野、无大损失、又晨六时许、敌机一架飞兴隆、未投弹、七时半至八时半、敌机廿三架、在曲兴集兰封投弹、下午二时至四时、敌机分在睢县考城新郑谢庄投弹。

（中央社郑州十六日电）十六日上午九时许、平汉路信阳以南柳林车站、发现敌机三架、竟涂我青天白日国徽、投弹三枚、伤亡平民三十余人。

（中央社郑州十六日电）十六日上午、敌机一架、三次袭郑、每次窥察数分钟即飞去、下午三时许、复有敌机十架、陆续侵入郑空、经我猛烈射击、未投弹、沿平汉线路南去、在小李庄谢庄新郑许昌等地投弹多枚、损失不详、旋又经郑北飞。

（《新华日报》1938年5月17日）

16．敌机袭郑

（中央社郑州十九日电）敌机近日在平汉陇海两路大施轰炸、十九日下午四时、又有敌机十九架、分批侵入郑空、盘旋侦察后、在正兴街福寿街迎河街东陈庄等地投弹十余枚、死伤无辜平民十余人、毁房三百三十余间、敌机并在迎河街一带投燃烧弹数枚、黑烟弥漫、火光冲天、迄至下午七时许、乃将火焰扑灭、有平民三人未及逃出、葬身火窟、惨不忍睹、敌机在郑逞凶后、被我高射部队之猛烈扫射、向东北遁去。

（《新华日报》1938 年 5 月 20 日）

17. 敌机狂炸开封郑州

（中央社开封廿二日电）廿二日晨十时五十五分、敌机十一架侵入汴市上空、在南关农学院禹王台车站一带投小型炸弹卅七枚、炸毁民房十余间、伤亡平民五十余人、又上午八时、计敌机三架、飞至杞县投弹九枚、均落郊外、陈留杞县间黑水寨之敌二百余人、经我军包围歼灭、该寨完全克复。

（中央社郑州廿二日电）顷据兰封来人谈、兰封于上月廿一日空袭后、近又遭敌机数次轰炸、城内与车站房屋大部被毁、居民多逃四乡、十九日敌骑侵入仪封后、几度进犯兰封县城、均被我击退、敌旋又派骑一部进扰杞县陈留一带、现已陷我重围、据报十九日徐州有车一列行至内黄附近、被敌军用机枪扫射、车上秩序大乱、死伤颇重、该列车即被敌拖开西行、适我军开到、见系敌军、即予袭击、当将该列车夺回。

（中央社郑州廿二日电）敌机三架、二十二日下午四时侵入郑空、在铁道以西投弹三枚死伤三十余人、毁民房数十间并散发荒谬传单、敌机在郑逞凶时、我高射部队予以猛击、敌机二架尾部受伤、旋即向北逃去。

（《新华日报》1938 年 5 月 23 日）

18. 敌机飞郑狂炸

（中央社郑州廿七日电）敌机廿七日第七次轰炸郑州、前后袭击五次、故竟日在警报中、计共投弹廿六枚、均落各街衢、炸毁房屋一百八十三间、死伤人数已查明者、死男三十一人、太平里及东洋街两防空洞均被炸、又第二监狱亦落四弹、该三处死伤数目、正调查中、预料至少有三百余人。

（《新华日报》1938 年 5 月 28 日）

19. 敌机昨晨袭信阳

（中央社信阳五日电）敌机十二架，于五日晨八时半，分两批空袭信阳。计首批二十二架，九架先后侵入市空，我高射部队，于敌机飞抵市空时，我即集中炮火，予以猛烈射击，当有二架被弹击中，余机见势不佳，乃仓惶在机场附近投弹廿余枚，向北逃去，我方毫无损失，于十时解除警报，事后据报，该被击落之敌机两架，均在驻马店东五里许处寻获，人机俱毁。

（《新华日报》1938 年 7 月 6 日）

20．昨飞洛投弹

（中央社洛阳三十日电）敌机四架三十日晨八时许，侵入领空，在东西车站投弹廿一枚，死伤四十四人，九时许复有敌机一架，飞洛窥察。至下午一时，又有敌机三架来袭，经我高射部队猛烈射击，敌机未敢在市空盘旋，乃在东关外北窑村投弹十六枚逸去，共毁平房廿余间，死伤农民十余人。

（《新华日报》1938 年 7 月 1 日）

21. 寇机昨飞信阳轰炸

　　（中央社信阳二日电）二日上午十时许，敌机十八架，分两批各九架，先后空袭信阳，当敌机飞达市空时，我高射部队猛烈射击，敌机未敢低飞，在市区盘旋一匝，乃先后在车站一带投弹廿余枚，毁民房百余间，死伤平民数十，余无甚损失，敌机投弹后，即向固始方面逸去，十一时半解除警报。

（《新华日报》1938 年 8 月 3 日）

22．敌机狂炸信阳 德教会医院全部被毁

（中央信阳十二日电）敌机三架，于十二日下午二时廿三分，侵入信阳上空，向城内商业区及刘城根一带投弹四十三枚，炸毁铺店及民房计百五十余间，平民已事先逃避，但死伤仍五六十人。又城内德籍天主堂医院医室，亦全部被炸毁，损失甚重。

（《新华日报》1938 年 9 月 13 日）

23. 敌机昨狂炸信阳

（中央社信阳二十日电）二十日上午十一时许，敌机六架，于小雨中空袭信阳，飞抵市空时，因避我高射炮射击，乃分散队形，在车站城内及东北两关外投弹数十枚。内有多弹未炸，计死伤二十余，毁房百余间。

《新华日报》1938年9月21日）

24．信阳迭遭狂炸　县城多成瓦砾

（中央社信阳廿九日电）敌机七十余架，廿八日晨自八时三刻起至中午十二时，分批袭信阳上空，在城厢内外滥施轰炸，投掷轻重炸弹及烧夷弹约数百枚，致城内多处起火，民房大部被毁，东南西关及车站附近受损尤重，断墙残垣，在在皆是，信城已大半成为瓦砾。廿九日晨七时许，复有敌机十一架来袭，盘旋约半小时始去。

（《新华日报》1938 年 10 月 1 日）

25．敌图破坏我交通　狂炸沿平汉陇海各地

（中央社郑县十一日电）敌图破坏陇海平汉两路交通，今晨有轰炸机三，在汜水沙鱼沟巩县沿路投弹廿余枚，均未命中。十日午敌机十八架，由新乡飞经郑县，分途南袭；九架在许昌投弹六十枚，死伤平民一〇七人；三架在郾城投弹十余枚，余窜驻马店南阳窥察。平汉陇海联运车，误点两小时，畅通如常，郑许电话，虽被震断多处，但数小时内当即修复。据报敌九日隔河炮袭汜水，发十余响均无所获。

（《新华日报》1938 年 9 月 12 日）

26．郑州裕丰纱厂被炸毁

（中央社郑州十二日电）敌机十二架，今日上午十一时狂炸郑州，投弹百余枚，毁裕丰纱厂，该处现为难民收容所，当有难民数十人，惨被炸毙。福寿街中烧夷弹五枚，鸿安旅社一带大火，迄下午五时未熄。车站附近平房毁数十间；铁路两旁落弹数十，无一炸中路轨，刻平汉车照常畅通。

（《新华日报》1938 年 9 月 14 日）

27. 洛阳昨遭敌机狂炸

（中央社洛阳二十四日电）洛阳于今晨十时遭敌机九架狂炸，并以机枪扫射，商业中心之东西南北四大街，及南关一带，均遭蹂躏，被毁房屋百余间，死伤已经查出者，约五十人，此外北大街之瑞典基督教堂上有鲜明之瑞典国徽，亦被敌机炸毁房屋数间。

（中央社南阳廿三日电）二十三日上午十时，礼山发现敌机六架，十一时侵入豫境，南阳发出空袭警报，旋即侵入上空，在北城一带低飞轰炸，并开放机枪，同时，又有敌机十架，分批侵入，大肆狂炸，城内南关北关等处，机枪炸弹，交相轰炸，毁房屋二十余，死伤二十五人。民国日报排字工人吴国顺被弹片炸伤；孙保生炸死，至十二时敌机向东遁去。

（《新华日报》1939 年 1 月 25 日）

28. 敌机狂炸洛阳 被我高射手击落二架

（中央社洛阳廿五日电）敌机十八架，今又分批连续袭洛，警报自晨八时四十五分起，至下午四时许，始解除警报，繁盛市区，被投弹数十枚，商店平民惨遭轰炸者，不可数计，为洛邑遭空袭以来最惨重之情况。又昨日敌机袭洛时，被我高射炮击落一架，残骸已在铁门寻获，驾驶员二人毙命。另二人降落后，被我壮丁捕获。另一架被击受伤。今晨又被我击落一架，残骸正搜查。

（中央社南阳廿四日电）廿四日上午十二时十九分，郑州发现敌机八架，盘旋十余分钟，投弹轰炸后，向东北飞去，旋即返回，再事投弹轰炸，损失情形待查。

（《新华日报》1939 年 2 月 27 日）

29．敌机炸商城竟投毒弹

（中央社樊城廿八日电）廿三日敌机三架，在商城南门外投糜烂性毒瓦斯十余枚，民众中毒数百人，敌机遁去后，又有敌机一架飞至该城投弹数枚，毁民房数十余间。

（《新华日报》1939 年 1 月 29 日）

30．敌机轰炸赣豫晋各地

中央社洛阳二十五日电：敌机多架，今日在豫晋段之黄河沿线，恣意悬扰。计敌机五架，在口曲东北关共投弹三十余枚。敌机三架，在白鹤镇投弹六枚。敌机二架，在孟津城内及东关投弹八枚。敌机六架在平陆茅津渡投弹卅余枚。敌机三架，复在洛阳县属之象庄投弹一枚，张盘村投弹三枚，平乐镇投弹三枚，新岭乡投弹一枚，三十里铺投弹三枚，宋庄投弹二枚。统计各地共被炸死人民十六人，伤二十余人，毁房屋约二百余间，敌机轰炸。现竟波及乡间，更见其惨酷与无目标之疯狂。

（《新华日报》1939 年 3 月 26 日）

31．粤鄂浙皖豫晋被空袭　滥炸我南北各地平民

中央社洛阳九日电：今晨九时，敌机四架，及十一时敌机五架，两次在济源县附近之大□村□庄康庄等处，作无目的之轰炸，共投弹十一枚，死十四人，伤八人，毁房六十余间，下午三时半，复有敌机五架，在□曲投弹，损失情形在调查中。

（《新华日报》1939 年 4 月 10 日）

32．敌机袭豫竟投毒弹

（中央社洛阳十五日电）十日敌机卅余架，自鄂侵入豫境，经嵩洛等县西飞，曾在洛阳附近投下炸弹多枚，其未爆发之弹形物质六枚，经军事当局派员赴庙沟等处掘挖，顷已挖出十磅重之炭酸瓦斯罐二个，内贮瓦斯三磅半，经查所投之瓦斯又名一氧化炭为窒息性瓦斯之一种。

（《新华日报》1939 年 11 月 17 日）

33．开封奴化教育概况——豫东战区工作队来函

......

（一）伪河南省公署拟在开封筹设"省立河南大学"，决于暑假后先设医学院。（二）在龙亭（前中山公园）内设新民教育馆一所。（三）在开封城内刷绒街设图书馆一所。（四）开封伪中央日语学院，近设日语讲习班。（五）开封"大日本"国民准备学校，设城内东大街前开封县小旧址，宗旨在收容教育日籍儿童，经费由"日本居民团"发给。（六）又设"大日本"高等学校一所，宗旨系收容日本青年，授以军事教育及中学课程，该校经费一部分由日本国内直接汇寄，一部分由驻汴日本警察发给。（七）伪河南省开封师范学校概况：校长现仍系刘子久等三十余人，学生本科五班，每班规定四十五人，实际多系三十人至四十人不等，本年暑假共毕业本科师范生一班，四十二名，□□中三十九人，而该校初中部亦为五班，每班规定五十人，实数不足远甚。全校师范及初中部共有学生四百六十二人。又该校附设小学一所，教职员共十七人，学生初级六班，高级四班，共有六百余人。（八）伪开封女中，现有初中五班，高中三班，附师三班，拟暑假后添招二班，暑假毕业初高中附师各一班。校长陈石屏，日籍教员二人，男一女一。（九）伪河南省立农村职业学校，有特别科二班，普通科七班。（十）伪开封师范女中附师，农林特别科学校学生每月各给津贴15元（伪钞）。（十一）开封现有私立学校如下：维新、新民、育德、中州、明新、静宜等八处。（十二）伪开封小学，市立者有六所，省立一所（即为省立开师附小）。

（《河南民国日报》1943 年 9 月 6 日）

34．豫省文化饱受摧残

（中央社内乡四日电）这次敌犯豫省，我当地学校颇遭损失。除省立中学一部迁往后方安全地区准备复课外，大多数中小学都已形同解散，各员生多逃往后方各地。豫教育当局为亟谋救济，特向中央请拨款一千万元，作为救济专款。该款首批五百万元，已汇到内乡，交由教厅和教部战区教师第二服务团，分别收容逃出员生，近已收容员生七百多人，等战局稳定，就可将收容员生，分发各校服务或就读。

（《新华日报》1944 年 6 月 5 日）

35. 河南大学员生的遭遇

沈 往

逃亡时顾性命 现在是顾肚子

××：

这些天，我们实在是没有力气，没有时间、更没有心情提笔，逃亡时要紧的是顾性命；歇下来后要紧的是顾肚子……而且我们好象刚作完一场恶梦，也都有点害怕，回想过去一个月的日子，我的东西已经丢光啦；剩下一支钢笔，却没有墨水；另外只有这半截铅笔了，费了很大的事，才弄到这几张纸片，静坐了好久才平息了心底太厉害的波动，我要抓紧这难得的机会，把我的这五百多个逃难的一群，所经历的、看到的和感到的一切尽情地倾诉给你：

五月三日临汝失陷以后，战争发展的速度也真叫人吃惊，敌人九日到伊川，十日到鸣皋镇，十一日就到了嵩县，学校仍不相信敌人会来，退下来的国军挤满了潭头市街，嵩县的敌人有西犯模样，学校这才决定西迁。因为同时渑池也吃紧，不敢到卢氏去，便取这大青沟向栾川进发，慌慌张张抓了一点东西自己背了就走。

医学院长被掳 农学院长跳岩

到大青沟后，王振亚回去一趟就落到敌人手里了！医学院长张敬吾先生，舍不得丢在嵩县的许多珍贵仪器，在敌人侵犯嵩县的前一天又从潭头回嵩县去。敌人到了以后，不及躲避化装做一个农夫，又被当作"夫子"抓去，到现在还不知道下落。

农学院长王直青先生被敌人掳去后，因为受不了虐待而跳岩自杀。跳下去以后，还没有死，敌人就在上面用乱石直投，直到把他打得血肉模糊断气死去，王先生是国内最早研究棉作的专家之一，这次牺牲于敌寇之手，无论如何，是我们一大损失。其他讲师吴干、助教商诒汤也牺牲了，而同学消息不明的还有一百多人，确明死亡的有数十人，李××和她的妹妹，在敌人入潭头后还没有逃出；还有李××的丈夫刘君，他们三个人，都带着身心双重创的伤，投井而死。

……

六月十日，伏在一个农家神龛前小桌子上写的。

（《新华日报》1944 年 7 月 15 日）

（四）口述·回忆资料

1. 郑州的惨炸

甘介侯[①]

　　到东战场前线的徐州看了十六天，十三日乘陇海车经郑州折返汉口。十四日早上四点钟到了郑州，中国旅行社招待所离车站很近，就搬了进去。在车上睡不着，太疲倦了，和衣滚在床上，睁开眼睛已经是上午九点。刚刚洗了面吃了一碗面，警报来了。我问茶房："以前日本飞机来炸过吗？"他说："警报是常常有的，炸倒是没有炸过。"我又问："连车站都没有炸过吗？"他带了很有把握的神气说："是的，连车站都没有炸过。"我就不去理会。我走到窗口，看路上的行人并不惊慌，女人小孩子还聚集在门口，向天观望，忽然发现对面隔一条小马路，就是铁路的机厂，觉得不大妥当，戴了帽子想向与车站成为垂直的大同街走。正要下楼，津浦路局的两个处长沈熙瑞、宗植心来了，我折回房间请他们坐。我说："此地离[开]车站太近，我们还是出去走走。"宗说："郑州从来没有炸过，没有事，就[是]这里谈好了。"我不好逐客，就坐了下来。沈想了一想，立起来说："我们还是走，到我们住的陇海院去，要走就走，等一等路上要断绝交通。"我们即刻出门，叫了三辆人力车沿铁路东行，走到半路，被警察阻止，问明了目的地然后放行。到了陇海院不够十分钟，敌机已在头顶，炸弹接续不断地投了下来爆炸了。我在南京听了三个月的轰炸，但没有一次炸声是这样近的。敌机来了十三架，投了五六十个炸弹。我对沈、宗说："这次郑州的人民一定遭了大难，大家以为从来没有炸过，一定不去躲避。"

　　炸到一点多钟，警报解除，我即刻跑出去看。还没有走半里路，前面马路上

---

① 甘介侯（1896—1984），曾任大学教授，国民政府外交官员，李宗仁私人顾问，1949 年起留居美国。时在重庆任国民参政会参政员兼军事委员会参事室参事。此为甘介侯当时写的文章。

一大群人对我跑过来，越跑越多了，顷刻像钱塘江的潮水一样，奔腾地来[卫]来。跑近了看见有的拉了老人，有的抱了小孩，有的背了包裹，还有警察拿了上刺刀的枪，也夹在里面跑。我大声的问："什么事[!]"谁也不来理我。我还是这样问，有一个人大概是比较不慌，他连跑连答，说："又来了!又来了!"我想难道敌机又来了吗，但是没有听见第二次警报，难道有意外的事变吗，我怀疑地还是靠近路边向前走。一个炸死的中年男子躺在路边，一个年约六十岁的老妇坐在他头[傍]哭。我对[他]说："大家跑，你也跑[罢]!"她不理我，她是没有听见，我在她[傍]边立定了，她也没看见我。我又说："起来，我同你走。"她还是没有听见。我想她是悲痛极了，死的一定是她的儿子，她是不肯离开她心爱的儿子跟大家逃命的，她也不去理会大家跑的为什么。路上跑的人越跑越紧了，走不过去了，我也回过头来往后跑。后来知道，这是误会，大家听了火车的喇叭，以为警报，就这样跑。我料想这次大家没有提防，一定死得很惨，所以大家都变成惊弓之鸟，听了喇叭以为警报。

等了半点钟，我又跑出去看，旅行社招待所对面的机厂炸毁了，招待所左右的房子都炸成一堆破砖碎瓦，招待所后面的邮政局，中国旅行社，华安饭店都炸坏了，花园饭店是四层楼的房子，从屋顶坍到地上，烈炎的火还在烧着，里面的人一定都死了，只有招待所单独的存在，但窗门都震得粉碎，墙一裂了，一个十五六岁的小茶房看见了我，话也说不出来，一个年大的茶房走出来，面孔已如土色，他说："我们同一个客人，躲在你房里，房子摇得厉害，我们觉得一定要倒下来了。"一群人在华安饭店那里救火，一群人在招待所左边挖死尸，人行道上躺着一个四五岁炸死的孩子，我想他的父母或许也已炸死了，所以没有人理会他，或许他的父母正在那乱砖堆里挖寻其他的孩子，我折向大同街去，马路上堆满了砖瓦电线，这条商店集中的最繁盛马路也被炸了。这充分地表现敌人的残忍好杀。与炸上海大马路的先施公司，南京车站的难民以及广州人烟稠密的东华路是一样的惨无人道。敌人的暴行，只能表现出它的兽性，只有使全世界爱好和平的人，更清楚地看出敌人的无[耻]，更同情和援助中国与这野兽战斗。敌人残暴的轰炸屠杀，结果不知道要激起多少人来与敌人拼命[，]同[它]清算这笔血账。

我回到陇海院吃了晚饭，就到平汉车站，沈熙瑞、宗植心送我上车，车站里人已挤满了，都是要从陇海路往西、平汉路往南避难的人。挤出了三站，走过天桥，月桥上已经有一二千人在那里候车。回头看天桥上，人是像工厂放工似的还在过来，不到半点钟，月台上挤得不能动了，天桥上的人还是那么的来，许多人跳下月台，到路轨的那面去站着，到路轨的那面，人也渐渐立满了，天桥上的人，还在接续不断地来，在我们前面有一个老人，一个中年女子，带了几个孩子，坐在地上，一个孩子只有二三个月抱在手里。老人说："我们坐二等车[罢]，有房间。"一个女子说："听说房间都被人家包去了。"老人说："上了车想法子，终有法子想。"我暗想下午听路局的人说，一个阔人包了好几个房间，上了车还有什么法子可想？这些女子小孩子怎么挤得上车？

等到九点多钟，开汉口的特别快车来了，大家争先恐后的蜂拥而上，顷刻之间，车里坐满了，后来的爬到车顶上坐。我想我的床位[是]在徐州的时候打电报来定的，而且卧铺票已经买好，不会发生问题。到了车里，我的铺位上堆满了行李，我对占据我的铺位的人说："这是我的铺位，"他说："这是某总长定的。"我要他拿出卧铺票来看，他没有卧铺票，他说："我们不知道，你去问茶房，我们向茶房定的。"我感觉在纷乱的时候，预定的没有铺位，无票的可以临时占据铺位，[这]种情形，恐怕是免不了。后来，茶房就另外开了一个房间让我进去。我听见许多人在车外喧嚷呼唤奔走，他们都是挤不上车爬不上车顶的，他们在怕明天敌机再来轰炸起来怎么办。我安安易易地躺在床上，明天可以到汉口，苦乐真是有天[壤]之别了，刚脱完衣睡下去，我的窗外有小孩子的哭声，哭得很急，一个女子在安慰他，我即披衣起来开窗去看，想叫他们从窗里爬进来，门是挤不进的了。窗还没有开，车已动了，他们是往后边走，看不见了。我再躺下去，我想明天若是敌机再来轰炸，这个女子与小孩子跑到什么地方去呢？我又想起我自己的孩子，现在正在他母亲的怀里睡着，我又[连]想起在汉口有人还在那里打牌叫堂差跳舞，在香港有人还在那里捧女招待追舞女，在石堂咀品华，在俱乐部里竹戏，刚才哭得眼睛看不见人的老妇，马路上狂奔逃命的许多人，天桥上背箱负包踽踽而行的难民，也一起到了我的眼前。

（载《新华日报》1938 年 2 月 17 日）

2. 日机轰炸下的逃难

常香玉[①]

在日本军国主义侵华时期，我曾被逼得离乡背井，逃亡陕西，还曾亲眼看到成千上万的河南人民，在艰难的豫陕路上，扶老携幼，啼饥嚎寒的凄惨景象。真是血泪斑斑，如在目前。

一九三八年，我正在开封的醒豫舞台演出，一夜之间，祸从天降。日军的飞机和大炮就开始轮番进行狂轰滥炸。整个开封古城，浓烟滚滚。哭声连天，不知炸死了多少人。一街两巷的人群纷纷哭喊着向外逃难。我也跟着父母和几位演员，趁着黑夜逃出了开封城。第二天到了郑州。谁知道刚下火车，日本飞机又来轰炸了。当年郑州火车站大同路西头，有一个华阳春饭店，就是被日本飞机当天炸平的。车站附近炸死了很多人，所以我们连郑州也没有进，就在郑州郊外陇海花园西边的一个打麦场上露宿过夜，夜里担惊受怕，又饥又渴，幸喜打麦场上有一口农民防火用的水缸，大家才饱饱的喝了一顿救命水。接着我们又经过密县、巩县，绕着山路来到洛阳。这时候豫东、豫中一带无家可归的人也大批涌到洛阳，一时难民剧增，途为之塞，洛阳米贵，民不聊生。洛阳无法久留，我们又爬上西行的火车，穿过日军打炮的阌乡县，冒着生命危险逃到了西安。初到西安，吃没吃的，住没住的，暂时就挤在一家靠北城墙的难民庵里。后来，我们这些逃到西安的穷艺人，就组织起来在西安的民乐园里演出。不料第二天日军的飞机又来轰炸西安了。我们初来乍到，人地生疏，该向哪里去躲避呢？惊慌之中，大家便四处逃跑。就在这一天我们有两个演员惨遭炸死，尸首都没有找全。其中一个叫靳玉美，是豫剧中一个很好的花旦演员。从此戏班停演了，百十口人断绝了生活来源。青年演员中有的去卖纸烟、卖烧饼、卖茶鸡蛋维持生活。年老体弱和生病的，由于

---

① 常香玉，豫剧表演艺术家，河南巩县人，1922 年出生。九岁随父张福仙搭班学戏。1948 年在西安创办香玉剧社。1951 年为支援抗美援朝，以演出收入捐献"香玉剧社号"战斗机一架。1959 年加入中国共产党。1994 年 6 月荣获"亚洲最佳艺人终身成就艺术奖"。1995 年被国务院授予"全国先进工作者"称号。历任中国戏剧家协会副主席、河南豫剧院院长、河南省戏曲学校校长，是一、二、三、五、六、七届全国人大代表。

饥饿和无钱看病，先后又有两位同事病死西安，埋骨异乡!这用中国人民的血和泪写成的历史，是日本军国主义的侵略铁证。

（载《河南日报》1982 年 8 月 12 日）

3．郑州华阳春历险记

赵常海

我叫赵常海，现住北下街团结里，是日军第一次狂炸郑州时的目击者、受害者、幸存者。如今我已年过七旬，退了休，享到了社会主义的清福。为使人们居安思危，让子孙后代不忘国破家亡的痛苦和耻辱，我愿将这段辛酸而又悲愤的往事记述下来留给后人。

"七七"事变后，华北大部分都沦陷了，地处黄河南岸的郑州，成了国民党官员和中上层资产者的避难所，号称"飞腿将军"的刘峙也退到了郑州。逃来的难民更是无计其数，火车站的票房里、住家户的过道、店铺的廊沿下都住满了人，个个面黄肌瘦，衣不遮体。郑州人口猛增，物价一天三涨。

一九三八年，我才二十多岁，在郑州华阳春饭店里当浴池工人。这家饭店是当时郑州唯一的四层楼饭店，又是最先在郑州使用电梯的饭店。内设中餐部、西餐部、雅座、单间、牌场、浴池等，规模大、设备好。

一九三八年二月十四日（阴历正月十五）这天上午，我下了班就到大门口跟伙伴们聊天。大约十点多钟，警报声又尖叫起来，人们对这早就习以为常。以前警报也常常叫，日本飞机也常常来侦察，也没出过啥事。所以店铺照样营业，小贩照样叫卖。我们几个伙伴也继续聊天……不一会，十四、五架日本飞机排着队由北边飞来，只听轰轰轰几声巨响，我一看，炸弹落到了火车站附近，一时房倒屋塌、哭声、叫声、轰炸声震耳欲聋。我赶紧往饭店里跑，可是大门已被震得紧紧关闭起来，大概人们都认为这座楼高结实，一股人流把门冲开了。我一头钻进一楼的干浴池里，很多人也冲了进来。炸弹的爆炸声把这座大楼震得摇晃起来，接着又是一声巨响，头顶就像山崩地陷，砖头石块劈头盖脑砸落下来。我只觉得浑身动弹不得，耳朵嗡嗡叫，眼前一片黑，看不到一丝光亮，好像掉进了万丈深渊。一切都来得这么猛、这么快，进来的人连叫一声都没来得及就死去了。那么我呢？怎么还活着？用手摸摸，我明白了，是一根大梁棚架在我的头顶上面，是它支撑着三层楼倒塌的重力，我成了虎口余生。也不知过了多长时间，口干舌燥，饥渴难忍，全身就像散了架似的，看来我也活不成了。我一个人，叫天天不应，叫地地不灵，孤孤单单的。希望在哪里？忽然，我听到有微弱的呻吟声，一下子来劲了，赶紧问："你是谁？"对方断断续续地回答："我是李汉云。""我是赵常海，你怎么样？""我在西墙角站着，一点儿也不能动，浑身疼。"我也无能为力。俩人正在危难之际，突然听到头顶有扒砖的响声，就轮流呼救，上边的人听到了，大声回答："放心吧，我们就是要先救活的。"扒砖声越来越响，活的希望越来越大，接着又听到了飞机声……扒砖声没有了，就这样，上面的人扒一阵、躲一阵，直到第三天我们才被救了出来。定睛一看，我惊呆了，四层楼的华阳春被炸平了，第一旅社、五洲旅社、邮政总局、铁路机械厂、火车站这一大片建筑物都被炸成废墟，电线杆倒了，大树歪了，树上还挂着一只死人胳膊，挂着被炸飞的破衣、血肉，扒出来的尸体几乎没有一具是完整的，有的缺胳膊，有的少腿，有的没有头，有的被炸成两截。就连他们的亲人也难以辨认，那惨状，看了使人心惊肉跳。

据说那天日军飞机在火车站、大同路一带就投下六十枚炸弹，仅华阳春一带，被炸死的就有数百人，只有四人死里逃生，我是幸存者之一。从这次起，敌机就三天两头飞来骚扰轰炸，人心惶惶，四处逃难。后来平汉铁路、黄河桥也被炸坏了，郑州变成了一座死城，我也不得不逃往外地谋生。敌军在郑州犯下的滔天罪行，我是永远不会忘记的，郑州人民是永远不会忘记的。

（载中共河南省委党史工作委员会编：《侵华日军在河南的暴行》，河南人民出版社1989年版，第28页）

4．野田实①回忆在太行山麓解剖活人

一九四五年四月，我所在的原一一七师团野战医院，驻在河南省有名的煤矿区焦作镇。

一天，院长军医少佐丹保司平找我，说明天要搞"军医教育"，按照去年十月郑州十二军司令部举办的"教育"样子搞。还说宪兵分队答应并弄活人来做试验。

接受任务后，我便拟订行动计划交给院长，并着手准备。

第二天下午，宪兵带一个中国人到手术室来，这是一个约摸二十五、六岁，看上去很健康，穿着黑衣服的淳朴的中国农民。这时我忽然想到，他就要在这里被杀掉。过一会儿，军医、卫生兵在先，塌鼻梁留着小胡子的院长随后都来了，院长问："准备好了吗？"我向水谷示意做全身麻醉，又对宪兵说："给他讲，要检查身体，躺在这手术台上。"那人看来不懂宪兵的话，满脸讶异的神色。宪兵把他推近手术台，我指着手术台，焦急地用中国话说："睡觉吧，睡觉吧！"宪兵把那人举上去按倒在台上，我们六人分别按住他的手、脚、肩膀、头部和腰。水谷迅速将浸了麻药的纱布往口、鼻上盖。那人猛力挣扎，大家拼命按住，弄得手术台嘎啦晃动，我两手抱住他的头，他脸上露出可怕的怒火，咬紧牙齿屏住呼吸，左右摇头想甩掉盖在嘴上的纱布，为了让麻药快生效，我用两个拇指用力按他的两颊，使他的嘴张开，把纱布塞进去后，他呼吸立即短促了。我向发呆的水谷喊道："加麻药！"他慌慌张张地拔开瓶塞往纱布上倒。挥发的麻药气味冲进我的鼻孔后，感到全身无力，我才意识到药量过大了，便让改用乙醚，叫卫生兵把那人两脚绑在手术台上。进入深度麻醉了，我让森下卫生军曹负责麻醉，让水谷洗手准备手术，卫生兵搬来手术器械。

卫生兵帮我把那人脚上的绳索解开，脱掉身上的衣服。我见他后背有几条似乎经过严刑拷打的青紫色的伤痕，我无动于衷又把两脚捆上。

军医各就各位了。这时我眼前浮现出去年在郑州十二军直辖兵站医院，对一位抗日战士进行"解剖活人"的情景：我紧张地屏住呼吸，和二十几名"被教育者"军医一同站着，从北平第一陆军医院派来的教官，长盐军医中佐突然喊了声

---

① 野田实，时任日军中佐军医。

"立正!"他向领导这次"教育"的十二军军医部长川岛清军医大佐报告:"从现在开始,"之后又发出"敬礼!"号令。我想这是按照病理解剖死者时搞的仪式来对待眼前的活人。

新田和水谷用一块苦单盖住那人,我学长盐的样子喊"立正!"对院长报告:"从现在开始。"他傲慢地点点头,我又喊"敬礼!"此时我想的是,这个中国人是"皇军军阵医学尊敬的牺牲者"。

我有着军人的父亲,从生下以来便被灌输着天皇教和武士道精神,培育在日本军国主义的坩埚里,因此,对这样的举动是得意的,这种行为渗入了我的骨髓。为表示所谓的敬意而搞的一套虚伪作法,和实际上干的为人道所不容许的凶恶勾当相对照,这恐怕是日本武士道的一个特征吧!

"教育"的过程是这样的:

最初将右下腹切开十厘米,搞形式的盲肠手术。摘出的阑尾细得象蚯蚓,完全是健康无异状的。

接着从剑突到脐下在腹部正中切开三十厘米,之后检查内脏,剥开大网膜找胃,拉开肠子看到肝脏里边露出的蓝黑色胆囊。活人内脏的血腥气、粪便气味冲进我的鼻孔,对此我只感到愉快。它使我回忆起在河北省保定时宪兵队藤木大尉说过的:"活人的肝可以治百病,可总没有弄到手。"查完内脏,拉平腹膜缝合,我从苦单下边拉出那人的手查脉搏,脉稍弱,但无大变化。这回两人一组,分两组同时在活人身上做截肢——右臂、左大腿的手术。洗完手在右臂、左腿根部系上止血带,走走形式做了皮肤消毒。我在左股下三分之一处切开皮肤向上剥离,再把活人的大腿顺骨缝处切开。我让高岩尝试一下非外科医生体会不到的感触,叫他拿一把大切断刀,用持刀的胳膊压住大腿,一下子切断。还提醒他,止血是麻烦事,必须切开肌肉见骨头。高岩用力切掉周围软组织,鲜血象瀑布似的喷出来,伸展的肌肉痉挛收缩一会儿被切断了。高岩急忙拿止血钳止血,我说:"这血总是要流的,先不用管。"他赶快用两手分开肌肉,剥离大腿骨上粘着的肌膜、骨膜,露出了雪白的大腿骨。我用厚厚的纱布把肌肉断口包住向上提起,让高岩用骨锯靠大腿上端锯断。锯子锯到半路夹住动不了,我让持脚的卫生兵把脚往下放放,高岩就势猛劲锯,顺利地锯断了大腿骨。我一面讲解,一面帮高岩结扎主要血管,我用长辈的口吻告诉他:"在处理神经时,必须从上头拉出顺理好,以免日后假肢会痛。但今天不必担这份心。"

左股骨切断结束后,我们喘了一口气,右上肢的截肢手术也结束了,我揭开单子看那人脸相,是昏昏沉沉陷入深度麻醉之中。两三个小时前的健康相貌完全没有了，脸色苍白，口唇发青，脉搏细微，瞳孔缩小，使人感觉他有着强韧的生命力。

最后一项做"喉结手术"，做完气管切开手术之后，全部"教育"按计划完成了。

院长交待迅速做好善后清理，便匆匆走开了。我换完衣服点上一支香烟去厕所，回到手术室再看，苫单已被拿走，从所未见的活生生被截断左腿和右臂、残不忍睹赤身裸体的人，躺在手术台上，手术室一角放着截下来的大腿和胳膊，卫生兵在冲刷着木条地板。

我感兴趣的是要看看往这个男人的静脉里注射多少西西空气可以致死。让森下拿来五西西注射器，五西西空气推进去没有变化，我感到很意外，让再试试二十西西的。森下推进一点点，用大拇指拼命顶，还是不动。我说："躲开，让我来！"看看针头没堵，我便用小肚子顶住胳膊肘子使尽全身力气推，推了约摸一半，那人左胸心脏部位发出"咕噜咕噜"的响声，下颌轻轻动了一下，我拔出针观察，他大喘了两口气垂下头来，苍白的脸上一下子变成了死色，森下取来听诊器，听不到心音，听到的只是人在临终时心脏停止跳动后特有的"刷——"样响的杂音。

我对呆在一旁的森下说："行动秘密些，弄到马厩后面挖好的坑里埋掉。"

天开始黑了，回到医官室见到水谷，我们一同回宿舍，走了一会才停下来。我问他，那男人到底是什么人?他说好象是八路军的密探。我心想确实是个农民。农民也好，密探也好，都与我无关。但从听诊器中听到的，那人在咽气时的杂音顽强地在我耳边回荡。如今过了十一年，依然在我耳边回荡。

现在，浮现在我眼前的是连绵不断的太行山，山麓连接着河南肥沃的土地，在那里，热爱和平的中国人民为建设社会主义在辛勤地劳动。然而，就在这块土地下面，埋葬着多少被我夺去了生命饮恨而死的人们；我想到这里只是悔恨，简直想撕开自己的胸膛。

本来是一般人所想不出的事，为了侵略战争，我从容地干了。

本来说，"医者仁术"，医学应该为人类社会服务，为了侵略战争，我有意识地将医学用于杀人，冒渎了医学。

从我的切身体验中彻底否定了战争。中国人民使我重新觉悟到做人的良心和当医生的使命，并给我指出了生活的方向。对此，我是衷心感激不尽的。

为此，只要我活在世上一天，就誓为反侵略战争而战斗不息。

（俞静方摘译自《侵略》一书，原载《天津日报》1982年8月25日）

5. 浚城喋血

刘式武

1938 年 3 月 29 日（农历二月二十八日）早 7 时许，日寇开始了疯狂的大屠杀。兽兵劈门入宅，四处搜寻，见人即杀，剖腹砍头，刺挑幼婴。更令人愤恨的是日寇逼迫老弱妇幼百姓，集结一处，用机枪横扫，进行集体大屠杀，一时神哭鬼嚎，凄呼不绝，其状之惨，悲不可言；日寇在疯狂大屠杀的同时，又在县城中心文治阁周围焚烧民房，火光冲天，浓烟蔽日，将一座古老的黎阳名城，顷刻间变为凄惨的鬼城。

日寇血腥屠杀之暴行，对妇女尤为残酷。如躲藏在南关一座小庙内的数名妇女，被日寇发现，轮奸后用刺刀插入阴户内搅死；一孕妇被强奸后以刺刀破腹挑出婴儿。被日寇强奸、轮奸的妇女有 70 多岁的老妪，也有 12 岁的少女。日寇如斯兽行之血海深仇，令人发指眦裂。

（载政协河南省浚县委员会文史资料研究委员会：《浚县文史资料》1991 年第 4 辑，第 72、75 页）

6. 王宜民口述浚县惨案

1938 年 3 月 27 日（农历二月二十六日）估计上午 11 点钟时间，日军从北边的陈庄、秦李庄过来。一开始他们给城里打炮，那年我已 18 岁记事了，县城很多人慌慌张张、乱成一片，我和我母亲、妹妹三人就往南关逃。当时来到南关后城沟街时，有几十人到后城沟王保善家里隐藏，记得当天下午打了一晌。到 27 日早上炮打得更厉害。因国民党的一个营抵抗不住，有个叫石营长的将人撤走。当天日本人就进城了。28 日早上，我们听不见枪响炮打，我走上街往北一看浓烟四起，这时已知道日本人占领县城，他们开始实行"三光"政策。这时我们几十个人都很着急，没多大一会日本人就将我们包围，当时我们在王保善家里藏起来，大多数人隐藏在王保善家的后院山洞里。门被砸开后，进来 3 个日本鬼子，他们将坐在屋内、床上的人统统给赶了出来，那时我年轻读过几年书，就藏在一个烂床底下，才没被鬼子发现，在里面听到日本人让百姓统统跪下，用大枪一个个打死，后用刺刀刺腹。当时在王保善家避难的几十人只有 5 个人生存下来。28 日下午日本人走后，我出来一看，我母亲、妹妹都被打死，刺刀刺烂。当天下午 5 时我回家一看，房被点，父也被打死。

（王宜民 1984 年 5 月 10 日的口述回忆记录，原件存中共浚县县委党史研究室）

7. 日军血洗浚县城罪行录

李杰忠

1938 年农历二月二十七日早上，日本侵略军除炮轰北门、西北城角外，为了组成新月形包围圈围攻县城，他们抽出一部分所谓武士道敢死队，抢占唯一的制高点——大伾山。企图居高临下夺取地理优势，兽兵蹿到顶峰禹王庙，强迫让庙中僧人慈海（33 岁）给他们烧水喝，慈海给他们烧开水后，他们喝了又将慈海和尚用绳捆在八仗大佛殿前的杨树上用刺刀扎死。兽兵们又在禅堂翻箱倒柜，搜出所有经卷抛掷满地，并将袈裟法衣撕破擦刺刀上的血迹后扔在地上。天齐庙有个和尚叫本良（40 多岁），被鬼子兵抓去绑在一块宋代弘治年间有僧渡海到日本做友好使者的摩崖石刻下，用刺刀在身上扎了七八处活活扎死。本良和尚（35岁）被鬼子兵枪杀到山南头东岳庙的石狮子边。一个 15 岁的小和尚叫道济，被鬼子兵用刺刀穿透胸膛又让狼狗咬去鼻子、耳朵。千佛寺和尚登喜法师，50 多岁，正在禅堂的蒲团上诵经，被鬼子用刺刀刺死，并挖去双眼，将木鱼砸碎。野兽兵还用枪射击八丈大佛胸膛，破坏文物，炮击大伾山顶峰塔形建筑八卦楼，毁坏文昌帝君圣像、魁星像，烧毁明代王阳明先生曾在此讲学的阳明书院五间大厅，他们用机枪射击手无寸铁逃战躲乱的男女老少 300 多口在刘公泉下的水沟中。野兽兵蹿登城南侧的浮丘山，在山口的城隍庙内将住庙道人张殿臣（16 岁）刺死在道院内，又在身上扎了十余刀。道人孙祥怀（55 岁）也被刺刀夺去生命。碧霞宫（又名奶奶庙）道人李宗杰（46 岁）也被鬼子刺死，道人王太仲（73 岁）被杀，道人宋太贵被枪杀，何玉秀（48 岁）被枪杀。兽兵窜进大殿用刺刀戳透扎毁圣母像旁法器大鼓四五面，三仙殿被炮弹炸塌。王生吾的 70 多岁老母和辛庄街 70 多岁的李王氏躲乱藏到庙院内被日本兵发现后，用枪逼着灌冷水，如不张口就用枪托捣或用刺刀撬嘴，活活灌死两个老人。他们又窜进姑山顶峰张烈士祠（河南老同盟会会员张希圣烈士）将看祠堂的刘其祥杀死。他们还窜下山，在靠山的菜园街杀死无辜百姓 246 口，烧房 30 多间，奸淫妇女 40 多人。李老香的老婆（50 多岁）被日军强奸后又用刺刀捅入阴道刺死。鸡胡同张仙庙北院用枪逼进 200 多口男女老少统统放火烧死。耿玉树（当时 30 多岁）头上被日寇砍了六刀，又用绳捆绑扔进北屋里，烧晕后又醒过来从窗口爬出，这是唯一的幸存目击者。日本侵略军凶狠残暴罪行，浚城血洗记就是他们抹杀不掉的罪恶铁证。

（李杰忠 1983 年 9 月的回忆录，原件存中共浚县县委党史研究室）

8. 一位"日军大院街大屠杀"幸存者的口述

刘庆云口述　阎玉新、张坚整理

一九三七年十一月四日，日寇侵占了我的家乡安阳城。入城的当天，就在大院街大肆屠杀我们手无寸铁的同胞。那年，我刚二十二岁，家住在临近小西门的西营街北段，亲身经历了那场灾难，侥幸从日寇的屠刀下逃生。

那时，国民党三十二军驻守安阳城。在日军没有打来时，他们不是拉我们老百姓修城墙外的战壕，就是拉我们挖城墙上的猫耳洞。把当时九里一百一十三步的城墙上，每隔一丈五，都挖了猫耳洞。猫耳洞向外有枪眼，向内通着交通沟。本想国民党军队仗着天时地利能够打上一阵，哪知日本人一打来，一听到大炮响，他们打开南门就向南逃跑了，丢下了满城手无寸铁的老百姓任人宰割。

日寇军队是在黎明时开始攻城的。在日军没有进攻之前，曾听有人沿街叫喊："翻开衣领，表示投降，跪到地上去迎接大日本皇军，要不，都得被砍头……"安阳人是有骨气的，宁可站着死，绝不跪着生，没有人去下跪迎接，更没有人翻衣领，但激烈的枪炮，胡乱的叫喊声，搅的人心惶惶。许多临近城墙的住户，慌忙往城墙上的猫耳洞里躲藏，把命运交给坚固的城墙。因为之前日寇飞机轰炸安阳城时，许多房屋被炸塌，人被炸死，但躲在猫耳洞里不怕炸弹。到这时，人们都已六神无主。我们全家和西营一带临近西城墙的住户们一样，也都急忙往城墙上的猫耳洞里跑。谁知，躲进猫耳洞正是灾难的开始。

黎明时，日寇用坦克车轰打小西门。坦克车开到护城河边上，炮火先摧毁了吊桥，而后又打碎了城门。城门洞里堆的土麻袋虽然比城墙还厚，但怎能挡得住侵略者的铁蹄？国军撤退，日军进了城。因为没有抵抗，日军扩散很快。我们这些躲在猫耳洞里的穷百姓们，有的被刺刀捅死在洞里，有的被赶出洞外，像赶羊一样被赶到大院街西营坑北沿上。当时的西营坑大，坑北沿到大院街没有住房，从城外进了小西门路南边就是坑的边沿。

我们全家被赶到大院街口时，我看到西营坑里已堆满了被杀死的同胞，多是青壮年男人。那些日本强盗杀人杀红了眼，逢见成年男人就抓着手乱看乱闻，一不顺眼，拖到路边就用刺刀捅死。我们惊慌失措，不知怎么回事，后来才知道，强盗们把从猫耳洞里抓出的人认为是抵抗的军人。眼看着朝夕相处街邻好友惨遭杀害，人们已经愤怒不已，有的人已经悟出来日本人以为我们都是中国军人而滥杀无辜，愤怒地向他们辩解，可强盗们根本听不进去，竟然架起机枪，准备更大规模的屠杀。

就在这千钧一发的关键时刻，从东边跑过来一个穿朝鲜服装的便衣，但头戴军帽，我们以前都叫他们"高丽棒子"。他跑到那个手持东洋刀的军官面前，咕哝了几句，然后，面对我们用生硬的中国话说："妇女、儿童都回家去，男人的，跟我去搬东西！"我们意识到掠夺已经开始，都默默无声，只有愤怒的目光。那个"高丽棒子"见我们都不搭腔，也不动，又重复了一遍刚才的话后并且说："不去，死了死了的！"这时，已有人开始挪动脚步，妇女、儿童也开始分散往回走，但有的成年男人跟着家人刚走了几步，就立即被跑上前去的日本兵抓住，拖到路北的三间门面的石灰铺前。我和五十来个成年男人被抓到铺店门口，排成半圆形，拖进屋一个，就被砍死一个，石灰铺里，顿时传出凄惨的叫声。这时，哭喊声，惨叫声连成了一片。

我的大爷和二哥都被拉进了石灰铺里，我这时已感到失去了知觉，站着一动不动。猛然，那个"高丽棒子"向我走来，蛮横地推着我说，"你的，搬东西！"我没有动，立即，有两个日本兵过来抓住我把我拖到那个石灰铺里，又一下把我推到了屋内那个手持东洋刀的军官面前。当我还没有站稳的时候，只见那把东洋刀已向我砍来。我最后听到了"咔"的一声响，就真的失去了知觉……

当我恢复知觉时，已是第二天的下午。我被藏在一个小黑屋里。头被包裹着，身上的血衣已被换掉，直觉得后脑勺疼痛难忍。家人们告诉我说，我是被捡回了一条命，说是头天晚上街邻几个人偷偷去石灰铺里收尸，一摸我的体温还有，还有一口气，赶忙偷偷当尸体抬回家来。说我大难不死，是那日寇军官的刀砍下来时，刀尖碰着墙滑了一下，刀砍在我的后脑勺上。因为刀被隔挡了一下，这一刀尽管把我砍翻晕了过去，但没有砍断我的脖子。日寇军官以为我已死去，把我往墙边一踢了事。随后被杀的街邻的尸体堆在我的身上，是他们用身子掩护住我，救了我。日寇强盗用刀把我们砍翻后，怕我们没断气，又用刺刀残暴地在尸体上乱捅。我虽然侥幸堆在底层并且靠近墙根，但身上仍被捅了七、八个小洞。家里人当时还拿着血衣让我看，说我虽然命苦，但还算命大，捡了条命。当天晚上，家里人怕我在城里养伤被当做中国军队伤兵被搜查走，偷偷地把我抬送到城外乡下亲戚家，我才算真正逃了命。

事情已过了五十年，至今我前身上还深深刻印着日寇的罪恶。我的后脑勺上那深深的刀痕，正是日寇侵占安阳时在大院街残酷屠杀我们中国人民的血证。说到日寇在大院街究竟屠杀我们多少同胞，有的说一百多，有的说好几百，但光从那间小石灰铺里，就抬出了四十九具尸体。当事人回忆抬尸体时的情况，说是三间小屋内里里外外满墙净是血，满地血水横流，一直流到了大街上；屋内面容愤怒的尸体，横七竖八乱压着，惨不忍睹。这就是日寇侵略我国领土，屠杀我国人民的罪证。我以一个幸存者，带着颈后刀痕，向全世界主持正义的国家和人民控诉。

　　我现年 73 岁，世居西营街 51 号，由市运输一站退休，子女均已成家立业，我和老伴过着幸福的晚年生活。新中国成立后，在中国共产党的领导下，帝国主义，再也不敢侵犯我国一寸神圣领土。如今十亿人民，正在为我国四化建设，团结一致，奋力拼搏。我衷心的希望年青一代，牢记着，没有强大的祖国，血的历史仍会重演，千万不可大意。

　　（载中国人民政治协商会议河南省安阳市文峰区委员会文化资料委员会编:《文峰文史资料》第一辑，1988 年 12 月）

9. 日军在长垣县城的暴行

顿玉卿

1938 年第一次进长垣城的日本兵是鬼子师团的一部分，有四辆汽车，二三百人，从南门进入。当时城里驻守的是国民党 29 军的一个连。这次日本人来，城里驻军是有准备的。当日本人的两辆汽车进了南一道门后，城里守军就把三道门关闭，然后集中火力猛打。日本两辆汽车被炸坏，死伤 70 多人。另外两辆在后面见事不妙，回头就跑。一辆跑到南关南头一个塔边，车上士兵占领塔向县城内还击，另一辆跑向封邱去搬兵。第二天日本鬼子师团又纠集大股兵力分几路从东明、封邱、新乡向长垣城进攻。城内驻军首战告捷后就撤走了，这次日本人来无人抵抗，日本人进城后血洗一场，制造了"黉学惨案"。据当时县政府公布的数字是杀死无辜百姓 1700 多人。

日本鬼子师团血洗长垣城后，没多长时间就走了，城里没有驻兵，侯玉堂就任县长。大概有几个月时间丁树本就来了，任命毛迪亚为县长。1939 年春，日本人又来了，为首的是柳川，大概有 500 多人。此时，冀南伪政府任命金梦祖为县长。董凤海这时也在县城，有二三百人公开的黄协军。又过不久县长换成徐甫。这时以杨荣轩为首的自卫团也在城里。不久刘富山也来了。1943 年春，柳川把杨荣轩处死后不久就调走了，县长徐甫也走了，换成周海兴任县长。

（中共长垣县委党史办公室 1983 年 11 月记录整理。中共长垣县委党史委"抗日战争时期档案资料"B4—2）

10．目睹日军在焦作的暴行

苏贵德

我九岁进焦作煤矿当童工，今年七十二岁了，在矿上干了六十余年，对英日帝国主义的罪恶活动，我身临目睹，特别是对日军的残酷暴行，更是切齿痛恨。

焦作煤矿是英帝国主义开办的。一九三八年二月日军占领了焦作。为了长期霸占焦作，他们利用汉奸搞了个"华人排英运动"，把英帝国主义赶出焦作，从此，日军侵略者完全控制了焦作。

焦作人民前边赶走虎，后边又来了狼，日本侵略者对焦作人民真比豺狼还狠，他们先后建立了"宪兵队"、"伪警察局"、"日本警备队"、"矿警队"、"维持会"、"皇协军"等各种统治机构和反动武装，对焦作人民进行法西斯式的压迫和蹂躏。

日军对市民百姓实行连保甲法，一家出事，九家连座，十六岁以上的人都得自带"良民证"，如果日军查看没带，即会招来横祸。我们矿工和市民百姓经常有人被日军以"八路军嫌疑犯"抓到日本宪兵队进行严刑拷打。宪兵队是个杀人魔窟，设有"老虎凳"、"钉竹签"、"皮鞭打"、"狗咬"、"灌凉水"等十几种刑罚，专门对付中国人民，凡是被抓到宪兵队的人，不死即残，死里逃生的人很少。

在日本统治的黑暗岁月里，最苦的就是我们井下工人了。当时，我在王封矿井下拉煤。日军把煤矿搞的象地狱一样阴森可怕，煤矿周围筑高墙，拉电网、挖深沟，还派有大批宪兵、矿警队护矿，从出井口到出厂门，设有四个卡口，卡卡实行检查搜身。进厂门对日本人要行礼，稍有怠慢，即遭到日军的打骂。我和许多矿工兄弟一样，经常挨日本侵略者的拳打脚踢。每天在百米深的井下干活，巷道里光线暗，空气污，坡度大，顶棚低，拉煤时，赤身露体，四肢着地，拉着几十斤重的大筐，一步步地爬行，累得满头大汗，疲惫不堪。拉筐时除了石头碰，煤渣磨，全身挂满伤痕外，还经常遭到日军和汉奸工头的打骂。日本工头山田，他虽然个子不高，但用皮鞭抽起人来，非常狠毒，人们都叫他"黑心狼"。经"黑心狼"指名送宪兵队的矿工就有几十人。当时，井下工人身上，没有一个不留伤疤的。我有个工友叫李宣友，因饿得头晕推车掉了道，工头硬说李宣友是"有意反抗皇军"，几乎被打死，后来别人查了查他身上的伤疤就有六十余处。

我们累死累活地干一月，用血汗换来了工资，经工头和包工头层层克扣，所剩无几，根本不能养家糊口。当时我们矿工有句顺口溜："下煤窑，下煤窑，累断筋骨折断腰，下井当牛又作马，上井沿街把饭讨。"这首歌谣就是日本统治时期矿工悲惨生活的真实写照。我们一块下井的工人毋顺典（解放后他在王封矿任党委书记，我当矿长），因收入菲薄，不能养家糊口，全家二十三口，饿死十九口。

日本侵略者为了多出煤，不顾工人死活，强制煤炭增产，生产场地没有安全保障，瓦斯爆炸、塌方、冒顶等各种事故经常发生。一九四二年九月一天早晨，我们刚上夜班走出井口，猛听到警笛撕心裂肺地鸣叫起来（这是事故报警声），原来井下又发生瓦斯爆炸，死伤了上百人；同年夏天，东大井也发生瓦斯爆炸，死伤二十多人，真是月月有事故，旬旬有死人，常常有哭声。

李封矿西大沟里，矿工尸体成堆，白骨片片，每逢夏天，尸体堆上狗咬蝇飞，臭味熏天，惨不忍睹。

李封矿有个东大沟，人们叫它"杀人锅"，此地有几家日本人开的饭铺，经常杀小孩，卖人肉，后来从饭铺里搜出小孩鞋数筐。

东西沟两边有数百户人家在这里掏洞安家。因吃不饱，住地潮湿，有很多人害大加病（冷热病），因无钱治疗，病死饿死很多，我姐姐就是饿死在这里的。仅一九四二年这一年时间，在王李封就有二百多户人家饿死过人，70户人家断门绝户，外出逃荒的人就更多了。

嗜杀成性的日本侵略者，不仅对矿工进行残酷的压榨和蹂躏。对焦作周围的农民也进行疯狂的屠杀，实行惨无人道的"三光政策"，制造了"无人村"、"无人区"等世上罕见的惨状。

在我家房后，距离不到两华里地方，有个小山村叫王庄（它由麻掌、磨石坡、高贵掌、柳庄、崔庄、卧坡、小王庄等八个自然村组成）。日军对王庄群众进行惨无人道的血腥屠杀，仅两天的时间，就杀死一百五十多人，烧毁房屋六百多间，牲畜、粮食衣物全部抢光，制造了骇人听闻的血洗事件。我记得最清楚的就是血洗麻掌村，一九三九年旧历九月十二日，日本侵略军突然包围了麻掌村，进村后杀鸡宰猪、大吃大喝，接着就挨门挨户抓人，把全村七十多人都集中在村边一个场地里，然后日军放火烧房，把房子、家具以及山坡上的羊圈都烧光了，日军在放火的同时，对全村群众进行血腥的大屠杀，除六个人未在村里幸免外，从七十多岁的老婆婆到吃奶的小孩，统统倒在血泊之中。

大屠杀的第二天，我和邻村的人都跑到麻掌村去，当时全村房屋烧成灰烬，尸体成堆，血流遍地，重伤群众呻吟着，惨叫着，有的已奄奄一息，其惨状令人目不忍睹。大家从死人堆里扒出重伤群众二十多人。

在日本侵略军队统治期间，血洗的村庄何止麻掌一个！一九四二年秋天，日军在路南北宿村用机枪一次杀死无辜群众一百多人，烧毁房子三百间。焦作北边有块英国坟地，英国人被赶走后，日本侵略者便在此逞凶。有一天晚上，日军在这里一次活埋群众六十余人，真是血债累累，罄竹难书。

日军所到之处，除了烧杀掳掠之外，还对中国妇女进行了肆意践踏、蹂躏和侮辱。

日军占领焦作后，即在东马士街（现新华街）、西马士街（现胜利街）、阎店街、焦作村（原老火车站）公开设立妓院。此外他们还肆无忌惮地残害和奸污民妇。在街上行走的青年妇女，只要被日本士兵看见，就拉进日本岗楼里去轮奸。日本侵略军野兽行为连十几岁的小女孩和八十多岁的老太太也难幸免。

以上所揭露的件件事实，充分说明日本帝国主义野蛮残暴的侵略本质。

（载中共河南省委党史工作委员会编：《侵华日军在河南的暴行》，河南人民出版社 1989 年版，第 41—44 页）

11．杀人魔窟——日军洛阳西工集中营

景云祥

我是河南省南召县铁景乡铁牛庙村人（即现在南召县皇后公社大庄大队）。我被派壮丁，分配在汤恩伯属下的国民党第八十五军一一〇师三二八团一营一连一排一班当下等兵，在叶县驻防。

一九四四年四月，发生了"河南战役"。日本侵略者为了打通平汉、粤汉二条铁路干线，对在重庆的国民党当局施加压力，悍然出动了几个师团的六万兵力，对开封以西、黄河以南的河南地区发动了大规模进攻。国民党军蒋鼎文、汤恩伯、胡宗南部四十万人被迫仓猝应战，在日军面前望风溃逃，郑州、洛阳等三十八县相继陷落，汤恩伯部损失兵员二十万人。

在"河南战役"前二十天，我们这个部队就奉令从叶县北上，开到了黄河南岸的汜水镇。我们连队分在前沿阵地，战壕就修筑在当年汉高祖和楚霸王对垒的鸿沟中，蹲在一人多深的战壕里，能听见对面战壕里日军叽里哇啦说话声。时而我们向对方战壕里丢几颗手榴弹，时而对方向我们扫来一阵机关枪。双方严阵对峙。旧历三月初的一天凌晨，日军发动了总攻。刹时间枪炮齐鸣，烟尘遮天，呼啸着的枪弹像扫帚星似地拖着长长的尾巴，将黎明前的夜空照得如同白昼。经过几次冲锋与反冲锋、短兵相接的白刃战后，我军终于支持不住，在后无援兵的情况下，于上午八点左右放弃了鸿沟阵地，撤退到汜水镇东南方的一个大土围子里。

这个土围子离汜水镇有三华里左右，与汜水镇成犄角之势。土围子里有东南西北四门，筑有防御工事。三二八团指挥部及预备部队都在这里。当我们败退进土围子时，团指挥部的军官早已逃跑，只留下二营营长担任指挥。这时土围子里有一个迫击炮连，一个机枪连，二个步兵连，加上我们这些从鸿沟败退下来的人，是一个加强营的兵力。

上午十点钟左右，日军从东、西、北三角包围了土围子，并发动攻击。我们在土围子里死死顶住，战斗十分激烈。中午时分，汜水镇方向枪声逐渐稀落下来，估计已被日军攻破。不久，日军从汜水镇方向开来增兵，并向土围子里发射毒气弹。我们在土围子里没有任何防毒气设施，很快就被熏得睁不开眼，喘不上气，丧失了战斗力，最后从南门突围溃逃。

从土围子突围出来，我们与主力部队完全失去了联系。官找不到兵，兵找不到官，到处是被打乱的散兵游勇和伤兵。这时往南走的路全被日军切断，我们只得往西逃。

第二天黎明时分，我们遇上了一股正在往西跑的陕西部队，就跟着他们一直跑到黑石关才站住脚。黑石关正在集结部队，抢修工事，准备组织新防线，以求保住洛阳。可两天后日军一攻，部队就潮水般地退下来，争先恐后往西跑。我们这支部队一口气就跑了三天三夜。本想跑到洛阳去，谁知还没等我们跑到，洛阳就失陷了。我们只得继续往西跑，打算过潼关入陕。

第四天上午，我们跑进了渑池南面的一片松林山岗中。炊事班刚开始立灶烧饭，对面山岗上突然出现了打着日本旗的日军。我们仓猝地拿起武器准备抵抗，想不到传令兵却传来列队集合的命令。我们刚列好队，杀气腾腾的日本兵就冲上来缴了我们的枪。我们这支近千人的队伍就这样懵懵懂懂地做了俘虏，连一枪都没放！

事后我们才知道，这个部队的指挥官见日军已经追上，就用了个金蝉脱壳计，命令我们这个断后营的营长去向日军求降，说是全军投降，实际上他们是利用这个机会逃跑，用我们这批替死鬼来拖延日军的追击。日军见上了当，当众开枪打死了那个去求降的营长。

残忍的日军为了使我们这些俘虏完全丧失反抗力，就把我们分别关进几个大土窑洞里，六天六夜不给一点吃的东西。第七天，日军从每个窑洞里放出几个人来，叫他们到近处地里去掐刚灌浆的麦穗，这样每人才吃到了一小撮生麦粒。第八天早上，日军叫我们全部到洞外集合，这时洞里的人已死伤过半，挣扎不起来的人，全被日军用机枪扫死在洞里，接着又炸塌了洞口，这才押着我们走。

日军把我们四百余人押到洛阳城郊的西工。这时的西工是日军的一个集中营，是日本侵略者残杀中国人民的一个大魔窟。我们进去时里面已关押了一万多人，都是在这次战役中被俘的，从服装和番号看，汤恩伯部的人居多。五月间，陆续又押来了几批，被俘者不是战俘就是降俘。这时里面关押的人数已近二万。

西工的四围是一丈多高的围墙，墙内架设了装有警报信号的铁丝网，墙外挖了又深又宽的壕沟，四角筑有四个高碉堡，能组织控制整个院内的火力网，只有北面的一个大门供出入，防卫极为森严。

日军每餐只发给每人一小茶缸发了霉的高粱米饭，用来吊住人们这口气。集中营内疟疾流行，每天都有大批人在饥病交加中死去。几天后国民党军的飞机来轰炸，打算炸掉四角的碉堡和围墙让我们跑出去，但胆小无能的驾驶员投弹不中，不但没炸掉碉堡和围墙，反而炸死了不少中国人。

五月中旬，日军把所有俘虏都押出去扒铁路，从洛阳西的观音堂车站开始，一直扒到洛阳止。日军是想以此来切断陇海路的东西交通，达到长期占领该地区的目的。

为扒这段铁路，真不知死了多少人！路基两旁，尸骨累累，鹰啄狗啃，其惨状叫人目不忍视。挖钢轨时，每根钢轨的两头各站着一个日兵，见谁不顺服，不是用枪托打，就是用刺刀捅。挖出来的钢轨十二个人扛一根。当时人们被饿的头发晕，脚打颤，再扛上这么重的东西，实在是难以支持，完全是靠一种求生的本能在生死线上挣扎。有的走着走着，扑通一下就摔倒了，十二个人全压在钢轨下面。这时日兵就走过来，嘴里一边骂着："八格牙鲁！干活的没用，通通死了死了的！"一边用利刀挨个捅过来。有的人挣扎着从钢轨下爬出来，但杀得起瘾的日军仍不肯放过。当刺刀刺进腹部的一刹那，人会痛得弯下腰去，本能地用双手抓住日军的枪管。每逢这时，日军就双膝往下一蹲，再往上一挑，随着日军嗨的一声嚎叫，人就被挑出好几尺远。更有惨者，连手指头都被拉下来了。

每天出工收工时，那些被折磨得跟不上队列的人全被日军捅死在路上。甚至无缘无故遭到飞来横祸。一天傍晚收工后，有三个喝了酒的日本士兵嘻嘻哈哈地来到我们住处，拉出了原在我们营部当勤务兵的一个小鬼，叫他成大字形站着，二个日军士兵一人拉直他的一只手，另一个日军站在他背后，先用东洋刀比划了一下，接着只见他嘴一咧，举刀嗨嗨地吼叫了三声，那个勤务兵的二只胳膊就被砍落在地，第三刀是从天门顶上劈下去的，一直劈到了腰部。那二个日军见此拍手哈哈大笑起来，又是摇头又是摆手，看样子是说这个日军不行，最后一刀没有把人劈成两半。这个日军一边在尸体上擦着刀上的血，一边龇牙咧嘴地指着刀刃对那两个日军直嚷嚷，大概是说刀不快，不是他的劈杀技术不行，三个日军说笑着扬长而去。我们看着这支离的尸体，又是气愤，又是切齿。

还有一次，我们同组有个从军校来的学生兵，在刨枕木时将一块石块砸得飞起来，不巧将一个监工的敌军官的眼镜打碎了。只见这个日军狰狞着脸走过来，刷地拔出东洋刀，寒光一闪，那个学生兵的头就骨溜溜地滚落到我脚下。由于砍得又快又凶，我看到人头上的眼睛还在眨动，嘴巴一合一张的痉挛。这惨景，我现在回想起来都毛骨悚然。

当铁路扒到新安车站时，在一个漆黑的大雨夜，我们边上的一个囚棚里有人打通后墙，逃跑了好几百人。其中有两个胆小的人，老老实实地待在里面不敢跑。但偏偏就是这两个胆小鬼遭了殃。第二天早晨日军叫我们全部集合到一块方场上看行刑，并说谁要是再逃跑，就像他们两个那样死了死了的。方场上早就埋好了两根供行刑用的木桩。日军把两个胆小鬼拉出来，剥光衣裤裸体绑在木桩上。两个日军牵来两只高大的东洋狼狗，松开链条，用手指了指被绑着的两个人，对着狼狗哇啦了一句什么，那两只经过训练专门吃人的狼狗马上蹿上去，直起前爪熟练地往上一伸，扑嘟一声就撕开了两人的腹腔，将尺多长的嘴巴伸进热血腾腾的腔内吞吃人的内脏。我们看到挂在狼狗嘴边上的肠子和碎心肺滋滋地冒着血泡。不一会儿，两人的内脏就被狼狗吃光了。剩下的躯壳绑在那里好几天。日军为了吓着我们不准逃跑，每天出工收工都押着我们从那里经过。当时正是夏天，尸壳臭烘烘的，都生了蛆。

扒完洛阳西的铁路，日军又押着我们把钢轨和枕木运到洛阳东，修铺洛阳至郑州的这段铁路线。这段铁路是"河南战役"前我们自己扒掉的，那时是想防止日军利用这条铁路线运送兵力和辎重，想不到没防住日军，反轮到我们这批俘虏兵来修铺。

这段铁路一直修铺到快过阳历年时才完工。修铺这段铁路比扒铁路时死的人还多。因为这时已是数九寒天，北风凛冽，加上饥肠辗转，纵然是铁打的汉子要在这卧冰踏雪的苦役中熬过来也不容易。每天都有成批的人倒在雪地里死去。我们干活时经常会踩在埋在雪地里的死尸身上。人们常说修万里长城时死的人多，我看若是以时间和地段来计算，我们的死亡率要比那时高得多。等修完铁路再押回时幸存者已不足三分之一了。短短八个月的时间，一万多中国人的生命就这样惨死在日军的魔掌下。

关回西工，其状也极惨，每天早晨都由拖尸队从各个囚房里往外拖死尸。拖尸队是由俘虏兵组成的，每人带一根有两只铁钩的绳子，用它钩进死尸的脚踝骨，背着绳子往外拖。厚厚的雪地上东一道西一道，尽是拖死尸拖出来的痕迹。

阳历年后，战局急转，日军已知前景不妙开始把西工的俘虏分批往敌后遣送。一九四五年一月上旬，第一批五百余人被押出西工，不久就听说他们在黄河边上被八路军救去了。一月中旬，日军将我们第二批往山东押。我们这批也是五百多人。日军怕再碰上八路军，就将我们装进伪装了的火车闷罐车箱里。火车昼夜开，历时七天七夜才将我们押到了山东济南日军集中营（这个集中营外面的招牌是"济南新法院"），是座规模比西工大得多的法西斯杀人魔窟，据统计这个魔窟从建立到一九四五年八月止，在里面杀害的中国抗日军民竟超过了十万人。

随着抗战胜利，一九四五年八月十五日，我们从济南日军集中营出狱。出来后一打听，我们这批从洛阳西工押来的五百余人，除一人听说被送到东北下煤窑外，就只剩下了我和一个叫郭永志的河南人，他还在狱中瞎了一只眼睛，其余的人都惨死在这座魔窟里了。

我是日军屠刀刃上的侥幸活命者，是日军侵华暴行的亲身受害者，是这段可悲历史的见证人。之所以写这篇令人心寒的回忆录，一是对当年日本法西斯杀人罪恶的揭露和控诉；二是想告诉人们，特别是青年人，我们的今天来之不易，尽管我们的物质生活还不富裕，生活上还会发生这样那样令人不快的问题，但比起我们当年国破家亡的亡国奴生活来则是身在福中。当你在繁花似锦的洛阳漫步时，你可知道四十年前西工是座日军的杀人魔窟?当你乘车在陇海线上凭窗观赏一路风光时，你可知道当年有成千上万的人惨死在路基两旁?

我不主张纠缠历史老帐，但也不能忘记过去的历史。我觉得我有责任把这段历史的真实面目和亲身经历告诉中日两国人民和子孙后代，使他们从中得到教训，更加珍惜中日友谊，让中日两国世世代代友好下去。

（载中共河南省委党史工作委员会编：《侵华日军在河南的暴行》，
河南人民出版社 1989 年版，第 49—55 页）

12. 我被日军俘虏后的辛酸经历

胡云泽

我家祖上无产无业，为了糊口度命，央人说合，从老家内乡前胡庄搬到师岗以南的李家营租种地主李有亮的地。一九四三年，我十八岁，夏季受灾减产，收的粮食一个籽不留全被地主李有亮要走。粮食不够，将麦秸折粮拉走，如此仍是不够，央人求告，想法补交，李有亮也不允，便一强二胁把俺家的牛和车辆拉走抵了租。就在这时，屋漏又遇上连阴雨。我家利滚利借师岗街民团连长聂麻子的钱也到了期。但立时还，卖粮卖牛没指望，缓个时期，想法子再转借别人还他，可聂麻子不行。把我偷卖给十字堰村该出征兵的吴等中，钱被他全部夺走，我被五花大绑。送往住在内乡城的国民党十五军（即刘茂恩部）接收新兵的地方。临离家时，家里老老少少，邻居叔伯婶娘如死人送殡，一路哭来，又哭回去。

我们这批新兵，于阴历十一月被解送到十五军防地新郑县。一九四四年春节雪下得特别大，官兵麻痹。雪后的初六夜里，我们所在的防地被日军包围，经过一夜激战，初七早上部队溃败。互不照应，各自逃奔。当我逃奔到小禹州时，我们又被国民党三十八军拦住抓走，收编驻防在黄河大桥南端。这年春天日军发动中原大战，大举侵犯洛阳，我们团处在夹缝中，如不撤出防地，就会被吃掉，于是，我们且战且走打到登封县，又从登封打到密县、巩县。我患上了伤寒病，被留在一家农民家里，住不到二十天，这个地方也被日军占领。后来，来了七八十人组成的抗日游击队，白天同老百姓一块做活，夜晚四处寻找打击日军。这时，我也参加了进去，经过一个多月的战斗、动员，这支队伍很快发展到三百多人，并狠狠打击了周围一二十里的日军。日军连续遭到打击后，寻机报复。闰四月二十二日夜（即一九四四年六月十二日），游击队在蒋岗被日军突然包围，游击队损失惨重。除大部分牺牲外，所余四十多名，只有我们七八个没有受伤，其余三十多名多是重伤。残暴的日军将受伤的游击队员集中起来，用机枪一个一个射死，领导这支游击队的何司令因身受七处重伤就这样牺牲了。我们七八个没受伤的便成了日军的俘虏，个个被捆绑后放在一辆汽车上，前后的汽车上日军架着机枪，有数十名还端着上了刺刀的枪，将我们押解到郑州关进一个地洞里。

从闰四月二十三日夜到二十七日早上，我们被关在地洞里已整整三天四夜。

这个地洞阴森可怕，不见一丝光线，谁也不知道什么时候是黑夜，什么时候是白天。地下尽是坷垃疙瘩，连铺草也没有，每天发的馍还没有小娃巴掌大，霉味又浓又重，水不给一口，谁也吃不下去。关在地洞里的同胞被俘虏来的很多，进出大小便，不是踏着人，就是绊倒在人身上。地洞里唉声叹气，病人的喊叫声和恶心臭味更难忍受。真是上天无路，入地无门。

二十七日早上，日军将我们赶了出来，每六十个人用绳绑成一串，牵进闷子车里。上车前我们看到这列火车有一里多长，除前后车头车尾是全副武装的日军外，所有的闷子车里全是装的被俘同胞。

这时的天气，火一样的太阳晒着闷子车厢，闷子车里不通一丝风，同胞们已经是几天不吃不喝，被外晒里蒸得口里冒火，大家脸色大变，又是青，又是黄，全没一点血丝，有的晕倒在车厢。赶到天黑，车到石家庄，同胞们被牵下车，通过翻译要来一点水。日军用茶缸端着水一人只准喝两口，渴急攻心的猛喝完一杯水，竟立即死去。我们这一根绳拴的六十个同胞，喝水后当即死去的就有十二个。大家对死去的同胞无不痛心掉泪。

在石家庄住到阴历五月初六。五月初七，日军又如法将我们用绳绑了起来，装上闷子车往北平运。到北平，这批俘虏同胞被关进了俘虏集中营。先到这个集中营的已经有几万人，加上我们这批新来的，人数更多了。日军将新关进来的编了组织，每一百人为一个中队。集中营周围有炮楼，里外架有机关枪，电网一层又一层，日军们还手提长刀和端着枪监视着每个住室。一天两顿高粱米饭，清早起来一个中队派四个人抬个木牛槽去领饭，等到小晌午才能领回来；中午饭要到太阳快落时方才领回。每天不给一口水，病了不管，任你死活。加上天不下雨，气候闷热，住室里刺人的气味使人时时恶心头疼。在集中营里，每天都可以看到有几辆拉死尸的马车几次进出。拉出去的死尸被浇上煤油一烧了之。

在集中营，日军将关进来的每个俘虏都编上号，我被编为"二六九"号。编了号，以号代名，日军每天要三次点名（即号）。日军的话听不懂，一时答不上来，他们就如狼似虎般地猛扑上来，左一巴掌，右一巴掌，打得人们鼻口里直蹿血，一不留心，就会被他用耳巴打倒在地，再用穿着皮鞋的脚乱踢。为点号，每个人不知挨过多少次的打。有的人本来就身有疾病，加上一天几次点号挨打，病越发严重，又不给治，很快就死去。我这个"二六九"号，听音是"你下沟、六沟、九口"。还是听懂日本话的难友教给我记住了这个音，以后才不被毒打。

到七月初三，日军将体检合格的又装上车，运到了青岛，夜里被赶上了轮船。我们就这样，落入日本帝国主义者的魔窟之中。

轮船从七月初四离开青岛，整整在海上飘泊了七天七夜。七月初十，到日本国距九州岛福岗县不远的门私港下了船。接着，日军用汽车将我们押运到警刑炭矿（地名，坐半天汽车可到福岗县）。这个炭矿，实际是一个很深很深的地下煤矿。这里里外外有三层电网，还有层层岗哨。到达后，日军要我们换水土。什么换法！从十一日到二十日，每人每天只发给三盅（像两岁娃娃吃饭用的小木碗大）米汤茶，每盅能数得出来十个八个米；从二十一日到三十日，每人每天发给六盅米汤茶。什么换水土，简直是用饿来治服奴隶，想找点吃的，又去哪里寻呢？

从阴历八月初一开始，日军强令我们下煤窑挖煤。三百人分两班，一班从凌晨四点到下午四点，一班从下午四点到凌晨四点，每班十二个小时。下井前发两盒饭，每盒饭有三两黄豆，三两米，干蒸一下。当下吃一盒，身带一盒到井下吃，来到矿井口，被剥光了衣服，发给一只带灯的矿灯帽，和一块兜裆布用绳子系在腰里，然后坐上电车沿着很陡的轨道滑行一个多钟头到达采掘面（距地面有五六十里）。在井下干够八个小时，吃一盒自身带的饭，想喝口水只能喝地下巷道煤层上滴下的水，在井下每十人固定一个窑（即工作面），每个煤窑有一个日本人带班，这家伙不干活，专门监工打人。采煤用的是风钻，三个人掌钻，七个人往电斗车上装煤，每班开的七八万斤煤要全部装运出来。一个人天天要装万多斤煤，里面又黑又湿，累得死去活来。稍不随他的意，立时就遭毒打；上井后他还向日本指导员和汉奸大队长（崔建堂，安徽人）报告，说在井下，你如何不好，这些家伙们又二遍、三遍打你的耳巴。一天一天地被折磨着，同胞们患病的越来越多。有了病，不准请假，三天不吃不喝也得下井为他们干活。这种非人的折磨，再好的身体也支持不了。不到一年时间，有九十一名同胞丧生在这个矿井上。遇到煤井下发生事故，只有死在里边。一次，我们附近的另一个煤窑，发生塌方，十个中国同胞被活活埋在里边。

面对这种残酷恶毒的景象，大家不约而同地暗自商量，和鬼子拼了。但有的同胞不同意，说，不能这样蛮干，事不成反把大家的生命丢在这里……在人间地狱般的残酷虐待下，去时三百人，一年过去死去一百零九名。日军怕我们反抗，天天宣传他们报纸上登载的所谓胜利消息，又命令汉奸大队长崔建堂、翻译官张黑麻子（山东人）把同胞们集中起来训斥辱骂，同胞们背过去脸骂这两个民族的败类。

随着世界形势的发展和国内人民对日军的斗争，日本帝国主义终于在一九四五年八月十五日宣布无条件投降。消息传来，我们这批幸存的被俘的中国同胞，如换天日，除汉奸外，无不扬眉吐气。同胞们团结一心，首先开展了罢工，不再下井为日军卖命。日军对我们罢工的同胞拒绝发给粮食，我们就把管粮的权夺了下来。其次，对七个日军指导员又进行了斗争，夺了他们手中的武器。令他们听中国同胞的指挥，敢于反抗，就立时给他们个下马威，日军对我们封锁消息，不让看报纸，不准拾苏联、中国、美国等国家派去的飞机撒下的大批传单，我们就强令日军交出报纸。从此，我们不再受日军的气和打骂侮辱，得到了人身自由和生存的权力。对效忠帝国主义、甘当鬼子走狗、打手的两个汉奸，同胞们历数其条条罪恶，这两个汉奸不得不求饶恕罪。

后来我们还组织起来，到附近农村游行，欢呼胜利，向日本人民揭露军国主义者的侵略罪行。一些日本老者和妇女对我们哭诉着说："中国人好，我们吃的粮食许多是从中国运来的。日本当权者，良心大大的不好，侵略中国。我们日本妇女占百分之七十二，男子占百分之二十八，还多是老弱病残，强壮的青壮年都被征去打仗。"还说，在战时，日本不分男女，从七岁开始，每天起来上一堂军事课，专学打靶等。可见，日本军国主义者在国内也是不得人心的。

在接受日本帝国投降的有关国家组成的联合司令部派出的空降兵的保护下，我们这批同胞在阴历十一月半间，对日军进行了劳务清算，给我们这批幸存的发了工资后，我们才从门私乘轮船，回到了祖国。

（载中共河南省委党史工作委员会编：《侵华日军在河南的暴行》，河南人民出版社 1989 年版，第 65—69 页）

13．日伪统治时期的河南教育

刑汉三

······

办教育需要钱。日伪统治时期，经济财政大权，掌握在日本人手里。日寇当权者，对他方财政收支抓得很紧，不但收支预算，须经日寇当权者审定，即是预算的支出，日本人也时刻过问。河南省市县教育主管机关以及各级学校中，都没有日本人，不管他们的职名叫做官嘱托或是联络员，中国的教职员工，一律称之为顾问。他们对教育经费支出，都有权过问，当时的日寇当权者，为着收买知识分子为他们效忠，代他们推行奴化教育，培养合格人才，对教育经费的支出，不惜花费大量资金。各级学校中教职员待遇，远较国民党时期为优。据我所知，当时省立小学的校长，一般在百元以上。按照规定标准，最高可到200元。省立中等学校校长每月薪金，一般在200元至300元之间，按照规定最低180元，最高达400元。小学教员的薪金，一般六七十元。担任职务的，多在百元以上。中学教员一般在百元以上。担任教务、训育主任的，月薪超过200元的也颇不乏人。日伪统治河南的前半期，即1938年至1941年，寇势方张，日本帝国主义者经济力量比较雄厚；各地物资供应比较充裕，故各级学校教职员的精神生活，虽受到日寇统治的极大压抑，但物质生活还算安定。在开封沦陷时，绝大部分知识分子，都随同国民党政府西迁，一部分思想进步的知识分子，都深入农村，在中国共产党领导下，和农民结合，拿起武器，走上抗日战争第一线，愿为日本侵略者效力的，为数甚少。1938年6月开封沦陷后，开封市的伪组织——开封市地方维持会成立，即着手恢复学校教育，虽几经登报公开招聘并贴出布告登记教育人员，但应征者为数寥寥。到1938年底，因缺乏师资，仅成立五所小学，中学一所也没有恢复。直到1939年暑假，缺乏师资情况也未见改善。

随着国民党政权的节节败退，随国民党政权撤退豫西豫南各地的中小学教职员，一方面对抗战胜利失去信心，同时迫于困苦生活、返回开封市及豫东、豫北各县原籍者渐多，师资缺乏问题得到一定程度的缓和。

1940年至1941年暑假，开封市及豫东的商丘，豫北的新乡、安阳等地，都成立了中等学校，仅在开封市内，即设了开封师范学校，开封农林中学、男中、女中,加上教会学校静宜女中及伪军大头目张岚峰捐款创办的私立维新中学等八所私立中等学校,全市共有中小学已达 20 多所,加上几个技术人员培训班,如水利,棉产改进等技术人员训练机构,全体男女教员、学生五六千人。沦陷后北京师范大学及女子师范大学毕业的学生到河南省立中等学校任教的也与年俱增,给河南省各级学校的师资,增加了新的力量。1941 年后,开封师范学校每年毕业生不下百人,加上教育厅主办的师资训练班,招收中学毕业生,施以短期训练,毕业后分配到各小学及部分初中任教。到 1941 年后,河南沦陷区各校师资问题,基本上得到解决。

1942 年,孙晶清接任伪河南省教育厅长时,河南的各级学校,已大致纳入了日本侵略者所计划的殖民地式的教育轨道。各学校用的教科书,都充满着"中日亲善,共存共荣","日满华一体","建立东亚新秩序"等奴化毒化青年思想的毒素。当时对学生的道德品质思想要求,把亲日反共放在第一位,对教职员的年终考绩,第一项就是思想是否端正,亲日反共是思想端正的具体要求,至于业务能力,服务态度,虽然也列入考绩标准,但思想关如能过好,即使别的条件差、也可以晋级加薪。相反,即令你业务能力强、工作作风好,教学有成绩,受学生欢迎,如果你思想不佳,不把"满洲国"当成兄弟之邦,不要说晋级加薪,饭碗都大成问题,如果再严重点,给你戴上思想不良的帽子,就会遭到迫害。所以这一时期、各级学校的教职员,虽说物质待遇较为优厚,但不愿日本人的欺凌,不辞而别到农村参加抗日部队的也不乏其人。其人说,日本人对各学校的蛮横无理,是件好事,因为这样可以增长各地的革命力量,使敌人更陷入孤立,这话说的符合当时河南教育界的实际,各校教职员和日籍顾问教官的明争斗,是河南沦陷区教育界突出的大事。

......

(载河南省教育志编辑室编:《河南教育资料汇编》〈民国部分〉,1983 年)

14. 日伪推行的奴化教育

武友石

一、课程的设置是按照日伪"华北政务委员会教育总署"制定的课程，使用的是日伪华北政务委员会审定的课本。通过课程内容，向学生进行奴化教育。

外语必须授日语。日语课由日本教官讲授。

修身课的内容，是宣传所谓"中日亲善，共存共荣"，"大东亚共荣圈"，来麻醉中国青年，并掩盖其侵华罪行。太平洋战争爆发后，又加上宣传"大东亚战争必胜"的内容，来掩盖其侵略军的失败。

女中加授家事课。

二、对教工的奴化：

1. 日伪"华北政务委员会教育总署"每年抽调中学一名教师，到日伪"华北政务委员会教育总署"办的师资讲肄馆学习，毕业后送日本参观，来奴化教师思想，并培养其成为推行奴化教育骨干。

2. 日伪"河南教育厅"在农林学校（地址现在六中）举办由各校校长、教务主任、训育主任参加的"农业训练"。内容是：学习农业知识，讲"大东亚战争必胜"，"美帝必败"。目的是学好农业，支援"大东亚战争"。结束以后，日伪"河南教育厅"又以同样的内容，办小学校长、教务主任、训育主任的训练班。

3. 日伪"河南教育厅"举办寒假中小学校长训练。内容是：讲太平洋战争的情况，"建立大东亚共荣圈"，"支援大东亚战争"，宣传"大东亚战争必胜"，并进行军事训练，其目的是在掩盖其战争失败，并用来稳定其统治区政局。

4. 日伪奴化教育所开展的活动。

① 日伪"河南教官厅"规定每周集合学生一次，向学生宣读汪伪"向美国宣战书"。

② 日伪"河南教育厅"命令学生"献铜、献铁、献废茶叶、献空酒瓶"，以支援"大东亚战争"。

③ 日伪"开封市政府教育科"，在人民会场举办小学生讲演比赛，内容是宣传"中日亲善、共存共荣"等反动思想。

④ 日伪"华北政务委员会"规定以"五色旗"为"国旗"。汪伪成立日伪"国民政府"以后，改为"国民党国旗"上加一黄布条。上写"反共建国"反动口号。

（录自武友石：《回忆抗战期间河南沦陷区的教育概况》，载河南省教育志编辑室编：《河南教育资料汇编》〈民国部分〉，1983 年）

15．日军侵华的特殊工具——"宣抚班"

张成德

我原籍宁津县人，16 岁的时候，因父亲在奉天（沈阳）开了一个铁匠铺，我便去东北想学点手艺。但父亲让我再念几年书，就送我到"日满书院"去上学。这是一所日本私人办的日语专科学校。学习了不到两年，报纸上登了招考"宣抚官"的广告，我看到后便去报名投考，结果被录取了。1938 年我 19 岁，随日本侵略军来到山东，先后在胶济路普集车站、龙山车站、兰村车站、城阳车站和即墨县、海阳县"宣抚班"任宣抚官，后又在伪即墨县第七区区公所任伪职。兹将我亲历、所见的有关日军"宣抚班"的一些情况及其罪恶，记述如下：

"宣抚班"直属日军的华北派遣军领导，在山东的济南、青岛、烟台等地设有"宣抚班指挥班"，指挥班下设"宣抚班"，根据需要，"宣抚班"以下设"宣抚分班"，如普集车站是第 59 "宣抚班"，龙山车站的"宣抚班"是 59 "宣抚班"的分班。龙山宣抚分班只有两个人，我曾在那里住过。即墨县城里是第 42 "宣抚班"的分班，兰村车站"宣抚班"是 42 "宣抚班"的分班。兰村宣抚分班多时 4 人，少时 2 人，我也曾住过那里。城阳车站是第 4 "宣抚班"，后迁海阳县城里。铁路沿线各大站和沿线各县都有"宣抚班"。"宣抚班"人员有多少，最多不超过 10 个人，其中有班长 1 人（由日本"宣抚官"充任），其余都是"宣抚官"。"宣抚官"的级别有"部员"、有"雇员"，部员高，雇员低，身份都是"军嘱托"。日本人都是部员，中国人大部分是雇员，个别的也有部员。"宣抚班"班长和"宣抚官"都带"大日本军官宣抚官"袖章，袖章白地红字。给养由各地日本警备队出发"讨伐"或"扫荡"，即通知"宣抚班"随军做"宣抚"工作。"宣抚班"也可根据需要，请求警备队派兵保护到各村做"宣抚"工作。

"宣抚班"的主要活动

1. "宣抚班"所到之处，首先组织"伪治安维持会"，委任伪会长，负责当地行政事宜。

2. 在铁路沿线的"宣抚班"则首先组织"爱护村"，保护铁路，防止破坏。凡是铁路两侧 10 里以内的村庄，都被划为爱护村。每天早晨，爱护村长要送一份情报，如没有什么情况，则在条子上写"平安无事"。送来的情报有专人登记。

3. 组织青年、小学生、小学教员受训，进行奴化教育，灌输亲日思想。例如 1938 年龙山车站"宣抚班"（"宣抚官"百桥淳印）就曾组织龙山镇的 20 余名青年受训。1940 年海阳县第 4"宣抚班"（代理班长土井日出雄）曾组织海阳县城里的 30 余名青年受训，名为青年团；又组织城里小学的学生为少年团，并给少年团发了服装；另外还组织各村小学教员开办暑期教员讲习班。1939 年兰村车站第 42"宣抚班"分班（"宣抚官"大桥规矩雄）曾组织兰村镇、普通镇、七级镇、挪城镇、沙岭镇的 20 余名青年，受训达两个月，由日本警备队上田少尉任教官，我担任翻译。

通过奴化教育，有个别意志薄弱而且缺乏爱国心的青年走上了背叛祖国的犯罪道路。例如兰村镇受训青年陈孟恩，又名陈惠臣，后来当了即墨县第七区的伪区长。同时，也有一些有正义感和民族自尊心的青年，不畏强暴，在日军召开的大会上作抗日宣传。例如 1938 年，龙山车站警备队（船井队）和龙山车站"宣抚班"共同召开"纪念七七事变一周年大会"。大会议程有青年团长的发言，"宣抚班"通知青年团长周鼎臣（龙山街人，小学教员）作发言准备。在开会前，周鼎臣问我："张老师，我想在大会上说几句反对日本侵略中国的话，你看行不行?"我说："船井队有个翻译官是日本人（姓名已忘记），开会他不能不来。可是，他的中国话说得不太好，我建议你在讲话时不要说普通话，要么说土话，这样他就不容易听懂了。"在开会那天，会场戒备森严，架上机枪，船井大尉、百桥"宣抚官"、日本人翻译官都在场，轮到青年团长发言时，周鼎臣慷慨陈词。由于他过分紧张，话还没说完，便跳下讲演台来。百桥"宣抚官"看出周鼎臣的行动和表情不对头，便到台下来问我："他说了些什么?"我当时在台下正和日本翻译官闲谈，没听到周说了些什么，便随便说了几句，应付了过去，总算没发生问题。

4. 通过各种形式搜集情报。（1）在"宣抚班"的办公费中有一笔"情报费"，可临时雇用一些地痞、吸毒者当"宣抚班"的密探，到各处刺探情报。他们没有固定工资，按送来的情报价值付款，重要情报多给钱，一般化的情报就少给钱。（2）各爱护村长有事无事每天要到"宣抚班"送条子一次。（3）查店。我在兰村车站"宣抚班"时，车站前的各客栈每晚要往"宣抚班"送店簿，日本"宣抚官"大桥规矩雄看过店簿后，便叫"宣抚班"雇用的听差去各客栈叫人，向旅客打听消息，有时旅客不说或者说没有游击队或八路时，大桥便殴打旅客。（4）检查信件。我在兰村"宣抚班"和即墨县金口"宣抚班"时，对邮局的信件有时进行检查，检查后盖上"检阅济"的章方可发出。在检查中，如发现内容有问题即予扣押。当时特别注意来自重庆的信件。通过以上各种形式搜集来的情报，汇总后送交日本警备队和"宣抚指挥班"。

5. 另外，"宣抚班"还做了以下工作：（1）宣传拥护以汉奸头子王克敏为首的北平政府和以梁鸿志为首的南京政府。在事变后的前几年，以宣传国民党蒋介石如何不好为主，后来才有了反对共产党的宣传画，画面上画一青面红发魔鬼，在画面下部印有"赤魔不死，大乱不止"的字样。在对群众讲演时，也宣传共产党有共产共妻，蛊惑人心，欺骗群众。（2）在警备队"讨伐"或大"扫荡"时，"宣抚班"要随军做"宣抚"工作，有专人背着传单和大盒牛奶糖，有时间召集群众开会，散发传单，还发牛奶糖。（3）在"宣抚班"的办公费中还有一笔"医药费"，各地"宣抚班"都有简单的医疗设施，为群众免费医疗，收买人心。（4）奴化教育。"宣抚班"还开办日语学校和对小学生进行日语的奴化教育。例如：1939 年兰村站"宣抚班"曾在车站办日语班。在即墨县城里小学、即墨县金口小学、海阳县城里小学都有日语课，我曾任日语教员。（5）发放春耕贷款。1941 年，海阳县"宣抚班"曾向各村发放春耕贷款，以笼络人心。

"宣抚班"与"新民会"

约在 1941 年，伪华北政务委员会成立了"新民会"组织，新民会的总会长是华北头号汉奸王揖唐。各县设"新民会总会"，县知事（即县长）是县新民会的名誉会长。从此，"宣抚班"由新民会取而代之。可是，新民会的人员还是"宣抚班"的原班人马，换汤不换药。原来的日本人"宣抚官"，因侵华有功，后来有不少人被提升为各县县公署顾问。例如龙山"宣抚班"的百桥当了平度县的顾问，海阳"宣抚班"的土井当了日照县的顾问，即墨县金口"宣抚班"的屈一勇当了胶县的顾问，这三个人我都和他们在一起过。

日本侵略军在华北一手操纵建立的"新民会"，是为其贯彻殖民统治政策，妄图长期霸占中国，统治和奴役中国人民这个总目标服务的。临沂的"新民会"组织也大致如此。

要详细了解"新民会"在临沂的组织及活动概况，必先知其前身——"宣抚班"的一些情况。

在侵华日军的各级部队（如师团、旅团、联队、大队）中，都设有"宣抚班"这个组织。所谓"宣抚班"，名为中国人民教化安抚，实是日本侵略军推行"剿抚兼施"方针的工具。

1938 年 4 月 21 日，日军侵占临沂城。驻城日军系山本旅团部，该部队附设的"宣抚班"番号为993"宣抚班"。

"宣抚班"的人员中，日人华人参半。日人大都是知识分子，如当时驻临"宣抚班"班长中山幸夫，就是东京帝国大学的毕业生。华人多系通日语的东北人。这些人员虽无军衔，但服装和各类供给均同于日军，薪饷相当于日军的中下级军官。

"宣抚班"内的正式职员（包括班长），对内统称为"班员"。对外则称"大日本军宣抚官"，所佩戴的白地红字袖章上，都标有这样的职称。正式职员的日人，都有领导和监督华人职员的责任。

"宣抚班"的临时职员，统称"雇员"，系在地方上视需要而雇用的人员，大都干些书写和勤杂工的活。

"宣抚班"和其所在的部队一样，均有严密的组织领导系统。如驻临"宣抚班"直接归属兖州木村部队的"宣抚指挥班"领导，再上是济南蕃田部队"宣抚班"，最高是北京多田部队"宣抚班"。

驻临日军"宣抚班"，设于城内旧南门大街中间路西（今老邮电局对过）。班长中山幸夫，统管全班；总务金川义雄；宣抚宣传官宫崎五郎、浅草守、刘万珍、郭有田、李文生、张化民、田殿文、韩建处。以上具是正式班员，即"宣抚官"，华人职员全在宫崎的领导下担负"宣抚"任务，主要是为日人当翻译。"宣抚班"内另有雇员十数人。

（载政协山东省文史资料委员会编：《山东文史资料选集》第25辑，
山东人民出版社1988年版）

16．开封沦陷时期古书遭劫目睹记

王继文

一九三七年七月七日卢沟桥事变发生，中日战争开始。是年底，日本侵略军即到达河北省的大名府和开州（今濮阳）一带，那里虽距开封尚有数百里之遥，可是开封局势即日趋紧张了。一九三八年春，距开封较近的豫北长垣县沦陷，日军将该县城内的老百姓赶到县城中心的黉学内，用机枪杀害了千余名无辜的中国人民。此一骇人听闻的消息，迅速传到了开封。当时开封《河南民国日报》用不小的字刊载了此消息。开封人民得知这一惨闻后，纷纷准备外出逃难。有的变卖财物，有的将财物转移他处，有的雇人照看房舍，有的准备迁徙他乡。巨商富户，纷纷收拾细软，准备携眷外逃。顿时，开封城内呈现一片紧张混乱景象。

农历四月十三日晨，日军派飞机九架，轰炸了开封南关车站，于是，城关和市内的老百姓就更为恐惧了，纷纷向四乡逃难。农历五月初五日，日军先头部队即进到开封城东的护城大堤外，他们以铁塔为目标，连连炮击塔身，将铁塔中部击毁丈余长（未倒塌）。国民党军队不战即撤退了，日军便长驱直入市内。在兵荒马乱的情况下，流言四起，有的说："日军见到中青年人，先捋胳膊，看胳膊上有无刺字，有者就抓。"有的说："谁家的书多，日本人就认为他不是老百姓了。"这样一来，处理旧书者比比皆是。

开封南关有一户人家，家中存有不少古旧书籍，有外文的，有中文的，有善本的，有珍本的，在无可奈何的情况下，便一火焚之了。家住财政厅东街的崔步周先生，是开封的名画家，他的画有三幅曾被收入当时的《河南书画展览集》，此画册系用珂罗板影印，平装一册，甚精。崔步周先生在出外逃难前，苦于无法处置自己心爱的图书字画，卖掉了又感到可惜，撕毁或者烧了又舍不得，思前想后，最终挑拣出一部分有价值的历代名人字画和研究书画的书籍，如《历代画史汇传》、《书画过目考》、《清河书画舫》、《中国画家名人大辞典》等，装在一个大木箱内，箱子周围用铁皮裹好，埋在院内地下，才离家外逃了。谁知，过了一年返家后，掘出埋在地下之书箱，打开一看，书和字画全部霉烂了。他十分痛心，一直摇头叹息不已。崔先生平素常光顾我的古旧书摊，所以就把我叫去，对我说："你是卖古旧书的，是内行，这些书糟踏成这个样子了，你拿去吧，放在眼前看了令人心疼不已啊！这是我大半辈子的心血换来的，现在全部糟蹋了。唉！你把它拿去吧，尽量收拾收拾，换几个钱好了。"我也是个爱古书、古画的人，见此情景，自然也十分同情和痛心。我说："崔先生，你再挑拣挑拣，把那些霉烂少的，或潮湿轻一些的，慢慢揭开，晾干后，能补的补补，尽量挽救一些，放在你身边好了。"他摇摇头说："遭劫呀，遭劫呀！"然后，摆摆手，示意我把它们全拿去。接着他又说："这是我一生最痛苦的事了。"我翻看了一下，有些书画确实已无法挽救了，实在令人惋惜。

在那些时日里，开封这座古城里的古旧书籍算是遭了浩劫了。变卖古旧书籍和旧报纸成了一股风。市面上的一些不务正业的人，或好逸恶劳兼有不良嗜好的人，便趁这混乱之机，把公家的或私人大户家的古旧书，偷了出来，拿到街上或者拿到城关外去，卖给那些专收废品的小商店了。那时，城关和市内，到处有收购废品的小贩，他们有的担挑，有的拉着车，有的扛着大竹篓，游街串巷，四处收购旧书旧报纸。我知道那些收废品的人都收购旧书旧报，每见到他们，我就叫住他们，对他们说："你们收到旧书旧报纸，可先让我挑拣挑拣，凡是我挑拣出来的旧书旧报，一律按本付钱，不论斤买你们的。"他们自然很高兴，因为他们是三分不值二分收来的，只要能多赚到几个钱就行。后来那些担挑小贩认为，我在明地里，他们在暗地里，往往就胡乱要价，只是由于他们不懂货，纵然多要价，也不算十分高。可惜他们收购的旧书报，我不可能全部见到，他们便统统当作废纸论斤处理了。有一次，我在一个卖瓜子的小摊上见到一本《玉匣记》，系明朝经厂本，白棉纸一巨册，此书坊间刊本和石印本到处皆有，但经厂本，是极为罕见的。此书系解梦和卜卦的书。民间谚语云：看了《玉匣记》，不敢放个屁。这本书已经撕去三分之一多些了，我将剩下的残页买下，给此卖瓜子的小贩"联合币"（"联合币"系日伪时期的钞票，有纸币也有硬币）二角整。

河南大学教授段凌辰先生的藏书，听说当时丢失不少。一九四五年日本投降后，河大迁回开封。一天，段凌辰先生和他的夫人冯文英去相国寺游，走到我的古旧书摊前说："你还干老行啊！收到什么好书没有？给我补补缺。"我说："段先生，您挑拣吧。"他看到有李善注的《昭明文选》，就爱不释手地翻看起来，忽然见到书内有一处是他亲笔批校的，他惊喜地说："啊呀，这书是我亲笔批校的，逃难时丢失了，我到处找呀，想不到在你这里见到了，多谢多谢！"接着又说："不知是何人把它抢出来卖给你了。你们这些卖古旧书的小摊，可真是保存古文化的功臣啊！"随即说："我买下了，要多少钱给多少钱。"我说："此书是陈士颖先生在此寄售的。听陈先生说，他是从一个收废品的人那里拣买的。"段先生一听，不禁连连的"啊"了几声，好象听到一个大新闻一样，心情顿时沉了下来。停了一会他又说："看来我丢的那些书已经无望了，很可能被当作废纸卖掉了。"

我说："这部《昭明文选》我先替你留下，等我问问情况再说。"并约他过几天再来。第二天我见到陈士颖先生，对陈说："你的那部《昭明文选》被河大教授段凌辰先生认出来了，因上面有他亲笔批校的字。"陈士颖随即说："咱不是抢来的，咱是从废品挑子上买来的。都是读书人，叫它完璧归赵好了。"陈先生遂决定将此书送给段教授。又过了几天，段教授果然来了，我将陈士颖先生的原话转告给他，并将书送给了他。他连连说道："谢谢，谢谢你们！心爱之书，失而复得，一大幸事也。"

兰考李村人和我是老相识了，他经常到我的书摊上闲坐聊天，他告我说，他在收废品的挑子上拣买了一些古旧书，如《白孔六帖》，明嘉靖年间刻本，白棉纸印，残存八册；《皇明文范》，明万历年间刻本，残存上函八册；《世说新语》，明万历年间刻本，竹纸印，金镶玉装订，残存上函四册，因系残本，李村人想让我替他设法配全。我说："这书除北京能配，开封是不易配的了。"李说："在收废品的挑子上留留心吧。"

据我所知，当时专事经营收购书本、报纸的，有东大街路北的张守成，东大街路北黄纸行的张金恕，东大街路北的宋义来等；担挑子串街游巷收购的，有西棚板街的杜景田，平等街的朱登科等。鱼池沿街卖瓦盆的王义善，也收些古旧书籍，那时我常去买他的古书。另外还有刷绒街的造纸作坊，这家作坊当时收的书本纸最多，通通做造纸原料了。那时我也不断去此作坊，在它那书纸堆中挑拣出一些古旧书籍。

日寇入侵开封时，我正年青，精力充沛，常常主动到收废品的人的家里拣买一些古旧书。宋门关有个叫于连洲的，为人忠厚老实，他每逢收到旧书，旧报纸时，总是先给我留下，等我挑选后，他再卖给卖零食的小贩或卖给百货摊上作包装纸用。宋门关从事收废品的挑子有十余家，每家均收有书本报纸，有时去晚了，他们已经处理完了。我也常从布店里、卖零食的小摊上和杂货店里出些高价，把他们作包装纸用的旧书再买回来，修修补补，慢慢配配缺页，而后再卖出去。南关东后街老杨（名字记不清了）是专收旧报纸的，他也不断收些旧书。在他收的旧报纸中，有些颜色发红了，也有发黄的，他很讨厌，在他看来，旧报纸越发黄越不值钱，其实越发黄越说明出版的时间早，越有价值。所以我特意将发红或发黄的旧报纸挑拣出来，用新报纸交换，或折价付款，他很满意。记得我在他那里挑拣过一些旧报，如《大公报》，有民国初年的，有民国十九年至民国二十一、二年的，但都不全，日期也接不上。我挑拣回去后，都送到图书馆卖了。当时在他那里还挑买了一些民国十四、十五、十六年的《豫州时报》。那是一份用油光纸石印的报纸，老杨更讨厌，因为当包装纸卖也不吃香，于是我便以二、三倍的新报纸来和他兑换。

北门大街有一个担挑收废品的人,名叫杨发祥,此人不识字,他收买旧书时,只知道纸色白些、书本大些就好,因为这样的旧书本作为包装纸卖,最受欢迎。有一次我去他家,见他收购的旧书中有《五代史记注》,清彭元瑞著,道光年刻本,白纸。此书共四函,二十四册,书品宽大,干净整齐,但只有三函,我问他那一函呢?他说,前几天卖包装纸了,我听了惋惜莫及。

法院后街的老刘、老郭、老赵、老宋四个人(名字都记不清了),原是扛着大篓专到各印刷厂收购白纸边的,开封沦陷时,他们也收到一些旧书,存放在法院后街一住户家,因他四人皆是文盲,素知我收书出价高些,就先通知我去挑拣。我从他们那里挑拣的古旧书也有若干,记得较清楚些的有:《彰德府志》三十二卷,竹纸二十册;《洛阳县志》二十四卷,民国十三年修,洋纸石印,二十册;《汤阴县志》十卷,乾隆年间修,竹纸,十册;《登封县志》,乾隆年间洪亮吉修,白纸,八册;《尉氏县志》六卷,道光年间修,白纸六册;《邓州志》,乾隆年间修,竹纸四册;《开封府志》,康熙年间修,竹纸,十二册;《郑州志》十二卷,乾隆年间毛汝恍修,竹纸六册;《中牟县志》,同治年间修,白纸六册;《灵宝县志》,民国年间修,铅印本,白纸八册;《安南志略》,十九卷,元黎勋修,旧抄本,竹纸六册;《关中胜迹图志》,三十卷,清毕沅修,经训堂原刻本,竹纸二十册。

据我记忆,在开封沦陷时期,我从城内外专事收购古旧书报的人那里,确实收了不少善本的和旧抄本的古旧书。除以上述及者外,记忆较深的还有:《幼颖孔氏杂剧三种》,清孔广林著,旧抄底稿本,白纸二册;《玉山名胜集》,二卷,元顾瑛著,旧抄本,内有"结一庐藏印"五字,竹纸,二册;《梁园风雅》,二十七卷,清赵彦复选,精刻本,初印,竹纸,六册;《北山小集》,四十卷,宋程俱撰,旧抄本,竹纸,八册;《文潞公集》,四十卷,宋文彦博撰,明嘉靖年刻本,白棉纸,十二册;《陆宣公集》二十二卷,唐陆贽著,清年羹尧刻本,初印,开花纸六册;《杜少陵诗集》,十卷,明正德年刻本,白棉纸八册;《陶靖节集》,八卷,晋陶潜著,明闵氏刻本,初印,棉纸二册。

这些书我收购后,如某书内有点损坏者,则小心修补,虫蛀者加以细心贴纸补写,而后售于藏书家及大图书馆,如河南大学图书馆、开封一高图书馆等,也有的售于北京收购古旧书的客人了。

当时在古旧书遭劫的情况下,我虽然收购了一些古旧书和报纸,但毕竟是沧海一粟哟。

(载政协河南省文史资料委员会:《河南文史资料》第 15 辑,1985 年)

四、大事记

王川里

1937 年

10 月 13 日　侵华日军 5 架飞机轰炸安阳城，炸毁房屋 2000 余间，炸死居民孙菊香等 38 人，其中曹秀珍的姥姥家被炸死 9 人。

11 月 2 日　日军岗田部侵入安阳县西梁、东梁村，疯狂烧杀抢掠。在西梁村，杀害村民史会只、李秋贵、范主言、范双喜、范根喜、范老秃、范太松、范喜只、范成来、范成元等 32 人，刺伤 11 人，烧毁房屋 46 间；在东梁村抢走牲口 14 头、大车一辆、油 500 余斤、粮食 57 石、棉花 1125 斤。

11 月 5 日　日军攻占安阳城。日军进城后，采用刺刀捅、大刀砍、机枪扫射等残暴手段，在西营街、大院街、裴家巷、西营坑等地屠杀平民 1000 余人，轮奸妇女 20 余人，烧毁从小西门到北马道 2000 余间民房。

12 月 15 日　日军第一百零八师团在第十四师团馆余聪支队协同下，攻陷清丰县城。日军进城后疯狂烧杀淫掠，屠杀城内及城郊村庄居民 1096 人，烧毁房屋 2000 余间，奸污妇女 150 余人。

是年　由于日本侵略军的烧杀抢掠，河南全省损失牛驴骡马 4697 头。

1938 年

1 月 20 日　日军侵入内黄县六区小怀林村等地，杀害平民 173 人，烧毁房屋 778 间，抢走牲口 78 头、粮食 228 石。

2 月 11 日　国民政府军第五十三军与日军在安阳城南魏家营村一带激战。日军攻入该村后，枪杀村民李贵良、李秋只等 10 余人。并将 80 余名村民赶入一墓穴内，用机枪扫射、手榴弹炸。墓穴内除王贤二、张学、高立同等 6 人受重伤幸存外，其余全部遇难。此次屠杀，日军共杀害村民 108 人。

2月14日　日军飞机两次轰炸郑州。一次出动 9 架飞机，分三批侵入郑州上空，投弹 60 余枚，平汉、陇海两铁路及大同路、华安饭店、五洲旅馆等处被炸，炸死炸伤百姓 200 余人。一次出动 10 余架飞机，投弹 30 余枚，炸死炸伤 500 余人，炸毁房屋数百间。

同日　日军侵入汲县（今卫辉市）杨井村，用枪杀、刀砍、割喉、挖心、犬咬等残忍手段，杀害百姓 60 余人，烧毁房屋 60 余间。

2月19日　为阻止日军南进，国民政府军新编第八师奉命炸毁平汉铁路黄河大铁桥。

2月中旬　国民政府军与日军在获嘉、修武县和焦作矿区一带激战，血战 4 昼夜，阵亡 5500 余人。

2月21日　日军第十四师团酒井支队攻陷济源后，继续西犯。国民政府军第二十九军胡文郁团二营凭借封门口天险顽强阻击日军。血战一天，二营 3 名连长、8 名排长牺牲，1 名连长重伤，全营仅存 150 余人。

2月26日　日军 2000 余人在 20 余门火炮和 10 余辆战车掩护下，进攻济源县封门口关口。中国守军英勇抗击，伤亡 500 余人。

3月3日　日军严仓卯间部队在孟县五区干沟桥村烧杀抢掠，杀害村民 340 余人。

3月7日　日军"扫荡"温县北贾、方头两村，杀害百姓 45 人，烧毁房屋 44 间，抢掠耕畜 5 头，毁坏树木 200 余株。

同日　日军"扫荡"温县赵堡、南孟封两村，杀害百姓 41 人，烧毁房屋 350 余间，抢掠耕畜 134 头、粮食 266 石、大车、家具 500 余件（辆）。

3月9日　日军出动 2 架飞机，轰炸停靠在中牟县白沙车站的火车和难民车，历时 1 小时，炸死难民 200 多人，炸毁铁轨。之后，6 架日军飞机再次轰炸白沙村，炸死炸伤多人。张成选的 6 岁小孙女，头和双腿被炸飞，仅剩躯干。

同日　日军"扫荡"温县刘村、氾水滩村，杀害百姓 41 人。

3月15日　驻温县菜园沟村日军与驻东滩村国民政府军交战，日军毙命 50 余人。之后，日军出动骑兵 100 余人，侵入温县平皋、赵堡、东滩、西滩等村报复，残杀男女老幼平民 200 余人，抓走青年妇女 70 余人。

3月18日　日军侵入浚县屯子乡裴庄村，残杀村民 70 余人，焚烧房屋 200 余间。

同日　日军"扫荡"温县西林肇村、前后崔庄村，杀害百姓 53 人，烧毁房屋 70 间。

3月19日　日军向浚县进犯，途经汤阴县司马村，遭到地方抗日武装袭击。该武装转移后，日军进入司马村疯狂报复，打死村民李栓住、葛合义等47人，烧毁房屋400余间。

3月22日　驻孟县日军700余人侵入干沟桥镇，夜宿于干沟桥村。中国军队偷袭日军，毙敌200多人。日军遂对村民进行报复，用枪杀、刺刀刺、火烧等手段，杀害330余人。

3月25日　日军侵入长垣县城，进行灭绝人性的大屠杀。日军将躲在黉学院内的民众驱赶到崇圣祠大殿内，先架起机枪疯狂扫射，后又进入大殿，用刺刀翻检尸体，发现未死者即补刺。仅一天，长垣县被杀害人数就达1700余人。

3月26日　日军侵入浚县赵庄村，抓捕青壮年20余人，活埋17人。次日血洗赵庄村，杀害村民40余人。

3月26日、4月10日　日军在皇协军配合下，两次"扫荡"汤阴县大性村，疯狂烧杀，杀害村民44人，强奸妇女28人，烧毁房屋40余间，枪杀牲畜730余头。

3月28日至29日　日军攻陷浚县县城，疯狂烧杀奸淫，屠杀平民4500余人，奸杀妇女500余人，烧毁房屋1000余间。

3月29日　日军为进攻滑县县城，在靳庄东面沙岗构筑炮兵阵地，并侵入靳庄烧杀，杀害村民28人。同日，日军攻陷滑县县城，在县城东北隅用机枪屠杀居民300余人。

3月31日　日军3架轰炸机从安阳机场起飞，轰炸安阳县张湖顶村，炸死村民及难民53人，炸伤多人。

3月　日军土肥原部队侵入杞县焦寨、张庄两村，杀害村民5人，威逼跳河淹死13人，强奸妇女10余人，烧毁房屋200余间。

同月　日军黑田部队侵入安阳县申家洞村，采用机枪扫射、手榴弹炸等残暴方式，杀害村民申梅成、申寸只、申六只、申刘氏、张天文、申佩文妻子、申辟郡母亲、申启守母亲、申佩启母亲、张九只母亲等12人，烧毁房屋32间。

同月　日军侵占温县后，指使伪维持会征集青年妇女300余名，供其奸淫。

4月2日　日军坂垣师团1000余人攻陷濮县（今范县濮城镇），盘踞48天，烧杀淫掠，无恶不作，屠杀百姓李跃军、周玉和、史春旺、刘洪亮、刘永田、张全福等1000余人，强（轮）奸妇女500余人，烧毁房屋1万余间。

同日　国民政府军一部会同温县附近游击队，与盘踞在温县城附近各村庄的日军展开激战，毙敌百余人。日军恼羞成怒，疯狂报复，残杀城郊老弱民众500

余人。

4月3日至8日　日军"扫荡"温县城郊和崔庄、林肇、张庄、秦岭岗村，杀害百姓200余人，焚烧崔庄村。

4月8日　日军进占滑县陈营村，将44名村民驱赶到村东头，推进一深七八尺、方圆不足一丈大的靛池坑内，先用枪打、手榴弹炸，然后压上门板、大车，浇汽油焚烧。坑内百姓除6岁的张保德幸存外，其余均被烧死。此次日军共杀害张连石、张立现等126人（其中老人44人，儿童39人），杀绝12户，烧毁房屋722间，劫掠牲畜80余头。

4月10日　国民政府军第九十一军一六六师四九六旅九九一、九九二团进攻济源县城。九九一团300余名官兵突入城内，与守城日军展开激战。工兵连长吕舜民带领两班工兵爆破南城门，全部牺牲。部队攻城受阻，突入城中的300名官兵后援被断，与敌拼杀3昼夜，全部牺牲。

4月20日　日军土肥原部队在温县三区氾水滩一带烧杀抢掠，杀害平民50余人，烧毁房屋273间，抢走牲口52头。

4月30日　日军出动18架飞机，轰炸商丘县，投弹100余枚，大部分落在火车站附近，炸死、炸伤平民100余人。

4月　驻焦作日军诱骗200余名青年到中央公园内，用机枪扫射，全部杀害。

5月12日　日军出动42架飞机，轰炸开封市，投弹223枚，炸死炸伤平民230余人，炸毁房屋500余间。

5月13日　日军先后出动24架飞机，轰炸郑州市，投弹100余枚，大同路、德华街等34条街巷被炸，炸死平民64人，炸伤25人，炸毁房屋316间。美国修建的华美医院及天主教堂损毁严重。

5月17日　日军"扫荡"温县氾水滩、西南冷两村，杀害百姓50余人，烧毁房屋273间，抢掠耕畜65头、粮食174石、大车、家具500余件（辆）。

5月19日　日军出动19架飞机，分批轰炸郑州市，在正兴街、福寿街、迎河街、东陈庄等地投弹10余枚，炸死炸伤平民10余人，炸毁房屋330余间。22日，日军3架飞机再次轰炸郑州，炸死炸伤30余人，炸毁房屋数十间。

5月20日　日军出动18架飞机，轰炸驻马店市区（今驿城区），炸死百姓1500余人，炸毁房屋3000余间。

5月22日　晨7时55分，日军11架飞机侵入开封上空，在南关、农学院、禹王台、车站一带投弹37枚，炸死炸伤百姓50余人，炸毁民房10余间。

同日　日军出动18架飞机，轰炸驻马店飞机场及段庄村，炸死百姓200余人，炸毁机场及西刘庄一带民房 2000 余间。段庄村被夷为平地。

5 月 25 日 日军出动 9 架飞机轰炸南阳县城，投弹 60 余枚（内有燃烧弹），炸死炸伤居民 100 余人，震塌及烧毁房屋 300 余间。

5 月 25 日至 29 日 国民政府军第二十师、第五十一师与日军在兰封县（今属兰考县）三义寨乡激战，伤亡官兵 2500 余人。

5 月 27 日 日军飞机第七次轰炸郑州，投弹 26 枚，炸死炸伤百姓 330 余人，炸毁房屋 183 间。

5 月 28 日 日军第十六师团一部侵入虞县前曹庄，杀害百姓曹司孔、曹慎智、曹百留、曹修作、曹慎成、曹慎章、曹油锤、曹谦、曹印、邓维功等 20 余人。一名逃难到该村的妇女被日军剖腹，其 3 岁的孩子也遭惨杀。同日，日军还在唐楼、沙集等村庄烧杀，杀害村民 100 余人，烧毁房屋 450 余间。

5 月 日军先后出动 26、16 架飞机，两次轰炸开封南关外一带，投弹 213 枚，其中燃烧弹 31 枚，炸死平民 63 人，炸伤 167 人，炸毁房屋 561 间。

同月 日军飞机追袭由中牟火车站开往开封的客车，炸毁列车，炸死炸伤乘客 100 余人。

6 月 2 日 日军进攻开封市，炮击开封的标志、宋代建筑铁塔（开宝寺塔），发射炮弹 62 发，将塔中部击毁丈余长。

6 月 9 日 蒋介石命令国民政府军第三十九军新八师蒋在珍部在郑州花园口炸开黄河大堤，以阻止日军西进。结果汹涌的黄河水给河南省的中牟、尉氏、杞县、通许、鹿邑、陈留、睢县、柘城、鄢陵、洧川等 20 个县造成重大的人员伤亡和财产损失，并形成了连年灾荒的黄泛区。据统计，至 1947 年 1 月，因黄河改道，河南省受灾面积 5821 平方公里，受灾耕地 9555036 亩，死亡 435351 人，逃亡 917363 人，被淹房屋 2010320 间，淹死骡、马、牛、驴等牲畜 505360 头（匹），损失农具折合法币 866188 元（法币价值按 1937 年 7 月的物价指数折算，下同），其他损失 13668477 元。

6 月 28 日 驻商丘县日军侵入柳林集村，屠杀村民 217 人，烧毁村中全部房屋。

6 月 30 日 日军出动 7 架飞机，轰炸洛阳市，投弹 37 枚，炸死炸伤百姓 50 余人，炸毁房屋 20 余间。

6 月 日军土肥原部队侵入杞县褚皮岗村，惨杀、活埋男女村民 150 余人。

同月 日军在济源县邵原镇施暴，将关押在镇桥西杨金东家院内的王佐、胡来成等 36 名百姓带到房东面大麻院的枯井旁，用刺刀逐一刺杀。36 人中，除胡来成身中数刀幸存外，其余全部遇难。

6月至7月 侵占开封的日军在数日内屠杀回族青年1000余人。

上半年 日军在孟县县城及东西马莲、许庄、尚庄、封门口、虎岭、中王村、王屋、邵原、西阳、蒲堂、白鹅杨等村（镇）烧杀抢掠，杀害民众1000余人。

上半年 日军在济源县亚桥、东西留、高庄、承留、孔庄、大社、碑子、西许等村烧杀抢掠，屠杀民众1000余人。

上半年 侵占济源县日军疯狂施暴。在济源县城至邵原镇公路沿途，烧毁民房2万余间、粮食8万余石，宰杀牲畜数万头。在封门口、王屋、邵原等村（镇），将数千平民投入井中。仅在邵原镇，由井中捞出的死尸就有500余具。此外，日军还在虎岭、王屋、邵原等百余村（镇）水井中投毒，使民众无水可饮。

上半年 日军盘踞沁阳县数月，屠杀民众1万余人。日军还掘开沁河和济源南部的□河河堤，使沁阳、济源两县被淹，平地水深数尺，农民已割未收的麦子被冲走，秋作物无法播种。两县有70万余民众成为灾民。

上半年 日军掘开沁河、□河河堤后，孟县被淹数十村，25万余灾民流离失所。

7月1日至1939年5月31日 日机先后三次轰炸郾城县，炸死7人，炸伤1人。该县商业损失严重，其中损毁房屋价值148667元、设备144000元、存货936133元、其他2466200元。商户迁移33家，停闭183家。

7月3日 日军出动飞机11架次，轰炸洛阳市寿春街、西华街、西关，炸死炸伤平民200余人。

7月6日 日军飞机轰炸桐柏县固县街，炸死炸伤平民100余人。

7月9日 日军"扫荡"温县西林肇、东留石、大善石3村，屠杀百姓148人，烧毁房屋293间，抢走耕畜48头。

7月12日 日军从鹿邑县东撤离时，与抗日游击队在城北贾滩村一带激战，遭重创。日军恼羞成怒，疯狂报复，大肆烧杀，百姓死伤1000余人，5000余家被烧。

7月13日 日军"扫荡"温县杨沟、大尚两村，烧杀抢掠，杀害百姓74人，烧毁房屋362间，抢走耕畜35头、粮食15石。

7月18日 日军飞机轰炸南乐县城，十字街东张四油房中弹，炸死百姓49人，重伤31人。

7月27日 日军飞机先后五次轰炸郑州市，投弹26枚，太平里、东洋街、第二监狱等处死伤平民330人，炸毁房屋183间。

7月下旬　日军飞机扫射轰炸信阳火车站,车站附近居民和刚下车的 800 余难民中的大部分人遇难。轰炸引起的大火燃烧了 30 个小时。

7月　侵占开封市日军土肥原部队疯狂烧杀奸淫。在市区,枪杀平民王其瑞、程万年等 7 人。在市宋门关北街,集体强奸妇女何张氏、董陈氏、赵高氏和居民乔正杰的儿媳。在新城集村,杀害村民 50 余人,烧毁房屋 100 余间。

同月　日军土肥原部队进攻尉氏县城,在护城河内、孔家村、县城南关,杀害百姓 2720 人。

同月　汉奸扈全禄率部进驻浚县城、道口等地,于各城寨四门设卡置哨,对百姓随意以"八路军嫌疑"砍头、枪杀,并将人头悬挂于城门、庙门和牌坊上。扈全禄部驻浚县城不到一个月,杀害百姓 100 余人。

同月　日军出动 5 架飞机,反复轰炸信阳城南浉河桥,炸死炸伤百姓 150 人。日军飞机还空袭城郊广水湾,炸弹爆炸飞起的土石将一躲藏有 80 余名百姓的防空洞洞口堵塞,洞内百姓全部闷死。

8月8日　日军侵入温县南张羌村,屠杀村民 100 余人。

8月12日　日军乘船侵入淮阳县前小庄、韩庄、西小庄,与国民政府军骑兵第十四旅激战。日军死亡 70 余人,国民政府军阵亡 100 余人。次日,日军进村报复,杀害村民 11 人。

8月13日　日军出动 3 架飞机,轰炸商城县城,炸死在县城北关饭店吃饭的顾客和南京、合肥等地的难民 30 余人,炸毁城关郝巷民房 50 余间。日军飞机还在县城南门外投放糜烂性毒瓦斯炸弹 10 余枚,民众中毒 500 余人。

8月18日　据河南省政府建设厅调查,日军侵入河南后,计有安阳、汤阴、修武、博爱、辉县、林县、济源、新乡、汲县、武陟等 51 个市、县受害,社会损失合计 177472809 元。

8月27日　日军盘踞杞县两个多月,杀害民众 5000 余人,其中褚皮岗村被杀 200 余人、县城内 500 余人。

8月28日至9月17日　日军第二军先后攻占安徽省六安、霍山两县和河南省商城、固始、光州(今光山县)3 县。国民政府军在防守 5 县的战斗中,阵亡 12000 余人,被俘 450 余人,损失迫击炮 13 门、轻机枪 85 挺、重机枪 14 挺、汽车 3 辆。

8月　日军出动 2 架飞机,轰炸遂平县,炸死居民 50 余人,炸毁房屋 100 余间。

9月1日　驻道清铁路待王车站日军哨兵数人被抗日游击队击毙,日军遂出动 1 个大队，侵入秦元等村报复，惨杀村民 378 人。

9 月 2 日至 11 日　日军第十三师团等部猛攻商城县富金山，守军国民政府军第七十一军顽强抗击 10 天，阵亡官兵 2618 人，受伤 12401 人。

9 月 5 日　日军出动飞机 17 架次，分两批由潢川县飞至信阳，投弹 100 余枚，炸死、炸伤平民 70 余人，炸毁房屋 100 余间。

9 月 6 日　日军在淮阳县城施暴，屠杀男女学生及公务员 400 余人。

同日　日军侵入温县南张羌村，在大庙内屠杀村民 159 人。

9 月 10 日　日军 9 架飞机空袭许昌县，投弹 60 枚，炸死、炸伤平民 107 人。

同日　日军出动 9 架飞机，轰炸漯河市火车站附近地区，其中两颗炸弹命中茭白坑（地名），炸死居民刘二斋的母亲、哥哥，张好仁的两个女儿等 200 余人，炸伤王景等 50 余人。此外，位于中川街的振兴昌铸锅厂门前中弹 3 枚，炸毁门面房 5 间，面条机 5 部。

同日　日军"扫荡"温县张圪垱、九女冢两村，屠杀百姓 500 余人。

9 月 12 日　日军飞机两次轰炸郑州。一次出动 9 架飞机，投弹 30 余枚，炸死百姓 40 余人，炸毁房屋 100 余间。一次出动 12 架飞机，投弹 100 余枚，炸毁时为难民收容所的裕丰纱厂，炸死难民数十人，炸毁车站附近平房 10 间。

同日　日军出动 3 架飞机，轰炸信阳，在城内商业区及刘城根一带投弹 43 枚，炸死炸伤百姓五六十人，炸毁店铺及民房 150 余间。德国人所建天主教堂亦被炸毁。

9 月 16 日　日军 200 余人乘汽车、装甲车侵入鹿邑县常营村（今属郸城县），疯狂烧杀 6 小时，杀害村民 74 人，杀绝 17 户，焚毁房屋 180 间。

9 月 27 日　日军出动 30 架飞机，轰炸信阳东关、南关及火车站附近等处，炸死炸伤平民 100 余人。后又轰炸中山铺镇，全镇被炸毁。28 日，日军再次出动 70 架飞机轰炸信阳，投放燃烧弹数百枚，城内民房大部分被烧毁，东南西关及火车站附近损失尤为严重。

秋　驻商城县国民政府军自峡口撤退后，隐蔽在城东张大墁村的 300 余名伤员被日军俘虏杀害。

10 月 3 日至 8 日　日军第十三师团由商城县城向达权店、沙窝村进犯。国民政府军宋希濂部与之激战，伤亡惨重，其部第三十一师仅剩 160 余人。

10 月 6 日　日军出动 18 架飞机，轮番轰炸光山县城，炸死居民 400 余人，炸毁房屋 400 余间。

10 月 7 日　信阳县中山铺村逢集。日军 30 架飞机轰炸信阳城后，飞临中山铺上空，扫射轰炸近一小时，炸死炸伤百姓 400 余人，炸毁房屋 240 余间。村民夏秀义的爷爷腹部被炸破，肠子掉出一米多长，拖着肠子躲逃，惨死在路边。

10 月 9 日　日军 6 架飞机轰炸洛阳，投弹 10 枚，炸死炸伤百姓 50 余人，炸毁房屋 13 间。

同日　日军 1000 余人进攻光山县城。国民政府军第十七军奋起抵抗，激战 3 日，伤亡官兵 400 余人。

10 月 11 日　日军在道清路两侧地区滥施霍乱及疟疾病菌，民众罹毒者甚众，内黄、博爱等县尤剧，每村均有百数十人。

同月　日军占领信阳长台关。国民政府军一个连在长台关蒋寨村与日军激战，全连 100 余人除 6 人在百姓掩护下逃生外，其余战死。

10 月 12 日　日军第二军所部冈田支队攻占信阳。国民政府军在防守信阳的战斗中，阵亡 13000 余人。

10 月 20 日　驻太康县日军骑兵窜入城西南桂李寨村，将一些村民聚集在一起，泼上汽油点燃，活活烧死。日军此次施暴，共杀害村民 56 人，烧毁民房 720 余间。

10 月 30 日　日军 9 架飞机轰炸渑池县城，炸死平民 27 人，炸伤 70 余人。

10 月　红枪会首领殷嘉靖、王承恩、李逢山等，联合沁（阳）、孟（县）、武（陟）各县枪会会众 2000 余人，围攻温县城日军，失利，牺牲 200 余人。

12 月 12 日　日军一二二五部队在淮阳县城内施暴，杀害农民 70 余人。

12 月 14 日至翌年 1 月 24 日　日军撤离商城县后，不断出动飞机到县境内轰炸扫射，一日两次，每次 3 架。其间，县城大十字街张静和一家 5 口全被炸死，杨巷子炸死 50 余人，南河湾牛行、猪行炸死客商 100 余人，城内 1000 余间房屋被炸毁。

12 月 19 日　驻开封日军佐藤部和伪军数千人乘 50 多辆汽车，在坦克和大炮的掩护下，攻打杞县县城。杞县城防司令孙建文率部抵抗，牺牲 100 余人。日军攻入城后，杀害百姓 45 人，活埋 25 人。

12 月 28 日　日军土肥原部队侵入太康县长营砦、五子李两村，将村民全部赶到村外用机枪扫射，当场打死村民 300 余人，其中有 80 余户村民全家被杀害。

是年　由于日本侵略军的烧杀抢掠，河南全省损失牛驴骡马 152414 头。

是年　日军在豫北地区滥施霍乱疟疾病菌。浚县霍乱大流行，死亡 5000 余人。

是年　由于日本帝国主义的侵略，河南农业生产遭到巨大的破坏，农作物产量仅 529.4 万吨，比 1936 年减少 49.8%。

1939 年

1 月 24 日 日军出动 9 架飞机，扫射轰炸洛阳商业中心区东西南北四大街及南关一带，炸死、炸伤平民 50 余人，炸毁房屋 100 余间。瑞典基督教堂亦被损毁房屋数间。

1 月 28 日 日军出动 4 架飞机，空袭商城县，投放毒气弹 10 余枚，致使百姓 100 余人中毒。此外还炸毁房屋 10 余间。

1 月 驻安阳市日军在城内西大街文庙内成立"新民会"，推行奴化政策，训练间谍人员。此后，共有 120 余名中国男女青年被送进该组织接受间谍训练。这些青年后均下落不明。

同月 日军在陈留县施暴，屠杀青壮年男子 600 余人。

同月 日军在通许县施暴，惨杀民众 100 余人。

2 月 8 日 日、伪军骑兵 1000 多人，包围袭击驻扎在淮阳县朱集村的国民政府军第五十六师三团李春芳部。经 1 天激战，三团官兵 1000 余人阵亡，村民朱银河、朱华南、朱元昆、朱廷坤、朱锵开、胡进艳、霍其祥等 100 余人被杀害或炸死。战斗结束后，日军疯狂抢劫村民粮食、财物，烧毁房屋 100 余间。

2 月 17 日 日军进攻太康县常营镇五子李村，驻守该村的国民党太康县团队 200 余人大部分伤亡。日军进村后，挨户搜查，见人就杀，共杀害村民 427 人，其中有 36 户被杀绝。

2 月 驻开封日军强征民夫 7500 余人，修筑三刘寨河堤。

同月 日军一二二五部队在司令官大贺指挥下侵入太康县五子李、常营寨两个村庄，疯狂屠杀村民 1300 余人。

同月 驻淮阳县日军第一二二五部队在县城内施暴，杀害百姓 70 余人。

3 月初 日军宪兵和汉奸在信阳县浉河南岸抓捕 600 多名卖柴、卖粮的过往百姓，全部杀害。

3 月 12 日 日军出动 16 架飞机，分两批轰炸洛阳，投弹 89 枚，炸死平民 40 余人，炸伤 10 余人，炸毁河洛图书馆及民房 400 余间，炸毁古文物甚多。

3 月 29 日 日军出动飞机 6 架，轮番轰炸方城县城，炸毁县城东南角下货台至城西北隅开化寺 100 余间房屋，炸死平民 44 人，炸伤 38 人。

3 月下旬 日军在淮阳县城内以查户口为名，逮捕民众 53 人，将其中 22 人活埋于女子师范学校内，打伤致残 31 人。

4 月 4 日 日军飞机轰炸方城县独树、保安等镇（村），炸死平民 90 人，炸伤 88 人，炸毁房屋 226 间。

4 月 22 日　日军出动 18 架飞机，轰炸内乡县，投弹 120 余枚，炸死百姓 37 人，炸伤 100 余人，炸毁房屋 400 余间。

4 月 24 日　日军飞机空袭密县县城。日机先由城西向东低飞俯冲，用机关炮扫射居民，随后投掷炸弹。城南关火神庙（县救济院所在地）、豫丰祥京货铺后井院、东街石桥东路南福音堂、国民党县党部、东门里路孙家家庙西"红十字会"等处受损严重。此次轰炸，炸死居民李超、陶翠英、高华妻子、王如意妻子等 60 余人（其中救济院儿童 30 人），炸伤 40 余人，炸毁房屋 500 余间。

4 月 25 日　驻商丘县、永城县日、伪军出动 4000 余人、汽车 100 多辆，突然包围永城县龙岗集村。守军国民政府军第三总队官兵 500 余人，除 50 人突围外，其余全部牺牲。日军攻占该村后，屠杀村民 120 人，打伤 200 余人。

5 月 5 日　日军集中开封、淮阳、太康等县市兵力 2000 多人，在 3 架飞机的掩护下，进犯太康县常营镇，杀害平民 1120 人，杀绝 74 户，强奸妇女 300 多人，烧房 3600 多间。

5 月 7 日　日军 3 架飞机轰炸泌阳县城，炸死炸伤居民 100 余人。

5 月　日军严仓卯间部队进犯孟县张营、菜河两村，杀害村民 54 人，烧毁房屋 23 间。

6 月　日、伪军进犯鹿邑县杨湖口大盛庄村，大盛庄村长盛中宝率村民英勇反抗。日、伪军攻入村后，抓捕村民 48 人，集中在 3 间房内，外堆柴草，全部烧死。

同月　日军出动 10 架飞机轰炸济源县邵原镇区公所和中国守军驻地，炸死区长刘道南的妻子、小女儿，居民杨小雨、丁治平、翟长明（12 岁）、翟良景的两个女儿及守军士兵 42 人，炸毁房屋 67 间，炸死牲畜 23 头。

7 月 10 日　日军侵入罗山县朱堂店乡，疯狂烧杀奸淫，屠杀百姓钟培林、周顺兴、芦运堂、袁文成、刘松山及其 8 岁的儿子、冯潘氏、马少山母亲、张和宴母亲、肖恒裕的嫂子等 87 人，烧毁房屋 300 余间。

7 月　日军侵入孟县谷旦镇，将 80 余名居民关进大庙内，放火活活烧死。还纵火烧毁房屋 820 余间。

8 月 16 日　日军侵入罗山县朱堂店村，屠杀百姓 83 人，烧毁房屋 300 余间。

8 月 17 日　日军出动 19 架飞机轰炸洛阳，炸死、炸伤平民 60 余人，炸毁西明盛餐馆、中华楼羊肉馆及市民张文汉家房屋 10 余间。

9 月 6 日　日军侵入焦作矿区秦庄村，疯狂烧杀，残杀村民 86 人，烧毁房屋 206 间。

9 月 11 日　日军风木部队侵入博爱县五区小王庄，残杀村民 112 人，打伤 25 人，烧毁房屋 75 间，烧死、打死牲口 24 头，抢走 28 头。

9 月 24 日　驻孟县日、伪军"扫荡"柿园、程庄、北那、王大义等村庄，杀害平民 80 余人，强奸妇女 70 余人。

10 月 23 日　日军五个连侵入焦作矿区麻掌村，将全村 72 口人集中起来，疯狂屠杀，杀害 76 岁的老人武兴盛、出生仅两天的小妞等 42 人。

10 月 25 日　日军 9 架飞机轰炸渑池县城，炸死平民 33 人，炸伤 40 余人，炸毁房屋 70 余间。

10 月　日本兴中公司疯狂掠夺焦作煤矿资源。据统计，从 1938 年至 1945 年，日本侵略者共盗采煤矿 4769888 吨，破坏煤炭资源近 1000 万吨。

11 月　日军侵入武陟县古城村，杀害村民 148 人，烧毁房屋 549 间。

同月　日本军袭扰郸城集（今郸城县），屠杀群众 45 人，奸淫妇女 50 余人，抢走粮食 1.25 万公斤、牲畜 585 头（只）。

12 月 12 日　驻沁阳县四区柏香村日军小田部队为报复哨兵被游击队击毙，将该村村民驱赶到一起，架机枪扫射，打死 100 余人，还烧毁房屋 272 间。

12 月 14 日　驻武陟县国民政府军强征傅村附近百姓 400 余人，在傅村屯土堵挡沁河南岸日军挖开的河堤。驻木栾店村日军出动 300 余人袭击傅村，疯狂烧杀两小时，杀害百姓吴有凤、郭老夯等 997 人，烧毁房屋 880 余间。

12 月　国民政府军第四十军庞炳勋部在淮阳县齐老乡张大庄、于集两村与日军作战。四十军阵亡 100 余人，群众被日军杀害 11 人。

下半年　伪华北联合准备银行河南省分行在开封成立，发行联银券，禁止法币流通。至 1945 年日本投降，仅在开封地区就发行银联券 2006000500 元。

是年　由于日本侵略军的烧杀抢掠，河南全省损失牛驴骡马 87611 头。

是年　由于日本帝国主义的侵略，河南农业生产遭到巨大破坏，农作物产量仅 506 万吨，比 1936 年减少 52%。

1940 年

2 月 7 日　日军由信阳北犯正阳县陡沟镇，烧毁民房 1000 余间。

2 月 20 日　日军飞机轰炸洛阳市。东华街祥泰烟草公司经理家的窑洞口被炸塌，躲在窑内的 43 名平民被闷死。此外，青年宫亦被损毁。

3月21日　日军出动12架飞机，轰炸洛阳，炸死百姓50余人。

3月　日军"扫荡"孟县谷旦镇，将50余名百姓杀害后投入镇中赵家院井中，放火烧毁房屋530余间。

4月12日　日军3架飞机空袭河南西部、内乡县马口山，投下内装泥、灰色纤维、昆虫的麻袋。其后，上述地区伤寒流行，死亡80余人。

4月13日　日军前田治中将指挥第三十五师团突袭新乡地区，屠杀平民521人，抓走213人严刑拷打，烧毁民房106间。日军还抓走82名妇女，百般凌辱。其中9名妇女上吊自杀，19名妇女被摧残死亡，其余妇女被秘密押往山西省大同"慰安营"。

4月20日　日军自沁阳、温县、武陟三县进犯郑州氾水镇滩庄村，途经牛家庄时，枪杀百姓1000余人。

4月28日　日军出动12架飞机，轮番轰炸洛阳，炸毁文明街防空洞洞口，致使洞内87名老弱百姓窒息而亡。此外，豫路街亦有11人被炸死。

5月1日　日军分两路"扫荡"中牟县城，活活打死西关居民温得亮，杀害张子敬全家7口，剖腹杀害南街70多岁的贾文学和12名青年，活埋东街史小玄。此次"扫荡"，日军共杀害百姓400余人。

5月3日　驻延津县日军小队长安间三四郎带领100多名日、伪军，分乘四辆汽车，进犯野厂村，抓夫抢粮，遭到村民反抗，伤亡50余人。18日拂晓，日军调集安阳市和汲县、淇县、浚县、滑县、长垣、延津、原武、阳武、新乡9县兵力3000多人，在坦克、大炮的掩护下，再次围攻野厂村。村民奋勇抵抗，给日军以重大杀伤。日军气急败坏，惨无人道地施放毒气，并使用山炮轰击。下午3时，日军攻入村内，野蛮屠杀未来得及撤走的老弱妇幼村民。此次战斗，野厂村战死、被日军杀害171人。

5月6日　方城县举行寺门庙会，周边10余县数万民众参会。日军出动30架飞机突然空袭，炸死400余人，炸伤200余人，炸毁市场。

5月7日至26日　日军出动飞机57架次，先后9次空袭镇平县，分别轰炸了县城和石佛寺、曲屯、贾宋、韩营、易宋营等村（乡），投弹209枚，炸死平民105人，炸伤103人，炸毁房屋1284间。

5月13日　日军4架飞机轰炸新野县赵庄，炸死村民40余人，炸伤100余人，炸毁房屋100余间。

6月5日　日军纠集开封、新乡、商丘等地兵力8000余人向滑县东部桑村集一带合击。八路军第二纵队新三旅八团三营营长张海月率全营战士掩护旅部转移，在小渠村以黄河大堤为依托阻击敌人达 4 小时。因众寡悬殊，张海月及全营战士 300 余人阵亡。

6 月 11、13 日 驻南乐县干口村日军颚顽部队侵入东节村，活埋村民 109 人。

6 月 12 日 日军第一九六四部队侵入安阳县岗西村，将 40 余名村民集中到村中关帝庙前的戏楼下，先用刺刀刺死刘兴保等 18 人，重伤刘林贵等 7 人，后将剩下的 20 名老人和儿童，驱赶到村西头，强令跪下，用机枪射击，当场打死刘二忠等 13 人，打伤刘德福等 5 人。

7 月 8 日 驻开封市日军 40 余人，分乘 3 辆汽车，包围市东 20 公里的白楼村，机枪杀老年人 100 余人，焚烧民房 50 间。日军还将数十名妇女拖至一院内，轮流奸污。奸后逼令妇女一律裸体站立，供其戏弄。

7 月 驻太康县日军为威吓抗日群众，把 18 名百姓押赴龙曲村据点北门外，按倒在地，逐个砍头。此外，日、伪军为控制抗日武装活动，逼迫群众将开淮公路两侧 1.5 公里以内的高粱全部砍掉，总计 3 万亩以上。以后年年如此，严重影响当地农业生产和百姓生活。

9 月 日军"扫荡"孟县下坡头村，杀害农民 100 余人，烧毁房屋 80 余间，烧死牲口 9 头，抢走牲口 20 头。

同月 驻武陟县伪兴亚巡抚军云华峰部，勾结博爱县伪军及驻武陟县木栾店村日军约 1000 人，侵入武陟县大封、架部，东、西唐郭等 30 余村，大肆掠烧，烧毁房屋 3001 间。

10 月 13 日 驻孟县日军 100 多人"扫荡"禹寺村，将村民 130 余人关押在村西禹王庙的大佛殿内，严刑拷打，逼粮要款。后向大殿的门、窗、椽上泼洒汽油，纵火烧寺。除郭升吉等 9 人逃脱外，其余 120 余人被烧死，4 人被刺死。

10 月 驻罗山县日军在县城北街设立安乐院，抢掳妇女作营妓，并在城内设赌局、烟馆。另拆毁书院、民房 5000 余间，以木料砖石修建碉堡。

11 月 14 日 日军第三十五师团柳川联队 2000 余人及伪军一部，自清丰、濮阳、滑县、长垣、两门等地出动，分 8 路向沙区合击。八路军二纵新三旅七团与滑县地方武装在滑县东、西盘邱村阻击滑县、长垣出动之敌。战斗中，七团团总支部书记薛位儒等 200 余人伤亡。

11 月 25 日 日军飞机 5 次轰炸潢川县城，炸死百姓 88 人，炸毁房屋 34 间。

12 月 抗战以来，由于日军的烧杀抢掠，河南省人口死亡 3037 人，其中妇女 831 人、儿童 311 人；伤 1724 人，其中妇女 426 人、儿童 191 人；财产直接损失价值 2056119 元，财产间接损失 313048 元。

是年 由于日本侵略军的烧杀抢掠，河南全省损失牛驴骡马 91331 头。

是年 由于日本的侵略，河南省教育事业遭到严重破坏，全省高、中、初等教育学校（包括幼儿园）由抗战前的 21379 个，锐减至 1561 个；教职员由 42509 人，减至 3422 人；学生由 1021572 人，减至 77149 人。

1941 年

1月5日 日本军侵入扶沟县江村镇，杀害百姓 200 余人，强奸妇女 50 余人，烧毁房屋 400 余间，宰杀大牲畜 90 余头、猪羊 200 余头、鸡鸭 2000 余只。

同日 国民党骑兵第二军暂编五十六师 1 个团在淮阳县刘振屯乡李冢、耿楼两村与日、伪军作战，激战 3 天，阵亡 55 人。

1月24日至2月10日 日军发动豫南战役。此次战役，国民政府军伤亡 16000 余人。

1月26日 日军攻占确山县城，盘踞两周，烧毁房屋 31484 间。

1月27日 日军攻陷汝南县城，盘踞 8 天，杀害平民 107 人，烧毁民房 200 余间。

1月28日 日军进犯遂平县境，国民党豫南挺进军阮勋团 600 余官兵奋起抗击，大部牺牲。下午 5 时许，遂平县城沦陷，日军盘踞 8 天，杀害居民 271 人，其中 138 人被烧死；强奸妇女 144 人，其中轮奸 130 人；烧毁房屋 1800 间。

同日 日军侵犯西平县城西双庙王村、谢庄村一带，驻防城西的国民政府军预备第十一师与之激战两昼夜，阵亡官兵 128 人。

1月28日、1月31日、2月7日 日军飞机三次轰炸郾城县，炸死居民王喜柱，刘村村民范富兰、田芳妮、秦好荣等 190 人，重伤 40 人，轻伤 46 人；炸死牲畜 19 头，伤 12 头。

1月31日 日军侵入汝南县城北殷湾寨村，杀（烧）死村民邹永则的母亲、妻子、1 子 2 女、表妹、乳娘及女儿等 12 人，烧毁房屋 2000 余间，烧死牲畜三四百头。

1月至3月 日军进犯泌阳县，烧毁房屋 30334 栋，使 5 万百姓无家可归。

1月、10月、11月 日军三次侵占驻马店（今驿城区），实行惨无人道的"三光"（杀光、抢光、烧光）政策，残杀居民 2000 余人。

2月2日 日军由舞阳县犯泌阳县象河关，杀害国民政府军第六十八军伤病员及百姓 100 余人。

同日　日军撤出上蔡县城之前，放火焚烧县政府、县立初中、武津高中、中山图书馆、公安局、民教馆、民生工厂、奎星楼等处。房舍尽成瓦砾。撤退途中，在湾李村，杀害村民李宛林等40余人；在郝坡村，刺伤郝毛；在驻马店，杀害李世祥、李赖毛、李清仁，刺伤李斌、李水礼、尼占魁、李国芳、李文等人；在黑庄村，烧毁房子80余间、麦秸垛20个；在小李庄村杀害胡芳；在徐庄村打伤陈青山、吴治等人，轮奸幼女6人，妇女2人，烧毁房子20余间、麦秸垛5个。

　　同日　日军侵入方城县黄庄村，纵火烧毁房屋300余间、粮食5万公斤、柴草14万公斤、香油1500公斤，抢走生猪数十头、鸡数百只。

　　2月14日　日军飞机轰炸沈丘县纸店、杨集、皂庙、槐店、共济等乡镇，炸死百姓33人，炸伤28人。

　　2月　日军侵占泌阳县后，焚毁古建筑103处、古迹5处。

　　同月　信阳县黄龙寺举行庙会，日军飞机突然空袭，炸死炸伤百姓200余人，炸毁房屋400余间。

　　3月7日　伪军程道合部在安阳县辛村乡北贤孝村抓走村民50余人，送到豆公乡修炮楼，后转往东北，下落不明。

　　3月24日　日军在中牟县板桥村用野炮轰击县城，后进入县城，疯狂施暴，屠杀百姓300余人。

　　春　日军侵入信阳长台关甘岸杨、孔庄等几十个村庄，杀害百姓30余人，烧毁房屋3000余间。

　　4月12日至19日　日军出动万余兵力，"扫荡"冀豫边沙林地区，在内黄、顿邱、高陵三县交界地区，焚毁村庄142个，烧毁房屋5万间，杀害民众4000余人，炸毁水井数百眼，砍伐树木数十万株。

　　4月22日　日军侵入温县李肇、北贾、王羊店等村庄，杀害百姓50余人，烧毁房屋30余间，杀死牲畜20余只（头）。同日，日军在单庄疯狂施暴，杀害百姓54人，烧毁房屋790间。

　　5月18日　日军袭击罗山县朱堂店村，屠杀平民79人，烧毁房屋30余间。

　　5月27日　日、伪在河南（豫北）沦陷区大肆推行毒化政策。在淇县，强迫农民扩大罂粟种植面积，县城内贩卖海洛因的商铺达60余家。在安阳县城，设立售毒洋行40余所，并在东站建立制毒厂，诱迫愚民向周边乡村倾销。安阳县城和县境内的水冶、丰乐、观台等镇的许多农民被迫种植罂粟。日、伪规定，种植罂粟，每亩收税20元；土膏行店售卖烟土，每两收税9元。日、伪还从平津运输毒品至安阳县，强迫愚民转销内地。销售毒品成为日、伪的重要收入来源。

6月7日　日军侵入洛阳市柳沟（地名，今属吉利区），用机枪射杀躲在沟里窑洞中的村民170余人。

6月　日军"扫荡"孟县柳沟村，在一个窑洞里，用机枪射杀百姓170余人。

7月17日　驻信阳县长台乡日军40余人侵入胡店乡汤小庄村，在村中一水塘边，杀害村维持会员44人。

7月　日军在博爱县抓捕壮丁6000余人，关入闷罐车，经道清、平汉铁路北运。为防止壮丁逃跑，数日不开车门。至保定时，生病及死亡5000余人。

8月9日　日军飞机轰炸安阳县马家乡境内紫金山顶上的寿光寺，投下数枚燃烧弹，引起寺院大火，整整烧了三天，使这座千年古刹被焚毁。同时有9名僧人被大火烧死。

8月30日　日军侵入中牟县大吴村，将村民吴遂群等20余人，用一根大绳缠住脖子，一头拴到大树上，一头系在汽车上，开动汽车，全部勒死。日军还活埋百姓100余人。

9月13日　侵占温县的日军疯狂施暴。在高家庄、史家庄等7个村庄，烧毁房屋数百间；在宋村等村残杀百姓数十人，烧毁房屋数百间；在耿庄村，杀害百姓1人，烧毁房屋210余间。

10月1日　日军渡黄河侵入中牟县境，在西营村，杀害百姓8人；在界马村，杀害10人；在李庄村，杀害72人，其中王双聚、李玉恒等八家被杀绝。

10月2日　黎明，日军侵入中牟县大洪、小洪村，杀害百姓105人；夜，侵入兴隆港村，杀害百姓15人。

同日　日军从开封出动18架飞机，轰炸新郑县，投弹100多枚，炸死百姓100余人。其中在城西子产祠（今卧佛寺东），炸死小学生40余人。

10月5日　日军侵入中牟县七里岗村，因误食桐油，迁怒于村民，屠杀村民70余人。

10月13日　日、伪军侵入孟县禹寺镇，将抓捕的128名百姓关进镇西禹王寺的大佛殿内，泼浇汽油，放火全部烧死。还纵火烧毁临街门面房536间。

10月16日　日军侵入中牟县张庄村，从上午10时至下午4时，采用机枪扫射、铡刀铡、砍头、汽油烧等残忍手段，杀害村民樊小生、肖觉良、张扎根、程群妮等320余人，烧毁房屋1000余间。

10月27日　日军侵入中牟县水溃村，将百姓吴老根、阎狗娃等100余人捆绑抛入火堆中烧死。此后每隔几日"扫荡"一次，持续10个月之久。其间还烧死过往行人80余名。

10 月　日军侵占郏县，在一个多月的时间里，打死、打伤百姓 1059 人，炸毁房屋 5659 间，抢掠小麦 38138 石、杂粮 35653 石，损毁车辆 3356 辆，抢走（宰杀）牲畜 3660 头。

同月　日军高桥部队 300 余人在清平县二区金郝庄一带"扫荡"，遭到民团阻击，攻进村后疯狂报复，杀害村民 112 人，烧毁房屋 207 间。

12 月 14 日　占领荥阳县霸王城的日军，为制造"无人区"，突然包围王顶村，将村民押到村西的深沟边，强令随从民夫推入深沟，当场摔死多人。随后，日军架起机枪，向幸存的村民扫射。日军在这次暴行中，共杀害百姓 47 人。

是年　由于日本侵略军的烧杀抢掠，河南全省损失牛驴骡马 109825 头。

是年　驻开封日军特务机关向周口镇国统区大规模组织运送毒品，每日输入海洛因价值达 35988484 元。

1942 年

1 月 13 日　驻信阳长台关日军"扫荡"王岗、邢集村，与国民政府军遭遇。双方激战数小时，国民政府军阵亡 100 余人。

2 月 1 日　日军调集安阳、水冶、观台、丰乐等地的日、伪军侵入曾为安阳县抗日民主政府所在地的安阳县目明村，先将八路军兵工厂、被服厂留守人员及部分军属 27 人枪杀，随后把全村男女老少驱赶到村中一古庙和一地主家院内，用机枪扫射、手榴弹炸、刀砍、火烧等手段，残杀 377 人，烧毁房屋 763 间，抢走牲畜 218 头、粮食 160 石。

2 月　日军"扫荡"太行抗日根据地第五专区，杀害百姓 126 人，打伤 65人，抓捕 71 人，抢掠家畜 305 头、粮食 14735 斤，损毁房屋 8407 间。

同月　日军在武陟县 400 余村推行第一次"强化治安运动"，掳掠中国军民 3000 余人，杀害百姓 300 余人，解往东北做苦工 1500 余人。

3 月　日军进犯广武县（今属原阳县）王庄，屠杀村民 100 余人。

同月　驻修武县日军勒索六区民众巨款，数额达万元。

同月　日军在原阳、获嘉、武陟等县"清乡"，掠去民众步枪 1900 余支，机枪 10 挺，手枪 50 把，迫击炮 2 门。

春　驻中牟县大孟村日军在村东门外挖一大坑，专做杀人场所。日军在此杀害董岗村村民贺玉中、劲岗村村民李景彦等 160 余人。

4 月 12 日　日军到浚县善堂乡一带"扫荡"，杀害百姓 1000 余人，焚毁大部分房屋，使万余人无家可归。

4月17日　浚、滑、淇、汲四县日、伪军对浚县西南裴营、砖城、草店、枋城、孟庄、刘庄、和庄等村进行"扫荡"，杀害村民 200 余人，抢走粮食 70 万斤，烧毁房屋 3000 余间。

4月28日　国民政府军第一战区独立第八支队被日军追击逃入获嘉县徐营村。日军攻入村后，杀害村民 34 人，抓走 90 名青年男子送往东北挖煤。这些青年后有 20 人因疾病和饥饿而死。

5月30日　驻安阳县水冶镇日军到林县抗日根据地"扫荡"，遭到抗日武装沉重打击，败退途中，驻扎在安阳县磊口乡西店村，将在"扫荡"中抓捕的 200 多名壮丁枪杀。

5月至1943年秋　日军飞机多次轰炸巩县县城（今站街镇），炸死百姓杨东安的妻子、秦呼兰、康三等 176 人，炸伤、炸残 158 人，炸毁房屋、窑洞 197 间。

6月6日　日军侵入温县单庄、牛家庄等村，疯狂烧杀抢掠，屠杀百姓 1000 余人，烧毁房屋 904 间，抢走粮食 700 石。

6月　驻中牟县日军向各保强行征收新麦 3 万斤。

同月　日军上古部队在孟县"扫荡"，杀害平民 200 余人，还将 15 人捆在树上，放狼狗活活咬死。

夏　日军出动驻武陟县木栾店村、修武县、焦作矿区部队，将武陟、修武国民党地方团队 800 余人包围在修武北睢村，打死 300 多人。

7月6日　驻信阳五里店村日军司令官仕导一太朗为消灭抗日游击队关连斌部，以收编为幌子，诱捕关部于五里店西寨外。先将游击队长关连斌等带至日军驻地杀害，后将游击队员每 12 人为一班，押到高家湾村西流水沟边，逐一刺杀。这次大屠杀，共杀害游击队官兵及农民、学生 400 余人。

7月8日　驻信阳洋河乡（村）日军小队长彬、桥本和宣抚班长渡边指挥所部，诱骗逮捕抗日游击队关连斌部一个连 300 余人，押到洋河街南角干塘内两个大坑边，用油锤逐一砸死，推入坑内。时逢大雨，未被砸死者亦被淹死。

7月　驻南乐县日军侵入东节村及附近村庄，烧杀抢掠，先后抓捕抗属和村民 200 余人，用枪杀、刺刀挑、活埋等残忍手段将其中的 70 余人杀害，烧毁房屋 200 余间。

8月10日、9月20日　《新华日报》《河南民国日报》分别揭露日、伪在河南 8 县种植大烟以及制造贩卖毒品的罪行，指出，侵占河南省的敌伪划定彰德（今商丘市）、汤阴、武安、临漳、浚县、清丰、鹿邑、临漳 8 县为种烟区，种植面积 59000 余亩。并在博爱县设立"忠河公司"，制造大量毒品，每袋万余颗，分别运往豫北、晋南等地推销。毒品价格，每袋一万元至五万元。近期再利用一切方法，向其他各地推销。

8 月 22 日　日军侵入中牟县张庄村，杀害百姓 100 余人。回撤时，又在七里岗村东头大堤北沿刺杀 68 人。日军还在中牟县城杀害居民贾文学、李寅妮和张磨妮全家。

9 月 5 日　驻孟县日军长谷川部队 2000 余人"扫荡"汤王庙等 15 个村庄，杀害村民 148 人，烧毁房屋 1800 余间。

9 月 27 日　日、伪军对冀鲁豫抗日根据地实行铁壁合围。冀鲁豫军区后方机关和地方武装人员伤亡 279 人，被俘 116 人，失散 873 人，被抓走群众 600 余人。

9 月　日军一二二五部队以搜捕游击队为名，在淮阳县城内逮捕 50 名农民，集体杀害。

10 月　日军侵入温县宋村，杀害百姓数十人，烧毁房屋 200 余间。

11 月 8 日　日军"扫荡"孟县孙村，杀害村民 40 余人，强奸妇女 43 人，烧毁房屋 3724 间。大火 7 天 7 夜不熄。

11 月 18 日　日军警备队长吉田、获嘉县伪县长王成伦和皇协军大队长唐石清带领所属部队，在获嘉县抓捕民夫 3000 余人。又出动八九辆坦克、20 多辆汽车，侵入大辛庄西村，疯狂抢掠，烧毁房屋 4800 余间，抢走粮食 17 万斤、牲畜 672 头、大车 200 余辆、老式水车 90 余挂、磨碾 80 余盘。该村村民因无法生活，出外逃荒，饿死、冻死 523 人，下落不明 26 人。

12 月 13 日　驻武陟县日军、皇协军 100 余人侵入交斜铺村，枪杀、烧死村民王得亦、廉得成等 50 余人，其中妇女 30 余人。

是年　由于日本侵略军的烧杀抢掠，河南全省损失牛驴骡马 128227 头。

是年　由于日本帝国主义的侵略，河南农业生产遭到巨大破坏，农作物产量仅 234.3 万吨，比 1936 年减少 77.8%。

是年　日军在豫北征兵规定：家中有兄弟 2 人者，1 人应征；有兄弟 3 人者，2 人应征；应征逃亡者，惩其家长，家产充公；家有青年不报或少报者，惩办家长，家产充公。据修武县五个村庄统计，被抓青年占青年总数的 80%。

是年　驻商丘县日军佐佐木部队所属佐几间、酒保等部在商丘朱集镇烧杀淫掠，杀害百姓 1700 人，打伤 78 人，强奸妇女 70 人，烧毁房屋 232 间，抢去金钱 2900 万元、钢洋 2800 元。

1943 年

1 月 13 日　日军松本部队侵入清丰县张村，杀害村民 98 人。

2 月 11 日　日军飞机轰炸宝丰县褚庄、武庄，投弹数百枚，炸死百姓 330 人（褚庄 275 人、武庄 55 人）、牲畜 200 余头，炸毁房屋 277 间（褚庄 140 间、武庄 137 间）。

2 月　驻清丰县日、伪军 800 多人夜袭张村，残杀村民 108 人，杀绝 20 户，烧毁房屋 500 余间，抢走牲口 200 余头。

3 月　日军强征柘城县民众 200 余人，押往日本北海道，做挖煤苦力。

春　驻中牟县东漳村、三刘寨村日军"扫荡"王三渡口，将 100 余名客商用绳拴成一排，其中一人被剖腹，其余被机枪扫射打死。

春　伪军吴蓝田部先后洗劫高陵县牡丹街、南呼、白马墙、杨庄、黄琉璃、傅庄、苑村、岳村、第二寨、留固、贾固、玉驾庄等 20 个村庄，杀害中共地下党员、农会主任、民兵队长及村民 68 人，烧毁房屋 200 余间，抢劫粮食 15 万公斤、牲口 200 余头。

4 月　日军为修桥梁，在鹿邑县唐集乡唐集村抓捕 44 名村民做劳工。工程完成后，将这些村民全部杀害。

5 月 6 日　驻武陟县县东各据点日军倾巢出动，在沁河南夹河套，北起老城，南至方陵黄河堤间，自东向西"扫荡"。当进入大虹桥以西游击区，一天内残杀民众 500 余人。

5 月　驻洛阳市日军一〇九师团军政部黑田部队在塔湾、唐寺门烧杀抢掠，刺杀、活埋平民 70 余人，强奸致死及奸后自杀妇女 20 余人。

同月　驻水冶镇日军赴林县太行抗日根据地"扫荡"途中，闯入安阳县科泉村，烧毁房屋 151 间，残酷杀害来不及转移的村民 90 人，其中活埋 56 人、机枪射杀 34 人。

6 月　伪华北劳动协会在彰德（今安阳市）以招工为名，将 2000 余名青壮年送往东北和日本煤矿做劳工。后来，这些人大部分死于苦役或下落不明。

7 月 10 日至 31 日　日军第一军、第十二军在豫北实施太行作战行动。国民政府军第二十七军被击溃，阵亡 1371 人，被俘 4853 人。

8 月　日本侵略者指使河南各县伪新民会大肆征收粮食，运往日本，仅开封、安阳、汤阴等 40 县，被掠夺的稻米、小米、玉米、高粱及豆类等就达 80520 吨。

同月　为抗击日军，驻孟津县国民政府军第十五军沿黄河构筑河防工事，长达 10 多公里，引起河水倒灌，使沿河万亩粮田被淹没。

秋 日军一二二五部队所属佐藤部队在淮阳县大申寨村与中国军队作战时，打死平民 400 余人，烧毁房屋 300 余间。

11 月 日军在沁阳县抓捕谢雷铭等 100 余名平民，经新乡、北平、塘沽、旅顺，运往日本做劳工。

是年 河南省第一、五、六、七、八、九、十、十一行政督察区代国民政府军机关征雇民夫 34764 人，牛车、人力车等 319730 辆，牲畜 74559 头，征雇费总计法币 1664411 元。河南省各县代国民政府军征购麦麸 27812309 斤、料豆 28859212 斤、谷草 136118986 斤、烧柴 387825508 斤，合计价款 5376138 元。

是年 为救济黄泛区等灾民，河南省设立粥厂 4203 个，救济灾民 1886646 人。

是年 由于日本侵略军的烧杀抢掠，河南全省损失牛驴骡马 158910 头。

是年 由于日本帝国主义的侵略，河南农业生产遭到巨大破坏，农作物产量仅 309.7 万吨，比 1936 年减少 70.7%。

1944 年

2 月 日军一一七师团二〇四大队二中队上等兵伊藤福松等在周口店，把被俘的 50 名八路军指战员当作练习刺杀的靶子，活活刺死。伊藤福松还在"扫荡"中，杀害八路军战士 7 人。

3 月 29 日 日军侵入荥阳县后，疯狂屠杀百姓。在南门坡口到县城内，刺死百姓 21 人，枪杀 18 人，活埋 5 人，强奸逼死妇女 4 人。在大西脑村，日本将 100 多名男女老少赶到一起，剥光衣服，任意玩弄取乐。在潘窑村，有 10 多人被日军一小队长活剥掏心。日军撤走后，该村清理出 5 草包人骨，煮熟的老婆脚，晾干的人心和 12 具被割掉生殖器的尸体。侵华日军驻付顶村和南地寨村达一个月，杀害平民 13 人，毒打 336 人，强奸妇女 158 人，强拉民夫 430 人，烧毁家具嫁妆、门窗、箱柜等 300 余件，砍伐树木 150 余棵。

3 月 日军一〇九师团（师团长长木村）进驻洛阳。该部驻洛阳期间，所辖黑须联队（驻洛阳孙奇屯）、竹村联队（驻洛阳东关东大寺）、米田联队（驻洛阳西车站）大肆奸淫妇女，强奸妇女 5000 人，其中因奸致死者 100 人。

3 月至次年 8 月上旬 日军指挥官铃木久启指使一一七师团隶属各部队，在新乡、阳武、开封、兰封、郑州、广武、新郑、焦作、汲县等市县，强迫 299 名中国和朝鲜妇女卖淫。

4月1日　日军高山部队侵入长葛县四照、西杨、坡张、东湖、石固5个村庄，杀害农民张世章等15人，强奸妇女190人，烧毁房屋234间，杀死耕牛1440头。

4月7日　日军公岛部队侵入洛阳王山寨村，杀害村民50人。

4月8日　日军侵入许昌县李庄、李楼、小店、俎庄、沈村、大任庄、大路张、宋庄等村（乡），杀害村民162人，强（轮）奸李新昌女儿（12岁）、俎满仓妻子、牛焕妮（15岁）、王纳妮（16岁）等妇女、幼女259人，杀食耕牛12头，抢走粮食14140斤。

同日　伊川县鸣皋市场遭日军飞机扫射，60余人被打死，200余人受伤。

4月13日　日军二九七一部队大归部队侵入郾城县湾赵、五星庙、赵槽等村庄，杀害民夫14人、村民45人；强奸赵芳妮（14岁）、杨玉枝（15岁）等5人，其中两人受辱后被日军割去阴户而死。

4月16日　日军"扫荡"济源县大峪镇竹峪村（今梨林镇竹峪新村），一天内杀害崔桂芬、崔丙笑、崔丙奇妻子、崔书安妻子、崔汝选的媳妇、儿媳、崔汝峰的奶奶等住店客商和村民46人。

4月18日　日军侵入荥阳县付顶村和南地寨村，烧杀淫掠，杀害百姓付会高、王毛孩等13人，奸污妇女158人，拉走壮青年430余人，损毁付顶村民房30余间，烧坏家具、门窗、箱柜等物300余件，砍伐树木150余棵。

4月18日至23日　日军第三十七师团和独立混成第七旅团从中牟县渡过新黄河，向国民政府军发动进攻，先后攻陷郑州、新郑、荥阳、密县。国民政府军在战斗中阵亡2477人，被俘503人，损失野炮1门、山炮4门、迫击炮4门、重机枪17挺、轻机枪28挺、步枪735支、自动步枪38支、掷弹筒7支。

4月20日　日军高山部队侵入长葛县和尚桥区湾张村，将李盘妮等10余名妇女投入水井中淹死，强奸李花等妇女100余人（其中奸死1人），杀死耕牛50余头。

4月22日　日军侵入长葛县和尚桥、辛庄、贺庄等十几个村庄，在和尚桥清潩河南岸，残杀当地背粮百姓李自述等200余人，其中有30余名妇女儿童。李自述的妻子和两个女儿被轮奸后杀害。

同日　日军出动飞机3架，轰炸扫射偃师县新寨村，炸死村民30余人，炸伤80余人，炸死炸伤牲畜50余头。

4月23日　日军攻占密县。日军在进入密县县城前，杀害青河村农民李明全家和一名逃难妇女、姜沟村农民常喜、郭丙午、关法及其父母、妻子，烧毁房屋100余间，奸污妇女60余人，宰杀耕牛30余头。进入密县城后，屠杀未及逃脱的百姓 50 人。

4 月 28 日　一列由东向西行驶的特快客车，行至新安县城西部铁塔山北侧峡谷时，遭日军 6 架飞机轮番轰炸，数节车厢中弹起火，乘客死伤 500 余人。

4 月 30 日　日军第三十七师团和独立混成旅团在飞机、大炮、坦克的掩护下，围攻许昌。守军国民政府军暂编第十五军新编二十九师与敌激战一日，阵亡 2432 人，被俘 858 人。

4 月　日军渡黄河南犯中牟县，在大李庄村，杀害村民李银妮等 70 余人；在小李庄村，枪杀张老学、李铁柱、刘史氏；在小孟庄村，杀害孟全保、王同生等 30 余人。

同月　日军飞机轰炸一列途经荥阳火车站的客车，炸死、炸伤乘客 500 人。

同月　驻濮阳伪军孙良诚部征抓壮丁 500 余人，送往进犯郑州、洛阳的日军部队。

同月　日军一〇九师团黑须联队三九一七部队烧杀抢掠洛阳市南茹、圪垱两村，打死村民 7 人，活埋 50 余人。

同月　日军一〇九师团黑须联队侵入宜阳县寻村、段村、韩沟村。在寻村，杀害平民 3 人，强奸妇女 10 余人。在段村、韩沟村，杀害村民 30 余人、中国军队战俘 200 余人，奸污妇女 100 余人。后又在木栅关奸杀河南大学女学生 37 人，在北坡村烧毁民房 58 间。

同月　驻渑池县日军白板部队侵入蝎庄、李鲤、龙同坡、头峪沟、义马、吉家岭、长岭、西村等村庄，杀害平民杨石头母亲、胡石头、如天保、马平道、王文鸣侄女、吴长海等 40 余人，强奸刘德温母亲、贺双喜妻子、刘小王妻子致死。白板部队还进犯黑河、北方沟、小石、石板沟、桐花摇、西坡、延村、天池、石佛、格塔等村庄，杀害郭得胜、薛凤山、李登志、陈生姓、马炳礼、刘冷舟、潘铁中、王银拴、范文祥、姚新木等村民、车夫、船夫 41 人。

5 月 1 日　日军攻占许昌县城，疯狂烧杀抢掠，杀害平民 4466 人，奸污妇女 8868 人（其中被奸致死 67 人），烧拆民房 6016 间，抢走粮食 151.45 万公斤、家畜 11028 头、树木 7254 根，征发民夫 9576 人、牛车 1400 辆。

同日　日军飞机轰炸鲁山县城，炸死百姓 110 人。

5 月 3 日　日军混成第七旅团占领襄城县城，随后在县城西部"六王冢"地区，惨杀百姓 2000 余人，打伤 800 余人，奸污妇女 200 余人。

同日　国民政府军新一师一团一连官兵在郾城县五里庙与日军激战，一连官兵大半阵亡。

5月5日　日军飞机轰炸漯河，炸死居民 700 余人。同日，日军攻破国民政府军设于漯河市郊干河陈村一带的防线，杀害百姓 17 人，烧毁房屋 70 间。之后侵入干河陈、孙庄、大方庄、小李庄村等村，采用刀刺、枪杀、活埋等手段，杀害村民陈麦贵的父亲等 42 人，抓走青年 19 人，烧毁房屋 27 间。此外，日军还在市区戏楼后街刺死居民贾西祥，在大新街割去张敬坤 12 岁儿子的头挂在树上。

同日　日军侵入禹县贺庄村，集体轮奸妇女 50 余人；在高庙村烧毁房屋 207 间。

5月5日至24日　日军华北方面军调集第一、十一、十二、十三军的部分师团和第五航空军的部分兵力，进攻洛阳。国民政府军第十四军九十四师，第十五军六十四师、六十五师奋起抵抗。战斗中，中国守军伤亡失踪 1.6 万人，城乡居民死亡 9000 余人。

5月6日　日军侵入郏县黄道村、茨芭乡苏坟寺村，疯狂施暴。在黄道村，日军在村北寨墙上架机枪向村外百姓扫射，仅五道庙附近就打死 28 人。在村西寨门内，乱刀刺死 2 名青年，并将一妇女绑到椅子上轮奸。日军用刺刀刺入村民石黑娃母亲的乳房，来回搅动，随后又补刺 6 刀，从 17 米高的悬崖上扔下。日军在黄道村停留一昼夜，共杀害村民 61 人，伤 107 人，奸污妇女 30 余人，烧毁房屋 40 间。在茨芭乡苏坟寺村，杀害村民查保庆、王亭娃、王聚朝、王书堂 4 人。

5月7日　侵占郏县的日军疯狂屠杀县境内百姓。在茨芭乡后姚村，抓走村民 2 人，枪杀 2 人，强奸、轮奸妇女 50 余人。在堂街乡紫云山南，打死村民孟松山、孟书祥，打伤韩全。在李口乡大郭庄村，刺死村民周金聚。在椅子圈村，奸污、刺死妇女 5 人。在眢家村，刺死村民 7 人，打伤 2 人。在李口村奸淫妇女 5 人。

同日　日军占领鲁山县城，疯狂烧杀。在辛集寨村，杀害农民李朝和一位 60 多岁的老人、两名儿童，放火烧毁民房 20 余间。在县城，杀害百姓韩保国、马西和、李三、杨钦等 46 人，其中两名小学生被日本便衣队用刺刀刺死后，头颅被挂在县城二郎庙口示众。日军还强行拆除民房 150 余间。

5月7日至9日　日军第三十七师团侵占伊阳县城及上店、小店等村，盘踞三天，大肆烧杀，残杀平民王魁、马黑捞、李和尚、李古堆、陈玉乾、吴江、吴海等 99 人。

5月8日　日军第二次侵占西平县城，盘踞 1 年零 4 个月，占领并践踏县境 22 个集镇和 728 个村庄，占全县村镇的 60.1%；杀害平民 469 人，打伤 1776 人，奸淫妇女 1195 人，烧毁房屋 926 间。仅崇庄、牛集、岗王、于庄四村，被掠去耕牛 35 头、猪羊 43 头（只）、鸡鸭 430 只。

5 月 10 日　日军第十二军实施以洛阳为中心消灭第一战区国民政府军主力的作战行动（属河南战役一部分）。至 25 日，攻陷洛阳城。是役，国民政府军阵亡约 37500 人，被俘约 15000 人，损失大炮 97 门、迫击炮 1500 门、重机枪 269 挺、轻机枪 530 挺、步枪约 1000 支、卡车 120 辆。

同日　国民政府军第十二军经宝丰县观音堂乡向西溃退，在红玉岭与日军遭遇，300 余人被俘。日军将这些战俘全部杀害于观音堂南面的杨庄村河滩上。

5 月上旬　日军在西进途中与国民党第四师激战于密县牛店村饮马岭，受阻后，驻扎于牛店村附近，并对周边村庄大肆烧杀淫掠。在牛店村，开膛破肚杀害村民于文章、王文成、刘春、刘大安、刘遂成 5 人；奸污后用石头砸死妇女 1 人；在打虎亭村，杀害张栓柱等 5 人，强奸妇女 1 人；在柳沟村，强奸妇女 4 人；在羊角沟，轮奸少女 1 人。据统计，日军侵入密县境后，在数日内，共残杀百姓 452 人，奸淫妇女 500 余人，烧毁民房 1600 余间，宰杀耕牛 2000 余头。

5 月 12 日　日军第三十七师团由嵩县侵入伊阳县木册关村，将躲避在此的国民政府军第四集团军副总司令裴昌会的家属、警卫连及逃难商人、流亡学生、当地百姓 400 余人围困在村中，疯狂扫射。裴昌会的夫人、三子裴大钧等 200 余人当场遇难。裴昌会的四子裴大浠、五子裴大可、大儿媳李淑惠等被打伤。日军还烧毁房屋 6 间。

5 月 13 日　国民政府军第一〇四师三〇一团在新安县云梦山阻击日军，两个连伤亡殆尽，团长彭士复阵亡。

同日　日军宫下兵团从信阳侵占正阳县城，扒毁福音堂、信义小学及民房 1000 余间。

5 月 14 日　日军第六十二师团独立步兵第十四大队攻占宜阳县城，国民政府守军阵亡 90 余人，被俘 10 余人。日军入城后，把在锦屏山中搜捕到的李花红、刘大殿、于福庆、胡三、张君、白贤、强双楼等 20 余名平民全部打死。

5 月 16 日　日军侵入栾川县潭头镇，杀害迁驻到此的河南大学师生孔凡韬、刘君、刘祖望、李先识、李先觉、商诒汤、吴鹏、吴之慧、吴干等人，抓走国内最早研究棉作物的专家之一、农学院院长王直青等 20 余人作苦力。王直青不堪虐待，跳悬崖自杀。日军残忍地往悬崖下投扔乱石，将还未断气的王直青活活砸死。日军还放火烧毁设在党村的河大理学院房屋 15 间，屋内存放的许多书籍、仪器毁于一炬。在这次屠杀中，河大师生死亡失踪 40 余人。

同日　日军"卢氏挺进队"分两路侵入栾川县潭头镇。一路翻过金洞岭，与国民政府军第十三军一一七师遭遇，一一七师死伤 100 余人；一路经白庄、汪庄、纸房翻越石坷，在党村俘杀国民政府军士兵 6 人。

5 月 20 日　日军第三十七师团"卢氏挺进队"侵占卢氏县城，在县城内及周边疯狂烧杀，杀害平民 500 余人，其中有 30 余名妇女被强奸后杀害，烧毁民房 340 间。

5 月中旬　日军强迫关押在洛阳西工集中营的 2 万名战俘扒毁洛阳观音堂乡至洛阳的铁路。后又修复洛阳至郑州的铁路。因日军的残暴虐待，至 1945 年 1 月，有 1 万余人死亡。

5 月 21 日　日军在嵩县施暴，杀害纸房民团团员 51 人。

5 月 22 日　日军出动 30 余架敌机，轰炸、扫射洛阳市邙岭一带的国民政府军阵地，国民政府军一个营的官兵伤亡殆尽。

5 月 29 日　国民政府军第十三、八十五军在栾川县合峪杨山沟抗击日军，伤亡一个连。

5 月 29 日　日军 30 余人从伊川县南衙村出发，分三路侵入城关镇窑底村，烧杀淫掠，杀害村民王高永、申得壳、申堂的妻子和不满 10 岁的幼女卜金及苏根发、苏根定、武书法、申鸭子 4 人的母亲等 42 人，强奸妇女 25 人，烧毁房子 30 余间。

5 月下旬　国民政府军第三十五师某团在洛宁县双岩坡阻击日军，守军一个排全部牺牲。第十七师五十团一个连，在崇阳北坡寨堵截日军，全连官兵阵亡。

同旬　日军在宜阳县三区石陵村（现属盐镇乡）北遭遇向西撤退的国民党军队，当场打死多人。后把被捕官兵 350 人关押到村中二郎庙内，从房顶挖洞向下扫射。又进屋翻检尸体，发现未死者即刺死。被捕官兵仅一人幸存。日军还烧毁村中房屋 800 余间。

5 月　日军在荥阳县汜水镇口子村北面的黄河边施暴，一次活埋百姓 94 人。

同月　日军侵入密县五里店、聂楼两村。在聂楼，惨杀百姓 452 人，烧毁房屋 1600 余间。在聂楼，烧毁房屋 58 间。

同月　日军侵占巩县黑石关村，疯狂烧杀淫掠，强奸妇女 120 余人，砍伐树木 2000 余棵，摘走、损坏门板 2400 余扇，烧毁家具 3000 件，抬走、打烂水缸等 300 余个，宰杀牲畜 40 余头、鸡 2000 余只，抢走粮食 25000 余公斤，毁坏麦田 100 余亩。

同月　日军侵入驻马店老街、小陈庄，强奸妇女 500 余人，烧毁民房 200 余间。

同月　日军一〇九师团黑须联队侵入洛阳市昌沟村、马沟、南村、孙奇屯 4

村。在昌沟村，烧死村民魏根囊全家七口人。在马沟、南村、孙奇屯 3 村，杀害百姓 19 人，强奸妇女 18 人，烧毁民房 7 间，杀食耕牛 30 余头。该部三九一七部队还在王山寨村疯狂施暴，屠杀村民 200 余人。

同月　日军一〇九师团黑须联队在新安县城疯狂施暴，强迫 100 多名百姓集合，架机枪扫射，当场打死打伤 70 余人。日军还集体强奸妇女。市民郭跃山 12 岁的女儿被轮奸后致死；孔火炎 72 岁的祖母被轮奸后惨遭毒打，满面流血；57 岁的郭张氏遭强奸后，被赤身抬到大街上示众侮辱。

同月　日军一〇九师团竹村联队刚本部队"扫荡"伊川县白元镇、西草店村、东草店村。在白元镇，损毁和乐中学及完小校舍 130 间、教学用具 337 件、图书 8000 余册。在西草店、东草店两村，屠杀村民王才、张转娃等 100 余人。该联队为搭桥渡伊河，在水寨村一次扒毁民房 200 余间，抢光高屯村村民全部家具，砍光村里的树木。

同月　日军将关押在洛阳西工兵营中的中国军队 100 多名军官押往石家庄。这些军官后被送往库页岛当矿工。

同月　侵占宜阳县的日军疯狂屠杀县境内民众。在水沟庙村西车院内，枪杀民夫及避难农民 100 余人。 在张深南凹村，屠杀国民政府军 500 余人。此外，日军为修建飞机场，毁坏寻村、夏街、李营、黄窑四村水浇田 3000 余亩，填埋砖券水车井 50 余眼，致使 4 村土地荒芜，两年内颗粒不收。

同月　侵占嵩县的日军疯狂屠杀县境内民众。在县城南关和泥河村，杀害百姓杜谦、乔发妻子、申海科及其母亲 4 人。在县城城郊，将西城门外至干沟壕街两边和南关 500 余间民房全部烧光。在潭头镇，损毁河南大学图书 19 种。此外还在县城西关、汪岭、安岭修筑工事，每天强征民夫 500 余名，共耗工 1.5 万个，打死打伤民夫 50 余人。

同月　日军扣留洛阳车站各盐商所购盐 400 万公斤,至年底,全部低价收购。

同月　侵占卢氏县日军强迫民众沿公路运送武器和财物，行至洛水河时，突然用机枪扫射，打死 500 余人，并将尸体抛入河中。

同月　日军领木部队甲第二五三部队在许昌灵沟河南北两岸和河街乡北村烧杀奸淫，杀害平民 4 人，强奸妇女 117 人，杀死耕牛 2 头，抢走驴、骡 5 头。

同月　日军将孟津县横水村后亩小学建为据点，在据点内修建地狱、水牢和"万人坑"。至 1945 年 8 月，共杀害八路军侦察员、平民 100 余人。

同月　国民政府军与日军在鲁山县四棵树乡彭庄至清水河一线激战，伤亡官兵 200 余人。

5 月至 7 月　日军在西平县境内占领区征派 2.4 万名百姓，充当修铁路建桥涵苦力。因日军的残酷虐待，致死致残 30 余人。

5 月至 10 月　日军六十三师团独立步兵二十五大队第一中队少尉中村五郎指挥所部，在洛阳杀害中国军人 148 人。中村五郎还在洛阳车站亲手杀害中国被俘军人 3 人。

6 月 5 日　日军占领叶县县城，将鲁苏豫皖边区学院 1.4 万余间房屋夷为平地。

6 月 7 日　日军侵入商水县谭庄寨、康庄、十字井村，杀害村民 112 人，抓走 48 人。日军还把男女村民集合在一起，强迫脱光衣服，肆意侮辱。

6 月 18 日　国民政府军暂编二十七师一个团，在商水县韩湾河堤阻击从漯河东犯的日军。战斗中，二十七师牺牲 50 余人。

6 月中旬　日军侵入灵宝县王和、贺村、李家窝等村庄，杀害农民 60 余人。

6 月 26 日　国民政府军暂编二十七师某团一个营驻扎商水县焦炉埠口村。日军和汉奸 1000 多人进犯焦炉埠口，攻进村后，疯狂杀淫抢掠，杀害国民政府军官兵 120 余人、村民 37 人，其中有 5 户被杀绝；炸毁房屋 30 余间，抢走牲畜数 10 头。

6 月下旬　国民政府军第十三军新一师与日军在漯河作战，官兵大部分阵亡，100 多人被俘。日军将这些战俘关押在偃城县监狱。其间，有 15 人被虐待致死。

6 月　日军在渑池县朱家窝等村抓民夫，修筑岘山碉堡工事。工事修成后，将宋恩荣等 60 余人杀害。

同月　日军侵占洛阳龙门镇后，当地农民逃难到张沟、寺门寨两村躲避，被日军黑须联队发现，乱枪打死 150 余人。

同月　日军由登封县侵入偃师县管茅村，屠杀村民 40 余人，伤 10 余人。日军还进犯彭店寨村，杀害村民刘本都、刘振、刘照、谢留根、张孟、张瑶、陈清明、王黑子、王松、庞定一等 11 人。

同月　日军第六十三师团独立步兵第二十五大队第一中队中村五朗部队侵入洛阳煤土坑村，用刺刀刺死躲藏在一窑洞内的 61 名妇女。

7 月 7 日　日军 100 多人围攻郏县王集寨，攻破后，用机枪扫射四处逃散的村民，打死 11 人，打伤 38 人。村民孔庆锁被日军绑在县城高寺操场上，被狼狗活活咬死。

7 月 13 日　驻淮阳县日军北九二七一部队准尉队长荒谷率部扒开周家口镇沙河河堤，引水入护城沟，淹没民房 2400 余间，淹死平民 50 余人，淹毁庄稼

6000 余亩。

7 月 19 日 日军侵入叶县昆阳镇西李庄村，屠杀村民 200 余人。

7 月 驻洛阳市的日军一〇九师团军政部大江部队将被俘的中国军队官兵 100 余人，用汽车运至营林街全部杀害。

同月 驻伊川县海凸庙村日军进攻宜阳县漫留村抗日游击队。激战一昼夜后，日军攻入村中，杀害村民 40 余人，烧毁房屋 270 余间。

同月 驻伊阳县日军金津学中队为加强琵琶寨据点的防务，征派各乡（镇）苦力 600 余人及车辆，分头到小寺、小店、上店、车坊、洛峪、县城等地拆掉民房，筹集木料，共计拆毁扒掉居民住房 1557 间，掠夺檩、梁、门、窗等木料 2000 立方米，拉运至琵琶寨，或修筑工事，或作烧柴用。

7 月至 8 月 日军焚毁正阳县城西关外民房 1700 余间。

8 月 16 日 日军扒开周家口镇（今周口市）南寨沙河大堤，淹没 30 多条街道，冲塌房屋 6100 余间，淹死及失踪百姓 200 余人。

8 月 22 日 日军一〇九师团竹村联队大野部队侵入伊阳县竹园头南坡、铁佛寺岭、蟒庄等村庄，集体屠杀百姓何云亭、赵连章等 100 余人。

8 月 25 日 侵占伊川县日、伪军 1300 余人，围攻驻守在中山的伊川县抗日自卫团，打死、打伤自卫团人员 44 人。

8 月 浚县 100 余名青壮年被日军强制送到日本当劳工。

同月 驻伊阳县和尚山日军一三九联队直属大队秋野大队，在大安、内埠等村征派苦力 500 余人，拆毁郭村、马沟村、陶营村、内埠村的房屋 1158 间，拆下的 2000m³ 木料，运往和尚山、娘娘山修筑工事，砖瓦等被彻底破坏。

9 月 10 日 偃师县段湾村段庚寅率领的抗日游击队在巩县罗彦庄被日军包围，激战中，段庚寅等 170 余人牺牲，200 余人被俘。被俘人员后被押往日本北海道做劳工。

9 月 日军 100 余人、伪保安团 400 余人，合股进攻宜阳县礼渠寨村国民党自卫队中队长车中道部。激战一昼夜，国民党自卫队中队长车中道、赵青林、张宗良、分队长张世杰、裴队长等 120 余人阵亡。

同月 驻伊阳县魁村日军金津部队在大凹魁村一带构筑工事，拆毁县城和小店、小寺、付庄、车坊、三屯等村民房 1557 间。

同月 日军一〇九师团竹村联队滕本部队"扫荡"伊川县漫留村，打死、打伤村民 100 余人。

同月 被日军关押在偃城县监狱的国民政府军第十三军新一师士兵、新郑县薛店乡王张村人张维新等 100 余名战俘，经青岛押往日本做劳工。

10 月 2 日　日军将国民政府军暂编十五军张金正、闫岗等 750 名战俘由许昌监狱押往济南新华院。这些战俘后被送往日本做劳工。

10 月 4 日　日、伪军 2000 余人袭击偃师县段湾村，残杀游击队员和群众 40 余人。

10 月 8 日　日军小崎保大队长率领金津学部队 500 余人在伊阳县竹园头南坡铁佛寺岭上，集体屠杀农民何云亭、郎建章等 49 人。

10 月 16 日　日军"扫荡"冀鲁豫抗日根据地第九专区，兵分 3 路合围濮阳县高平集村，杀害民众 50 余人。

10 月 17 日　日军骑兵分两路合围滨河县（今长垣县）中心区，将 600 多民众包围在前、后小渠村，用军刀砍、刺刀刺、火烧等手段，将这些平民全部杀害。随后，日军进攻外路寨村，遭到区联防队和民兵的抗击。因众寡悬殊，联防队员和民兵 30 余人全部战死。日军攻入村后，屠杀未及逃跑村民 100 余人。

10 月 31 日　日军 3000 余人"扫荡"陕县张村原（地名），杀害村民 88 人，其中在王村施放毒气毒死 20 余人。

10 月　国民政府军第十七师五十一团排长苟文才所部在洛宁程家岭村遭日军偷袭，全排官兵牺牲。

同月　日军"扫荡"滑县高平镇和小渠、甘露等村，疯狂烧杀。其中小渠村被杀村民 660 人；高平镇被杀 50 余人；甘露村被杀 20 余人，被毁房屋 120 余间。日军还在甘露、江马厂、高齐丘、上村、王金德、张庄、卢家等村庄抓走 200 余人，送往日本北海道当劳工。后来，这些人中有 180 人被折磨致死。

同月　日军一〇九师团军政部宪兵队在洛阳市疯狂施暴，一次枪杀平民 300 余人。

同月　日军在宜阳县寻村以东、黄窑村以南的开阔地带修建"人字形"飞机场，宽 10 余里，长 8 里，占耕地千余亩，致使几个村庄的大片土地连年绝收。

同月　盘踞上蔡县城的日、伪军勾结漯河日、伪军，出动千余人"扫荡"上蔡县境东部地区。上蔡县和合乡自卫队长吴润德等 73 人被俘，其中 63 人被杀害，上蔡县党店乡杨云亭、杨常等 10 人受重伤。

11 月 1 日　日军一〇九师团米田联队侵入孟津县口子、管茅、参驾店 3 个村庄，杀害村民 62 人。其中管茅抗日红枪会会员 10 人被投入井中杀害，参驾店村民陈旺遭剖腹，肠流满地而死。日军还烧毁房屋 20 余间。

同日　驻洛阳市日军一〇九师团军政部大江部队疯狂施暴，分两次将 41 名居民活埋在洛阳市城外。

同日 日军侵入陕县庙上村，将 60 名张村原抗日司令部队员和 2 名农民投入一枯井，石砸土埋，致死 57 人。

11 月 20 日 日军"扫荡"陕县王村、张村、辛庄，杀害平民 100 余人。

11 月 26 日 驻上蔡县日军"扫荡"蔡沟村、高庙村一带，俘虏和店乡自卫队 112 人，押到杨集乡王庄村西边的一个空场地上，用铡刀、军刀、刺刀疯狂屠杀。被俘人员除两人幸存，其余全部遇难。

11 月 日本侵略者在开封高价收购金银，致使黄金每两价格上涨至法币 12 万元。大量金银被日本侵略者掠走。

同月 日军从林县南部撤退时，命令防疫给水班散布霍乱病菌，致使民众 100 余人死亡。

12 月 伪军孙良诚部在濮阳至柳下屯路沿线各村庄抓走青年 2000 余人，抢走牲口 9000 余头、大车 3000 余辆。

下半年 日军在西平县派征小麦 66 万公斤，饲料 140 万公斤，谷草 215 万公斤，烧柴 1080 万公斤，铁 2.5 万多公斤，圆木 6.8 万根，木板 8309 立方米，铁道枕木 6.5 万根。

冬 日军驻伊阳县琵琶寨元田部队为构筑工事，拆毁马沟村、郭村、陶营、内埠、常渠等村农民房屋共计 1157 间；还抢掠桌、凳、家具、门板 10 万余件。

是年 由于日本侵略军的烧杀抢掠，河南全省损失牛驴骡马 218015 头。

是年 由于日本帝国主义的侵略，河南农业生产遭到巨大破坏，农作物产量仅 451.9 万吨，比 1936 年减少 57.2%。

1945 年

1 月中旬 关押在日军洛阳西工集中营的 500 余名中国军队战俘被押往山东济南日军集中营（济南新华园）。到抗战胜利时，除河南人景云祥、郭永志及一名送到东北下煤窑的战俘外，其余人都惨死于集中营。

1 月 31 日 日军金津学中队及第一情报队 350 人军事"清剿"汝阳县内埠镇和蟒庄村。在内埠镇屠杀农民 32 人；在蟒庄杀害农民赵连章等 23 人。此外，在上述两地，轮奸妇女 147 人。

1月　日军木村师团竹村联队侵入洛阳县平乐村，用机枪打死村民 40 余人，打伤 30 余人。

2月10日　日军第一三九联队 2000 余人、皇协军 1000 余人对伊阳县内埠、库头、蔡店、杜康等 30 多个村庄进行军事"清乡"，大肆抢掠农民准备过春节的食物及财物，并抓捕农民张振清、李世贤、张麦娃等 172 人（其中男 149 人，女 23 人），分别押解到临汝镇、白元镇水牢里，酷刑拷打，其中妇女被轮奸。这些百姓后均被杀害。

2月　日军一〇九师团黑须联队侵入新安县五头、崔沟两村，酷刑打死村民 3 人，放火烧毁 4 户村民的麦垛。同月，该师团竹村联队侵入新安县甘泉岭、西陈庄、黑山沟、宋村 4 个村庄，杀害百姓 90 余人、抗日游击队战士 9 人，强奸妇女 7 人。

同月　日本侵略者强迫襄城、宝丰、鲁山、叶县、舞阳、许昌、陕县等县人民种植罂粟，面积占耕地十分之三。

3月15日　日军步骑兵 3000 人"扫荡"正阳县小王楼村，惨杀国民党正阳县保安团 280 余人、百姓 200 余人，烧毁房屋 200 余间。

3月26日　日军集中临汝（今汝州市）、登封、郏县、禹县驻军 300 余人，侵入临汝县（今汝州市）焦村，杀害村民焦志娃、张继等人，强奸、轮奸妇女 47 人，杀吃牛、羊、猪 370 余头，烧毁房屋 500 余间。

3月29日　日军侵入丹水镇符沟村（在今西峡县境内），俘获保民团第一团二营五连官兵 35 人。后除 1 人逃脱，其余 34 人被集体枪杀（有 7 人负伤未死逃生）。30 日又杀害民团"团子营"被俘人员 40 余人。

3月　日军在开封附近强征 5000 余名壮丁，送往东北做劳工。

春　驻伊阳县琵琶寨日军元田部队 12 名士兵窜入小店村，向维持会派要妇女 35 名，带到琵琶寨司令部内轮奸。其中两名妇女夜里逃跑，被枪杀在该寨坡南路上。日军还在柿园魏村等处派要妇女 70 余名奸污。

4月18日　日军炮击方城县南寨门，枪杀平民 63 人，炸（烧）毁民房 700 余间，烧死耕牛 30 余头。

4月27日　日军出动 5 架飞机，轰炸淅川县大竹园村，炸死村民 33 人，炸伤 56 人，炸毁房屋 18 间、竹园 20 亩，炸死大牲畜 27 头。

4月　日军一〇九师团黑须联队田野部队侵入宜阳县张沱、贾园、石陵、水沟庙集 4 村。在张沱村，日军杀害村民和民夫 100 余人。在贾园村，10 名日军士兵轮奸村民王子见 8 岁的幼女，因孩子小，竟残忍地用刺刀割开阴部奸淫。在石陵村,日军将被俘的中国军队官兵及民夫 300 余人驱赶至二郎庙内,掀去屋顶,用机枪扫射手榴弹炸,将中国军人及民夫全部打死。在水沟庙集村,日军用机枪扫射,一次屠杀难民和民夫 100 余人。

同月　日军第一一〇师所部 300 人进犯嵩县黄庄村、木植街乡,杀害守护队员柴贵等 11 人及农民耿改堂、叶书成、徐独眼、刘望、杨洪发、杨灿华等 11 人、国民政府军士兵 40 余人。

同月　日军一一七师团一五六三一号卫戌医院中尉医生野田实在新乡县小冀镇,以实验为名,将被俘的八路军战士实施手术分解,致其死亡。

同月　驻漯河市日军中尉西村强迫 100 多名妓女登记,编为随军妓女。又在市南大街、车站抓捕民女芦秀清、高秀兰、小兰妮、吴秀荣、应保珍等 100 余人,全部强(轮)奸。

同月　日军在鲁山县城、张良村等地抓捕 50 余名青年妇女,强迫成立“慰安队”,供其奸淫。

同月　日军在内乡县龙潭沟脑(地名)发现 60 多名避难百姓,遂将其中 40 名妇女强行集中在马家场上集体奸污,连产后三天的妇女也不放过。被害妇女稍有反抗即被杀死。

5 月 2 日　日军 5 架飞机轰炸鲁山县城,炸死 7 人,炸伤 40 余人。

5 月上旬　日军骑兵第四旅团在临汝镇南石太街附近河滩,踏死、砍杀抗日军人 700 余名、平民 400 余名。

5 月　日军一〇九师团黑须联队三九一七部队(队长九甲)“扫荡”洛阳市王山寨、苗沟、孙奇屯三个村庄,杀害平民 240 人。

8 月 28 日　冀鲁豫八路军部队攻打滑县县城。战斗中,部队伤亡 500 余人。

8 月　日军侵占伊阳县一年。期间,烧杀淫掠,无恶不作。其驻琵琶寨村元田部队,向县城、小店村、上店村派要猪、羊、鸡等 52000 余只(头);驻娘娘山大野部队向内埠、大安等村(区)派要猪、羊、鸡等 9000 余只(头),向内埠区各村征派大小木料 387 立方米;驻和尚山部队向内埠区各村派要猪、羊、鸡等 12000 余只。据不完全统计,日军杀害百姓仅有名可查的就有 454 人,强奸、轮奸妇女 426 人(其中轮奸后自杀、被杀的 30 人),烧拆民房 3700 余间,拆毁家具 10 万余件,屠杀耕牛 1848 头、驴 659 头、骡 853 头、马 703 头,猪、羊、鸡等 70000 余只,损坏麦田 350 亩。

12 月 29 日　中福两公司联合办事处向国民政府经济部报告抗战期间焦作煤矿直接财产损失情况,称自抗战爆发至 1945 年 6 月,社会财产损失 16699538.43

（1937 年 7 月法币）元，其中房屋 379783.95 元，器具 12742.46 元，矿坑 13337446.5元，矿产品 727334.92 元，机器工具 147663.31 元，运输工具 11419.13 元，其他2083148.16 元。

12 月　日军投降后，驻上蔡县日军继续作恶，纵火烧毁伪县政府房屋 200余间、民房 2250 间。

是年　行总河南分署为河南黄泛区发放旱、涝赈款 13840 元。

是年　由于日本侵略军的烧杀抢掠，河南全省损失牛驴骡马 215123 头。

是年　由于日本帝国主义的侵略，河南农业生产遭到巨大破坏，农作物产量仅 512.8 万吨，比 1936 年减少 51.4%。

是年　抗战期间，日本侵略者疯狂掠夺、破坏河南的文物古迹，使河南文化事业遭到巨大损失。据统计，日军损毁、掠走书籍（包括古书籍）38308 册另 49种、字画 107 副、碑帖 1014 件、古文物 6753 件、对联 9 副、佛像 3 尊、古迹315 处。文物损失价值 705417 元。

1946 年

1 月　行总河南分署先后在开封、郑州、洛阳、信阳、陕州等地设立难民处，帮助、救济辗转途中的黄泛区难民等 364313 人。

1 月至次年 11 月　为恢复河南黄泛区百姓的生产和生活，行总河南分署总计向河南省黄泛区发放基本食粮 24973.6963 吨，一般食粮 6131.7798 吨，衣物2566.584 吨，农具 592880 件，种子 4854.140 斤，肥料 438 吨，药械 242.1 件，其他物资 9187724 吨。

3 月 1 日　河南省黄河堵口工程开工。行总河南分署组织 6 个工作队，分别在黄河沿岸的 20 个县进行堵口、复堤工程。截止到 1946 年 11 月底，用工 19127540个，拨发面粉 956377 袋。1947 年 5 月 4 日工程告竣。堵口工程艰巨、浩大，其中第一工作队在花园口堵口用工 3820785 个，复堤用工 1479729 个，采石用工496282 个，拨发面粉 13446112 斤。完成主要工程量：土方 2440535 立方米、护埽 58561 立方米、占土 250232 立方米、柳石坡 104979 立方米、抛石 86505 立方米、桥涵 12 座、抛棍 12349 个、抛枕 8596 个、打桩 761 个、造船 18 只、建房305 间。

3 月　行总河南分署派员携款 19119 元，前往陕西省西安、宝鸡、凤翔、麟游、眉县、渭南、蓝田等地，救济河南黄泛区难民，共发放面粉 6500 袋、小麦

7660 斤、赈款 11408 元，受惠人数 20000 余人。

4 月 因战祸及其他灾难，全省待救灾民 8612324 人，需救济粮食 42480000 担。

至 11 月底 行总河南分署在黄泛区的西华、扶沟、鄢陵、尉氏、中牟 5 县设立 13 个粥厂，救助灾民 120 余万人。

是年 日本帝国主义的侵略，给河南人民带来深重的灾难，造成了巨大的人口伤亡和财产损失。据不完全统计，河南省当时行政辖区内直接、间接伤亡人口 3678741 人（现辖区伤亡 3669949 人），直接、间接财产损失折算为 1937 年 7 月法币 8161035927 元（现辖区损失 8195397658 元，1937 年 7 月法币）。

1947 年

1 月 行总河南分署在河南黄泛区设立固定粥厂 11 个，发放面粉 10376 袋、罐头 44502 磅、豆粉 6732 袋、牛奶 18478 袋、奶粉万磅、牛油 140 箱、干豆 2465 袋、玉米 394 包、旧衣 320 包，受惠难民 2757767 人。

同月 行总河南分署向河南黄泛区发放急赈面粉 67000 袋、旧衣 900 包，受惠人数 260036 人。

同月 为搞好河南黄泛区的春耕生产，行总河南分署向灾区发放春耕种子、肥料代金券 656328 万元，受益农户 17240 户，受益田地 13889510 亩。

同月 抗战胜利后，河南省黄泛区疫病流行，为此，行总河南分署在泛区设立卫生机构 24 所，补助药品 320 箱（每箱重 1690 磅）、脱脂奶粉 3800 磅、蒸浓牛奶 7200 磅、鱼肝油精 266 加仑。

同月 为恢复河南黄泛区教育，行总河南分署调拨旧衣 471 包、白布 6860 匹、面粉袋 330253 个、棉花 76400 斤、纽扣 36 箱、汤粉 3984 磅，救助学校 2794 所，员生 102203 人。

同月 抗战胜利后，河南黄泛区老失所养、幼失所恃现象严重，为此，行总河南分署先后在扶沟县等 16 个县设立慈幼院、孤老残废院，发放物资：棉花 1797 斤、棉被 600 条、旧衣 155 包、布 29 匹、面袋 2400 条、面粉 1457 袋、奶粉 6150 磅、罐头 2610 磅，受惠 5357 人。

总 后 记

  历时多年的《抗日战争时期中国人口伤亡和财产损失调研丛书》终于问世了。参加这套丛书编纂工作的，主要是承担《抗日战争时期中国人口伤亡和财产损失》课题调研任务的各省、自治区、直辖市及其下属市、县的领导同志和课题组成员，以及部分著名专家。他们以高度的责任心和使命感，竭尽全力，攻坚克难，终于完成了各自承担的任务，并按统一要求，形成了调研成果的 A 系列书稿。同时，有关省、自治区、直辖市还从实际情况出发，编纂了主要反映市、县调研成果的 B 系列书稿。由于各地情况不尽相同及其他原因，呈现在读者面前的丛书，将分批陆续完成和出版。

  为了保证质量，我们对本丛书中由各省、自治区、直辖市完成的 A 系列书稿（即省级调研成果）实行了四级验收制，即：所有的省级调研成果，先由有关省（自治区、直辖市）课题领导小组及其聘请的省级专家验收组分别审读通过、写出书面意见；然后提交到中共中央党史研究室课题组。中共中央党史研究室课题组审读后，再聘请国内知名专家审读书稿，提出书面意见。对每次审读提出的意见，各省、自治区、直辖市课题组都认真研究落实，对书稿进行反复修改，或是说明相关情况，直到符合要求。由一批专家完成的 A 系列书稿（即带全局性的专门课题调研成果），也通过类似的办法验收。主要反映市、县调研成果的 B 系列书稿，则由有关省、自治区、直辖市党史研究室组织验收。各种调研成果验收修改的过程，同时也是调研的深化过程、提高过程。经过反复修改补充的成果，在质量上都有明显提高。

中共中央党史研究室课题组在中共中央党史研究室室委会和分管室副主任的具体领导下开展工作。中共中央党史研究室几任主要领导同志即曲青山和孙英、李景田、欧阳淞主任，非常关心和重视本课题调研工作的开展。分管这项工作的室副主任李忠杰同志始终严格把握政治方向，精心部署和安排，明确提出创建"精品工程、基础工程、警世工程、传世工程"的要求，给工作指明方向，还及时领导解决调研过程中遇到的种种困难和问题。各地同志和有关专家同中共中央党史研究室课题组保持密切联系，对中共中央党史研究室课题组的工作给予了积极配合和支持。

中共中央党史研究室课题组由李忠杰、霍海丹、李蓉、姚金果、李颖、王志刚、王树林、杨凯等同志组成。先后担任中共中央党史研究室第一研究部领导职务的黄修荣、刘益涛、蒋建农同志参与了课题调研和审改的部分工作。中共中央党史研究室科研管理部、办公厅的部分同志也参与了有关工作。特别是在北京市和山东省召开的两次全国性会议，中共中央党史研究室科研管理部、办公厅的有关同志自始至终参与了繁忙的会务工作，付出了大量心血和辛勤劳动。

在李忠杰同志直接领导下，中共中央党史研究室课题组承担了组织指导与协调推进各地课题调研和联系有关专家完成全局性专题调研的繁重任务。在人手十分有限的条件下，课题组同志们近10年如一日，以对民族负责、对历史负责的自觉精神，克服困难，埋头苦干，为圆满完成任务做了大量工作。计先后编发213期达60多万字的《工作简报》，同各省、自治区、直辖市的同志和有关专家进行了数以千次、万次的电话联系及当面沟通，先后到10多个省、自治区、直辖市实地调查、参加会议，了解情况，当面指导，协助各地完成调研工作，或邀请有关地方的同志到北京进行座谈；还组织22个省、自治区、直辖市课题组编纂《抗日战争时期全国重大惨案》，同中央档案馆联合编辑《抗日战争时期解放区人口伤亡和财产损失档案选编》，同中国第二历史档案馆、中国人民解放军档案馆联合编辑其馆藏的相关档案资料，撰写有关专题报告，等等。将近 10 年来，课题组成员虽有变动，但工作始终如一，没有延误和懈怠。

需要说明的是，《抗日战争时期中国人口伤亡和财产损失》课题，有时也简称为抗战损失课题或抗损课题。虽然有学者认为"抗战损失"或"抗损"通常只能反映抗日战争中财产方面的损失，人口伤亡不能称作损失，但考虑到当年国民政府习惯采用"抗战损失汇报"或"抗战中人口与财产所受损失统计"等表述，所以本课题参照前例，以"抗战损失"或"抗损"作为课题简称。

2014 年初，根据中央领导同志的指示精神和中共中央党史研究室室委会关于做好出版和对外宣传全国抗战损失课题调研成果准备工作的要求，我们组织部分省、自治区、直辖市的分管领导和课题组成员对已经印出样本的 A 系列书稿再次进行复审和互审，并邀请部分承担了抗战损失专题调研任务的专家参加审稿工作。这次集中复审和互审的主要任务是：审核已经印出样本的 A 系列书稿，对相关数据、史实严格把关，保证课题调研结论的真实性，保证书稿没有重大差错。中共中央党史研究室主要领导同志和分管领导同志也提出要求：把工作做得再深入、再扎实一些，统一规范，责任到人，把问题消灭在书稿正式出版之前。

在复审和互审过程中，地方同志和邀请的专家以多种形式及时沟通，围绕审稿发现的问题研究讨论，和中共中央党史研究室分管领导进行交流，对一些重要的共性问题达成一致。经过复审和互审，对有关的 A 系列书稿做出进一步修改。在此基础上，中共中央党史研究室课题组同志又对拟第一批出版的每一部 A 系列书稿进行多环节的审读、检查、修改、校对，严格审核把关，尽可能如实、客观地反映调研情况和成果。

中共中央党史研究室的其他同志及一些外聘同志、从地方党史部门借调的同志，如徐玉凤、谢忠厚、杨延力、郭明泉、戴思厚、王俊云、梁亿新、宋河星、毛立红、王莹莹、茅永怀、庾新顺、李蕙芬同志等，满腔热情地参加了本课题调研的部分工作。不论是调研选题的讨论、同有关各方的联络，还是资料的整理、归类、建档等，他们都付出了辛勤的劳动。

这里，还要特别感谢国家社会科学基金规划办公室、国家新闻出版广电总局有关领导和同志对本课题调研工作的支持和帮助，感谢有关部门对丛书出版经费的支持和保证。中共党史出版社的领导汪晓军以及陈海平、姚建萍等同志，也为这套丛书的出版花费了很多心血。

我们相信，本丛书 A 系列和 B 系列各卷的陆续公开出版，必将大大有助于抗战损失课题调研成果的推广利用，有利于固化历史，更好地发挥以史为鉴、资政育人的作用。但是，我们也深知，本课题调研迄今所取得的成果，还只是阶段性的、部分的、不完全的成果。在已经取得的来之不易的成果的基础上，今后，这一课题的调研工作还要深入不懈地继续进行下去。

中共中央党史研究室课题组

2014 年 4 月 30 日